Irene Kühnlein · Gerd Mutz

Psychotherapie
als Transformationsprozeß

D1618055

Irene Kühnlein · Gerd Mutz

unter Mitarbeit von Reiner Keller und Elmar J. Koenen

Psychotherapie als Transformationsprozeß

Expertenwissen im Alltagshandeln ehemaliger Klienten

Westdeutscher Verlag

Umschlaggestaltung: Horst Dieter Bürkle, Darmstadt
Druck und buchbinderische Verarbeitung: Rosch-Buch, Hallstadt
Gedruckt auf säurefreiem Papier
Printed in Germany

ISBN 3-531-12829-9

Inhaltsverzeichnis

Vorwort

Was sind die besonderen Merkmale einer stationären Psychotherapie innerhalb einer psychiatrischen Klinik? Welche langfristigen Folgen sehen die ‚Benutzer' dieser Psychotherapie für ihre Lebensführung? Das vorliegende Buch befaßt sich mit den Rahmenbedingungen und Auswirkungen einer stationären Psychotherapie – dennoch ist dies *keine* Katamnesenstudie, die die Frage nach der Effektivität eines spezifischen Settings von Psychotherapie beantwortet.

Wir wollen das medizinisch-pharmakologische Theorie-Praxis-Verständnis, das mit einem *monokausalen* Dosis-Wirkungs-Modell nach der Effektivität von Psychotherapie fragt, hinter uns lassen und ein sozialwissenschaftliches Verständnis von Psychotherapieprozessen vorstellen. Psychotherapie ist aus dieser Sicht eine hoch komplexe Interaktionssituation, in der den Klientinnen und Klienten[1] – im weiteren Sinne – psychologisch-psychotherapeutisches Wissen angeboten wird, das sie in ihr Allgemeinwissen transformieren müssen. Dieses Sonderwissen umfaßt ‚andere' Erfahrungs-, Deutungs- und Handlungsmuster, um Störungen des inneren Erlebens und/oder problematische Situationen in der Lebensführung zu überwinden. Auch noch lange nach Abschluß einer stationären Psychotherapie müssen die ehemaligen Klienten mit diesem ‚neuen' Wissen umgehen, es mit ‚altem' verknüpfen und immer wieder einjustieren. Es finden dabei Transformationsprozesse statt, und diese sind Gegenstand unserer Untersuchungen, deren Resultate wir hier vorlegen.

Grundlage ist ein Forschungsprojekt mit dem Titel *Verwendung psychologischen Wissens*, das für eine dreijährige Zeitdauer von der Deutschen Forschungsgemeinschaft gefördert wurde. In diesem Projekt wurde versucht, soziologische und psychologische Herangehensweisen zu einem sozialwissenschaftlichen Paradigma zu verdichten, um so dem komplexen Sachverhalt von Transformationsprozessen gerecht zu werden. Das Forschungsteam bestand aus den Projektmitarbeitern I. Kühnlein und R. Keller, den studentischen Mitarbeitern C. Hof und E. v. Santen sowie den Projektleitern G. Mutz, W. Bonß und E. J. Koenen. Vorausgegangen war eine zweijährige Vorlaufphase, in

---

1 Wenn im folgenden von weiblichen Personen nicht immer explizit in einer entsprechenden grammatikalischen Form die Rede ist, so geschah das ausschließlich aus Gründen der Lesbarkeit – wohl wissend, daß wir damit eine problematische Praxis fortschreiben. Wir haben versucht, diesem Dilemma so weit wie möglich durch den Gebrauch des Plurals aus dem Weg zu gehen.

der die Autoren den Feldzugang sicherten und erste empirische Erhebungen durchführten. Sie zeichnen verantwortlich für die hier veröffentlichten Projektteile, die allerdings nicht unabhängig von der gesamten Forschungsgruppe entstanden sind. Deren Kritik sowie ihre hilfreichen und wertvollen Diskussionsbeiträge sind in unsere Ausführungen eingegangen. Darüber hinaus konnten wir von den teamübergreifenden Diskussions- und Interpretationsgruppen viele Anregungen für unsere Arbeit aufgreifen. Hier sind insbesondere J. Kade und C. Lüders zu nennen, die die Projektvorbereitungen und die erste Projektphase kritisch und engagiert begleiteten. Ihnen allen sei herzlich gedankt.

Ein besonderer Dank gilt dem Leiter der psychiatrischen Klinik und dem Team der Psychotherapiestation, die aus Datenschutzgründen hier nicht namentlich genannt werden. Sie haben die entscheidenden Voraussetzungen zur Durchführung unserer Untersuchung bereitgestellt. Am Gelingen dieses Buches waren darüber hinaus in ganz besonderer Weise unsere Interviewpartner beteiligt, die durch ihre Bereitschaft, uns auch an schwierigen und sehr privaten Teilen ihrer Lebensgeschichte teilhaben zu lassen, die hier vorgestellten Untersuchungsergebnisse erst ermöglicht haben. Der Deutschen Forschungsgemeinschaft danken wir für die finanzielle Unterstützung unserer Untersuchung. Die hier vorliegende Veröffentlichung wäre ohne die engagierte Arbeit von B. Holzer in der Endredaktion und der Erstellung der Druckvorlage nicht möglich gewesen.

I.K./G.M.   München, Dezember 1995

Einleitung

Die Psychotherapieforschung bewegt sich im Spannungsfeld zwischen psychologischer Theoriebildung und psychologischer Praxis. Bereits FREUD verankerte mit seinem ‚Junktim von Heilen und Forschen' beide Aspekte als unzertrennbare Bestandteile psychoanalytischen Handelns. Auch die später etablierte Verhaltenstherapie beruft sich sowohl in der Ableitung ihrer Methoden als auch im Effektivitätsnachweis auf wissenschaftliche Theorien und empirische Forschungen. Die dritte der großen Therapierichtungen, die Gesprächspsychotherapie, hat ihr Vorgehen ebenfalls durch wissenschaftlich begründete Studien untermauert.

Ausgelöst durch die Behauptung von EYSENCK (1952), Psychotherapie erzeuge keine besseren Effekte, als sie durch Spontanheilung zu erwarten seien, begann eine bis heute anhaltende Serie von empirischen Studien zum *Nachweis der Effektivität* von Psychotherapie.[1] Fest steht, daß Psychotherapie ein wirksames Verfahren zur Bewältigung von psychischen Störungen ist – strittig ist die *differentielle* Wirksamkeit und damit die Legitimation von spezifischen Therapierichtungen.[2] Gesellschaftlicher Hintergrund solcher Auseinandersetzungen sind neben wissenschaftlichen Forschungsinteressen auch gesundheitspolitische Überlegungen, wie etwa die Anerkennung von Psychotherapie als eigenständiger Heilberuf. Angesichts der ausufernden Menge unterschiedlichster Therapieschulen und einer bislang ausbleibenden gesetzlichen Regelung dienen solche Effektivitätsuntersuchungen auch dazu, den Markt durch wissenschaftliche Qualitätsstandards zu begrenzen.[3]

Wissenschaftstheoretisch steht hinter den Konzepten der Effektivitätsstudien ein naturwissenschaftliches Forschungsparadigma aus dem medizinisch-pharmakologischen Bereich, das auf das psychologisch-psychotherapeutische Feld übertragen wurde: Psychotherapie wird gleich einem Medikament behandelt, als könne deren Effekt in einer

---

1   Aus der Vielzahl von Veröffentlichungen siehe den Überblicksbericht von LAMBERT & BERGIN (1994).

2   Nach dem Ergebnis der Studie von LUBORSKY et al. (1975), dem sogenannten Dodo-Verdikt: ‚Alle haben gewonnen und alle müssen einen Preis erhalten', ist diese Diskussion in Deutschland aktuell durch die Veröffentlichung von GRAWE et al. (1994) wieder aufgeflammt.

3   „Es leuchtet unmittelbar ein, daß eine Festlegung bezüglich der wesentlichen psychotherapeutischen Bestimmungsstücke wie Krankheits- und Persönlichkeitstheorie, Veränderungsvorstellungen, Behandlungsverfahren usw. auch eine abgrenzungspolitische Notwendigkeit darstellt" (CZOGALIK 1990, 9).

Dosis-Wirkungs-Relation abgebildet werden. In Folge davon werden unterschiedliche therapeutische Verfahren (gleich einer Dosis) variiert, dann die jeweilige Wirkung als direkt abhängige Variable gemessen und durch statistische Verfahren überprüft und abgesichert – ungeachtet dessen, daß Psychotherapie ein Interaktionsprozeß ist, in dem ein Austausch zwischen lebendigen, also kommunizierenden und handelnden ‚Systemen‘ stattfindet.

Neben dieser ersten, grundsätzlich erfolgreichen, wenn auch weiterhin im Detail unvollständigen Klärung der Effektivitätsfrage wurde eine zweite Dimension der Psychotherapieforschung eröffnet: Sie bezieht sich auf Wirkmechanismen des therapeutischen Veränderungsprozesses. Grundfrage dieser *Prozeßforschung* ist: ‚Wodurch wirkt Psychotherapie?‘ Ziel war es, die spezifischen Wirkfaktoren professioneller Psychotherapie zu identifizieren, und zwar nach Kriterien, die von den jeweiligen Theorien abgeleitet wurden. Im Ergebnis wurde die ‚therapeutic community‘ jedoch durch eine Reihe von unspezifischen alltagsnahen Wirkfaktoren irritiert; so wurde beispielsweise als wesentliche Einflußgröße eine gute und vertrauensvolle zwischenmenschliche Beziehung identifiziert, wie sie (zumindest in kurzfristigen Kontakten) ebenso von Laien hergestellt werden kann und im Alltag auch häufig Bestandteil von helfenden Gesprächen ist.

Diese Ergebnisse sollten jedoch nicht Anlaß sein, Psychotherapie als „kostspieliges Placebo" abzuqualifizieren (AVELINE 1984, 856) – vielmehr ist eine Psychotherapieforschung gefragt, die das ‚Unspezifische‘ und die möglicherweise sehr alltagsnahen Dimensionen systematisch mitberücksichtigt und mit den psychotherapiespezifischen Wirkfaktoren verknüpft. Dies erfordert eine Erweiterung des eingeschränkten Blickwinkels auf Psychotherapie als ein deduktives *Anwendungs*gebiet wissenschaftlich-theoretischer Überlegungen: Die Akteure, die konkrete Rahmung psychotherapeutischer Prozesse und die Situation der Klienten (vor, während und nach der Psychotherapie) müssen in Rechnung gestellt werden; dies sind konkret die Psychotherapeuten und Klienten, der spezifische klinische Kontext und die alltägliche Lebensführung der Klienten sowie nicht zuletzt auch die gesellschaftlichen Settings.

Für ein solches ‚kontextsensibles‘ Vorgehen in der Psychotherapieforschung ist die bisher der Untersuchung psychotherapeutischer Prozesse zugrunde gelegte eindimensionale Dosis-Effekt-Relation wenig hilfreich, weil sie die komplexen sozialen Zusammenhänge nicht angemessen erfassen kann. Aus diesem Grunde haben wir in der hier vorliegenden Arbeit einen Paradigmenwechsel vorgenommen und eine sozialwissenschaftliche – soziologische *und* psychologische – Herangehensweise bei der Analyse von psychotherapeutischen Prozessen gewählt. Dabei haben wir einen besonderen Aspekt in den Vordergrund gestellt, nämlich daß Psychotherapie und deren Wirkung in einem weiten Sinne Wissenstransformationen darstellen, weshalb man angelehnt an die soziologische Verwendungsforschung nach der ‚Verwendung psychologisch-psycho-therapeutischen Wissens' fragen kann.

Diese Umakzentuierung ist unmittelbar einleuchtend, wenn analytisch genau betrachtet wird, was in der Psychotherapie und danach stattfindet: *In* der Psychotherapie wird ein Sonderwissen, nämlich psychologisch-psychotherapeutisches, zur Interpretation und Deutung sozialer und psychischer Ereignisse angeboten. Die Psychotherapeuten mischen dabei das theoretische Wissen mit ihrem Erfahrungs- und Alltagswissen. Auch die Klienten müssen das angebotene Sonderwissen mit ihrem bisherigen Allgemeinwissen verknüpfen. Dabei ist zu beachten, daß Klienten *ihr* lebensgeschichtlich gewachsenes Wissen, also ihre Erfahrungs-, Deutungs- und Handlungsmuster mit einbringen. Das psychologisch-psychotherapeutische Wissen *transformiert* sich in ein neues Wissen, das vor allem gemäß der Logik ihres Alltags und ihrer Lebenswelt anwendbar sein muß; auch *nach* der Psychotherapie sind immer wieder Korrekturen und Neujustierungen, also *Transformationen* zwischen dem psychologisch-psychotherapeutischen und dem Allgemeinwissen notwendig.[1] Wir werden diese Zusammenhänge, die sich aus der Perspektive: ‚Psychotherapie als Transformationsprozeß' ergeben, in Kapitel 1 darstellen.

Eine sozialwissenschaftliche Herangehensweise erfordert zusätzlich eine gewissenhafte Konstruktion des empirischen Feldes, um transparent zu machen, auf welchen sozialen Zusammenhang sich die Forschungen und Ergebnisse beziehen (Kapitel 2). Wir haben für unsere Studie einen zweifachen Zugang gewählt: Der erste Gegenstand unserer Untersuchung – die Transformations*ebene* I, Kapitel 3 – waren die psycho-therapeutischen Prozesse auf der Psychotherapiestation einer psychiatrischen Klinik; die zweite Untersuchungseinheit bildeten die Berichte der ehemaligen Klienten über die Psychotherapie und deren anschließende Lebensführung – Transformations*ebene* II, Kapitel 4.

Ausgangspunkt unserer Überlegungen war, daß die sozialen Rahmenbedingungen von Psychotherapie, nämlich die „gesellschaftliche Auszeichnung ihrer Behandlungsorte als Stätten der Heilung" (FRANK 1981, 445) von großer Bedeutung sind, weil sie gleichermaßen zu den ‚unspezifischen Wirkfaktoren' gehören.[2] Der *Rahmen* von Psychotherapie, hier das institutionelle Setting einer Psychotherapiestation, wurde in der Psychotherapieforschung bislang – wenn überhaupt – vor allem als feststehende Größe

---

1   Auch wenn es Hinweise dafür gibt, daß sich die theoretischen Orientierungen der Therapeuten durchaus in den Selbst- und Weltdeutungen der Klienten niederschlagen können (zum Beispiel: ECKERT & BIERMANN-RATJEN 1990), so sind diese Überlegungen dennoch keineswegs gleichzuset-zen mit der Annahme einer unreflektierten Übernahme der Erklärungen der Experten durch die Klienten ohne Rücksicht auf deren bereits bestehende Deutungsstrukturen.

2   Siehe auch BASTINE et al. (1989) sowie CZOGALIK (1990).

eines quasi-experimentellen Designs interpretiert.[1] Daß sich dieser Zusammenhang unmittelbar auf das psychotherapeutische Geschehen und die dort stattfindenden Transformationsprozesse auswirkt, dürfte aber unstrittig sein – weshalb wir ihn explizit zum Untersuchungsgegenstand erhoben haben. Wir haben folglich Feldmaterialien und Experteninterviews erhoben, um Struktur und Bedeutung der Transformationsebene Psychotherapiestation zu analysieren; dabei haben wir uns insbesondere auf den organisatorischen und institutionellen Aspekt des Transformationsprozesses konzentriert, weil wir so die ‚Logik‘ dieser speziellen Praxis erfassen konnten.

Die in der Therapie angebotenen psychologisch-psychotherapeutischen Wissenselemente, nämlich die ‚anderen‘ Möglichkeiten der Selbst- und Weltdeutung und des alltäglichen Handelns, müssen von den Klienten in den jeweiligen lebensgeschichtlichen Zusammenhang und in das bestehende Allgemeinwissen sowie in ihre Lebensführung integriert werden. Dieser Transformationsprozeß ist mit dem Ende der therapeutischen Beziehung nicht abgeschlossen, sondern dauert über einen längeren Zeitraum hinweg weiter an; wir haben deshalb die ehemaligen Klienten zwei Jahre nach Abschluß der stationären Psychotherapie befragt. Um möglichst viele Facetten des Transformationsprozesses zu erfassen, hielten wir es für notwendig, daß unsere Gesprächspartner ihre *gesamte* Lebensgeschichte erzählten. Dieses Setting hatte den Vorteil, daß die Personen auch von frühen Lebensereignissen, alten und neuen Erfahrungs-, Deutungs- und Handlungsmustern, dem Stationsaufenthalt und der Psychotherapie sowie der späteren Lebensführung berichten konnten. Ein solches ‚Verschmelzen‘ unterschiedlichster Lebensereignisse in der Lebensgeschichte hat eine besondere identitätsstiftende und -stützende Dimension. Die Biographie ist nicht nur – in ihrer retrospektiven Bedeutung – Ort der entstandenen Störung, sondern zugleich Rahmung für die weitere Lebensgestaltung nach dem Abschluß einer Psychotherapie; sie ist – theoretisch präzise formuliert – der Rahmen für die Transformation von psychologisch-psychotherapeutischem und Allgemein-Wissen.

Die hermeneutisch-rekonstruktive Analyse solcher Autobiographien (und zusätzlicher Kontextmaterialien) hat gezeigt, daß die Transformation von psychologisch-psychotherapeutischem Wissen sehr unterschiedlich – aber nicht unsystematisch verläuft. *Ob* die Transformation gelingt, ist davon abhängig, ob dieses psychologisch-psychotherapeutische Sonderwissen für das Allgemeinwissen der Klienten und deren praktischen Alltag *anschlußfähig* gemacht werden kann: psychologisch-psychotherapeutisches und Allgemeinwissen müssen wie ein ‚Scharnier‘ zusammengreifen. *Wie* die ehemaligen Klienten diese Wissenselemente für ihre Lebensführung zusammenfügen, hängt, so das Ergebnis unserer Studie, von den lebensgeschichtlich gewachsenen *bio-*

---

1   Auch eine Interaktion zwischen dem jeweiligen (ambulanten beziehungsweise stationären) Rahmen und dem Therapiegeschehen wird selten in Erwägung gezogen; siehe dazu kritisch: BUCHHOLZ (1993), KRIEBEL (1993) und zum Teil auch die Beiträge in SCHEPANK & TRESS (1988).

graphischen Konstruktionsmustern ab; umgangssprachlich formuliert: von der Selbst- und Weltsicht der Klienten.

Wer seine Lebensgeschichte als Abfolge von schwierigen Lebensereignissen deutet (‚faktenorientierte Problemgeschichte'), interpretiert gemäß einem pragmatischen Lebensmodell die psychische Störung als eine Überlastung und sucht in der Psychotherapie einen Freiraum für den erfolgreichen Abbau von Belastungen – er findet kaum Anschlußmöglichkeiten für das psychologisch-psychotherapeutische Wissen im engeren Sinne und versucht, es in typisiertes Allgemeinwissen zu transformieren. Wird die Lebensgeschichte als Krankengeschichte gesehen, dann wird die psychische Störung nach einem medizinischen Krankheitsmodell als unerklärliche Funktionsabweichung gedeutet, und es wird die schnelle Beendigung der Störung angestrebt – das Sonderwissen wird instrumentell verwendet und, soweit möglich, in objektivierbares Regelwissen transformiert. Personen, die ihre Lebensgeschichte als eine individuelle Lerngeschichte entwerfen, deuten die psychische Störung konsistent als einen Lern- bzw. Erziehungsfehler, den es durch Kompetenzzuwachs und Persönlichkeitskomplettierung zu beseitigen gilt – das psychologisch-psychotherapeutische Wissen bleibt relativ wissenschaftsnah erhalten und wird in eine individuelle ‚Theorie für die Praxis' transformiert. Klienten, die ihre Lebensgeschichte als eine psychosoziale Fallgeschichte erzählen, interpretieren die psychische Störung gemäß einem psychodynamischen Entwicklungsmodell als eine Störung der Identitätsentwicklung und versuchen, diese zu erkennen und nachvollziehend zu verstehen – das Sonderwissen wird reflexiv mit dem Allgemeinwissen verknüpft, es wird immer wieder hinterfragt, den sich ändernden Lebensbedingungen angepaßt und für ‚Prozesse der Selbstverständigung' neu justiert.

Mit den hier vorgestellten Forschungsergebnissen haben wir eine Abkehr von der Psychotherapieforschung im Rahmen des naturwissenschaftlichen Dosis-Wirkung-Paradigmas vollzogen – und zwar an zwei ‚Enden': sowohl Dosis (Therapie unter Einbeziehung der Institution) als auch Wirkung (Klienten und der Gesamtzusammenhang ihrer Lebensgeschichte) werden als rahmengesteuerte *und* -steuernde Größen betrachtet, die sich durch ihre Interaktion verändern. Diese Rahmen gelten nicht, wie in der experimentell-empirischen Forschung, als Störvariablen, die es zu kontrollieren gilt – im Gegenteil: Sie erweisen sich als zentrale Einflußfaktoren für die verschiedenen Varianten der Transformation von psychologisch-psychotherapeutischem Wissen. Damit versuchen wir, für das empirische Feld, das wir bearbeitet haben, eine differenzierte, sozialwissenschaftlich fundierte Antwort auf die Frage ‚Wie wirkt Psychotherapie?' zu geben.

1 Neue Akzente der Psychotherapieforschung: Psychotherapie als Transformationsprozeß

Die Psychotherapieforschung kann als ein Untersuchungsfeld betrachtet werden, in dem es um das Verhältnis zwischen Theorie und Praxis, insbesondere um die Praxisrelevanz wissenschaftlichen – hier: psychologisch-psychotherapeutischen – Wissens geht. Aus dieser Perspektive bezieht sich die Psychotherapieforschung auf soziale Situationen, in denen psychologisch-psychotherapeutisches Wissen angewendet wird – dies ist üblicherweise die Praxis, also der psychotherapeutische Prozeß zwischen den Professionellen und den Klienten beziehungsweise Patienten. Wir werden im folgenden ausführen, daß dabei jedoch von den Professionellen kein ‚reines‘ theoretisches, wissenschaftliches Wissen verwendet wird, sondern eines, das bereits im Hinblick auf die praktische Anwendung verändert wurde; ebensowenig ‚übernehmen‘ die Klienten das psychologisch-psychotherapeutische Wissen genau in der Form, wie es ihnen während der Psychotherapie ‚angeboten‘ wurde. Auf beiden Seiten finden Anpassungsvorgänge – *Transformationen* – statt.

1.1 Psychologische Wirkungsforschung und soziologische Verwendungsforschung – zwei Zugänge zur Untersuchung von Transformationsprozessen

Wenn es um die Frage geht, wie sich psychologisches Wissen durch Transformationsprozesse verändert, und zudem untersucht werden soll, *wie* Klienten beziehungsweise Patienten dieses Wissen in ihr Allgemeinwissen integrieren, dann sind zwei Forschungsrichtungen angesprochen, die unterschiedlichen sozialwissenschaftlichen Disziplinen angehören. Es handelt sich um die psychologische Wirkungsforschung und die soziologische Verwendungsforschung, die bislang kaum Notiz voneinander genommen haben. Nur wenige Sozialwissenschaftler – für den deutschsprachigen Raum ist hier WOLFF (1994) zu nennen – haben Verknüpfungsmöglichkeiten in Betracht gezogen. Dies liegt nicht nur an der disziplinären Distanz zwischen Psychologie und Soziologie, sondern daran, daß trotz vergleichbarer Zielrichtung mit ‚eigentlich‘ unterschiedlichen Fragestellungen und Konzepten gearbeitet wird, die nicht umstandslos und unmittelbar ineinander übersetzt werden können. Schließlich beruhen beide Herangehensweisen auf unterschiedlichen Logiken – nämlich einer Psycho-Logik einerseits und einer Sozio-Logik andererseits; dies gilt aus einer allgemein-abstrakten Perspektive unabhängig von den konkreten theoretischen Ausformungen (oder gar Therapieverfahren), die sich aus den jeweiligen Logiken ergeben.

Eine erste ,Übersetzung' ist möglich, wenn die Fragestellung der psychologischen Wirkungsforschung mit ausgewählten Konzepten der soziologischen Verwendungsforschung bearbeitet wird und die soziologische Verwendungsforschung Fragen der psychologischen Wirkungsforschung zu ihrem Gegenstand macht. Die zweite Bedingung ist, daß Umdeutungen, Korrekturen und Präzisierungen notwendig sind, um beide Herangehensweisen wechselseitig aufeinander zu beziehen. Dieses ,Aufeinanderbeziehen' geschieht nicht beliebig, sondern systematisch: Zu berücksichtigen ist die Fragestellung, die in einem konkreten Forschungsprozeß beantwortet werden soll, und das empirische Feld, das Gegenstand der Untersuchungen ist. Erst daraus ergibt sich ein spezifisches Verständnis von Wirkungs- und Verwendungsforschung – dieses wird im folgenden präzisiert. Die sich anschließende Darstellung beider Bereiche erfolgt aus diesem Blickwinkel; für eine vollständige Übersicht verweisen wir auf die dort angegebene Literatur.

1.1.1 Wirkfaktoren im psychotherapeutischen Prozeß. Das Konzept der psychologischen Wirkungsforschung

Die psychologische Wirkungsforschung beschäftigt sich damit, diejenigen Faktoren zu identifizieren, die zur Effizienz professioneller therapeutischer Interaktion beitragen.[1] Dabei gelingt es ebenso wenig wie in der Outcome-Forschung, streng differenzierende Behandlungsfaktoren zu identifizieren, die auf schulenspezifische Techniken zurückzuführen sind. So gilt bis heute das Resümee von BOZOK & BÜHLER nach ihrer Übersicht über eine große Zahl von Therapiestudien: „Keiner psychotherapeutischen Theorie ist es gelungen, ein therapeutisches Konzept zu erstellen, in dem spezifische Faktoren überzeugend Wirkungen erzielen, die dem kausalen Ursache-Wirkungs-Zusammenhang entsprechen, wie er in der Theorie formuliert ist" (1988, 126).

Dieses Scheitern wird bislang den Theorien oder den Praktikern angelastet – das implizit zugrundeliegende wissenschaftliche Modell wird nicht hinterfragt. Ein solches Dosis-Effekt-Modell, wie es die psychologische Wirkungsforschung aus der pharmakologischen Forschung übernommen hat, versagt jedoch bereits an der Festlegung einer eindeutig identifizierbaren und meßbaren professionellen Dosis. So weisen mehrere

---

1 Siehe dazu BOZOK & BÜHLER (1988), ENKE & CZOGALIK (1990), FRANK (1971, 1981), HUF (1992), KÄCHELE (1988), KARASU (1986), KIND (1986), PFEIFFER (1991a), TEXTOR (1990, 1992) und TSCHUSCHKE & CZOGALIK (1990).

Untersuchungen darauf hin, daß eine strikte Kategorisierung der Therapeuten gemäß ihrer Schulenzugehörigkeit aus mehreren Gründen nur eine rein akademische ist: Zum einen beruft sich eine beträchtliche Zahl von Psychotherapeuten auf mehr als eine Therapieausbildung;[1] zum anderen halten sich Praktiker nicht grundsätzlich an das schulenspezifische Arsenal von Behandlungsmethoden, sondern integrieren Teile unterschiedlicher Therapieschulen in ihr therapeutisches Handeln.[2] So ist es nicht verwunderlich, „daß sich Therapeuten in ihrem Realverhalten weniger unterscheiden, als ihre Lehrbücher vermuten lassen" (CZOGALIK 1990, 10). Anzunehmen ist daher eine *Eigenlogik* psychosozialer Praxis: Je länger die psychosozialen Experten berufspraktisch tätig sind, desto unklarer sind ihre Rückgriffe auf die theoretische Psychologie oder bestimmte Schul- und Lehrmeinungen; mit zunehmender Berufspraxis können wir von einem implizit verfügbaren Berufswissen ausgehen, das eher den beruflichen als den reinen wissenschaftlichen Anforderungen entspricht.

Auf eine solche Annäherung von Therapeuten unterschiedlicher Ausrichtungen im Verlaufe ihrer Berufspraxis verweisen auch die im Rahmen der Wirkungsforschung herausgearbeiteten schulen- und konzeptübergreifenden, sogenannten unspezifischen Bestandteile, die unterstreichen, daß es in dem Praxisfeld der Psychotherapie homogene Anforderungsstrukturen gibt. CZOGALIK konstatiert „eine beträchtliche Anzahl gemeinsamer Struktur- und Verhaltensmerkmale über die Palette verschiedener psychotherapeutischer Richtungen" (1990, 11). In den bisherigen Studien werden übereinstimmend die Qualität der Therapeut-Klient-Beziehung und die dazu notwendigen Therapeuten- und Klientenvariablen als zentrale Faktoren einer gelingenden Psychotherapie herausgestellt.

Auf der inhaltlichen Ebene faßt KARASU (1986) die Wirkfaktoren von Psychotherapie in die Bereiche (1) affektives Erleben, (2) kognitive Beherrschung und (3) Verhaltensregulation zusammen, eine Einteilung, die durchaus aktuell ist.[3] Er betont damit den emotionalen Gehalt des therapeutischen Geschehens, den Anteil einer kognitiv nachvollziehbaren Erklärung und die Veränderung auf der Handlungsebene. Auf einer formalen Ebene, und damit ergänzend zu den Überlegungen von KARASU, verweist FRANK (1971, 1981) auf folgende *konzeptübergreifenden* Faktoren einer Psychothera-

---

1 LAMBERT & BERGIN (1994) sowie TEXTOR (1992) verweisen in ihrer Literaturübersicht auf einen Trend zum Eklektizismus beziehungsweise zur schulenübergreifenden Integration verschiedener therapeutischer Techniken.

2 Vgl. dazu die Überlegungen von GARFIELD (1982), KEUPP et al. (1989), TEXTOR (1990) und WALLERSTEIN (1990). Dazu THOMMEN et al.: „Die untersuchten Therapeuten argumentierten immer wieder, ihre therapeutische Schule würde diese Sicht oder jenes Vorgehen vertreten, sie selber würden sich aber nicht danach richten, sondern hätten daraus ihre je eigene Sicht oder je eigenes Vorgehen abgeleitet" (1988, 152). BREUER konstatierte bereits 1979, daß Psychotherapeuten „die Herausbildung eines ,persönlichen Stils' beraterisch-therapeutischer Intervention ... als ein wesentliches Merkmal der Erfahrungs und Kompetenzentwicklung" ansehen (1979, 179).

3 Siehe zum Beispiel LAMBERT & BERGIN (1994).

pie: (1) die therapeutische Beziehung, (2) spezifische Rahmenbedingungen und Rollenzuschreibungen, (3) das Erklärungskonzept und (4) das therapeutische Verfahren (das ‚Ritual‘). FRANK rekurriert mit diesen Überlegungen auf bestimmte hierarchische Rollenverteilungen innerhalb des psychotherapeutischen Handelns, die denen des medizinischen Settings in ihren Grundzügen vergleichbar sind (vgl. PARSONS 1970): Klienten befinden sich in einem Zustand der „Demoralisierung" (FRANK 1971), das heißt sie zeigen ihre Therapiemotivation durch das Eingeständnis von Hilfsbedürftigkeit und ihre Veränderungsbereitschaft. Von Therapeuten wird komplementär dazu professionelle Identität durch die Kompetenz zu einer Erklärung der Störung und zur Problembewältigung erwartet.

Dabei ist es für einen langfristigen Therapieerfolg entscheidend, daß diese Erklärungen (einschließlich der erlebten Störung) für die Betroffenen *nachvollziehbar* und selbständig handhabbar sind. Die anfängliche Hierarchie zwischen hilfsbedürftigen Patienten und kompetenten Therapeuten muß aufgelöst werden, um die langfristige Effektivität einer Psychotherapie zu sichern. So warnen BERGOLD & JAEGGI: „Die ‚abgeschottete‘ Therapiesituation kann zum Ersatz für den realen Alltag werden, so daß der ‚Transport‘ der in ihr gewonnenen Erkenntnisse in den Alltag nicht mehr stattfindet" (1987, 4). Um dieses Ziel der zeitlich begrenzten therapeutischen Intervention zu erreichen, wird immer wieder die Autonomie des Patienten durch ‚Hilfe zur Selbsthilfe‘ eingefordert. Es wird davon gesprochen, daß der Klient „zu seinem eigenen Therapeuten" (REIMER & EHRET 1982, 224)[1] oder gar zum „Wissenschaftler für die eigene Person" (MAHONEY 1977, 310) werden solle. Insofern ist es unplausibel, das mögliche Wirkungsfeld, wie bisher üblich in der Psychotherapieforschung, auf die Interaktion im engeren Sinne, also auf Variablen *innerhalb des therapeutischen Geschehens* zu beschränken. Darüber hinaus ist zu bezweifeln, ob es für die Messung der Effekte sinnvoll ist, die Wirkung einer Psychotherapie vorab zu bestimmen, oder ob es sich nicht um ein Behandlungsverfahren handelt, das dadurch gekennzeichnet ist, daß Problem- und Zielbestimmung Teil der Behandlung sind. Psychotherapie ist unter diesem Blickwinkel als ein heuristischer Prozeß zu betrachten,[2] der sich durch die Interaktion zwischen Therapeut und Klient immer wieder weiterentwickelt und neue Erkenntnisse und Ziele zuläßt.

Voraussetzung dafür ist, die grundsätzliche Überlegenheit der theoretischen Erklärungen und die darauf beruhende Hierarchie Professionelle – Laien zwischen Therapeuten und Klienten in bezug auf die Zielsetzung der Behandlung in Frage zu stellen. Die therapeutischen Ziele von Autonomie und Selbstexpertentum können über den Therapiezeitraum hinaus nur erreicht werden, wenn die Klienten von dem Deutungswissen ihrer Therapeuten unabhängig werden und sich selbst einen ‚Reim‘ auf die

---

1   Siehe auch THOMMEN et al. (1990, 177).

2   Vgl. GRAWE (1987a, 1988a,b) und KLEIBER (1988).

Geschehnisse in ihrem Leben machen können. Dabei müssen auch die bereits zu Beginn der Therapie bestehenden lebensgeschichtlich gewachsenen Wahrnehmungs- und Deutungsstrukturen sowie Handlungskompetenzen der Klienten berücksichtigt werden, in die sie die *neuen Erfahrungen integrieren.* Kennzeichnungen von Therapie als „Verhandlung über subjektive Krankheitskonzepte" (FLICK 1991, 18) oder als „integrierbare Neuerfahrung und Neubewertung" (CZOGALIK 1990, 15) weisen in diese Richtung. Dabei ist, insbesondere bei einem stationären Therapiesetting, keinesfalls zu erwarten, daß dieses Ziel bereits mit Abschluß der Therapie erreicht werden kann, die Auswirkungen einer Behandlung können erst nach einer Phase der eigenständigen Lebensführung ermessen werden. Eine Wirkungsforschung, die sich auf das Geschehen innerhalb des therapeutischen Prozesses beschränkt, muß vor dem Hintergrund dieser Überlegungen zwangsläufig zu kurz greifen.

1.1.2   *Akzente einer wissenssoziologischen Verwendungsforschung*

Die Frage nach der *Verwendung wissenschaftlichen Wissens* ist die zentrale Problemstellung der soziologischen Verwendungsforschung,[1] die WOLFF als das „soziologische Pendant der Psychotherapieforschung" bezeichnet (1994, 41). Sie untersucht, in welcher Form wissenschaftliches Wissen in der Praxis verwendet wird. Mit diesem speziellen Blick wird das Spannungsverhältnis zwischen der psychologischen Theoriebildung und der psychotherapeutischen Praxis zentral, wobei unterstellt wird, daß es sich um zwei *strukturell* unterschiedliche Sphären mit differierenden Deutungs- und Handlungslogiken handelt. In Anerkennung dieser substantiellen Leitdifferenz wird die wissenschaftsfixierte Idee der deduktiven Anwendbarkeit wissenschaftlichen Wissens grundsätzlich in Frage stellt. Die Verwendungsforschung macht gerade das zum Thema, was die beiden Sphären mit ihren Eigenlogiken unterscheidet; somit ist das Verhältnis zwischen Theorie und Praxis „nicht *hierarchisch,* sondern *qualitativ* zu denken. Wissenschaft liefert nicht notwendig ein besseres, sondern zunächst einmal ein anderes Wissen" (BECK & BONSS 1989, 9; Herv. im Original).

Die wissenssoziologische Ausrichtung der Verwendungsforschung, wie sie für unseren Untersuchungsbereich entwickelt wurde, präzisiert diesen Sachverhalt in zwei Richtungen (MUTZ et al. 1991, 1995): Erstens kann Wissenstransformation *nicht* so gedacht werden, daß in der Praxis des Alltags eine wissenschaftliche, theoretisierende Haltung eingenommen wird, weil genau dies der kognitive Stil der Praxis nicht er-

---

1   Zur *Verwendungsforschung* beziehungsweise *Sociology of Knowledge* oder *Knowledge Use* vgl. BEAL et al. (1986), BECK & BONSS (1989), BONSS & HARTMANN (1985), DEWE (1988), DUNN (1986), DUNN et al. (1985), HOLZNER & MARX (1979), KEUPP et al. (1989), KNAUTH & WOLFF (1989), LAU & BECK (1989), LÜDERS (1991a, 1993), MULKAY (1979), MUTZ & KÜHNLEIN (1991, 1993) sowie WINGENS (1988).

laubt; insofern ist auch eine unveränderte *Übernahme* von Theorien im Alltag nicht denkbar.[1] Der kognitive Stil der Praxis muß unter Handlungsdruck den Zweifel ausklammern und das Fragwürdige als ‚normal' typisieren, während der kognitive Stil der Wissenschaft sich dadurch auszeichnet, daß Zweifel systematisiert und alternative Deutungs- und Handlungsmöglichkeiten aufgedeckt werden. Da der kognitive Stil der Praxis nicht durch eine wissenschaftliche Haltung *ersetzt* werden kann, muß bei der Erforschung von Transformationsprozessen rekonstruiert werden, *wie* wissenschaftliches Wissen unter der Bedingung des kognitiven Stils der Praxis verwendet wird.

Für die ‚qualitative Differenz' zwischen Theorie und Praxis ist zweitens weiterhin von Bedeutung, *was* eigentlich genau produziert und transformiert wird: Es geht um Sonderwissen auf der einen und um allgemeines Wissen (Basiswissen) auf der anderen Seite.[2] Beides kann als Deutungs- oder Interpretationswissen verstanden werden mit der Differenz, daß Sonderwissen als ein theoretisches *Reflexionswissen* differenzierter und konsistenter ist als das eher fraglos gegebene pragmatische allgemeine Wissen. Allgemeines Wissen ist ein implizites Wissen, während Sonderwissen explizit ist und somit häufig in „problematischen Situationen" (SCHÜTZ & LUCKMANN 1979, 150) herangezogen wird, wenn implizites Wissen an seine Grenzen stößt. Dies ist im Falle des klinisch-psychologischen Wissens unmittelbar einleuchtend: es ist ein besonderes Problemdeutungswissen, das von Psychotherapeuten angeboten und von Klienten dann nachgefragt wird, wenn alltägliche Situationen problematisch geworden sind und das routinisierte Basiswissen nicht mehr hinreicht. Klinisch-psychologisches Wissen ist ein in unterschiedlicher Form an biographischen Prozessen orientiertes, „subjektbezogenes Wissen, das Erfahrungen mit und die Entwürfe über die eigene Identität zusammenfaßt" (DEWE & RADTKE 1989, 60). Bei psychotherapeutischen Prozessen handelt es sich typischerweise um Situationen der stellvertretenden Deutung.

Eine in dieser Form wissenssoziologisch akzentuierte Verwendungsforschung unterstellt nicht, daß Sonderwissen – hier psychologisch-psychotherapeutisches – besser ist als das alltägliche beziehungsweise lebensweltliche Allgemeinwissen. Vielmehr gehen wir davon aus, daß klinisch-psychologisches Sonderwissen bedingt geeigneter ist, bestimmten problematischen Situationen zu begegnen.[3] Psychotherapie wird unter diesem Blickwinkel zu einem Vorgang der Wissensverwendung und der Wissensvermittlung – wobei darauf hinzuweisen ist, daß wir von einem sehr weit gefaßten Wissensbegriff ausgehen. Er umfaßt kognitive wie emotionale Vorgänge, Sachwissen ebenso wie Deutungs- und Erfahrungswissen.

---

1   Zu diesen und den folgenden Überlegungen vgl. GRATHOFF (1989, insbesondere 103 ff. und 150 ff.) und SOEFFNER (1983).

2   Vgl. SCHÜTZ & LUCKMANN (1979, insbesondere 363 ff.).

3   Diese Sicht kann sich auch auf die große Anzahl von Untersuchungen der unspezifischen schulenübergreifenden Wirkfaktoren von Psychotherapie stützen; sie belegen, daß der Erklärung für vorher unverständliche Phänomene ein wesentlicher Stellenwert zukommt.

Die Verwendungsforschung hat auf einen weiteren wichtigen Umstand hingewiesen, daß nämlich einerseits wissenschaftliches Wissen *aktiv konsumiert* wird, das heißt, daß es sich in und durch Verwendungsprozesse verändert – und zwar unter den Bedingungen der Praxis, nicht nach den Regeln der Wissenschaft. In diesem Sinne ist Verwendung zugleich „Verwandlung" (KEUPP et al. 1989, 181), und es ist präziser von *Produktion* in der aktiven Konsumtion zu sprechen. Damit wird wissenschaftliches Wissen nicht seiner wissenschaftlichen Identität entkleidet, aber es verwandelt sich auch nicht in Allgemeinwissen. Vielmehr muß das Sonderwissen für die Verwender, dies haben unsere Studien und die von WOLFF[1] gezeigt, als wissenschaftliches Wissen identifizierbar sein.

Das theoretische Wissen wird somit in seiner Anwendung mit anderen, lebensgeschichtlich erworbenen Wissensbeständen des jeweils Handelnden ‚vermischt'. Ähnliche Überlegungen werden auf dem Gebiet der rein kognitiven Wissensvermittlung unter dem Stichwort „Wissenserwerb unter konstruktivistischer Perspektive" von GERSTENMAIER & MANDL ausgeführt. Wissen sei dabei „als kontextualisiertes und situiertes Wissen zu untersuchen, das in aktiven Lernprozessen konstruiert wird" (1995, 25). Vor diesem Hintergrund müssen die Klagen der Psychotherapieforscher unterschiedlichster Richtungen, wie zum Beispiel GRAWE (1992), JAEGGI (1994) und RUDOLF (1991), daß die wissenschaftlichen Ergebnisse nicht ausreichend in der Praxis anerkannt und aufgenommen werden, anders interpretiert werden: Die Aussagen der praktizierenden Psychotherapeuten, daß ihr berufliches Handeln mit zunehmender Berufserfahrung immer weniger direkt auf ihre theoretische Grundhaltung zurückzuführen ist, erscheinen unter diesem Blickwinkel nicht länger als Fehler oder gar Unwilligkeit der Praktiker.[2] Aktive Neukonstruktion ist vielmehr ein konstitutives Merkmal von Wissenstransformationen in der beruflichen Praxis.

Andererseits ist zu beachten, daß das Sonderwissen für das vorhandene Allgemeinwissen *anschlußfähig* gemacht werden muß, weil es sonst gar nicht verwendet werden kann. Dies bedeutet, daß in Transformationsprozessen immer *Konsistenzprobleme* auftauchen, weil das Sonderwissen nicht einfach angewendet und nicht beliebig reinterpretiert werden kann. Somit besteht immer die Notwendigkeit, wissenschaftliches Wissen mit dem Allgemeinwissen in ein konsistentes Passungsverhältnis zu transformieren, was nicht unbedingt Anpassung des wissenschaftlichen Wissens oder des Allgemeinwissens impliziert. Wenn Verwendung einen Prozeß beschreibt, in dem folglich

---

1   Vgl. KNAUTH & WOLFF (1989), WOLFF & KRONER (1989) sowie WOLFF et al. (1988).
2   Siehe bereits FIEDLER (1950).

aus zwei ‚Richtungen' sowohl verändertes Sonder- als auch Allgemeinwissen produziert wird, dann wird die Frage nach der Struktur solcher Prozesse und den Transformationsbedingungen relevant.

1.1.3 Anknüpfungspunkte für eine sozialwissenschaftliche Psychotherapieforschung

Diese kurze Skizze ausgewählter Aspekte der psychologischen Wirkungs- und der soziologischen Verwendungsforschung verdeutlicht sowohl die Überschneidungen bei den Themen beziehungsweise Forschungsergebnisssen als auch die Differenzen, insbesondere bei den Herangehensweisen. Beide Konzepte verweisen auf die Eigenlogik unterschiedlicher Wissenssphären, also auch der psychotherapeutischen Praxis; sie zeigen auf, daß nicht nur ‚reines' psychologisch-psychotherapeutisches Wissen, sondern auch andere Wirkfaktoren im psychotherapeutischen Prozeß wirksam sind; damit verknüpft wird deutlich, daß es seitens der Klienten Wahrnehmungs-, Deutungs- und Handlungsdispositionen gibt, die gleichsam wie ein Filter für die Erfahrungen des psychotherapeutischen Prozesses wirken. Während die Wirkungsforschung diese Filter tendenziell eher als eine Behinderung der intendierten Auswirkung psychotherapeutischer Verfahren interpretiert, betont die Verwendungsforschung stärker den Aspekt der aktiven Neukonstruktion seitens der Verwender. Dies hängt damit zusammen, daß die Wirkungsforschung stärker der traditionellen, aus den Naturwissenschaften stammenden Theorie-Praxis-Sichtweise verbunden ist, die nach den Hindernissen für eine ‚richtige' Anwendung sucht. Von dieser Herangehensweise hat sich die Verwendungsforschung in den 80er Jahren zunehmend distanziert. Pointiert kann gesagt werden, daß der Blickwinkel der psychologischen Wirkungsforschung weiterhin auf einem medizinisch-pharmakologischen Modell beruht und die Verwendungsforschung ihre sozialwissenschaftliche Perspektive erweitert hat.

Wenn wir im folgenden Psychotherapie als einen Transformationsprozeß betrachten, dann steht diese sozialwissenschaftliche Perspektive im Vordergrund. Dies heißt *nicht*, daß die psychologische Sicht zugunsten einer soziologischen aufgegeben wird; es geht vielmehr darum, beide Disziplinen aufeinander zu beziehen und entsprechende ‚Rückübersetzungen' vorzunehmen: scheinbar psychologische Sachverhalte werden zusätzlich soziologisch gedeutet – und vice versa. Für eine sozialwissenschaftliche Untersuchung von *Psychotherapie als Transformationsprozeß* ist es sinnvoll, mit einer weit gefaßten Wissensdimension (siehe oben) zu arbeiten, denn eine solche Herangehensweise kann die ‚Defizitperspektive' (mangelhafte Theorieanwendung in der Praxis) vermeiden und den Blick dafür freimachen, daß im psychotherapeutischen Prozeß und bei den Klienten etwas ‚Neues' entsteht, das aktiv von den Beteiligten hergestellt wird. Dies ist kein grundsätzlicher, aber ein sehr weitreichender Perspektivenwechsel in der Psychotherapieforschung.

Für die hier vorliegende Analyse wurden zwei Transformationsebenen untersucht: Zum einen steht der psychotherapeutische Prozeß auf einer Psychotherapiestation einer psychiatrischen Klinik im Mittelpunkt; zum anderen wird untersucht, was ehemalige Klienten dieser Station im Hinblick auf ihre Lebensgeschichte und über ihre psychotherapeutischen Erfahrungen schildern. Auf der ersten Transformationsebene geht es um die Frage, welche Auswirkungen dieser besondere Rahmen auf die Transformation von psychologisch-psychotherapeutischen Wissens hat; auf der zweiten Transformationsebene geht es um den ‚Einbau' dieses Sonderwissens in das Allgemeinwissen der ehemaligen Patienten: Welchen Einfluß hat psychologisches Wissen auf die Lebensführung? Wie verläuft die Transformation im therapeutischen Prozeß? Welche unterschiedlichen Transformationsweisen gibt es? Mit der Beantwortung dieser Fragen beziehen wir uns auf einen wichtigen Aspekt der Psychotherapieforschung, denn wir konzentrieren uns auf die ‚unspezifischen' Wirkfaktoren (in den Termini der psychologischen Wirkungsforschung) und somit auf die ‚Logik der Praxis' (aus Sicht der soziologischen Verwendungsforschung) und deren Rahmenbedingungen für einen ‚gelungenen' Psychotherapieprozeß.

In den folgenden Kapiteln werden die hier untersuchten Transformationsebenen präzisiert. Zunächst geht es um die Bedeutung dieser Ebenen aus Sicht der Wissenschaft und der Praxis sowie insbesondere um grundsätzliche Fragen zur Analyse von Transformationsprozessen (Kapitel 1.2); anschließend geben wir eine erste eingehende Übersicht über die analysierten Transformationsebenen: es sind dies die institutionellen Rahmenbedingungen des psychotherapeutischen Prozesses auf der Psychotherapiestation (Kapitel 1.3) und die Schilderungen der Klienten beziehungsweise Patienten, die wir aus biographischen Interviews rekonstruierten (Kapitel 1.4).

1.2 Zur Bedeutung der Transformationsebenen aus Sicht der Wissenschaft und der Praxis

1.2.1 Zwei Transformationsebenen

Um die Beziehung zwischen Wissenschaft und Alltag sowie wissenschaftlichem Sonderwissen und Allgemeinwissen zu präzisieren,[1] wollen wir im folgenden zwei Transformationsebenen analytisch voneinander unterscheiden. Die Transformationsebene ist – im übertragenen Sinne – der Ort der Transformation, der deutlich macht, ‚was' nach welcher Logik transformiert wird; sie rahmt eine komplexe soziale Situation, stellt sozial und kulturell vermittelte Interpretationsmuster bereit und schafft einen Kontext,

---

[1] Zu dem nur allzu „alltäglichen Mißverständnis" zum Zusammenhang von „Alltagsverstand und Wissenschaft" vgl. SOEFFNER (1983).

in dem Relevanzen für das, was wir Transformation nennen, erzeugt und reproduziert werden. Wir können in Anlehnung an SCHÜTZ & LUCKMANN (1979, 1984) von *Sinnprovinzen* oder *Sinndimensionen* sprechen. Bei der Frage nach der Transformation psychologischen Wissens sind drei Transformationsebenen voneinander zu unterscheiden, von denen hier die beiden letztgenannten untersucht wurden.

Zunächst ist die Beziehung zwischen den *Experten* psychologischen Wissens (Wissenschaftler, Theoretiker) in der Welt der Wissenschaft zu nennen, die weitestgehend durch einen psychologischen Diskurs bestimmt ist – Allgemeinwissen spielt nicht etwa keine, aber eine untergeordnete Rolle; es herrscht die ‚reine‘ Logik der Wissenschaft.[1] Auf dieser Transformationsebene wird psychologisches Sonderwissen für die praktische Anwendung produziert. Das Dilemma dieses Transformationsprozesses ist, daß sich dieses Sonderwissen nicht nur theoretisch, sondern auch praktisch bewähren soll – es soll gemäß der Logik der Praxis anwendbar sein. Psychologisches Wissen entsteht durch einen distanzierten Blick auf die psychologische Praxis, die sich aber ihrerseits dadurch auszeichnet, daß im praktischen Vollzug bereits psychologische Verfahren angewendet werden. Die psychologische Theoriebildung hat es mit einem Gegenstand zu tun, der sich selbst wiederum durch die *Anwendung* psychologischer Theorien definiert. Die psychologische Praxis ist zugleich Bezugs- und Ausgangspunkt für die wissenschaftliche Theoriebildung in der Klinischen Psychologie, psychologisches Wissen wird jedoch keineswegs aus einer prinzipiell unwissenschaftlichen Praxis gewonnen. Diese Zusammenhänge bestehen ähnlich in der Pädagogik, nicht aber in den Naturwissenschaften. Diese Transformationsebene innerhalb der Wissenschaft selbst ist nicht Gegenstand unserer Analysen.

Von dieser Ebene zu unterscheiden ist in unserem empirischen Fall die Transformationsebene Psychotherapiestation, auf der sich Klinische Psychologen (und Psychiater sowie Beratungs- und Pflegepersonal) und Klienten in der sozialen Organisation einer psychiatrischen Klinik begegnen. Diese Transformationsebene ist *weder* Alltag noch Wissenschaft und dadurch charakterisiert, daß gemäß der Logik dieser Sinnprovinz praktisch relevantes psychologisches Wissen in spezifischen Interaktionssituationen verhandelt wird, das wiederum weder reines Allgemein- noch reines psychologisches Sonderwissen ist (siehe ausführlich das Kapitel 1.2 und Kapitel 3).

Die zweite Transformationsebene entsteht durch die Berichte der ehemaligen Klienten, die ihren Lebensverlauf erzählen und darin den Stationsaufenthalt, Überlegun-

---

1   Inwieweit die Produktion von Sonderwissen durch Allgemeinwissen mitbestimmt wird vgl. KNORR (1981), KNORR-CETINA (1985, 1988), KNORR-CETINA & MULKAY (1983) sowie MULKAY (1979). „Ebenfalls gibt es Gewohnheitswissen im wissenschaftlichen Denken, auch wenn dies nicht wissenschaftstheoretisch legitimiert sein mag“ (SCHÜTZ & LUCKMANN 1979, 145). Für den psychologischen Bereich VERRES: „Die meisten Forscher tun so, als seien nur die Theorien der sogenannten Laien subjektiv und nicht auch die Erkenntnisinteressen und Theorien der Forscher selbst“ (1991, 306).

gen zur Störungsgenese, die Erfahrungen mit der Psychotherapie und die anschließende Lebensführung ‚einbauen‘. Diese Transformationsebene ist ebenfalls weder Alltag noch Wissenschaft – aber Bestandteil der Lebenswelt, in der in einem biographischen Interview vom Alltag erzählt wird. Auf dieser Ebene werden das biographisch erworbene Allgemeinwissen über die eigene Lebensgeschichte, das bereits praktisch gewordene psychologische Sonderwissen sowie das kulturell verfügbare Wissen um die Regeln zur Erzeugung biographischer Erzählungen miteinander verknüpft. Die zentrale Frage ist, *wie* die Klienten in diesem besonderen Transformationsprozeß psychologisches Sonderwissen mit dem Allgemeinwissen verbinden (Kapitel 1.3 und Kapitel 4).

1.2.2 Voraussetzungen einer Analyse von Transformationsebenen

Bei der Analyse von Transformationsebenen ist zu beachten, daß das in der ‚frühen‘ Verwendungsforschung und auch in der Psychotherapieforschung vorherrschende Übernahme-Modell der Komplexität von Transformationsprozessen nicht gerecht wird. Dies gilt auch für die Transformation psychologischen Wissens, bei der die folgenden drei Faktoren zu berücksichtigen sind: es handelt sich um ein Deutungswissen, das in den Transformationsprozessen interpretiert werden *muß*; es ist gemäß dem jeweiligen Transformations*rahmen* anschlußfähig zu formulieren; es handelt sich der Struktur nach immer um ein Wissen, das bereits ‚*praktisch*‘ geworden ist.

Erstens ist auf der Transformationsebene von Wissenschaft zu professioneller Praxis zu berücksichtigen, daß selbst psychologisches Wissen, das als Anwendungswissen konzipiert ist, in der Praxis zunächst einmal dysfunktional ist, weil es sich um ein handlungsentlastet erzeugtes, theoretisches Sonderwissen handelt, das von den je konkreten Fallbesonderungen abstrahieren muß (auch wenn es aus Fällen der Klinischen Praxis gewonnen wurde). Es handelt sich um eine Wissensdimension, die wie jede andere auch darauf angewiesen ist, das Typische in der Vielfalt sozialer Erscheinungen in Erfahrungsschemata zusammenzufassen und aufgrund dieser Typisierung das soziale (hier: theoretische) Wiedererkennen zu organisieren.[1] Typen bilden Sinnzusammenhänge, die für einen bestimmten sozialen Bereich Geltung beanspruchen können. Das Dilemma bei einem wissenschaftlichen Sonderwissen besteht nun aber darin, daß es relativ abstrakt und allgemein formuliert werden muß, um für einen möglichst weiten Gegenstandsbereich Geltung beanspruchen zu können. Je umfassender der Geltungskreis einer Theorie, desto abstrakter verhält sie sich gegenüber den möglichen

---

1 „Zwischen Typ und Erfahrungsschemata ist die Grenze nicht allzu scharf zu ziehen. ... dort, wo Typen untereinander in Beziehung gesetzt werden ... (ist) der Begriff ‚Erfahrungsschemata‘ treffender“ (LUCKMANN 1986, 198).

konkreten Anwendungssituationen – wissenschaftliches Sonderwissen ist also immer ein Deutungswissen, das auf den jeweiligen Transformationsebenen zu Interpretationen *zwingt*.

Selbst das einfachste psychologische Rezeptwissen, wie es in vielen Printmedien in eigens dafür vorgesehenen Rubriken angeboten wird, enthält große Freiheitsgrade, die eine Auslegung für die Umsetzung erfordern. Vor diesem Hintergrund wird die Existenz von theorieunspezifischen Wirkfaktoren bei erfahrenen Professionellen unterschiedlicher theoretischer Ausrichtungen zu einem notwendigen und zwangsläufigen Bestandteil erfolgreichen professionellen Handelns. Es kann im therapeutischen Alltag grundsätzlich nicht um die *Anwendung* und buchstabengetreue *Umsetzung* theoretischer und wissenschaftlicher Erkenntnisse gehen, sondern um einen komplexen Transformationsprozeß gemäß der Logik der Praxis.

Diese Überlegungen sind in einer weiteren Richtung relevant: Weil es sich immer um Interpretationswissen handelt, können auch immer nur Deutungs*angebote* über soziale Ereignisse und Zusammenhänge formuliert werden, die in einer anderen Situation oder aus einer anderen Perspektive auch ganz anders interpretiert werden können. Es handelt sich aus der Sicht der Praxis also um eingeschränkt gültige Deutungsangebote und nicht um unumstößliche Wahrheiten. Dies dürfte für den Fall des psychologischen Wissens bei allen Transformationsprozessen unmittelbar einleuchtend sein, denn es gibt gerade auf dem Markt der psychologischen Theorien, Konzepte und Meinungen kaum Aussagen, die unwidersprochen bleiben.

Zweitens ist aus der Sicht der Anwendungssituationen, also aus der Logik der Praxis her zu argumentieren. Wenn jede nur denkbare Wissensdimension auf Typisierungen beruht, die einerseits Deutungen anbietet, andererseits Interpretationen erfordert, dann ist jede Transformationsebene ein *offenes* soziales System. Die Praktiker – in unserem Fall die Klinischen Psychologen und Psychotherapeuten – müssen psychologisches Wissen im Kontext und nach den immanenten Relevanzen der Klinischen Praxis verwenden, das heißt auf ihren konkreten Verwendungsprozeß zuschneiden. „Notwendig sind ... Reinterpretationen, die darauf abzielen, die aus wissenschaftlicher Perspektive erarbeiteten Informationen so kleinzuarbeiten, daß sie für die Praxis ‚anschlußfähig‘ werden" (BECK & BONSS 1989, 9).

Innerhalb der Psychotherapieforschung werden diese Überlegungen zu einer Anschlußfähigkeit des professionellen Deutungsangebots sehr unsystematisch geäußert. Sie sind implizit im Konzept eines *aktiven Klienten* (vgl. BRÄUTIGAM et al. 1990 sowie VERRES 1990) beziehungsweise in den Überlegungen zu Psychotherapie als *heuristischem Prozeß* enthalten. Konkret geäußert werden sie vereinzelt in praxisnahen Studien, wie zum Beispiel bei BLASER et al.: „Wir gehen davon aus, daß *therapeutische*

Interventionen nur dann wirksam sind, wenn sie in das vom Patienten intonierte Stück passen" (1992, 43; Herv. im Original).[1]

Wenn es sich bei Transformationsprozessen nicht um eine Übernahme wissenschaftlichen Wissens handelt, weil Wissenssysteme als Interpretationssysteme einen Deutungsüberschuß und ein Deutungsdefizit zugleich haben, dann bedeutet jede Wissensverwendung „ein aktives *Mit*- und *Neu*produzieren" (BECK & BONSS 1989, 11; Herv. im Original) nach der jeweils geltenden praxisimmanenten Logik. Der Begriff *aktiv* hat hier dann seinen Sinn, wenn er im Gegensatz zu *passiv* gedacht wird, nicht aber im Sinne einer *bewußten*, möglicherweise reflexiven Aneignung; es geht folglich um einen Prozeß, in dem wissenschaftliches Wissen aktiv konsumiert und zugleich neues Wissen produziert wird.

Um Produktion im Sinne neuer Wirklichkeitskonstruktionen nachzuzeichnen, ist es wiederum erforderlich, die unterschiedlichen Transformationsebenen als verschiedene *Rahmen* für die „Organisation der Erfahrung" (GOFFMAN 1980, 19) sowie die Transformations*kontexte* zu analysieren und zu bestimmen, was in welcher Form verwendungs*relevant* ist. Kontext und Relevanzstrukturen können als *Rahmungsdimensionen* des jeweiligen Erlebnis- und Erfahrungsstils in unterschiedlichen Sinnprovinzen bezeichnet werden. Wenn im folgenden von Rahmen gesprochen wird, dann orientieren wir uns an der Vorstellung von *strukturierten* Bereichen der unmittelbaren Lebenserfahrung, die ein Konstrukt handelnder Individuen sind und die kein explizites, sondern implizites Wissen erfordern, das über Vertrautheit (des Lebenszusammenhangs), Typisierungen (von sozialen Situationen) und Habitualisierung (von Handlungsabläufen) lebensgeschichtlich erworben und biographisch aufgeschichtet wurde.[2]

Unter Kontext wird hingegen das konkrete Ensemble sozialer und kultureller Verhältnisse verstanden, die eine besondere Logik der Praxis als „Referenzbereiche des Wissens" (BÖHM et al. 1989) hervorbringen. In unserem Falle ist auf der einen Transformationsebene die soziale Organisation der Psychotherapiestation der Kontext, deren Sinnwelt nach einer bestimmten Logik der Praxis organisiert ist; sie bestimmt, *wie* und in welcher Form psychologisches Wissen angeboten wird, welche Interpretationsmöglichkeiten bestehen und wie psychologisches Wissen schließlich überhaupt integriert werden kann. Auf der anderen Transformationsebene sind die biographischen Schema-

---

1   Siehe auch: „Eine Therapie ist dann gelungen, wenn der gefundene Lösungsweg unverkennbar die ‚Handschrift' des Patienten trägt" (FISCHER 1994, 346).

2   Diese Formulierung hat eine nicht unbeabsichtigte Nähe zu GOFFMANs Rahmenbegriff: „Rahmen sind kulturell vermittelte Interpretationsmuster, mit deren Hilfe Akteure Ereignisse identifizieren, einordnen, in thematische Zusammenhänge stellen und pragmatisch zugänglich machen. In diesem Sinne dienen Rahmen der Organisation der Erfahrung" (1980, 19). Vgl. gegenstandsnah hier insbesondere GOFFMANNs Untersuchung der „Asyle" (1977). Siehe auch aus einer anderen Perspektive die Überlegungen von GAMSON & MODIGLIANI (etwa: 1987, 143): „A frame is a central organizing idea or story line that provides meaning to an unfolding strip of events, weaving a connection among them."

ta beziehungsweise Konzepte der Klienten der Kontext; auch dieser Kontext ist nicht beliebig, weil historisch gewachsene, sozial und kulturell gültige Biographieschemata als Folien verwendet werden müssen. Innerhalb des spezifischen Kontextes werden Relevanzen erzeugt, die bestimmen, welche Kombinationen von Sonder- und Allgemeinwissen möglich sind.[1]

Diese Überlegungen weisen darauf hin, daß der Rahmen beziehungsweise die jeweiligen spezifischen Umstände einen wesentlichen Einfluß auf die Transformation des angebotenen theoretischen beziehungsweise Expertenwissens haben. Innerhalb dieser Rahmung müssen die beim Transformationsprozeß gültigen Kontexte bekannt sein, um analysieren zu können, wie sich die Relevanzen für die Verwendung wissenschaftlichen Sonderwissens herausbilden und reproduzieren. Die sich aus den Kontexten ergebenden Relevanzen bestimmen die Modi der Reinterpretationen wissenschaftlicher Deutungsangebote.

Beide Dimensionen, Kontexte und Relevanzen, geben Aufschluß über die *Struktur* von Transformationsprozessen innerhalb einer bestimmten Rahmung – hier geht es um unterschiedliche Rahmen im Bereich des klinisch-psychologischen Wissens. Diese Rahmungen sind die institutionellen Kontexte auf der Ebene der professionellen Transformation theoretischen Wissens in praktisches Handeln. Auf der Ebene der Transformation dieses professionellen Wissens in das alltägliche Handeln der Klienten stellen deren biographisch gewachsenen Deutungs- und Interpretationsstrukturen und deren konkrete Lebensbedingungen den entscheidenden Kontext dar.

Wenden wir uns *drittens* diesen Akteuren genauer zu: Welche Personen bewegen sich in dem ,Transformationsfeld Psychotherapie'? Zum einen gibt es Personen, die – hier sehr allgemein formuliert – aufgrund einer *problematischen Lebenssituation*, die sie nicht mit dem fraglos gegebenen, biographisch verfügbaren Allgemeinwissen bewältigen können, Hilfe erwarten. Sie sind *Laien*, bestenfalls *Gutinformierte*.[2] Auf der anderen Seite finden wir den recht heterogenen Personenkreis eines multiprofessionellen Teams, dem gemeinsam ist, daß es sich um verberuflichte Experten, also um Professionelle mit bestimmten Kompetenzen handelt (professionelle Sachverständige), die im

---

1   Die hier skizzierte analytische Unterscheidung von Rahmen, Kontexten und Relevanzen ist nicht am ,grünen Tisch' entstanden, sie ist vielmehr Ergebnis der empirischen Analysen bei der Rekonstruktion von Transformationsprozessen und im Hinblick auf die Frage entwickelt worden, wie entgegen szientistischen Konzeptionen die Logik der Praxis angemessen berücksichtigt werden kann.

2   „Der Gutinformierte unterscheidet sich vom Laien vor allem dadurch, daß er nicht bereit ist, die Abhängigkeit vom Urteil des Sachverständigen unreflektiert anzunehmen, unterscheidet sich andererseits vom Sachverständigen durch die Abwesenheit spezifischen, expliziten Wissens im betreffenden Gebiet" (SCHÜTZ & LUCKMANN 1979, 392). Hierunter könnte man sich Klienten vorstellen, die bereits in demselben oder anderen Kontexten Erfahrungen mit psychologischem Wissen gemacht haben.

Rahmen ein und derselben sozialen Organisation im Bereich der psychosozialen *Behandlung* tätig sind. Sie sind damit in besonderer Weise (zum Beispiel durch ein Angestelltenverhältnis) in das Regelsystem der sozialen Organisation eingebunden (was für die Laien und Gutinformierten nicht gilt!); sie sind darüber hinaus den Regeln ihrer Profession verpflichtet, das heißt, sie handeln entsprechend ihres beruflichen Wissens und sind qua formaler Ausbildung Experten.[1] Folglich ist davon auszugehen, daß die Experten den Klienten ein institutionalisiertes, spezielles Wissen anbieten, das im Verhältnis zum Allgemeinwissen eine gewisse Autonomie aufweist.

In Transformationsprozessen ist zusätzlich zu berücksichtigen, daß das moderne Allgemeinwissen nicht prinzipiell unwissenschaftlich oder irrational ist, weil darin wissenschaftliches Wissen durch kollektive gesellschaftliche Lernprozesse bereits enthalten ist. Auch die Letztverbraucher psychologischen Wissens – die Klienten – leben nicht in einem prinzipiell unwissenschaftlichen Alltag, wenn auch die Analysen zu einer Psychiatrisierung und Psychologisierung der Lebenswelt mit Skepsis zu betrachten sind.[2] Somit ist davon auszugehen, daß Transformation, wenn sie qualitativ etwas anderes darstellt als bloße Übernahme, durch Interpretation und Kombination mit anderen Wissenselementen etwas hervorbringt, das den Status von *neuen* Wirklichkeitskonstruktionen hat, die zumindest auf einer konkreten Transformationsebene Gültigkeit beanspruchen können.

1.3 Psychologisches Wissen und die institutionelle Ebene klinisch-psychologischer Praxis

Gegenstand unserer ersten Untersuchungseinheit ist die Psychotherapiestation der psychiatrischen Klinik eines Städtischen Allgemeinkrankenhauses; es ist eine Station, auf der primär psychotherapeutische, nicht psychiatrische (also medizinische) Verfahren zum Zuge kommen. Neben den übrigen Institutionen der psychosozialen Versorgung (Beratungsstellen, sozialpsychiatrische Kriseninterventionsdienste, therapeutische Wohngemeinschaften, private ambulante Praxis) handelt es sich also um einen Ort, der sich gerade durch die Verwendung psychotherapeutischer Verfahren auszeichnet: dieser Ort hätte buchstäblich keinen Sinn (und keine gesellschaftliche Legitimation), würden hier nicht die uns interessierenden Transformationsprozesse, also eine Verwendung

---

1   Vgl. hierzu etwa: EHRENREICH & EHRENREICH (1977), GOODE et al. (1957), HITZLER et al. (1994), ILLICH (1979) sowie LUCKMANN & SPRONDEL (1972).
2   Zu dieser These vgl. die Arbeiten von BACH & MOLTER (1976), BOPP (1985), CASTEL et al. (1982), GROSS (1984), HELLERICH (1985), KARDORFF (1979) und POHL (1988); kritisch zu diesem Zusammenhang: KÜHNLEIN (1992).

psychologischen Wissens, stattfinden.[1] Psychologen, Psychiater, Pflegepersonal und Sozialarbeiter arbeiten auf dieser Station unter dieser Prämisse; Patienten verwenden dieses Angebot und erwarten eine psychologisch-psychotherapeutische Kompetenz.

Dieser besondere Behandlungskontext hat nur wenig Beachtung in der Psychotherapieforschung gefunden,[2] obwohl selbst der Stellenwert stationärer Psychotherapie ungeklärt ist: Handelt es sich dabei um eine Krisenintervention oder um die Vorbereitung besonders schwieriger Patienten auf die eigentliche, nämlich eine ambulante Psychotherapie? Oder hat die stationäre Psychotherapie ihre eigenständige Bedeutung und Wirksamkeit? Dabei bestehen zwischen dem überwiegend analysierten ambulanten und dem stationären Therapiesetting eine Reihe gravierender Unterschiede. Aus sozialwissenschaftlicher Sicht müssen folgende Differenzen bei einer Untersuchung stationärer Therapie in Erwägung gezogen werden:

° Die *Vielzahl möglicher Bezugspersonen*, die sich weit über die Therapeut-Klient-Dyade ambulanter Therapie hinausgehend über die Mitglieder des therapeutischen Teams bis hin zu Mitpatienten und dem nicht-therapeutischen Klinikpersonal (einschließlich dem Putzpersonal) erstreckt. Dieser Rahmen einer vorstrukturierten ‚therapeutischen Wohngemeinschaft' führt durch die besondere Form des Zusammenlebens zu einem nicht-alltäglichen Eingriff in die Intimsphäre der Patienten.

° Die *Vielseitigkeit der therapeutischen Maßnahmen*, die zwar (zumeist) in einem spezifischen psychologischen Theoriegerüst verankert sind, aber weit über die ambulant angebotenen hinausgehen. Zu bedenken sind die grundsätzlich üblichen *Kombinationen von Einzel- und Gruppentherapie*[3] sowie Verfahren, die ambulant kaum realisierbar sind, wie etwa Sport- oder Beschäftigungstherapie. An Stelle der Konzentration auf ein bestimmtes Therapieverfahren muß die differentielle Wirksamkeit der verschiedenen Therapieangebote und vor allem deren Kombination treten.

° Die zeitlich begrenzte *Entlastung von alltäglichem Handlungsdruck* und Distanzierung von sozialen Zusammenhängen bei gleichzeitigem hohen Versorgungsgrad und umfangreichen therapeutischen Aktivitäten ist für die Klienten eine besondere, häufig idealisierte Lebenssituation, die im Alltag in dieser Form nicht vorzufinden ist.

---

1   „Klinische Institutionen als Teil eines Systems psychosozialer Dienstleistungen können als Orte gesellschaftlicher Problemlösestrategien angesprochen werden" (BUCHHOLZ 1993, 152).

2   Siehe LAMBERT & BERGIN (1994) sowie TSCHUSCHKE (1990); zur Effektivität stationärer Therapie vgl. RUFF & LEIKERT (1995) sowie ZIELKE (1993).

3   Zwar zeigen bisherige Untersuchungen, daß auch im Gruppensetting die schulenunspezifischen Wirkfaktoren überwiegen. Jedoch „läßt sich auch für die Gruppenpsychotherapie derzeit nicht schlüssig beantworten, welche Faktoren den therapeutischen Veränderungsprozeß maßgeblich bestimmen" (TSCHUSCHKE 1990, 267).

° Die *Umsetzung der Ergebnisse* der intensiven Auseinandersetzung mit psychologischen Deutungs- und Handlungsmustern kann während der Therapiezeit kaum im Alltag überprüft, verarbeitet und abgesichert werden, sondern bleibt dem Klienten nach Abschluß der stationären Therapie alleine oder mit Hilfe eines *anderen* therapeutischen Rahmens (und anderen Personen) überlassen.

° Der stationäre Aufenthalt führt zwangsläufig zu einer größeren Öffentlichkeit bezüglich der Existenz einer behandlungsbedürftigen psychischen Störung; eine ambulante Therapie kann dagegen im Extremfall vollkommen vor der Umwelt verborgen bleiben. Es besteht daher nachfolgend auch größerer *Rechtfertigungs- und Re-Normalisierungsdruck* durch die soziale Umwelt beziehungsweise ihr gegenüber.

Wenn wir über diese Deskription hinausgehen und eine soziologische Perspektive einnehmen, dann kann dieser Ort als eine besondere Institution bezeichnet werden, deren Strukturierung auf eine *totale* Institution hinweist. Hierbei handelt es sich im *idealtypischen* Sinne der Struktur nach um eine soziale Einrichtung, deren „allumfassender oder totaler Charakter ... durch Beschränkungen des sozialen Verkehrs mit der Außenwelt sowie der Freizügigkeit" symbolisiert ist (GOFFMAN 1977, 15 f.).[1] Sie bestimmt den *Rahmen* für die konkrete Transformationsebene.

Was ist das Besondere an dieser Institution? Aus einer makrosoziologischen Perspektive geht es um die Durchsetzung und Sicherung sozialer Ordnung, die durch die binäre Schematisierung von psychischer Norm und psychischer Abweichung charakterisiert werden kann – dies kann als globale Rahmung der konkreten Institution interpretiert werden.[2] Die Institution steht vor dem Handlungsproblem, Personen mit klinisch-psychologisch relevanten Lebensproblemen gemäß einer immanenten Logik zu *behandeln*. Das Besondere dieser Institution ist, daß sich diese Logik nach zwei ineinandergreifenden Rahmendimensionen ausrichten muß. GOFFMAN (1977) hat darauf hingewiesen, daß es sich einmal um eine soziale Organisation handelt, für deren reibungs-

---

1 „Das zentrale Merkmal totaler Institutionen besteht darin, daß die Schranken, die normalerweise diese drei Lebensbereiche (Schlafen, Spielen, Arbeiten) voneinander trennen, aufgehoben sind: 1. Alle Angelegenheiten des Lebens finden an ein und derselben Stelle, unter ein und derselben Autorität statt. 2. Die Mitglieder der Institution führen alle Phasen ihrer täglichen Arbeit in unmittelbarer Gesellschaft einer großen Gruppe von Schicksalsgenossen aus, wobei allen die gleiche Behandlung zuteil wird und alle die gleiche Tätigkeit gemeinsam verrichten müssen. 3. Alle Phasen des Arbeitstages sind exakt geplant, eine geht zu einem vorher bestimmten Zeitpunkt in die nächste über, und die ganze Folge der Tätigkeiten wird von oben durch ein System expliziter formaler Regeln und durch einen Stab von Funktionären vorgeschrieben. 4. Die verschiedenen erzwungenen Tätigkeiten werden in einem einzigen rationalen Plan vereinigt, der angeblich dazu dient, die offiziellen Ziele der Institution zu erreichen" (GOFFMAN 1977, 17). Unser Untersuchungsfeld, das wir weiter unten detaillierter beschreiben, weist Abweichungen zur GOFFMANschen Definition auf, weil es sich um eine *offene* und um eine *psychotherapeutisch* ausgerichtete Station handelt.

2 Mikrosoziologisch geht es um die Leitdifferenz: Innen (Psyche) – Außen (Körper).

losen Ablauf organisationsbezogene Regeln greifen müssen, daß es sich zum anderen um eine eigenständige Sinnwelt handelt, in der es Regeln des Zusammenlebens und ‚Unterlebens‘ gibt, die sich in Teilen von den *draußen* gültigen sozialen Regeln unterscheiden.[1]

Es handelt sich um einen psychotherapeutischen Diskursraum, um eine Welt mit Eigen-Sinn, die in Differenz zu den übrigen Sinnwelten, insbesondere zu den Sinnprovinzen *draußen* zu denken ist.[2] In einem solchen „Realitätsbereich geschlossener Sinnstruktur" finden wir einen „besonderen Erlebnis- beziehungsweise Erkenntnisstil" (SCHÜTZ & LUCKMANN 1979, 49). In einem gewissen Sinne kann in Anlehnung an GRATHOFF (1978, 1989) und HILDENBRAND (1983, 1989) auch von einem *Milieu* gesprochen werden, wenn man dabei berücksichtigt, daß es sich – aus Sicht der Klienten – in diesem strukturierten Bereich der unmittelbaren Lebenserfahrung beim Eintritt *nicht* um einen vertrauten und bekannten Lebenszusammenhang handelt, in dem die fraglos gegebenen lebensgeschichtlich erworbenen Typisierungen und Habitualisierungen gültig sind. In diesem *Sonder*milieu muß Vertrautheit und Bekanntheit mit der fremden Sinnstruktur vielmehr erst hergestellt werden, und das implizite Wissen sowie Typisierungen und Habitualisierungen sind *explizit* Gegenstand des psychotherapeutischen Prozesses.

Damit ergibt sich die Frage, *wie* in diesem konkreten Feld Transformationsprozesse *praktiziert* werden. Vergegenwärtigen wir uns dazu die weiter oben formulierten Überlegungen. Dort hatten wir davon gesprochen, daß Transformation das Aufeinandertreffen von Allgemein- und Sonderwissen in einer besonderen Rahmung bezeichnet und daß für die aktive Wirklichkeitskonstruktion die speziellen Kontexte und Relevanzstrukturen von Bedeutung sind. Wenn wir darüber hinaus davon ausgehen, daß es sich bei Sonder- und Allgemeinwissen um typisierte Wissenselemente handelt, die aufgrund ihrer Eigen-Logiken nicht unmittelbar miteinander verknüpft werden und ineinander aufgehen können, dann stellt sich auf beiden Seiten ein grundlegendes Transformations*problem*: wie können sich die Experten verständlich machen, wie können die Klienten in die Lage versetzt werden, innerhalb dieser mit Sonderwissen ausgestatteten geschlossenen Sinnstruktur zu kommunizieren?

Es liegt auf der Hand, daß beide Seiten Techniken *(er-)finden* müssen, um miteinander kommunizieren zu können. Dies kann nur folgendermaßen geschehen: die Experten müssen ihr wissenschaftliches Wissen anschlußfähig machen, indem sie es in

---

1   Gleichzeitig ist eine solche stationäre Behandlung nur dann sinnvoll, wenn die Klienten das dort erworbene Deutungs- und Erfahrungswissen anschließend in ihre Lebenswelt außerhalb des therapeutischen Rahmens übertragen können.

2   Insofern ist dies auch ein *ausgezeichneter* Raum, in dem im Sinne von WOLFF et al. (1988) empirisch nachvollzogen werden kann, wie die Differenz zwischen wissenschaftlichen und allgemeinen Wissen hergestellt wird – vgl. dazu weiter unten.

verständliches, allgemein zugängliches Wissen transformieren – ohne die inhärente Psycho-Logik aufzugeben; die Klienten müssen ihrerseits bereit sein, ihre Logik der (Alltags-)Praxis zu relativieren (nicht aufzugeben)[1] und eine Psycho-Logik zuzulassen. Sich verständlich machen bedeutet hier weniger, daß auf der Ebene der Sprachspiele Veränderungen vorgenommen werden, sondern vielmehr, daß substantiell ein *neues* Wissen produziert werden muß, das *strukturell* aber immer noch psychologisch bleibt.

Damit wird für die Transformationsebene Psychotherapiestation aber auch deutlich, daß es sich nicht um *reines* psychologisches Wissen handeln kann, das in dieser speziellen Sinnwelt verhandelt wird. Wenden wir uns beispielsweise dem psychologischen Professionellen zu (von den übrigen Experten kann die Kenntnis *reinen* psychologischen Wissens gar nicht erwartet werden): Wir können davon ausgehen, daß Psychologen in einem bestimmten Rahmen, nämlich während ihres Studiums und ihrer Psychotherapieausbildung (bestenfalls bei eigenen Forschungen), psychologisches Wissen als ein primär anwendungsbezogenes Wissen (aktiv) konsumiert haben, das aber zu ganz unterschiedlichen Tätigkeiten in verschiedenen Berufsfeldern befähigt. Das Berufsfeld der psychotherapeutischen Klinischen Praxis ist wiederum ein besonderes, weil psychologisches Wissen bezogen auf psychotherapeutische Prozesse erwartet wird; bei diesem Wissen handelt es sich um ein spezielles Anwendungswissen, das im Stil dieser besonderen Praxis relevant wird (und das wiederum in anderen Berufsfeldern von Psychologen irrelevant ist). Wir können ohne zu überzeichnen von einem fachkundigen, professionalisierten *Handwerk* sprechen: „Als Wissenschaft sorgt Psychotherapie für Erkenntnisgewinn, als Handwerk sorgt sie für die Bereitstellung von konkreten Problemlösungsmöglichkeiten" (EGGER 1986, 11).

Halten wir fest: auf der hier konkret vorliegenden Transformationsebene wird von den Psychologie-Experten ein spezielles Wissen eingebracht, das sich auf psychotherapeutische Prozesse bezieht. Dies gilt *strukturell* auch für die übrigen Experten, die allerdings medizinisches, helfendes und pflegerisches Wissen in die psychotherapeutische Situation miteinbringen.[2] Die daraus folgenden Deutungsangebote und Erfahrungsschemata, die seitens der Experten in den Transformationsprozeß eingebracht werden, sind also sehr vielschichtig, womit die Transformation zu einer äußerst komplexen Situation wird. In der Praxis muß der systematische Zweifel, der der Wissenschaftslogik inhärent ist, konsistent in eine *situative Gewißheit* umgewandelt werden.

Wenn wir uns die Klinische Praxis innerhalb einer bestimmten psychiatrischen Psychotherapiestation vorstellen, dann ist unmittelbar einleuchtend, daß die Verwendung psychologischen Wissens in dem besonderen Kontext einer psychiatrischen Kli-

---

1 „Die Indienstnahme der Psychologie gelingt offensichtlich nur, wenn bestimmte Sphären der Alltäglichkeit und die Autonomie der Subjekte gewahrt bleiben" (KEUPP et al. 1989, 185).

2 Im Hinblick auf die psychotherapeutischen Prozesse kann man von einer *Professionalisierung* des medizinischen, helfenden und Pflegepersonals (durch Zusatzausbildung und Supervision) gesprochen werden.

nik in einem Allgemeinkrankenhaus eine soziale Sonderwelt konstituiert, die für die dort handelnden Personen wirklichkeitsgenerierend wirkt. Damit unterscheidet sich auch das, was hier als klinisch-psychologisches Wissen herangezogen wird, zumindest in Teilen von anderen denkbaren klinisch-psychologischen Transformationsebenen (ambulante Psychotherapie, Beratungsstellen). So ist beispielsweise die Stationsordnung bereits eine Transformation psychologischen Wissens, allerdings nur sinnhaft im spezifischen Kontext einer stationären Psychotherapie.[1]

Es ist ein zentraler Bestandteil psychotherapeutischer *Techniken*, diese Transformationsprozesse fachkundig zu vollziehen. Für den Klienten muß darüber hinaus weiterhin deutlich bleiben, daß es sich um ein gesellschaftlich legitimiertes und erfahrbares lebensnahes Wissen von Experten handelt. Resultat dieses Transformationsprozesses ist ein gemäß dem Stil der Praxis praktisch gewordenes psychologisches Wissen, das in dieser speziellen Sinnwelt kommuniziert werden kann.[2] Ob die Transformation *gelingt*, hängt folglich von dieser konkreten Praxis ab. Dies impliziert logisch aber auch, daß es *draußen*, außerhalb der Station, wiederum nicht ohne weiteres verwendet werden kann.[3]

Abschließend möchten wir kurz auf ein weiteres charakteristisches Merkmal dieses Sondermilieus hinweisen. Der „besondere Erlebnis- beziehungsweise Erkenntnisstil" innerhalb dieses Realitätsbereichs „geschlossener Sinnstruktur" (SCHÜTZ & LUCKMANN 1979, 49) bezieht sich auf ein Thema, das *draußen* üblicherweise nicht Gegenstand der alltäglichen Kommunikation ist: es geht um die Versprachlichung von Psyche, um das innere seelische Erleben, das Experten und Klienten in gemeinsam erst hergestellten teilöffentlichen Wir-Beziehungen verhandeln. Was in der üblichen Lebenswelt weitestgehend *implizit* bleibt,[4] muß hier in einem besonderen institutionellen Rahmen *explizit* gemacht werden. Wir haben es aus dieser Perspektive mit einer „auferlegten" und *zugleich* „motivierten thematischen Relevanz" zu tun, die die Wahrnehmungs-und Sinn-

---

1 Zur besonderen Bedeutung einer Stationsordnung für die stationäre Psychotherapie (und deren organisationen- und schulenübergreifend sehr einheitlichen Ausgestaltung) siehe BUCHHOLZ (1993), KRIEBEL (1993) und SCHEPANK (1988).

2 Vgl. KEUPP et al.: „daß das sozialwissenschaftliche Wissen im psychosozialen Bereich bereits vor der Verwendung ... einen Verwandlungsprozeß erfahren hat, in dem es auf Alltagssprache und -kultur zugeschnitten wird .." (1989, 181).

3 Aus diesem Grund müssen bereits in dieser Sinnwelt *Anschlüsse* hergestellt werden, die eine Verwendung der neuen Deutungs- und Erfahrungsschemata *draußen* ermöglichen – was einen weiteren Transformationsprozeß erfordert.

4 Wir lassen hier außer acht, daß es selbstverständlich Submilieus – etwa das *Selbstverwirklichungsmilieu* (SCHULZE 1992) – gibt, in denen die Veräußerlichung des Inneren bereits zum regelhaften Erkenntnis- und Erfahrungsstil geworden ist. Zu denken ist hier natürlich auch an die ,informellen‘ Nischen, in denen Inneres kommuniziert wird; man denke etwa an den üblichen Kaffeeklatsch, die Taxifahrt, den Friseurbesuch usw.

zusammenhänge innerhalb des gegebenen inneren und äußeren Horizonts in eine bestimmte Richtung lenken (SCHÜTZ & LUCKMANN 1979, 229ff).[1]

Die Besonderheit des Gegenstandes erfordert eine spezielle Strukturierung dieser Erlebnis- und Erkenntniswelt, die einen Umgang mit bislang eher *geheimen* Wirklichkeitsbereichen ermöglicht: die Psycho-Logik muß diese Strukturierung bewerkstelligen und kooperative Vertrauensbeziehungen zwischen allen Handelnden herstellen – erst dann gibt es die Chance der Vertrautheit mit dieser Sinnwelt. Allein dies impliziert, daß zumindest eine symbolische Grenze zu dem *Draußen* gezogen werden muß, um diese Sonderwelt von Geheimnisträgern vor der weiteren Veröffentlichung zu schützen.

Wir werden in Kapitel 3 die Psychotherapiestation, auf der sich die Personen aufgehalten haben, die wir später nach ihrer Lebensgeschichte befragten, in ihren wesentlichen Facetten beschreiben und eingehend untersuchen. Es werden das Therapiekonzept, das Team und die formalen Zugangsregeln zur Psychotherapiestation sowie die Klientel dargestellt, um in den darauf folgenden Abschnitten die Transformationsebene einer geschlossenen Sinnwelt zu analysieren. Dabei werden die soziale Organisation und die sich dort etablierenden Binnenverhältnisse im Vordergrund stehen.

1.4 Biographie und Psychotherapie

In diesem Kapitel geht es um grundlegende Fragen zur zweiten Transformationsebene, also beispielsweise darum, welchen methodologischen und analytischen Stellenwert die biographischen Erzählungen der Klienten haben; in bezug auf die Konstruktion von Biographien ist es wichtig, auf einige Mißverständnisse in der Biographie- und Psychotherapieforschung einzugehen und unsere Position zu skizzieren. Des weiteren ist zu fragen, welche Rolle Psychotherapie bei der biographiebezogenen Deutungskompetenz spielt. Schließlich ist auf das biographische Interview einzugehen, in dem die Transformation psychologisch-psychotherapeutischen Wissens ‚praktisch‘ stattfindet: Die ehemaligen Klienten müssen die Erfahrungen auf der Psychotherapiestation als Sondersinnwelt und psychotherapeutische Deutungsangebote als Sonderwissen in ihren Lebensverlauf ‚einbauen‘ und versuchen, ihre Lebensgeschichte als eine plausible und konsistente zu erzählen.

---

1   In Anlehnung an HUSSERL und der Weiterentwicklung von GURWITSCH gehen SCHÜTZ & LUCK-MANN davon aus, „daß das thematische Feld aus thematischen Relevanzen besteht, die implizit zum Thema gehören und ursprünglich in vergangenen Erfahrungen angelegt wurden oder in der aktuellen Erfahrung mitgegeben sind" (1979, 237).

1.4.1 Biographie als subjektive Konstruktion

Innerhalb der Psychologie und Psychotherapie werden die Begriffe ‚Biographie‘, ‚Lebengeschichte‘ und ‚Lebenslauf‘ diffus verwendet. Wir wollen zwischen dem *Lebens-(ver)lauf* als Ablauf von (objektiv überprüfbaren) faktischen Ereignissen und der *Biographie* als gedeuteter und subjektiv interpretierter *Lebensgeschichte* unterscheiden (in ihrer wörtlichen Bedeutung der ‚Lebensbeschreibung‘).[1] Die Unterscheidung in ‚innere‘ und ‚äußere‘ Lebensgeschichte ist dabei nicht ausreichend, umfaßt doch die Biographie sowohl äußere Fakten als auch das emotionale Erleben und die kognitive Bewertung dieser Fakten. Diese Differenzierung in Lebens*lauf* und Lebens*geschichte* hat Auswirkungen auf den wissenschaftlichen und therapeutischen Umgang mit den daraus entstandenen Daten – biographische Ereignisse werden, zum Beispiel in Falldarstellungen, nicht selten fälschlicherweise wie Fakten eines Lebenslaufs behandelt. Bei einer solchen Herangehensweise wird die berechtigte Frage nach der Gültigkeit der überwiegend auf der Erinnerung der Klienten beruhenden Daten aufgeworfen.[2] Zudem wird der Erzähler zum Teilnehmer seiner Lebensumstände und seiner eigenen Entwicklung, zugespitzt: als passives ‚Produkt‘ von Anlage und Umwelt angesehen, was auch neuere Forschungen zu den Auswirkungen von kritischen Lebensereignissen bestreiten.[3]

Wenn wir entgegen diesen Auffassungen Biographie als eine Konstruktion von Wirklichkeit auffassen, so bedeutet dies keinesfalls, die Biographie als willkürliches oder zufälliges Produkt der jeweiligen Entstehungssituation zu behandeln, die in jeder anderen Situation wieder völlig verschieden wäre: Wie jemand von sich erzählt, wie er Ereignisse aneinanderfügt und interpretiert, wie er sein Handeln begründet usw., verweist auf die Organisation seiner Selbst- und Weltsicht.[4] „Erzählungen sind Strukturen der Ereignisdarstellung und Ereignisverarbeitung: falls der Befragte erzählen kann, enthüllt er, wie Erlebnisse in seiner subjektiven Sicht organisiert sind" (WIEDEMANN 1986, 59). Diese Strukturen der Wahrnehmung, Interpretation und Deutung von Phänomenen und Ereignissen entstehen im Laufe der individuellen Entwicklung durch Akkomodation und Assimilation (PIAGET). Sie verfestigen sich im Verlauf der Lebensgeschichte durch konkrete Erlebnisse und Erfahrungen sowie über gesellschaftliche und kulturelle Normen und Werte. Sie bleiben lebenslang entwicklungsfähig und gleichzeitig auf Kontinuität bestimmter Eigenschaften, Werte, Ziele usw. hin ausge-

---

1 Vgl. BLANKENBURG (1986), HAHN (1988) und VOGES (1987).

2 Zum Beispiel von STRUBE & WEINERT (1987).

3 Vgl. FILIPP (1990). Siehe dazu auch BLANKENBURG: „Somatische und psychosoziale Tatsachen werden erst durch die Art und Weise, wie wir sie uns ‚zueigen‘ machen oder auch nicht, zu lebensgeschichtlichen Ereignissen und damit zu Mosaiksteinen unserer Biographie" (1986, 102).

4 „Wer etwas zu erzählen hat, hat nicht nur die 'Inhalte' der Geschichte, sondern auch schon ein Wissen um die Struktur und Darstellungsform des zu Erzählenden" (SOEFFNER 1988, 119).

richtet, sie sind flexibel und gleichzeitig veränderlich. Es entsteht ein sinnhaftes strukturierendes und typisierendes Gerüst der Selbst- und Fremdwahrnehmungen, das die alltägliche Handlungsorientierung bestimmt.

Die lebensnotwendige Reduktion der Komplexität von Informationen führt jedoch dazu, daß wir uns selbst und unsere Umgebung nie vollständig wahrnehmen. Diese Informationsreduktion und -verarbeitung erfolgt nicht grundsätzlich intentional und bewußt, dabei aber keineswegs beliebig. Auswahl und Bewertung beruhen auf individuellen Deutungsstrukturen, aber auch auf habituellen Selbstverständlichkeiten oder dienen der Abwehr unangenehmer Empfindungen. GRAWE (1987b, 1994) unterscheidet deshalb Konzepte als „das Bild, das ein Individuum von sich selbst in Form von verfügbaren Bewußtseinsinhalten hat" (1987b, 18), und Schemata als organisierende Ordnungsstrukturen, die nicht notwendigerweise bewußt zugänglich sind. Schemata und Konzepte werden nicht überprüft, sofern die alltägliche Lebenspraxis als störungsfrei wahrgenommen wird, das heißt solange die aus den Schemata resultierenden Emotionen, Kognitionen und Handlungen nicht miteinander oder mit der sozialen Umwelt in elementaren Konflikt geraten.

Die Übereinstimmung der alltäglichen Lebensführung mit den Wertigkeiten und Zielen der Selbst-Schemata wird als Sinn erlebt, das heißt, die Schemata können auch als sinnerzeugende und -ordnende und damit identitätsstiftende Strukturen bezeichnet werden. Entsprechend den Konzepten und Schemata wird eine notwendige (und manchmal auch fehlerhafte) Auswahl aus der komplexen Gesamtheit von Informationen im alltäglichen Leben getroffen. Dabei kommt den Schemata gerade dadurch, daß sie *nicht* bewußtseinsnah sind, eine besondere Bedeutung zu: „Schemata bestimmen die Auswahl dessen, was wir wahrnehmen, und nach welchen Kategorien wir unsere Wahrnehmung organisieren" (GRAWE 1987b, 7). Sie können als die oben dargestellten Organisationsstrukturen gelten, die ihrerseits auch der biographischen Erzählung zugrundeliegen. Sie bestimmen den subjektiven Wahrheitsgehalt und die übergreifenden Zusammenhänge der jeweiligen Erzählung, denn: „Unsere Schemata definieren, was für uns Realität ist" (GRAWE 1987b, 53).

Diese Strukturen sind grundsätzlich nicht direkt erfaßbar, sie werden jedoch kommunikativ ausgetauscht und zeigen sich in den Interpretationen von Ereignissen, den Erzählstrukturen und den subjektiven Deutungsmustern für die eigene Lebensgeschichte. Die spezifischen *Konstruktionsmuster* der autobiographischen Erzählung, die Verknüpfungen von geschilderter Realität und deren Interpretation erlauben Aussagen über die aktuelle Selbstinterpretation: Klienten beginnen die Therapie mit ihren individuellen, lebensgeschichtlich gewachsenen und kulturell mitbeeinflußten Deutungsstrukturen, die gleichzeitig die Folie für die Gestaltung und Verarbeitung der neuen Erfahrungen und Erklärungen bilden. Die Vorstellung von vollkommen veränderten Deutungs- und Handlungsstrukturen im Sinne einer Konversion nach dem Abschluß einer Psychotherapie ist unangemessen, impliziert sie doch – extrem gesprochen – das Bild einer Tabula rasa vor der Therapie oder einer Gehirnwäsche während der Therapie.

1.4.2 Psychotherapie als Erweiterung der biographiebezogenen Deutungskompetenz

Psychotherapie kann, ganz allgemein, als ein spezieller Sinnzusammenhang verstanden werden, der Orientierungs- und Handlungsmuster zur Erklärung und Heilung psychischer Störungen im Kontext einer Biographie erzeugt. Die Lebensgeschichte der Klienten, die mehr oder weniger stark angeleitet durch die Experten zustandekommt, ist der Ausgangspunkt der professionellen Erklärungsmuster zur Entstehung und Bedeutung der psychischen Störung.

Im psychotherapeutischen Kontext haben wir es mit zwei unterschiedlichen Ebenen von Biographiekonstruktionen zu tun: Auf einer ersten Ebene erstellen die *Therapeuten* aus der Erzählung eine Störungsbiographie gemäß einer theoriegeleiteten Entwicklungslogik, aus der sie die konkret aufgetretene Problematik ableiten.[1] Auf der Basis des jeweiligen theoretischen Hintergrundes werden unterschiedliche Konstruktionslogiken (wie die psychoanalytische Anamnese oder die verhaltenstherapeutische Bedingungsanalyse sowie therapieübergreifende Persönlichkeitstheorien) herangezogen, um die jeweilige Entwicklung des Klienten retrospektiv zu erklären und um daraus das therapeutische Vorgehen abzuleiten. Auf einer zweiten Ebene werden die *Klienten* mit diesen Erklärungen konfrontiert und müssen sie in ihre biographisch gewachsenen Selbst- und Weltdeutungen integrieren. Gemäß den bisherigen Überlegungen ist jedoch nicht von einer direkten Übernahme der Theorien der Therapeuten durch die Klienten auszugehen, sondern von Transformationsprozessen, die im Zusammenhang mit lebensgeschichtlich gewachsenen Identitätsstrukturen der Klienten und den daraus resultierenden Störungs- und Gesundheitsvorstellungen stehen.

Aus einer biographischen Perspektive bedeutet für die Klienten die Selbstwahrnehmung einer Störung, daß innere oder äußere Ereignisse aufgetreten sind, die sie dauerhaft nicht in ihre bis dahin bestehenden kognitiven und/oder emotionalen Konzepte und Schemata integrieren können. In diesen Situationen reichen die bis dahin im Verlauf der Lebensgeschichte erworbenen Erklärungs- und Handlungsmöglichkeiten zur Einordnung dieser Phänomene und zu deren Veränderung nicht mehr aus. Als behandlungsbedürftige Störung wird von den *Betroffenen* in der Regel eine solche interpretiert, die den Vollzug der alltäglichen Lebensführung nachhaltig erschwert oder gar unmöglich macht. Diese Deutungs- und Handlungsunsicherheit im Alltag konstitu-

---

1 So gesehen ist selbst das Konzept der klassischen Konditionierung eine Störungserklärung im Rahmen der Biographie, insbesondere wenn zudem die Frage der Bedingungen der Aufrechterhaltung der gelernten Verhaltensweise in Rechnung gestellt wird.

iert einen Bedarf nach neuen Erklärungen und öffnet dadurch den Weg zu Experten.[1] Dieses Bedürfnis bildet als ‚Krankheitseinsicht‘ die Grundlage der als ‚Therapiemotivation‘ bezeichneten Voraussetzung für eine Psychotherapie.

Für die psychotherapeutische Zielsetzung ist es entscheidend, den Klienten prinzipiell als Akteur seiner Lebensgeschichte zu behandeln, um ihm damit neue Deutungs- und darauf aufbauend Handlungsspielräume zu eröffnen. Postuliert man als Ziel einer Psychotherapie die Unabhängigkeit vom Therapeuten, dann muß der notwendige Prozeß der Veränderung über die Zeitdauer des therapeutischen Kontaktes weit hinaus konzipiert werden. Die durch die Psychotherapie initiierten Veränderungen des Erlebens und Erklärens sowie die neuen Handlungsmuster müssen sich langfristig im Alltag ohne professionelle Unterstützung bewähren. Es muß den Betroffenen möglich werden, sich eine Kompetenz zur Erstellung eines gesamtbiographischen Deutungszusammenhanges anzueignen, das heißt: Schemata und Konzepte müssen sich so verändern, daß sie die vergangenen Ereignisse (einschließlich der erlebten Störung und der Psychotherapie) aufnehmen und erklären können.

1.4.3 Das biographische Interview

Wenn wir ehemalige Klienten der Psychotherapiestation einer psychiatrischen Klinik interviewen und sie auffordern, ihre Lebensgeschichte und vom Aufenthalt auf der Psychotherapiestation zu erzählen, dann ist nicht zu erwarten, daß wir gewöhnliche Biographien erhalten. Ihnen ist gemeinsam, daß sie in der Vergangenheit ein problematisches Ereignis (oder mehrere) erlebten, das sie an einer autonomen Lebensführung hinderte und zu einem zeitweisen Verlassen ihres vertrauten Alltags führte – sie waren über einen Zeitraum von mehreren Wochen hinweg Klienten dieser Sonderwelt Psychotherapiestation. Empirisch bedeutet dies, daß wir es mit einem Interviewsetting zu tun haben, das prekär werden kann, wenn es um die Thematisierung dieser möglicher-

---

1   In bezug auf diesen Sachverhalt überschneiden sich die Überlegungen aus unterschiedlichen wissenschaftlichen Disziplinen. So äußert sich zum Beispiel der Pädagoge NITTEL: „Durch eine Lebenskrise werden bisher als tragfähig erwiesene Normalitätsunterstellungen in Frage gestellt, es entsteht die Notwendigkeit der Entdeckung neuer Sinnquellen, der Bilanzierung des bisherigen Lebensweges und der Wiederherstellung des Gefühls innerer Kontinuität" (1991, 21); die Sozialwissenschaftlerin MAHLMANN führt aus: „Spätestens in dem Moment in dem die alltägliche Routine unterbrochen wird, das heißt in dem sich lebensweltliches Wissen nicht mehr bewährt, um etwa Probleme zu lösen, wird nach anderen Bewältigungsoptionen Ausschau gehalten. Dieses Moment kann zum Einfallstor für Wissenschaft werden" (1991, 18); der Soziologe GIDDENS ist der Auffassung: „At fateful moments individuals are most likely to encounter expert systems that precisely focus on the reconstruction of self-identity: counselling or therapy" (1991, 143). Für die Psychotherapieforschung stellen GRAWE et al. fest: „Dies kann soweit gehen, daß die im Sinne der Schemata ‚zulässigen‘ Erklärungen so offensichtlich unzureichend sind, daß ‚das Individuum sich selbst nicht mehr versteht‘. Dies ist oft der Ausgangspunkt einer Psychotherapie" (1994, 764).

weise einschneidenden Lebensereignisse geht (siehe dazu weiter unten). In theoretischer Hinsicht ist zu bedenken, daß wir in den biographischen Analysen eigene Akzente setzen müssen.[1]

Dies bedeutet nicht, daß nach Abschluß des psychotherapeutischen Prozesses notwendigerweise auch *Störungs*biographien produziert werden. Es handelt sich aber um Lebensgeschichten, die psychosoziale Störungen *und* auch den stationären Aufenthalt als ein besonderes Ereignis beinhalten; hinzu kommt, daß die ehemaligen Klienten mit den Experten der Psychotherapiestation gemeinsam an diesen Störungen gearbeitet haben und somit Erfahrungen sammeln konnten, die sich auf die Konstruktion von Biographien beziehen. Präziser: Sie waren in dieser Sonderwelt mit fachkundigen Experten konfrontiert, die davon ausgehen, daß die Lebensgeschichte für die Genese der psychosozialen Störung von Bedeutung ist.

Bei der Analyse dieser Transformationsebene (siehe Kapitel 4) können wir gleichsam beobachten, wie und in welcher Form diese Ereignisse in die Lebensgeschichte eingebaut und interpretiert werden – es kommt uns also auf die nachträgliche Bewertung, auf die Interpretationen dieser Situation und Ereignisse an. Wir werden folglich rekonstruieren müssen, welche *Deutungsmuster* sich nach der stationären Psychotherapie zu den verschiedenen Lebensereignissen herausgebildet haben und welche *Bedeutung* sie im Gesamtzusammenhang der erzählten Lebensgeschichte haben. Weiter wird zu fragen sein, nach welchen *Mustern* Biographien nun (zwei Jahre nach Abschluß der Therapie) konstruiert werden. Lassen sich diese Konstruktionsmuster in irgendeiner Hinsicht typologisieren, und was ist die grundlegende Logik des Transformationsprozesses?

Wir können auf dieser Transformationsebene Aussagen darüber formulieren, wie Personen nach einem psychotherapeutischen Prozeß von alltäglichen Ereignissen im Kontext ihrer Lebensgeschichte erzählen und wie sich in ihrer biographischen Erzählung die psychotherapeutische Erfahrung niederschlägt. Schließlich können wir durch eine Rekonstruktion der sozialen und individuellen Logik biographischen Erzählens die Relevanzen herausfiltern, die zu unterschiedlichen Transformationsvarianten führen.

---

[1] Um Mißverständnissen vorzubeugen, ist hier darauf hinzuweisen, daß es uns *nicht* um den Zweig der Biographieforschung geht, der in der Biographie nach den Ursachen für bestimmte spätere soziale und persönliche Ereignisse sucht. Konkret: Hier werden keine Analysen vorgelegt, die die Genese psychosozialer Störungen durch biographische Prozesse erklären.

2 Beschreibung der empirischen Studie

Vor der Darlegung unserer Forschungsergebnisse wollen wir den erhobenen Daten-korpus vorstellen, den methodischen Zugang skizzieren und unsere Forschungspraxis rekonstruieren und explizieren. Wir beschreiben zunächst die Auswahl der Interview-partner sowie den Aufbau und die Gesamtanlage der Untersuchung. Bei unserer Skiz-zierung der methodischen Herangehensweise geht es uns nicht um einen ausführlichen Diskurs über die qualitative Sozialforschung, sondern darum, unser Vorgehen im Hin-blick auf die Fragestellung, das Thema und den Datenkorpus *plausibel* und nachvoll-ziehbar zu machen – womit wir keineswegs den Anspruch erheben, daß nicht auch andere methodische Zugänge möglich gewesen wären.

Wenn wir schließlich *vor* der Präsentation unserer Analysen das vorangegangene Forschungshandeln rekonstruieren, so ist damit die Absicht verbunden, die konkrete Forschungspraxis transparent zu machen. Wir haben uns dabei bemüht, nicht im Nach-hinein eine methodologisch ‚gereinigte‘ Forschungslogik zu unterlegen, sondern den Ablauf so zu skizzieren, wie er nach einer Sichtung der Forschungsnotizen auch tat-sächlich stattgefunden hat; wir wollen damit aufzeigen, wie wir uns im ‚Dickicht der empirischen Materialien‘ bewegt und unseren eigenen Weg gefunden haben.[1]

Die daran anschließende Darstellung unserer Untersuchungsergebnisse gliedert sich in zwei Teilbereiche: Ausgangspunkt ist die *erste* Transformationsebene, die Praxis auf der Psychotherapiestation innerhalb einer psychiatrischen Klinik; dabei geht es um die Frage nach den strukturellen Spezifika dieser geschlossenen Sinnwelt (Kapitel 3). Bezugspunkt für die Analyse der *zweiten* Transformationsebene sind die lebensge-schichtlichen Erzählungen der ehemaligen Klienten dieser Sonderwelt, die zwei Jahre nach dem Stationsaufenthalt erhoben wurden – dieser ist die gemeinsame Basis für die Bestimmung des Samples (Kapitel 4).

---

1   Damit ist zugleich eine Kritik an die Vielzahl von ‚Handbüchern‘ zur qualitativen Sozialforschung verbunden, die den Eindruck hinterlassen, daß gerade interpretatives Forschungshandeln nach einem Rezeptwissen organisierbar sei. Dem stimmen wir nicht zu, weil wir der Ansicht sind, daß Frage-stellung, Datenkorpus und Gegenstand der Analyse das konkrete Forschungshandeln wechselseitig steuern. Eine Ausnahme sind hier die Publikationen von BOHNSACK (1991), SOEFFNER (1989, 1992) und STRAUSS (1991), die in exemplarischer Weise gegenstands- und themenbezogene Analy-sen vorlegen. Zu komplexitätsreduzierenden und komplexitätserhaltenden Verfahren vergleiche KOENEN et al. (1988) und MUTZ et al. (1995).

2.1 Datengrundlage zur Transformationsebene I:
Feldmaterialien und Experteninterviews

Um die erste Transformationsebene Psychotherapiestation zu untersuchen, benutzten wir unterschiedliche ‚Textsorten', um das Charakteristische dieser Sonderwelt als soziale Organisation *und* eigengesetzliche Binnenwelt zu rekonstruieren. Diese Texte umfassen Materialien, die dem Stationsalltag einen spezifischen und gleichzeitig objektivierbaren Sinn verleihen, sowie Experteninterviews mit unterschiedlich ausgebildeten Fachkundigen, die ihren psychotherapeutischen Blick auf die Station explizierten. Ausgewählt wurden Materialien, die es ermöglichen, den für alle Patienten dieser Station gleichermaßen gültigen Kontext des therapeutischen Settings herauszuarbeiten; sie beziehen sich auf den Zeitraum, in dem unsere Interviewpartner auf der Psychotherapiestation behandelt wurden.

Diese Dokumente, die im Vollzug des Stationslebens gemäß den Erfordernissen dieser besonderen sozialen Organisation entstanden sind, können als *Objektivationen* der Umsetzung theoretischen psychologisch-psychotherapeutischen Wissens in die Praxis interpretiert werden und sind deshalb für unsere Fragestellung besonders geeignet. Dabei handelt es sich um folgende Texte:

° Das INFORMATIONSBLATT FÜR DIE PATIENTEN DER STATION 23 (1985), ein fünfseitiges Schreiben, in dem sich die Station den neu aufgenommenen Patienten vorstellt und das gleichzeitig die für alle verbindliche Stationsordnung enthält;

° den für alle Patienten dieser Station verbindlichen Wochenplan;

° das INFORMATIONSBLATT DER STATION FÜR NIEDERGELASSENE ÄRZTE DER REGION (1987), eine Selbstdarstellung der Station anderen kooperierenden Experten gegenüber;

° der FRAGEBOGEN ZUR LEBENSGESCHICHTE (LAZARUS 1976), ein 17-seitiger Bogen mit teils offenen, teils geschlossenen Fragen, der jedem Patienten der Station zu Therapiebeginn vorgelegt wurde.

° Darüber hinaus wurden drei Mitglieder des Pflegeteams zu ihrer Arbeit befragt, zusätzlich stand uns ein Interview mit der ehemaligen Therapeutin aus dem Behandlungszeitraum der von uns befragten Patienten zur Verfügung. Diese Interviews wurden vor Beginn der Untersuchung erhoben; sie dienten der Präzisierung der Fragestellung und der Bestimmung des empirischen Feldes. Sie waren somit (eine) Grundlage der Projektplanung. Themen dieser Interviews waren die Darstellung des Stationsalltags, Inhalte und Ziele der durchgeführten Therapie aus der Sicht des jeweiligen Professionellen sowie Chancen und Schwierigkeiten, die in dem Arbeitsfeld für den Einzelnen enthalten sind. Die Gespräche waren möglichst narrativ angelegt. Sie gingen schließlich als Kontextmaterialien in die weitere Auswertung ein.

Es erschien uns sinnvoll, sowohl die Experteninterviews als auch die administrativ hergestellten Dokumente in ihrem *Insgesamt* mit den Methoden einer interpretativen Sozialwissenschaft zu bearbeiten. In einem solchen Sinne sind sie, ähnlich wie die biographischen Interviews der zweiten Transformationsebene, als immanent struktu-rierte *Texte* zu betrachten, die mit Hilfe des übrigen Kontextwissens über die Psycho-therapiestation fallbezogen zu bearbeiten sind. Die sich daraus ergebende qualitativ-komparative Analyse ist weniger ein identifizierendes, als vielmehr ein analogisieren-des Verfahren, das auf der Kontrastierung der Experteninterviews und der Dokumente aufbaut.

Eine solche methodische Herangehensweise ist insofern ungewöhnlich, als sequen-tielle Verfahren auf administrativ produzierte und/oder standardisierte Daten bislang kaum angewandt worden sind.[1] Statt dessen stehen in der Regel konkrete Interaktions-situationen oder Selbstdarstellungen im Vordergrund. Daß diese Schwerpunktsetzung bereits für die paradigmabildenden Untersuchungen einer sequentiell vorgehenden, interpretativen Sozialwissenschaft kennzeichnend gewesen ist, hat freilich Gründe. Denn für Interaktionsprotokolle und (biographische) Interviews ist die (für sequentielle Verfahren entscheidende) Unterstellung einer Parallelität von inhaltlicher und formaler Gegenstandsentwicklung (beziehungsweise Thema und Inszenierung) durchaus nahelie-gend. Anders hingegen sieht es bei einem administrativ erzeugten Material wie den hier vorliegenden Daten aus, weil Thema und Inszenierung systematisch auseinander-klaffen. Auf den ersten Blick geben diese Daten Aufschluß über die Absichten der ,Hersteller', wie etwa der Stationsablauf sein *sollte*; das Intendierte ist für den Trans-formationsprozeß aber weit weniger interessant als die eher verborgene (latente) Sinn-struktur. Um die Struktur dieser besonderen Rahmung Psychotherapiestation für die Transformation psychologischen Wissens zu rekonstruieren, ist es notwendig, zusätz-liche ,Rückübersetzungsarbeiten' zu leisten.

---

1   Als eine Ausnahme, die allerdings nicht unumstritten ist, vgl. OEVERMANN et al. (1985). SCHULZE (1992) hat eine „Hermeneutik von Massendaten" vorgelegt, die unserer Vorgehensweise, die wir in MUTZ et al. (1991) dokumentiert haben, nicht unähnlich ist.

2.2 Datengrundlage zur Transformationsebene II: Kontextmaterialien und Autobiographien

2.2.1 Bedingungen der Datenerhebung

Zur Erfassung der zweiten Transformationebene (Kapitel 4) haben wir mit 49 ehemaligen Klienten dieser Station möglichst offene biographische Interviews durchgeführt.[1] Durch ein Anschreiben wurde die thematische Ausrichtung des Gesprächs auf den Psychiatrie- und Psychotherapieaufenthalt und dessen Folgen vorgegeben. Die Beschränkung der Interviewpartner auf Klienten der oben analysierten Station sicherte eine relative Homogenität der Gruppe im Hinblick auf Struktur und Inhalte der Psychotherapie sowie auf Dauer und Intensität der Konfrontation. Durch den zeitlichen Abstand zur Therapie hatten die Interviewpartner die Gelegenheit zu einer alltagsweltlichen Erprobung, Integration und/oder Veränderung der störungs- und therapiebezogenen Erfahrungs- und Deutungsbestände; sie hatten Zeit für die Umsetzung und die eigenständige Verarbeitung der Geschehnisse und die Möglichkeit einer biographischen Gesamtschau. Ziel war es, eine möglichst vollständige biographische Erzählung zu erhalten, die durch Nachfragen komplettiert werden konnte.

In den Interviews wurde eingangs zu einer möglichst narrativen gesamtbiographischen Erzählung aufgefordert, womit die Interviewpartner angeregt waren, die Psychotherapie als ein vergangenes Lebensereignis in ihre biographische Erzählung einzubauen und dabei eigene Relevanzen zu setzen. Eine aktive Beeinflussung der Erzählungen fand nur dann statt, wenn Fragen zum Verständnis vom Lebensverlauf oder von Hintergründen notwendig waren. Am Ende des Gesprächs baten wir die Interviewpartner um ihre persönliche Bedeutung des Begriffes *Psychotherapie*.

Alle Interviews wurden von einem Interviewerpaar, nämlich der Erstautorin, die die ehemalige Stationsleiterin und Psychotherapeutin war,[2] und einem männlichen Interviewer der Münchner Projektgruppe für Sozialforschung durchgeführt. Die Gesprächsführung lag hauptsächlich bei dem männlichen Interviewer, dem nur Name und Adresse der Interviewpartner bekannt waren. Dadurch stand das gemeinsam geteilte (und zudem durch die professionelle Schweigepflicht abgesicherte) Wissen zwischen Ex-Therapeutin und Ex-Klienten für die biographische Erzählung im Hintergrund, die

---

1 Es zeigte sich, daß das ursprüngliche Konzept von offen-narrativen Interviews nicht immer durchzuhalten war. So zwangen uns einige Interviewpartner durch knappe Antworten oder explizite Aufforderungen zu mehr beziehungsweise detaillierteren Fragen, als wir ursprünglich vorgesehen hatten. Ein ‚Aussitzen' in Form von langem Schweigen war angesichts der für einige Interviewpartner belastenden Themenstellung oft nicht möglich.

2 Die therapeutische Beziehung bestand zum Interviewzeitpunkt nicht mehr, da die Psychotherapeutin nicht mehr Mitarbeiterin der Klinik war.

Interviewten waren vielmehr aufgefordert, dem *Fremden* ihre Biographie und den Klinikaufenthalt zu erzählen.

Dieses Setting hat Vor- und Nachteile, die bei den Auswertungen der Gespräche zu berücksichtigen waren. Von Vorteil war, daß durch die Anwesenheit der früheren Therapeutin eine Vertrauensbasis vorhanden war. Trotz der starken sozialen und kulturellen Stigmatisierung von Psychiatrie und Psychotherapie war es so möglich, daß die Interviewpartner relativ offen den Psychiatrieaufenthalt und dessen Vorgeschichte darstellten. Unterstützt wurde eine Öffnung der Binnenperspektive unserer Gesprächspartner. Es ist jedoch zu vermuten, daß der frühere intensive Kontakt die Motivation sowohl für eine Zu- als auch für eine Absage zum Interview beeinflußte.[1] Zu bedenken war hier, daß die ehemaligen Klienten sich in manchen Fällen der Ex-Therapeutin gegenüber in einer Drucksituation befanden, von einer erfolgreichen Umsetzung der Psychotherapie zu berichten; in einem solchen Setting ist es dann schwierig, Kritisches, auch gegenüber dem psychotherapeutischen Prozeß, anzusprechen. So wandten sich einige Interviewpartner zwar gegen die *psychiatrische*, kaum jemand jedoch gegen die *psychotherapeutische* Behandlung. Nur 3 der 49 Gesprächspartner zogen eine negative Bilanz der damaligen Behandlung; in einem dieser Fälle war die Teilnahme am Interview bereits in der Zusage damit begründet worden, der ehemaligen Psychotherapeutin erzählen zu wollen, was statt der Psychotherapie wirklich wirksam gewesen sei. Diese Tendenz macht deutlich, daß das gewählte Design keinesfalls eine Evaluation dieses spezifischen Settings darstellen kann.

Bereits bei den Terminabsprachen wurden unterschiedliche Motivationen für die Teilnahme am Gespräch deutlich, die über ein Interesse an der Teilnahme an einem sozialwissenschaftlichen Interview, das heißt über die Bereitschaft zu einer Veröffentlichung der individuellen Erlebnisse, hinaus gingen. Sie lassen sich grob in folgende Kategorien zusammenfassen:

° Freude über das persönliche Interesse der Therapeutin am Wohlbefinden ihrer Klienten über die Therapiezeit hinaus;
° Verpflichtung, Dankbarkeit, Gegenleistung;
° Wunsch nach einem zusätzlichen Therapiegespräch;
° eigenes Interesse an einem Lebens- und Therapierückblick.

Über die Beweggründe der Absagen können wir nur spekulieren: Nur eine der Angeschriebenen teilte uns mit, daß das Gespräch und die damit verbundene Erinnerung an den Klinikaufenthalt für sie mit einer zu großen Belastung verbunden sei. Diese Auskunft verweist auf den emotionalen Gehalt der Therapie. Des weiteren könnte eine

---

1 Die für das Thema und den Katamnesenzeitraum von zwei Jahren hohe Zusagequote von 79 % spricht für einen überwiegend positiven Einfluß; dies wurde uns durch spontane Äußerungen nach Abschluß der Interviews auch häufig bestätigt.

Gesprächsverweigerung eine implizite Kritik an der Psychotherapie bedeuten oder darauf hinweisen, daß die Gesprächsverweigerer mit dem Erfolg der Therapie nicht zufrieden waren, die Therapeutin und/oder sich selbst dafür verantwortlich machten und sich nicht einer Diskussion darüber aussetzen wollten.

Die meisten Interviews wurden (auf Vorschlag der Interviewer) in der Wohnung der Interviewpersonen durchgeführt. In acht Fällen kam es vor, daß Familienangehörige am Gespräch als Zuhörer oder als aktive Teilnehmer beteiligt waren; sechs Personen lehnten ein Gespräch zu Hause ab, waren aber damit einverstanden, sich im Gesprächszimmer der ehemaligen Station mit den Interviewern zu treffen. Die Interviews dauerten zwischen 1 und 2,5 Stunden.

Die Gespräche wurden auf Tonband aufgezeichnet. Das mündliche Einverständnis zur Tonbandaufnahme wurde bereits bei der telefonischen Terminabsprache eingeholt und vor dem Gespräch – gemeinsam mit einer Aufklärung über die Schweigepflicht der Interviewer – durch Unterschrift bestätigt.[1] Die Tonbandmitschnitte wurden anschließend transkribiert. Bei der Verschriftung kam es darauf an, die Dialektsprache und auch nonverbale Äußerungen möglichst zu erhalten; nur wenige, nicht nachvollziehbare Wörter wurden der Verständlichkeit halber der Hochsprache *angeglichen,* was aber nicht heißt, daß sie in Hochsprache *übersetzt* wurden, weil sie sonst nicht von hochsprachlichen Äußerungen zu unterscheiden wären. So blieben beispielsweise die bayerischen Laute ‚oa‘ wie in ‚koa‘ (= ‚keine‘ in der Hochsprache) erhalten: ‚oana‘ = ‚einer‘; ‚ko‘ = ‚kann‘; ‚vui‘ = ‚viel‘; aber aus ‚oabatn‘ wird ‚arbeitn‘. Sind die Verschriftungen im Dialekt möglicherweise nicht verständlich, so wurde die Übersetzung ins Hochdeutsche in eckige Klammern gesetzt: ‚neamad <niemand>‘. Ansonsten wurden die folgenden Transkriptionsregeln verwendet:

- Deutlich vernehmbare Äußerungen, wie beispielsweise Lachen, tiefes Durchatmen und andere Geräusche wurden ohne interpretative Zusätze in < ... > gesetzt: ‚<kurzes Lachen>‘.
- Ein Punkt (.) wurde gesetzt, wenn eine Satzaussage durch Betonung oder Pause *tatsächlich* beendet wurde; unabhängig davon, ob dies den grammatikalischen Regeln entsprach.
- Ein Komma (,) wurde gesetzt, wenn *tatsächlich* Satzhälften oder Worte mit einer kurzen Pause und entsprechender Betonung voneinander abgesetzt waren. Ansonsten wurde, wie gesprochen, ohne Punkt und Komma durchgeschrieben.
- Ein Fragezeichen (?) wurde gesetzt, wenn es sich von der *tatsächlichen* Satzmelodie her um eine Frage gehandelt hat, auch wenn sie abgebrochen wurde (‚I1: Und habn Sie dann?‘ – Analoges gilt für das Ausrufezeichen (!)).
- Wurde ein Wort durch besondere Betonung hervorgehoben, so wurde dieses *kursiv* gesetzt.
- Wurde die Rede nach einem Satzteil oder innerhalb eines Satzes oder Wortes von einem anderen Redner unterbrochen beziehungsweise teilweise überlagert, so wurde die Sequenz ohne Satzzeichen in der betreffenden Zeile abgebrochen. In der nächsten Zeile beginnt die unterbrechende Rede (G: ‚Und da hob i / I1: Mhm / G: mir denkt ...‘).
- Ein Schrägstrich (/) wurde gesetzt, wenn der Sprecher einen Gedanken abgebrochen hat und ihn inhaltlich anders weiterführte. Der Satzabbruch mußte durch eine veränderte Stimmlage deutlich zu hören sein. Des weiteren wurden in längeren Passagen durch einen Schrägstrich in Verbindung mit der Kennzeichnung des jeweiligen Sprechers Sprecherwechsel gekennzeichnet.

---

1   Ein Interviewpartner zog vor dem Gespräch sein Einverständnis zur Tonbandaufnahme zurück.

° Ein Gedankenstrich (–) wurde gesetzt, wenn eine kurze Pause innerhalb einer Sequenz eines Neben- oder Hauptsatzes oder zwischen zwei Wörtern entstanden war, die ein kurzes Überlegen, kurzes Innehalten usw. zum Ausdruck gebracht hat. Er wurde *nicht* verwendet, um Satzhälften voneinander zu trennen (Satzeinschub); hier wurde ein Komma gesetzt.

° Drei Punkte (...) wurden gesetzt, wenn die Pause innerhalb eines Satzes, innerhalb einer Aussage oder zwischen zwei Sätzen oder zwischen zwei Interaktionen länger als gewöhnlich dauerte. Unter ‚gewöhnlich‘ ist hier gemeint, daß eine Situation entstanden war, in der ein Sprechzwang provoziert wurde und sogenannte ‚peinliche Pausen‘ entstanden. In der Regel handelte es sich um Pausen, die länger als 6 bis 10 Sekunden andauerten.

° Auslassungen von ganzen Textabschnitten wurden durch drei Punkte, eingeschlossen in Schrägstriche, gekennzeichnet. ‚/.../‘

° Wurde im Interakt eine wörtliche Rede wiedergegeben, so wurde diese wörtliche Rede in (‚...‘) gesetzt.

° Stottern wurde durch Bindestrich (ohne Leerzeichen) zwischen den entsprechenden Buchstaben gekennzeichnet (‚B-Buchstabe‘).

° Nicht verständliche Passagen oder Wörter wurden gesondert gekennzeichnet: <unverständlich>.

Persönliche Daten, Jahreszahlen, Personen- und Ortsnamen wurden zur Wahrung des persönlichen Datenschutzes verschlüsselt. Direkt im Anschluß an das Interview fertigten die Interviewer ein Protokoll an, in dem die nicht-verbalen Faktoren der Gesprächssituation (Aussehen, Kleidung und Interaktionsverhalten der Gesprächspartner, Gestaltung der Interviewsituation als Inszenierung ihres privaten Lebensraumes), das soziale Umfeld der Person (Lage, Größe, Einrichtung der Wohnung, Anwesenheit von Familienangehörigen) und die Gesprächsatmosphäre sowie Themen und Inhalte vor und nach der Bandaufzeichnung festgehalten wurden. Die gesamte Interviewerhebung umfaßte einen Zeitraum von ca. 2 Jahren.[1]

2.2.2 Die Interviewpartner

Gemeinsames Kennzeichen aller unserer Interviewpartner ist, daß sie zwei Jahre vor dem Interview eine stationäre Therapie in der oben geschilderten Station *planmäßig*, das heißt im Rahmen der vorgesehenen Therapiezeit von 10-14 Wochen und im beidseitigen Einverständnis, abgeschlossen haben. Konkrete Auswahlkriterien waren Alter, Geschlecht und Wohnort (Stadt oder Land) – mit dem Ziel, möglichst unterschiedliche sozialstrukturelle Varianten und Lebensformen der Gesamtklientel der Psychotherapiestation zu erfassen. Zusätzlich war es unser Anliegen, die auf der Station diagnostizierten Störungskategorien in der Gruppe der Interviewten zu repräsentieren. Von den im Untersuchungszeitraum insgesamt 149 in Frage kommenden ehemaligen

---

1   Die lange Erhebungsphase steht in direktem Zusammenhang zu dem spezifischen Reglement des Zu- beziehungsweise Abgangs auf der untersuchten Psychotherapiestation. Mit einer durchschnittlichen Verweildauer von 12 Wochen und 10 Therapieplätzen mußten, um den Zeitabstand von zwei Jahren nach dem Therapieabschluß konstant halten zu können, längere Zeitabstände zwischen den einzelnen Interviews eingeplant werden.

Patienten wurden 62 angeschrieben. Es konnten 49 Interviews durchgeführt werden, 26 mit Frauen, 23 mit Männern.[1]

Die Interviewpartner waren zwischen 20 und 52 Jahre, im Durchschnitt 31,7 Jahre alt. Die Interviewgruppe besteht zu einem sehr hohen Anteil aus Haupt- und Realschulabgängern (91 %). Innerhalb der Gruppe der Interviewten gab es (im Vergleich zur bundesdeutschen Gesamtbevölkerung) relativ wenig Abiturienten und eine geschlechtsspezifische Verteilung von Haupt- und Realschulabschlüssen. So haben 65 % der Männer und 35 % der Frauen einen Hauptschulabschluß, dagegen 22 % der Männer und 58 % der Frauen einen Realschulabschluß. Fast alle Interviewpartner haben eine abgeschlossene Berufsausbildung, und zwar eher in typischen Frauen- beziehungsweise Männerberufen (die Männer vorwiegend in Handwerksberufen wie Kfz-Mechaniker, Schlosser, Schreiner, Elektriker; die Frauen vor allem in Dienstleistungsberufen wie Verkäuferin, Sekretärin, Rechtsanwaltsgehilfin oder im Pflegebereich); Ausnahmen von diesem Muster sind ein Krankenpfleger und eine Maurerin.[2] Von den interviewten Männern waren 14 (74 %) ledig, vier verheiratet, fünf geschieden. Die Frauen waren überwiegend verheiratet (54 %), sechs ledig, vier geschieden, zwei verwitwet.

Vor dem Index-Aufenthalt[3] und den damit in Zusammenhang stehenden Lebensereignissen waren 31 der 49 Interviewten (63 %) weder ambulant noch stationär in Kontakt mit psychologischen oder psychiatrischen Professionellen. Sie waren also vorher mit den Deutungsangeboten *beider* Professionen nicht in direkte Berührung gekommen. Die übrigen 18 berichteten von vollkommen unterschiedlich langen und intensiven Vorerfahrungen mit Psychiatern und/oder Psychologen: Sieben gaben an, bereits vor der Index-Therapie ausschließlich Kontakte zu Psychiatern gehabt zu haben, drei hatten einmal eine psychosoziale Beratungsstelle aufgesucht, drei hatten eine stationäre oder ambulante Psychotherapie begonnen oder abgeschlossen, fünf Gesprächspartner gaben Vorerfahrungen sowohl mit Psychologen als auch mit Psychiatern an.

Insgesamt können wir davon ausgehen, daß es sich bei der Mehrzahl der Interviewten um Personen handelt, die vor der Index-Psychotherapie weder durch konkrete Vorerfahrungen noch durch zumeist bildungs- und wohnortabhängige Vorkenntnisse (psychologische Literatur, Selbsterfahrungsgruppen usw., die in akademischen Umfeldern und überwiegend in Großstädten den Begriff der *Psychoszene* oder des *Psychoboom* geprägt haben) mit psychologischen Deutungsangeboten konfrontiert worden

---

1 Sechs der angeschriebenen Personen haben auf ein zweimaliges Anschreiben nicht reagiert, vier lehnten das Interview explizit ab, drei weitere sagten zu, verschoben das Gespräch aber so häufig, bis auf eine weitere Terminabsprache verzichtet wurde. Wir gingen in diesen Fällen von einer impliziten Absage aus.

2 Der geringe Anteil von Abiturienten sowie der hohe Anteil von Facharbeitern entspricht den insgesamt auf der Psychotherapiestation vertretenen schulischen und beruflichen Qualifikationen der Patienten.

3 Als Index-Aufenthalt beziehungsweise Index-Therapie bezeichnen wir die stationäre Behandlung, die Bezugspunkt unserer Untersuchung war.

sind. Diese Daten entsprechen dem von STEGEMANN (1978) und REIMER (1978, 1982) berichteten hohen Anteil von Klienten mit mittlerem Bildungsniveau und geringer Vorerfahrung mit psychologischen Deutungsangeboten bei Patienten psychiatrischer Psychotherapiestationen.

2.3 Methodologische Aspekte der Auswertung und Typenbildung

In biographischen Interviews werden Deutungen und Einstellungen zur eigenen Lebensgeschichte und die darin verwobenen Lebensereignisse erhoben. Folge ist, daß wir es mit komplexen biographischen Erzählungen zu tun haben, die ein methodisches Verfahren erfordern, das diese Komplexität erhält, und nicht auf Fakten, Topoi oder ‚interessante Themen' reduziert. Eine Analyse auf wissenschaftlicher Ebene muß über individuelle Äußerungen und deren subjektiv gemeinten Sinn hinausgehen und den Einzelfall verallgemeinern können, um objektivierte Aussagen zu gewinnen. Zur Erzeugung valider Ergebnisse ist es erforderlich, ein *systematisches*, dem Gegenstand *angemessenes* und *nachvollziehbares* Verfahren zu verwenden, das zur Herstellung eines objektivierenden Textverständnisses führt.

Betrachtet man die biographische Erzählung als eine *individuelle Konstruktionsleistung* mit je unterschiedlichen Interpretationsrelevanzen zur Bewertung der lebensgeschichtlichen Ereignisse, so wird deutlich, daß zur Frage nach der Integration dieser Ereignisse in solchen Konstruktionen die relevanten Kategorien nicht von den Forschern vorab bestimmt werden können. Aus diesem Grund werden zur Datenauswertung *rekonstruktive* Verfahren notwendig, die von einer Analyse der Empirie ausgehen, um zu theoretisch begründbaren Aussagen zu gelangen; dies ist die grundlegende Idee der *Grounded Theory* (GLASER & STRAUSS 1967). Zwar haben wir auch mit einer Heuristik bzgl. des empirischen Forschungsfeldes gearbeitet,[1] diese Überlegungen hatten aber nicht den Status feststehender theoretischer Konstrukte. Gefragt waren auch nicht die *subjektiven* Sichtweisen der Interviewten oder eine Rekonstruktion von Forscherbeobachtungen, sondern objektivierbare Sachverhalte, die über individuelles Deuten und Handeln hinausgehen. Diese Überlegungen erfordern eine eingehendere Auseinandersetzung mit der Frage nach den methodischen Instrumentarien, mit denen ‚Objektivität' hergestellt wird.

Objektivität zählt in der traditionellen Methodologie zu den Gütekriterien für die Datenerhebung und -auswertung und meint die Unabhängigkeit der Resultate der Datenerhebung von der Person, die die Daten erhoben hat. Eine solche Form der Objektivität kann in der biographischen Forschung nicht anvisiert werden, weil es eine Sub-

---

1   Hier ist die Doppelrolle der Erstautorin als ehemalige Stationspsychologin und Forscherin von Bedeutung.

jektunabhängigkeit der empirischen Gegenstände im Sinn der traditionellen Methodologie nicht geben kann. Auf Biographien bezogene Methoden müssen vielmehr mit Verfahren des *Sinnverstehens* arbeiten, wozu es notwendig ist, daß die Forscher ihre eigenen Sinnhorizonte an den Bedeutungshorizont der erzählten Lebensgeschichte herantragen. So bleibt es immer eine, wenn auch theoretisch unterlegte, subjektive Interpretationsleistung, die in einem Prozeß der Interpretation Sinn und Deutungen aus den Interviews erschließt. Zur Erzeugung valider Ergebnisse muß es dann darum gehen, ein *systematisches*, dem Gegenstand *angemessenes* und *nachvollziehbares* Verfahren anzugeben, das zur Herstellung eines objektivierenden Textverständnisses führt.

Die sequentielle Textanalyse, ein methodisches Instrumentarium der Objektiven Hermeneutik,[1] ist eine der Fragestellung angemessene und theoretisch sowie methodologisch begründete Form der Objektivierung hermeneutischer Textinterpretationen.[2] Durch eine „Expansion von Komplexität" (FOERSTER 1988) gewährleistet sie – zumindest im Modell –, daß die empirische Vielfältigkeit und interpretatorische Vieldeutigkeit möglichst lange erhalten bleibt und erst in einem argumentativ kontrollierten Prozeß sozialer Objektivierung eingeschränkt wird. Unverzichtbar ist deshalb eine kommunikative Validierung, bei der sich mehrere Personen im Auswertungsprozeß beteiligen; aus diesem Grunde wurde die sequentielle Interpretation der Interviews in unterschiedlichen Gruppen durchgeführt.[3]

Die Objektive Hermeneutik zielt auf die rekonstruktive Analyse einer latenten Sinnstruktur, die über den subjektiv vermeinten Sinn und individuelle Aussagen hinausreicht.[4] Die latente Sinnstruktur haben wir als biographisches Regelgerüst interpretiert, das die *Logik der biographischen Konstruktion* zum Ausdruck bringt, weil sozial und kulturell vorgeformte biographische Deutungsstrukturen (Kontext für die

---

1   Dazu grundlegend: OEVERMANN (1981, 1986, 1993), REICHERTZ (1987, 1994) und SOEFFNER (1979). In der praktischen Anwendung: BECKER et al. (1987), BUDE (1982, 1987, 1990), HILDENBRAND (1983, 1991), MUTZ (1995), MUTZ et al. (1995), MUTZ & KÜHNLEIN (1991, 1993), REICHERTZ (1991), SCHNEIDER (1985) und SOEFFNER (1989, 1992); sowie in der Pädagogik: AUFENANGER & LENSSEN (1986), HORNSTEIN et al. (1986), KADE (1989) und LÜDERS (1993). Eine Kurzdarstellung des Verfahrens findet sich bei MAYRING (1990), der die Objektive Hermeneutik für Fragestellungen empfiehlt, bei denen nicht die subjektiven Bedeutungen, sondern die tieferliegenden allgemeinen Sinnstrukturen relevant sind.

2   Diese seit vielen Jahren anerkannte, aber auch umstrittene Methode der Qualitativen Sozialforschung wurde allerdings bislang in der psychologischen Forschungspraxis kaum rezipiert; vgl. CHARLTON (1992) und KÜHNLEIN (1994).

3   Die Mehrzahl der Interviews wurden von den Autoren mit der Interpretationsgruppe der Münchner Projektgruppe für Sozialforschung (R. Keller, E.J. Koenen, E. van Santen und Ch. Hof) durchgeführt, daneben wurden einzelne Interviews gemeinsam mit J. Kade, Ch. und Y. Lüders interpretiert. Zusätzlich gab es mehrere Diskussions- und Interpretationstreffen im Münchner-Bamberger Arbeitskreis mit J. Eckardt, R. Hitzler, B. Hodenius, A. Honer und M. Michailow.

4   Im Unterschied zu einer psychoanalytischen Hermeneutik (LEITHÄUSER & VOLMERG 1979) wird jedoch diese Sinnstruktur nicht in den (vorgegeben) Kontext der psychoanalytischen Theorie eingepaßt, siehe dazu auch OEVERMANN (1993).

Transformation) *und* individuell-lebensgeschichtlich angehäufte Wissensformationen (Relevanzstruktur) aufeinander bezogen werden. Wir haben diesen Verweisungszusammenhang *biographisches Konstruktionsmuster* genannt (MUTZ 1995, MUTZ et al. 1995). Das biographische Konstruktionsmuster ‚steuert' den typischen Erfahrungs- und Erlebnisstil, ist Grundlage für Deutungen und Handlungsorientierungen und zugleich Bewertungsschema für die Selbst- und Fremdwahrnehmung des innerpsychischen Erlebens. Die Rekonstruktion der latenten Sinnstruktur ist folglich mit einer Deutungsmusteranalyse[1] zu verknüpfen – latente Sinnstruktur und Deutungsmuster sind während der Analyse wechselseitig aufeinander zu beziehen.

Von biographischen Analysen ist keine Verallgemeinerbarkeit im Sinne einer universellen *Übertragbarkeit* von Ergebnissen zu erwarten. Möglich ist allerdings eine Verallgemeinerung im Sinne einer *Typenbildung*.[2] Sie erlaubt eine Auswertung biographischer Texte, die *mehr* als die Rekonstruktion einer einzigartigen Lebensgeschichte darstellt, sie ist die Entschlüsselung des Typischen im Individuellen, die allgemeine Gestalt einer individuellen Lebensführung.

Typisierung als *Verfahren* ist in zwei Weisen forschungspraktisch erprobt: zum einen ist es möglich, auf Grund einer sehr gründlichen, sequentiellen Einzelfallanalyse auf das Typische im Feld schließen (so der Ansatz von OEVERMANN). In einer zweiten Weise können die einzelnen Fallrekonstruktionen in ein Verhältnis zueinander gesetzt werden, um so das gesamte empirische Feld zu umfassen. Der hier beabsichtigte Weg favorisiert das letztgenannte Verfahren und geht damit über die Einzelfallanalyse hinaus. Durch die Konstruktion von *Idealtypen* (im Sinne von WEBER) und durch minimale und maximale Kontrastierung der einzelnen Interviews kann das Untersuchungsfeld so weit wie möglich aufgespannt und das gesamte empirische Feld ‚durchmessen' werden.[3] Die einzelnen Fallanalysen sind wie feldinterne Verweise aufeinander zu betrachten (vgl. GLASER & STRAUSS 1967; STRAUSS 1991), die durch eine komparative Analyse der Einzelfälle nach der Bestimmung von Vergleichsdimensionen zu Typenreihen gebündelt werden und so die Vieldimensionalität eines Typus beschreiben. Diese Vorgehensweise zielt darauf ab, *Typen der biographischen Konstruktionsmuster einschließlich der Integration von psychischer Störung und Psychotherapie* zu rekonstruieren, damit thematisch verknüpfte Deutungsmuster zu beschreiben und diese in einem überindividuellen Zusammenhang zu erklären.

---

1   Zu den Deutungsmusteranalysen vgl. BECKER et al. (1987), LÜDERS (1991b), MATTHIESEN (1994), MATTHIESEN & NEUENDORFF (1987), MUTZ & KÜHNLEIN (1993), MUTZ et al. (1995), NEUENDORFF & SABEL (1978) und OEVERMANN (1973).

2   Zur sozialwissenschaftlichen Typenbildung vgl. REICHERTZ (1993) und SOEFFNER (1989) sowie die übersichtliche Darstellung verschiedener Verfahren bei GERHARDT (1984, 1985, 1986a, 1986b).

3   Dieser Zugang ist vergleichbar mit den Vorgehensweisen bei BROSE et al. (1993), HILDENBRAND (1989), MUTZ (1995), MUTZ et al. (1995) und VONDERACH et al. (1990).

2.4 Rekonstruktion des praktischen Forschungshandelns

Da wir im Kapitel 4 die *Ergebnisse* unserer Auswertungen in Form von vier unterschiedlichen biographischen Idealtypen der Umsetzung psychotherapeutischer Erfahrungen (Referenzfälle und dazugehörige Typenreihen) darstellen, möchten wir hier die
einzelnen empirischen und analytischen Schritte benennen, die uns zu diesen Schluß-
folgerungen geführt haben. In einem *ersten* Schritt ging es darum, wie wir das Feld im
Hinblick auf unsere Fragestellung angemessen erfassen können. Vor dem Hintergrund
unserer verwendungstheoretischen Überlegungen, daß sich die schulenspezifischen
Theorien über Psychotherapie im praktischen Handeln der Therapeuten und in der
Interaktion zwischen Therapeuten und Klienten transformieren, arbeiteten wir nicht mit
vorab gebildeten Kategorien zur Auswahl der ersten Interviews. Wir hatten deshalb
keine weiteren heuristischen Vermutungen zur Transformation psychologisch-psychotherapeutischen Wissens in der *Rahmung* biographischer Konstruktionen. Deshalb
orientierten wir uns in einem Theoretical sampling an *Auffälligkeiten* im Feld, um über
die ersten vier vollständigen Fallrekonstruktionen Strukturhypothesen und klare Such-
strategien zu entwickeln.

2.4.1   *Der Forscherblick sucht Auffälligkeiten im Feld*

Der erste Fall, das Interview mit Günther Frei,[1] kam uns in den Blick, weil er durch
eine Reihe von Differenzerzeugungen – nicht nur auf der ‚oberflächlichen' Ebene –
charakterisiert ist. Diese Auffälligkeit deckte sich mit mit den Überlegungen zum spezifischen Kontext einer stationären Therapie (siehe ausführlich Kapitel 3): hier hatten
wir herausgearbeitet, daß die besondere Leitidee der Transformationsebene *Psychotherapiestation* die *Differenzerzeugung* ist, um Differenz*erfahrungen* zu ermöglichen;
die Personen auf der Psychotherapiestation müssen sich auf die ambivalente Differenz
zwischen Patienten- und Klientenstatus einlassen sowie Differenzerfahrungen zwischen
drinnen und draußen zulassen.

Wir hatten mit diesem Interview nun einen Fall, der diese Differenzen explizit
thematisiert: Herr Frei spannt seine Erzählung in eine Folie ein, in der die lebensgeschichtlichen Ereignisse nach einer Früher-/Jetzt-Systematik (im Hinblick auf den
Psychotherapieaufenthalt) gegliedert sind und die Zeiten in der Klinik als eine symbolische Bewegung zwischen dem Drinnen und Draußen konstruiert werden. Darüber
hinaus erscheinen die beiden Wissenssphären Wissenschaft und Allgemeinwissen als
eine Differenz zwischen modernen und traditionalen Deutungsbeständen. Damit hatten

---

1   Vgl. ausführlich Kapitel 4.2.3; hier und in den folgenden Darstellungen wurden alle Eigennamen
    verändert.

wir zugleich den Hinweis auf eine besondere Dimension, die wir wie folgt skizzieren können: Der Aufenthalt auf der Psychotherapiestation markiert für Herrn Frei eine lebensgeschichtliche Bruchsituation, auf die er die *Transformation* seines Deutungs- und Interpretationswissens zurückführt. *Früher* hatte er (aus heutiger Sicht) lebensgeschichtlich relevante Ereignisse innerhalb unhinterfragter traditionaler Gegebenheiten gedeutet; *heute* – nach dem Psychotherapieaufenthalt – kann er diese Begrenzungen überschreiten und eine Vielfalt von Deutungen formulieren (vgl. MUTZ & KÜHNLEIN 1993). Dies, so führt er aus, ermögliche ihm, konkrete Lebenssituationen als Entscheidungssituationen mit unterschiedlichen Optionen zu interpretieren und daraus die jeweils für ihn individuell angemessene Wahl zu treffen.

Um daran kontrastierend anzuknüpfen, war Individualisierung (BECK 1986, BECK & BECK-GERNSHEIM 1993, 1994) das Stichwort für die Auswahl des zweiten Interviews: im Kontrast zu Herrn Frei beschreibt Johanna Clemens (siehe Kapitel 4.1.3) in ihrer biographischen Erzählung einen Lebensweg, der auf eine typisch weibliche Individualisierung bereits *vor* dem Psychotherapieaufenthalt hinweist. Für die Auswahl dieses Interviews sprach auch, daß nur wenig weibliche Interviewpartner eine ähnlich hohe formale Qualifikation aufweisen (Meisterin in einem Handwerksberuf) – es handelt sich in dieser Hinsicht um eine extreme Fallagerung in unserem Feld. Hinzu kam, daß sich Frau Clemens im Gegensatz zu Herrn Frei als eine von traditionellen Zwängen *emanzipierte* Person darstellte. Sie hatte in einem früheren Lebensabschnitt Kontakt zu Psychotherapie und zur Frauenbewegung, und so war bereits vor jeder Interpretation des Interviews anzunehmen, daß sie bereits ein spezielles Deutungs- und Interpretationswissen, das zumindest als psychologie*nah* zu bezeichnen ist, in die Psychotherapie miteinbrachte. Die Feininterpretation ergab jedoch einen anderen Aspekt, der uns bei der Analyse des Falles von Herrn Frei gar nicht in den Blick gekommen war: Ihre Erzählung ist geprägt von Vorgängen des *Lernens*, die verschiedenen lebensgeschichtlichen Phasen erschienen als Abschnitte des permanenten Dazulernens. Ähnlich wie bei Herrn Frei war dann schließlich ihr Lern*erfolg* nach dem Psychotherapieaufenthalt, daß sie heute relevante biographische Wendepunkte anders bewerten kann als früher – der konkrete Umgang mit Elementen des psychologischen Sonderwissens im Alltag war jedoch bei Frau Clemens weniger präzise ausformuliert als bei Herrn Frei.

Die sich aus dieser Fallrekonstruktion ergebende Vermutung, daß das psychologische Deutungsangebot auf der Psychotherapiestation gemäß einem Lern*modell* als Referenzstruktur verwendet werden kann, führte uns zu dem Interview mit Bruno Lehmann (siehe Kapitel 4.2.3). Dieser hatte lebensgeschichtlich einen ähnlichen Ausgangspunkt wie Frau Clemens, es gab jedoch keine Anzeichen für einen Individualisierungsprozeß – im Gegenteil: Er schaffte es zwar, sich über eine solide Schul- und Berufsausbildung beruflich zu konsolidieren (Facharbeiter), er bewegte sich aber über viele Jahre hinweg, im Kontrast zu Frau Clemens, in einem randständig ‚asozialen'

Milieu. Im Vergleich mit den beiden vorangegangenen Fällen (Frei und Clemens) war Herr Lehmann ein hochkompetenter und sehr unterhaltender Erzähler, der es verstand, Phasen seines Lebenslaufs in immer wieder für die Zuhörer interessante Geschichten zu kleiden. Auffallend war dabei, daß er sich an bekannten Skripten orientierte: drehbuchreif inszenierte er sich einmal als typischer *Loser*, in einer anderen Geschichte als *Hero* und in wieder anderen als *Großstadtcowboy* im Dickicht des städtischen Alltags (vgl. MUTZ & KÜHNLEIN 1991). Dies führte uns zu der Frage, ob Herr Lehmann unterschiedliche Lebensskripte aus der Psychotherapie in den Alltag integriert; die entscheidende Transformation bestünde dann darin, Phasen der eigenen Lebensgeschichte nachträglich in den Kontext solcher sinnhaften Muster einzufügen. Eine zweite Spur führte uns zunächst in eine ganz andere Richtung, die sowohl in Kontrast zu Herrn Frei als auch zu Frau Clemens stand. Psychotherapeutische Erfahrung als *Lernvorgang* schien nämlich bei Herrn Lehmann auf eine ganz andere, sehr alltägliche Ebene bezogen: er habe gelernt, alleine zu leben, selber zu kochen und seine Wäsche zu waschen; er könne heute wieder in ein Geschäft gehen, um Kleidung einzukaufen, und dieses Geschäft gegebenenfalls wieder ohne Einkauf verlassen. Der zentrale Aspekt des therapeutischen Angebotes bedeutet für Herrn Lehmann, verlorengegangene Elemente einer kognitiven Logik des Alltags wieder zu erlernen.

Bei der Suche nach dem nächsten Kontrastfall setzten wir genau an diesem Punkt an und fanden in dem Feld einen Fall – das Interview mit Lorenz Denner (siehe Kapitel 4.2.3) –, in dem sich nach dem ersten Augenschein auf der Ebene der alltäglichen Verrichtungen gar nichts verändert hatte. Im Gegenteil: Herr Denner erzählte zwar auch eine Geschichte des *Lernens*, schien sich aber nur ‚versteckt' auf besondere psychotherapeutische Deutungsangebote zu beziehen. Im Kontrast zu den übrigen Fällen ist uns bei diesem Interview aufgefallen, daß sich die biographische Erzählung von Herrn Denner an einem anderen Muster, nämlich dem klassischen (männlichen) institutionalisierten Lebenslauf orientierte (vgl. KOHLI 1985, 1989). Dies verstärkte zunächst unsere Vermutung, daß die Klienten nach dem Abschluß ihrer Psychotherapie zu ihrer konkreten Lebensgeschichte ‚passende' biographische Muster als Kontext für biographische Ereignisse und Situationen herausgreifen; dies wäre dann auch ein Hinweis darauf, wie im Alltag die im psychotherapeutischen Prozeß hergestellte Störungsbiographie wieder *normalisiert* wird.[1] Eine andere Besonderheit im *Erzählstil* des Herrn Denner führte uns dann zu einer Präzisierung dessen, was wir im folgenden unter Transformation psychotherapeutischer Erfahrung bei der biographischen Konstruktion verstehen. In diesem Interview wurde nämlich deutlich, daß der an einem institutionalisierten Lebenslauf orientierte Faktendiskurs (das zeitliche Aneinanderrei-

---

1   Zur Konstruktion von Normalität gemäß der Logik der Praxis vgl. GRATHOFF (1979, 1989) und SOEFFNER (1983); zur Herstellung biographischer Normalität vgl. MUTZ (1995) und MUTZ et al. (1995).

hen von lebensgeschichtlich wichtigen Ereignissen) immer wieder durch kommentie-
rende, deutende und interpretierende, zum Teil auch begründende Diskurse unterbrochen wurde (vgl. SCHÜTZE 1981, 1984). Dieses Deutungswissen hatte in dem Interview mit Herrn Denner einen besonderen Charakter, weil er damit direkt auf das psychotherapeutische Angebot zurückverwies: bereits in den Eingangssequenzen interpretiert Herr Denner seine damalige Entscheidung für die freiwillige Verpflichtung bei
der Bundeswehr mit dem heutigen Wissen, daß dies ein Versuch gewesen sei, sich
dem Einfluß seiner Mutter zu entziehen. Er plausibilisierte damit auch, daß eine damals bereits bestehende psychosomatische Problematik in diesem Zeitraum verschwunden sei. Herr Denner stellte hiermit eine bestimmte Sequenz seiner Lebensgeschichte
in einen psychologischen Kontext, indem er einen engen Zusammenhang zwischen
psychosomatischer Problematik, biographischer Entscheidung und dem Verhältnis zu
seiner Mutter herstellte. Damit hatten wir zugleich eine genauere Suchanweisung gewonnen, um biographische Integrationsprozesse zu rekonstruieren: wir mußten im Feld
(auch bei den bereits bearbeiteten Fällen) darauf achten, in welchem Verhältnis Sachverhaltsdarstellungen und deutende Diskurse stehen, welchen Charakter diese inter-
pretierenden Diskurse haben, welche Deutungsmuster sich damit für die verschiedenen
Lebensereignisse zusammenfügen, und wir mußten schließlich danach fragen, in welchem übergeordneten Zusammenhang diese deutenden Elemente stehen.

Wir hatten nach der Analyse der ersten vier Interviews aber zugleich den Eindruck, daß die durch das kontrastierende Verfahren aufgezeigten Differenzen zwischen
den Fällen auch auf etwas Gemeinsames hinwiesen, das uns zu der vorsichtigen Formulierung eines ersten *Idealtypus* herausforderte, mit dem wir den Raum möglicher
Transformationsweisen weiter vermessen konnten. In allen vier Fällen wird unterschiedlich stark mit Früher-/Jetzt- und Drinnen-/Draußen-Differenzen gearbeitet und
der eigenständige Umgang mit der psychotherapeutischen Erfahrung als ein differenziert gewichteter Lernprozeß dargestellt. Im *Früher* und in bezug auf *Draußen* werden
Wissens- und Handlungsdefizite formuliert, die heute, nach dem Psychotherapieaufenthalt drinnen, durch die Verwendung von besonderem Deutungswissen ausgeglichen
werden können. Die Klienten konstruieren eine Phase der Quasinacherziehung und
formulieren in unterschiedlicher Ausdifferenzierung einen sozialen Kompetenzzuwachs; mit diesem könnten sie heute mit Distanz zu den Alltagsereignissen Vergangenes und Gegenwärtiges abwägend deuten, *bevor* sie Entscheidungen treffen. Sie entziehen sich in lebensgeschichtlich wichtigen Situationen der kognitiven Logik des
Alltags und nehmen *vorübergehend* eine beobachtende, handlungsentlastende, quasi-
wissenschaftliche Haltung ein.

Daß wir bereits mit den ersten vier Fällen einen solchen Idealtypus *konzipieren*
und *konstruieren* konnten (und später dann zum *Defizittypus* verdichteten), war rückblickend kein Zufall. Einmal legt das verhaltenstherapeutische Konzept auf dieser
Transformationsebene ein biographisches Erzählen im Kontext eines Lernmodells na-

he; zum anderen ist es nach der Rekonstruktion der allgemeinen Struktur der Psychotherapiestation, die durch die Leitdifferenz *Differenzerzeugung* und *-aufrechterhaltung*
charakterisiert ist, auch leichter, ähnliche und/oder vergleichbare Differenzen in den
biographischen Konstruktionen wiederzufinden. Es war also letztendlich der nicht-
urteilsfreie Forscherblick, der uns intuitiv zu den vier hier kurz skizzierten Fällen und
zur Konzeption eines ersten Idealtypus führte.

2.4.2   Die Suche nach dem psychologischen Deutungswissen

Mit dem oben formulierten Ausgangspunkt, im weiteren Feld nach divergierenden
Ausprägungen von Deutungswissen zu suchen und damit auch andere Zusammenhänge
außerhalb eines Lernmodells zu finden, haben wir das Interview mit Sonja Gruber
(siehe Kapitel 4.2.1) bearbeitet. Frau Gruber erzählt ähnlich wie Frau Clemens eine
auffallende Individualisierungsgeschichte, kommentiert diese auch immer wieder, aber
die darin einfließenden deutenden Bemerkungen wiesen in keiner Hinsicht auf ein
spezifisches Interpretationswissen hin. Auch die Feininterpretation bestärkte unsere
Vermutung, daß es neben dem oben skizzierten Idealtypus eine Gruppe von Fällen
geben müßte, in denen *nicht* ein Lernmodell als Schema zur Erzählung von Lebensereignissen und -situationen, also als Kontext für die eigene Lebensgeschichte, herangezogen wurde und bei denen es *nicht* um eine deutende Bewertung von vergangenen und aktuellen Lebensereignissen geht. Insofern hielten wir daran fest, im Kontrast
zu den übrigen Fällen zunächst ganz unpräzise von *Ablehnung* der Übernahme von
Sonderwissen zu sprechen, faßten aber das, was wir Deutungswissen genannt hatten,
aufgrund der Analyse des Falles von Frau Gruber genauer: Denn auch sie *kommentiert*
immer wieder ihre Sachverhaltsdarstellungen, sie *interpretiert* aber keine besonderen
Ereignisse in ihrer biographischen Erzählung, und sie *bewertet* sie durchgängig nach
dem Kriterium der subjektiven Befindlichkeit. Im folgenden schien es uns daher notwendig, *deutende* Elemente in den Biographien danach zu unterscheiden, ob und wie
sie die Ereignisse kommentieren, interpretieren und/oder bewerten.

Um die auffällige Ablehnung psychologisch-psychotherapeutischen Wissens in den
Griff zu bekommen, suchten wir nicht nach stark kontrastierenden Fällen, sondern
nach in dieser Hinsicht ähnlichen. Die Interpretationen der Interviews mit Julia Dietz
(Kapitel 4.2.1) und Thomas Schneider (Kapitel 4.1.1) brachten uns weiter, so daß wir
bereits sehr vorsichtig einen zweiten Idealtypus formulieren konnten. Frau Dietz
orientiert ihre Erzählung überwiegend an institutionellen Skripts und scheint selbst
keine aktiven Entscheidungen getroffen zu haben, was zu einem fast durchgängigen
Faktendiskurs führt. Sie berichtet von belastenden Situationen im Alltag und suchte
während des Aufenthalts auf der Psychotherapiestation nach *Tips*, die sie in ihren
Alltag integrieren könnte. Aus diesem Grunde wird in der biographischen Konstruktion

auch gar kein Sonderwissen herangezogen, sondern nur das hereingenommen, was vorgängig der Logik ihres Alltags entspricht. Wir fanden in ihrem Fall aber bereits einen Hinweis, daß die deutenden Kommentierungen ihrerseits eine fallübergreifende logische Struktur haben: bei ihr sind es die Kategorien *positiv-negativ*, die die Deutungen steuern. Eine ähnliche Folie – *gut-schlecht* – zieht Herr Schneider heran, um lebensgeschichtlich bedeutsame Ereignisse in seiner Biographie zu kommentieren. Im Unterschied zu dem Fall von Frau Dietz ist das Verhältnis zwischen Faktendiskurs und Bewertung bei ihm jedoch umgekehrt; während Frau Dietz nur ganz selten ihre Lebensgeschichte kommentiert, überwiegt bei Herrn Schneider die Bewertung nach dem Gut-Schlecht-Muster. Wir konnten so vorläufig einen Idealtypus der Ablehnung von psychotherapeutischem Interpretationswissen formulieren, der sich dadurch auszeichnet, daß nur solches Allgemeinwissen aus der Psychotherapiestation ‚mitgenommen‘ und in den Alltag integriert wird, das dem individuellen Wohlbefinden zuträglich ist.

Die Interpretation des Interviews mit Peter Imhoff (Kapitel 4.1.4) schien auf einen extremen Kontrast zu dem Idealtypus der Ablehnung hinzudeuten. Auf den ersten Blick war das Interview mit Herrn Imhoff deshalb ein sehr außergewöhnliches, weil sich in der Interviewsituation anscheinend zwei gleichberechtigte Experten unterhielten. Die häufigen, reflexiv verfügbaren deutenden Elemente seiner Erzählung *steuerten* den Faktendiskurs und enthielten immer wieder abwägende Interpretationen und Bewertungen – und zwar solche, die eindeutig einer Entwicklungspsycho-Logik folgten. Es schien, als würde Herr Imhoff mit diesem neuen Wissen seine gesamte Lebensgeschichte im Hinblick auf die Entwicklung individueller Identität verstehend und erklärend reinterpretieren; in gewisser Weise war seine biographische Erzählung eine psychosoziale Fallgeschichte – eine gestörte und dann nach Abschluß der Psychotherapie normalisierte Biographie, für die es in der stationären Behandlung nach seiner Ansicht den entscheidenden Anstoß gab. Aus dieser Kontrastierung hatten wir also einen Fall gewonnen, der eine ganze Reihe von Elementen enthielt, um der Ablehnung von Sonderwissen entgegengesetzt einen Idealtypus zu formulieren, bei dem es nicht um die Erweiterung des Allgemeinwissens, aber auch nicht um Lernen im Kontext eines Lernmodells geht, sondern um eine gestörte Identität, die innerhalb des Skripts eines psychologischen Entwicklungsmodells mit Hilfe von psychologischem Sonderwissen interpretierend und bewertend gedeutet wird. Die psychotherapeutische Erfahrung hat hier primär den Effekt, die vergangene Lebensgeschichte nach einem psychologischen Muster zu ordnen; sekundär wird angestrebt, dieses besondere Wissen auch im Alltag verfügbar zu machen – sprich: die Transformation zu habitualisieren. Der Fall des Herrn Imhoff machte uns sensibel dafür, daß die unterschiedlichen Transformationstypen (die abschließend noch zu bilden waren) eine *abhängige* Variable sind, die erst in dem Relevanzsystem von übergeordneten Lebensgerüsten, das heißt von biographischen Konstruktionsmustern, *Sinn* machen.

Darüber hinaus suchten wir gezielt diejenigen Interviews aus, in denen die Wirksamkeit von Psychotherapie explizit zurückgewiesen wurde: Auf diese Weise wurden Frieda Jansen (Kapitel 4.2.1) und Klara Michl (Kapitel 4.2.2) in die Auswertungsgruppe aufgenommen. Die dritte Person, die ein negatives Fazit der Therapie gezogen hatte, zog ihre Einwilligung zur Tonbandaufnahme unmittelbar zu Beginn des Interviews wieder zurück und ging deshalb nicht in die Auswertung ein. In den beiden interpretierten Fällen wurde deutlich, daß sie zwar bestimmte Deutungsangebote der Psychotherapie aufgegriffen haben, diesen aber die Gültigkeit absprachen, und daß sich die biographischen Konstruktionsmuster nicht grundsätzlich von den Befürwortern der Therapie unterschieden.

2.4.3 Die Suche nach den biographischen Konstruktionsmustern – weitere Schritte zur Typologisierung der Transformationsstruktur

Im Hinblick auf die Frage nach den übergeordneten Relevanzsystemen, aus denen sich verschiedene Transformationsweisen ergeben, haben wir in einem ersten Schritt auf die bereits erstellten Ergebnisse unserer Analyse der Transformationsebene Psychotherapiestation zurückgegriffen (siehe Kapitel 3). Dort hatten wir herausgearbeitet, daß die psychosoziale Störung im Zusammenhang mit den vorangegangenen lebensgeschichtlichen Ereignissen zu sehen ist: Aus psychologisch-psychotherapeutischer Sicht muß auf der Folie eines theoretischen psychologischen Modells eine Störungsbiographie konstruiert werden, in der die vergangenen Ereignisse zu einer Verfestigung von störungsrelevanten Erlebnis- und Erfahrungsmustern geführt haben. Der Klient soll in dieser besonderen Sinnwelt nachvollziehen, daß es zu der aufgetretenen psychosozialen Störung eine individuelle Lebensgeschichte gibt. Es lag also nahe zu fragen, ob nicht auch die Muster, die das biographische Erzählen einer Lebensgeschichte in Form von Relevanzen steuern, verdeutlichen können, in welcher Form welche professionellen Deutungsangebote herangezogen werden. In einem zweiten Schritt gingen wir in die bereits bearbeiteten Fälle zurück, um thematisch relevante Deutungsmuster (zur Störungsgenese und zur Sinnwelt Psychotherapiestation) zu rekonstruieren. Dabei fanden wir systematische Zusammenhänge zwischen der subjektiven Störungsdeutung, der jeweils gültigen Störungsgenese und den aus der Therapie in den Alltag übernommenen Veränderungszielen. So wurde bei Ablehnung des Sonderwissens die psychosoziale Störung als Folge einer außergewöhnlich großen lebensgeschichtlichen Überlastung (als ein schwieriges Lebensereignis) und die Psychotherapiestation als ein regenerativer Freiraum dargestellt; als Ziel wird ein Abbau der Belastungen und ein möglichst belastungsfreier weiterer Lebensverlauf betont. Bei der Interpretation der Therapie als Lernvorgang war auffällig, daß die Störungsgenese in allgemeiner Weise als ein lebensgeschichtliches Lerndefizit gedeutet wurde. Entsprechende Zusammenhänge konnten wir für die dritte Gruppe der Interviewten rekonstruieren: Im Relevanzsystem eines Entwicklungsmodells wird die psychosoziale Störung als Folge einer gestörten Identitätsentwicklung interpretiert; in diesem Falle ist die Sinnwelt Psychotherapiestation ein sozialer Raum, in dem im Rahmen einer spezifischen Verschränkung von Handlungszwang und -entlastung die eigene Entwicklung erkannt, verstanden und verändert werden kann. Wir konnten also als Ergebnis festhalten, daß der Umgang mit dem psychotherapeutischen Angebot in einem Verweisungszusammenhang mit den subjektiven Störungserklärungen steht.

Wir gingen noch einen Schritt weiter und haben die Biographiekonstruktion selbst als ein Deutungsmuster aufgefaßt.[1] Die Überlegungen, die zu diesem Vorgehen geführt haben, lassen sich wie folgt skizzieren: Wenn *Biographie* eine sozial und kulturell verankerte institutionelle Rahmung ist, die im Kontext von Konzepten und Schemata gemäß individueller Relevanzstrukturen eine Reihe von Freiheitsgraden zuläßt, um eine individuelle Lebensgeschichte zu gestalten, dann drängt sich die Frage auf, nach welchem *Muster* die je individuelle Biographie erzählt wird und ob es darüber hinaus möglich ist, diese Muster zu typologisieren. Die Rekonstruktion des Deutungsmusters Biographie bedeutet also nichts anderes als die Analyse der individuellen *Vorstellungen* von einer Lebensgeschichte und die theoretische Verdichtung individueller Vorstellungen zu sozialen Mustern. Dem Grunde nach haben wir also weiterhin eine Deutungsmusteranalyse durchgeführt, aber als thematischen Fokus die Biographie selbst gesetzt, um im Ergebnis *typische* biographische Konstruktionsmuster zu analysieren. Typische biographische Konstruktionsmuster, dies kann hier in Kürze vorweggenommen werden, steuern die biographischen Deutungen und Handlungsorientierungen und damit naheliegenderweise auch die unterschiedlichen Formen der Transformation des psychotherapeutischen Deutungsangebotes in den Alltag. Wir haben diesen Zusammenhang sowohl bei den vorangegangenen als auch bei zwei weiteren Fällen überprüft. Mit den zusätzlichen Interviews mit Joseph Urban (Kapitel 4.1.2) und Franz Braun (Kapitel 4.2.4) hatten wir zwei Fälle, die mit Blick auf die lebensgeschichtlichen Ereignisse zunächst eine vergleichbare Genese aufwiesen (siehe KÜHNLEIN 1995b). Beide sind in einem ländlich-dörflichen Milieu aufgewachsen, und ähnlich wie bei Herrn Frei schienen die traditionellen Gegebenheiten im Hinblick auf moderne Zumutungen als eine Handlungseinschränkung. Jede dieser Personen beschreibt die psychosoziale Störung aber aus einer anderen Perspektive, bewertet die Psychotherapiestation unterschiedlich und konstruiert ihre biographische Erzählung nach verschiedenen Mustern – schließlich verwenden alle drei Personen ein auf die Psychotherapie zurückgeführtes Deutungswissen in je besonderer Weise. Was Herrn Frei anbelangt, so haben wir diesen Fall mit der Zuordnung zum Typus ‚Transformation der Erfahrung in einen Lernvorgang‘ bereits hinreichend charakterisiert; zu

---

1 Vgl. ALHEIT & DAUSIEN (1991) – kritisch zu diesem Ansatz: NEUENDORFF (1994).

Herrn Braun war zu notieren, daß die Analysen sehr auffallende Parallelen – trotz unterschiedlicher Ausgangspositionen – zu Herrn Imhoff zeigten; der Fall von Herrn Urban allerdings deutete auf eine weitere Gruppe von Interviews in unserem Feld hin, die wir bislang nicht in den Blick bekommen hatten.

Charakteristisch für den Fall von Herrn Urban war die Nähe der aktualisierten Deutungsmuster zu einer medizinischen Interpretationsfolie. Die psychische Störung erscheint als eine nicht weiter aufklärbare Krankheit, die auf der Psychotherapiestation in irgendeiner Form geheilt wird. Die ganze Erzählung schien durch einen Ordnungsdiskurs gerahmt – psychische Störung als Devianz von einer Ordnung –, und psychologisches Deutungswissen wurde nur sehr selektiv verwendet. Wie auch in den Fällen der Ablehnung von Sonderwissen konnten wir die Struktur dieser ordnenden Selektivität rekonstruieren: aufgegriffen wird das Angebot, das sich zu einem Regelwissen verdichten läßt und das sich wiederum im Alltag bewähren muß. Es handelt sich hier aber nicht um alltagsweltliche Tips, ein gutes Leben zu gestalten, sondern immer noch um ein als psychologisches Sonderwissen kenntlich gemachtes Wissen, das jedoch zu psychologischen Regeln transformiert wird. Dies macht dann Sinn, wenn die Lebensgeschichte nach dem Konstruktionsmuster einer Kranken- und Heilungsgeschichte erzählt wird.

Nach der Sichtung des gesamten Interviewmaterials auf Vollständigkeit der grundsätzlichen Deutungs- und Transformationsvarianten ging es in einem weiteren Schritt darum, die vier rekonstruierten typischen biographischen Konstruktionsmuster *auf den Begriff* zu bringen und zu unterschiedlichen Idealtypen zu verknüpfen. Dieser Prozeß des abduktiven Schließens (vgl. REICHERTZ 1991, 1993) lief darauf hinaus, erstens die Idealtypen mit den Elementen der Einzelfallrekonstruktionen zu verdichten, um mit ihnen dann zweitens das gesamte Feld zu vermessen und zu systematisieren.

Idealtypen (im Sinne von WEBER) können bekanntlich dazu genutzt werden, im empirischen Feld Benachbartes, andere Typen sowie ähnliche Situations- und Transformationszusammenhänge (zu denen es kein empirisches Korrelat gibt) zu erkennen, die der weiteren Arbeit die Richtung weisen. Sie gehen über die hier skizzierten Deutungsmuster hinaus und verweisen auf Eigenschaften, die innerhalb eines solchen Typus *zusätzlich* denk- und konstruierbar sind und für unseren Untersuchungsgegenstand von Relevanz sein *könnten*. „Die ‚Abstraktion‘, die im Idealtypus vorgenommen wird, steht also in der Erwartung möglicher Verifizierung" (WEBER 1968, 90), was für unser empirisches Material beispielsweise bedeutet, daß mit der Idealtypisierung der Ablehnung psychologischen Wissens *mehr* appräsentiert werden soll, als in dem konkreten Einzelfall der Frau Gruber empirisch enthalten ist. Es geht um das „typisch *Sinn*hafte", um einen *gedachten* Zusammenhang, der nicht auf das „Gattungsmäßige" (Klassifikation von Elementen beziehungsweise Vorgängen), sondern auf die „*Eigenart* von Kulturerscheinungen" zielt (WEBER 1968, 202; Herv. im Original). Der Zusammenhang, den der Idealtypus vorstellt, ist nach dem Kriterium der Sinnadäquanz, nicht nach präzise angebbarer Regelmäßigkeit im Sinne von statistischen Wahrscheinlichkeiten gebildet.

Idealtypen haben eine heuristische Funktion; sie sind Erkenntnis*mittel*, wobei „die Trennung in Konstruktions- und Verwendungsprozesse der Idealtypen nicht absolut scharf ist" (PREWO 1979, 103). Idealtypen sind forschungspraktisch nützlich, um das Untersuchungsfeld *sinnvoll* zu ordnen. Damit wird auch der Stellenwert der durchgeführten *Einzelfallanalysen* deutlich, die nicht für sich genommen, sondern im Kontrast zueinander bearbeitet wurden.[1] Erst durch den Zugriff auf weitere Fälle ergeben sich Bedeutungsstrukturen, und die empirischen Beobachtungen können schließlich dergestalt in Beziehung gesetzt werden, „daß die gesamte Beobachtungsreihe allmählich *Sinn* erkennen läßt. Ziel ist dabei nicht, die Beobachtungen unter irgendeinen hypothetisch postulierten ‚Sinn' zu subsumieren, sondern Beobachtungen so zu verdichten, daß aus sinnfälligen Tatsachen sich zunehmend Sinn entwickelt" (BLANKENBURG et al. 1983, 5). Dies bedeutet aber auch, daß wir nach der Strukturierung des weiteren empirischen Feldes die Idealtypen in eine empirisch gesättigte Typologisierung der unterschiedlichen Transformationsstrukturen überführen mußten.[2]

Mit Hilfe dieser Idealtypenkonstruktionen konnten wir das empirische Feld systematisieren und erstens zeigen, daß die unterschiedlichen Integrationsformen psychologischen Wissens in Abhängigkeit von den biographischen Konstruktionsmustern zu sehen sind – sie erweisen sich gleichsam als das zentrale *Relevanzsystem* für die Integration des neuen Deutungswissens. In diesem Zusammenhang sind auch die Deutungsmuster zur Störungsgenese und zur Psychotherapie sinnvoll verknüpft. Das Relevanzsystem *biographisches Konstruktionsmuster* steuert die grundlegende biographische Deutungs- und Handlungsorientierung und mithin auch das, was überhaupt als biographisch relevant erzählt wird.

Zweitens war es möglich, die oben skizzierten Idealtypen durch eine Neuordnung des empirischen Feldes und die Hinzunahme weiterer Fälle zu verdichten und Typen der biographischen Konstruktionsmuster *und* der Umsetzung der psychotherapeutischen Erfahrung zu konstruieren. Diese Typen haben wir nach dem je zentralen Störungskonzept benannt. Damit soll betont werden, daß die Autobiographien in Hinblick auf die Frage nach der erlebten Störung und der Therapie (als zumindest versuchte Störungsbehebung) erzählt wurden. So sprechen wir bei den Fällen von Thomas Schneider,

---

1 Vgl. BECKER et al. (1987), BROSE et al. (1993), GIEGEL et al. (1988), MUTZ (1995) sowie MUTZ et al. (1995).

2 „Sind ausreichend Fälle vergleichend analysiert worden, um hinsichtlich des vorliegenden Forschungsproblems zu einer (vorläufigen) Sättigung in der Theoriebildung zu kommen, können in einem weiteren Schritt Typen gebildet werden. Diese dienen dazu, den Aussagezusammenhang in sich weiter zu differenzieren." (HILDENBRAND 1989, 301). Zum Problem der *Sättigung* vgl. BERTAUX (1981) und GLASER (1978).

Sonja Gruber, Julia Dietz und Klara Michl vom *Überlastungstypus*, der in der Nähe zu einem pragmatischen Lebensmodell die Biographie nach dem Muster einer Problemgeschichte konstruiert, die auf ein positives Erleben ausgerichtet ist. Die Erfahrungen aus der Psychotherapie werden als Allgemeinwissen in Form von Tips in die Logik des Alltags integriert. Wir sprechen bei den Fällen von Joseph Urban, Albert Kunze, Leo Fendt und Frieda Jansen vom *Devianztypus*, der in der Nähe zu einem medizinischen Krankheitsmodell die Biographie nach dem Muster einer Krankengeschichte konstruiert, die auf eine wiederanpassende Heilung ausgerichtet ist. Aus der Psychotherapie wird psychologisches Deutungswissen instrumentalisiert und als neu systematisiertes Regelwissen in den Alltag transformiert. Vom *Defizittypus* sprechen wir in den Fällen von Johanna Clemens, Ute Reichel, Bruno Lehmann, Lorenz Denner und Günther Frei, weil in einer quasi-pädagogischen Form das Muster einer individuellen Lerngeschichte gezeichnet wird, bei der es darauf ankommt, ausgewählte soziale Kompetenzen ‚nachzulernen‘. Aufgegriffen werden diejenigen Aspekte der Psychotherapie, die einen solchen Ausgleich der subjektiv erlebten Defizite (auf Interpretations- und Handlungsebene) ermöglichen. Letzlich haben wir einen *Entwicklungsstörungstypus* erfassen können, zu dem die Fälle von Peter Imhoff, Franz Braun, Susanne Schneider und Ursula Nowak gehören. Dieser Typus orientiert sich an einem psychodynamischen Entwicklungsmodell und konstruiert seine Biographie nach dem Muster einer psychosozialen Fallgeschichte; sein Ziel ist es, in authentischer Weise die Lebensgeschichte gemäß einer Psychologik nachzuvollziehen. Die Erkenntnisse aus der Psychotherapie werden möglichst als distanzierte, psychologisch deutende und abwägende Haltung sich selbst und den Lebensereignissen gegenüber im Alltag habitualisiert.

Um diese Zusammenhänge übersichtlich *darzustellen*, haben wir im Kapitel 4.1 zu jedem Typus einen Referenzfall ausgesucht, der möglichst viele, aber natürlich nicht alle Facetten des Typus deutlich macht – in gewissem Sinne sind diese vier Referenzfälle als Clear cases zu bezeichnen, die wir deshalb auch sehr ausführlich behandeln. Die übrigen Dimensionen der jeweiligen Typen werden durch eine dazugehörige Typenreihe charakterisiert, in der die übrigen Fälle in kurzer Form skizziert werden (Kapitel 4.2); mit der Typenreihe wird das Ziel verfolgt, den Typus möglichst umfassend zu beschreiben.

3 Die Psychotherapiestation (Transformationsebene I)

3.1 Beschreibung der Psychotherapiestation

Die psychiatrische Klinik unserer Studie ist Teil eines städtischen Allgemeinkrankenhauses; sie hat als Bezirkskrankenhaus einen Versorgungsauftrag für eine Stadt mit ca. 100.000 Einwohnern[1] und die umliegende ländliche Region. Die Psychotherapiestation dieser Klinik wurde Anfang der 80er Jahre eröffnet und ist Teil eines erweiterten Behandlungsangebotes im Anschluß an die Forderungen der Psychiatrie-Enquête.[2] Im Zuge dieser Erneuerung der Psychiatrie entstanden in den meisten psychiatrischen Kliniken Psychotherapiestationen, vor allem mit psychoanalytischer oder verhaltenstherapeutischer Ausrichtung unter ärztlicher oder psychologischer Leitung, die der hier dargestellten Station strukturell entsprechen. In der hier geschilderten Klinik wurden in einem weitergehenden Schritt auch Psychologen als Stationsleiter beschäftigt und per Klinikordnung den Ärzten gleichgestellt. Hierin besteht eine zweite wichtige Veränderung innerhalb der Psychiatrie: So kennzeichnete PLOEGER (1972) die Stellung der Psychologin im Rahmen der von ihm geschilderten Psychotherapiestation noch eindeutig am Rande des (von Ärzten gestalteten) therapeutischen Geschehens: „Die Psychologin hat in unserem System vor allem diagnostische Aufgaben. Sie ist am wenigsten von allen Teammitgliedern in die Interaktion der Patienten verwickelt" (82).

Die Klinik ist durch ihre Lage zwischen Innenstadt und Stadtrand relativ gemeindenah. Durch dieses Behandlungsangebot am Ort beziehungsweise in unmittelbarer Nähe des Wohnortes bleibt die Nähe zum Herkunftsmilieu erhalten. Die Patienten beziehungsweise Klienten befinden sich für die Zeit der Behandlung in der Nähe ihres sozialen Umfeldes und können den Kontakt ohne großen Aufwand aufrechterhalten; das therapeutische Geschehen findet damit nicht völlig isoliert vom sozialen Kontext ‚irgendwo weit weg' statt.[3] Mit zunehmendem Bekanntheitsgrad der Klinik wird diese Gemeindenähe jedoch unterlaufen: Die neue Klinik hat im Gegensatz zu den umlie-

---

1 Im weiteren codiert als P-Stadt.
2 Vgl. REIMER (1978, 1982). PLOEGER verweist 1972 auf insgesamt nur 11 Einrichtungen für stationäre Psychotherapie im gesamten Bundesgebiet.
3 Zur Distanz der Psychiatrie als Institution des sozialen Ausschlusses zur übrigen bürgerlichen Welt vgl. die Analysen von CASTEL (1979), DÖRNER (1975), FOUCAULT (1969, 1976), HARTUNG (1980), JERVIS (1978), MUTZ (1983) und SCULL (1980).

genden, zum Teil seit Jahrzehnten bestehenden psychiatrischen Kliniken in der Region kein historisch gewachsenes negatives Stigma. Diese Neutralität der sozialen Bewertung wird verstärkt durch die allgemeine Bezeichnung „Klinikum P-Stadt", die den Betroffenen überläßt, ob und wem gegenüber sie sich als Patienten der psychiatrischen Klinik zu erkennen geben wollen. Dies macht die psychiatrische Klinik auch für Personen außerhalb des Einzugsbereiches attraktiv. Die Psychotherapiestation dieser Klinik ist eine offene Station mit maximal 12 Therapieplätzen für Patienten „mit Neurosen, psychogenen Reaktionen, psychosomatischen Störungen, sekundärem Suchtmittelmißbrauch. Nicht aufgenommen werden Patienten mit Psychosen, Abhängigkeiten oder akuter Suicidalität".[1]

Der Weg zu der Psychotherapiestation in P-Stadt führte für die von uns untersuchten Personen über einen mindestens zweiwöchigen Aufenthalt auf einer psychiatrischen Aufnahmestation zur allgemeinen Abklärung. In Ausnahmefällen war auch eine Übernahme aus somatischen Stationen oder eine Direktaufnahme nach der Einweisung durch einen niedergelassenen Nervenarzt möglich. Aufnahme beziehungsweise Weiterverlegung erfolgten auf Anregung des behandelnden Arztes oder auf eigenen Wunsch der Patienten in Absprache mit dem psychotherapeutischen Team nach einem ausführlichen Vorgespräch. In diesem Gespräch mit dem zukünftigen Klienten thematisierten Stationsleiter und ein Mitglied des Pflegepersonals dessen Problematik und die Möglichkeiten einer Veränderung ebenso wie allgemeine Ziele, Inhalte und vorgesehene Dauer der bevorstehenden psychotherapeutischen Behandlung. Die Entscheidung zu einer Verlegung mußte von beiden Seiten befürwortet werden. Sie war eine freiwillige Entscheidung der Patienten, jedoch verbunden mit der Verpflichtung zur Teilnahme an dem therapeutischen Wochenprogramm der Station (siehe unten). Die Behandlungsdauer war auf 10-14 Wochen konzipiert.[2]

3.1.1 Die formalen Zugangsregeln zur Psychotherapiestation

Die Besonderheit einer stationären Behandlung besteht für alle Klienten der Station gleichermaßen darin, daß sie selbst und/oder signifikante Personen ihres sozialen Umfeldes zum Zeitpunkt der Aufnahme in die Klinik ihre autonome Deutungs- und Handlungsorientierung gefährdet sahen und eine eigenständige Gestaltungsmöglichkeit in Zweifel stellten. Ihre Lebensführung hat ein Moment der Störung erfahren, das offenbar nicht mehr mit den eigenen Fähigkeiten zu bewältigen war. Dieses Eingeständnis

---

1   Zitat aus dem INFORMATIONSBLATT DER STATION FÜR NIEDERGELASSENE ÄRZTE DER REGION (1987).

2   Dieser Zeitrahmen ist im Rahmen psychiatrischer Kliniken nicht ungewöhnlich. Auch BERNHARD (1988), ECKERT & BIERMANN-RATJEN (1985, 1990), HESS (1988) sowie REIMER & EHRET (1982) berichten von derselben Therapiedauer.

wird als Grundlage der Bereitschaft zu einer Auseinandersetzung mit anderen Bewältigungsoptionen[1] und als Basis einer Therapiemotivation (im Konzept des Leidensdruc-
kes) postuliert.[2] Diese Hilfsbedürftigkeit bleibt mit der (in unseren Fällen grundsätzlich freiwilligen) Entscheidung zu der längerfristigen Behandlung erhalten. Über die
subjektive (Be-)Deutung dieses Eingeständnis im biographischen Kontext lassen sich
jedoch keine allgemeingültigen Aussagen treffen. Ob die Tatsache eines Psychiatrie-
aufenthaltes notwendigerweise langfristig biographisch als *Bruchsituation* verortet
wird, ist eine empirische Frage, auf die wir in dieser Arbeit noch eingehen werden.

Die Integration der Psychotherapiestation in eine psychiatrische Klinik und in ein
Allgemeinkrankenhaus stellt in doppelter Weise einen medizinischen Störungs- und
Behandlungskontext sowohl für die Betroffenen als auch für deren Angehörige in den
Vordergrund. Diese medizinische Rahmung erleichtert für die Betroffenen den Zugang
zu einem psychosozialen Hilfsangebot, das gerade in ländlich-traditionalen Gegenden
kritisch betrachtet wird. Gleichzeitig unterscheidet sich diese Rahmung von anderen
Formen stationärer Psychotherapie innerhalb von Suchtkliniken oder Fachkliniken für
Psychotherapie und Psychosomatik. Dort wird bereits im Vorfeld der Entscheidung zu
einer Behandlung die Auseinandersetzung mit psychologischen Deutungen der eigenen
Störung notwendig, während sie in unserem Falle erst zu einem wesentlich späteren
Zeitpunkt eintreten kann. Mit der Zustimmung von Experten und Betroffenen zu einem Wechsel auf die Psychotherapiestation wird ein therapeutischer Vertrag geschlossen, der konstitutiver Bestandteil des psychotherapeutischen Prozesses ist (vgl.
BASTINE 1992, 182 ff.). Dabei sind die Klienten, wie in anderen Bereichen der psychosozialen Dienstleistungen, gezwungen, diesen Vertrag ohne Vorkenntnis über die
konkreten persönlichen und konzeptuellen Leistungen des Therapieangebotes einzugehen. Eine Ratifizierung ist erst im Therapieverlauf, manchmal sogar erst nach Abschluß der Behandlung, möglich.[3]

---

1   „In den Umbruchsituationen, in denen lebensweltliches Wissen an der Überprüfung von Erfahrung
     und Praxis zu scheitern droht und in denen sich die Alternative Erstarren oder Verändern stellt,
     kann dem wissenschaftlichen Wissen eine besondere Bedeutung zukommen, wenn es nachvollzieh-
     bare Erklärungen einer unbegreiflich gewordenen Lebenswelt liefern kann" (BÖHME & ENGEL-
     HARDT 1979, 23 f.); vgl. auch SCHAEFFER (1988, 164).

2   „Im Leidensdruck erkennt der Patient eine Beeinträchtigung seiner Autonomie an und übernimmt
     zugleich die soziale Verpflichtung, alles zu ihrer Beseitigung zu tun" (OEVERMANN 1988, 267);
     „Krankheitseinsicht bezeichnet die Bereitschaft des Klienten, sich selbst mit den vom Helfer ange-
     botenen Kategorien zu definieren" (WOLFF 1981, 222).

3   Im Interview beschreibt eine Co-Therapeutin diese erste Ratifizierung als einen für sie systemati-
     schen Bestandteil der ersten Woche im Therapieverlauf: „Da haben s ja alle noch ihr Koffer-Pack-
     Syndrom, a jeder möcht irgendwie noch davon und dann äh wissen s noch net so recht, is etzt des
     wirklich so gut für mich oder net."

3.1.2 *Das Team der Psychotherapiestation*

Die Leitung der Station hatte im Behandlungszeitraum aller unserer Interviewten eine Diplom-Psychologin mit Zusatzausbildung in Kognitiver Verhaltenstherapie. Zum therapeutischen Team gehörte in dieser Zeit Pflegepersonal (6 Krankenschwestern, zwei davon halbtags, und 2 Pfleger) in der Funktion von Co-Therapeuten, zusätzlich waren eine Sozialpädagogin, eine Beschäftigungs- und Gestaltungstherapeutin, eine Musiktherapeutin und ein psychiatrischer Oberarzt sowie im weiteren Umfeld ein Sporttherapeut auf der Station tätig.[1]

Damit umfaßte das therapeutische Team unterschiedliche Professionen und beinhaltete so eine Vielzahl möglicher therapeutischer Bezugspersonen, die weit über die klassische Therapeut-Klient-Dyade einer ambulanten Therapie hinausgeht; gleichzeitig waren damit nicht nur unterschiedliche therapeutische Maßnahmen, sondern auch unterschiedliche Bestände an Expertenwissen und professioneller Erfahrung repräsentiert. Dabei war die medizinisch-psychiatrische Profession durch die Gesamtrahmung und innerhalb der Hierarchie (als Oberarzt) institutionell relativ stark vertreten, der Einfluß jedoch durch den nur einmal wöchentlichen persönlichen Kontakt zu den Klienten beschränkt. Auf der Station dominierte daher die psychologisch-psychotherapeutische Profession durch die Stationsleitung.

Dies wurde durch das Pflegepersonal verstärkt, das in dem Kontext der Station kaum pflegerische Aufgaben im engen Sinne zu erfüllen hatte, sondern durch eine stationsinterne zusätzliche Ausbildung auch qualifiziert war, co-therapeutische Aufgaben zu übernehmen. So führten sie unter der Supervision der Stationspsychologin einzelne Therapiegruppen (Selbstbehauptungs-, Kommunikations- und Entspannungstraining) und vor allem in akuten Krisensituationen außerhalb der Dienstzeiten der Therapeutin konfliktzentrierte Einzelgespräche durch. Zusätzlich ermöglichte die Stellung des Pflegepersonals in der Klinikhierarchie einen vertrauten Kontakt zu den Klienten, wie er sonst zwischen befreundeten Bekannten üblich ist. Dies wurde durch die, auch im INFORMATIONSBLATT DER STATION 23 (1985) prozessierte, klassische Anrede von Pflegepersonal mit dem Vornamen (‚Schwester Luise‘) verstärkt. Vor allem in Spät-, Nacht- und Wochenendschichten fanden auch informelle Gespräche, gemeinsame Spiele und Freizeitunternehmungen statt; dieses alltagsnahe Setting ermöglichte es manchen Klienten, problematische Themen unverbindlich anzusprechen, bevor sie in die tiefergehenden Einzel- oder Gruppengespräche eingebracht wurden. Erfahrungsgemäß war dem Pflegepersonal auch manche kritische Bemerkung, zum Beispiel in der Gruppentherapie ‚erlaubt‘, die in Wortwahl oder Inhalt so geäußert, in der Beziehung zwischen Psychotherapeuten und Klienten Komplikationen hervorgerufen hätte. Manchmal fielen dem Pflegepersonal auch fürsorgliche Tätigkeiten zu, wie zum Beispiel die Be-

---

1 Die folgenden Darstellungen beziehen sich ebenso wie die Kontextmaterialien auf diesen Zeitraum.

gleitung in angstbesetzten Situationen (zur Behörde, zum Zahnarzt oder zu therapeutischen Spaziergängen bei Angstklienten). Das Pflegepersonal hatte somit eine wichtige Rolle als Schaltstelle zwischen Klinikalltag, Lebensführung und therapeutischem Ambiente.[1]

Der psychotherapeutische Aspekt der Behandlung wurde durch die anderen therapeutischen Maßnahmen gezielt unterstützt. Dabei handelte es sich um Beschäftigungs- und Gestaltungstherapeuten (Ergotherapeuten) sowie Musik- und Sporttherapeuten, bei denen nonverbale Kommunikationsformen (mit sich selbst und der sozialen Umwelt) im Vordergrund standen. Gefördert wurden musische, kreative, handwerkliche und sportliche Aktivitäten und Ausdrucksformen sowie eine nonverbale soziale Interaktion. Der Sozialpädagogin kamen beraterische Funktionen im Bereich der Sozialarbeit zu: Vermittlungen bei Schwierigkeiten am Arbeitsplatz, Hilfe bei der Wohnungs- und Arbeitssuche, Beratung bei Problemen der Kostenübernahme usw. Die Zusammenarbeit zwischen den verschiedenen am Stationsgeschehen beteiligten Experten wurde durch wöchentlich stattfindende Teambesprechungen gewährleistet.

3.1.3 Das Therapiekonzept auf der Psychotherapiestation

Gemäß der Selbstdarstellung der Station wurde dort mit „konfliktzentrierten psychotherapeutischen Einzel- und Gruppengesprächen, Gruppentherapien zur Verbesserung der Selbst- und Fremdwahrnehmung und Entspannungsverfahren"[2] gearbeitet. Im einzelnen umfaßte der für alle Klienten verbindliche Wochenplan der Station eine dreimal wöchentlich stattfindende konfliktzentrierte Gesprächsgruppe, das wöchentliche Selbstbehauptungstraining[3] und Kommunikationstraining.[4] Hinzu kam die tägliche Entspannungsgruppe, der Positive Tagesrückblick und wöchentlich einmal eine Gruppe aus der Beschäftigungs-, Gestaltungs-[5], Musik-[6] und Sporttherapie. Es wurde keine (beispielsweise diagnosenspezifische) Zuordnung einzelner Klienten zu den unterschiedlichen therapeutischen Angeboten vorgenommen, vielmehr nahm die gesamte Station an den jeweiligen Aktivitäten teil. Einzelgespräche wurden nach Bedarf von der Therapeutin oder den Co-Therapeuten (Pflegepersonal) durchgeführt; die Psychologin ist zudem für gemeinsame Gespräche mit Klienten *und* Angehörigen (meist Eltern oder Partner) zuständig gewesen. Therapiefreie Zeiten und Wochenenden konnten die Klienten selb-

---

1   Vgl. auch TRESS et al. (1988).

2   Vgl. INFORMATIONBLATT DER STATION FÜR DIE NIEDERGELASSENEN ÄRZTE DER REGION (1987).

3   Vgl. ULLRICH & ULLRICH (1976).

4   Vgl. SCHWÄBISCH & SIEMS (1974) sowie VOPEL (1981).

5   Vgl. SCHRODE & KURZ (1986) sowie BÖHLER (1988).

6   Vgl. LOOS (1986) und SCHROEDER (1988).

ständig, zum Teil in Absprache mit dem therapeutischen Team, gestalten. Damit war im therapeutischen Konzept die gezielte Kombination von psychotherapeutischer Abgeschlossenheit in der stationären Gemeinschaft mit einer Erprobung der Erkenntnisse und Fähigkeiten aus der Therapie am Wochenende im Alltag verankert.

Die Psychotherapie auf der Station 23 war ein gemischtes Verfahren aus Gruppen- und Einzeltherapie im Rahmen einer durch die Stationsordnung vorstrukturierten temporären therapeutischen (Wohn-)Gemeinschaft. Der Kontakt zu Mitklienten konnte über die (durch eine Schweigepflicht abgesicherte) Intimität der Therapiegruppe im engen Sinne auf einen Privatbereich der Gestaltung des Stationslebens bis hin zu gemeinsamen Freizeitaktivitäten ausgeweitet werden. Durch die Veröffentlichung der individuellen Problematik im Kreis der Therapiegruppe waren Vergleiche, Solidarisierungen und Anregungen ebenso möglich wie Auseinandersetzungen und Konkurrenz Die im alltäglichen Lebensvollzug nicht mehr erklärbaren und zu bewältigenden Phänomene wurden somit nicht nur den Experten, sondern auch den Mitbetroffenen zugänglich gemacht.

Dies wurde verstärkt durch das auf der Station 23 praktizierte System der sukzessiven Neuaufnahmen: Es sind nicht feste Gruppen gebildet worden, die über den gesamten Zeitraum der Therapie gemeinsam behandelt wurden, sondern freiwerdende Therapieplätze wurden sofort wieder besetzt. Damit hatten sich immer gleichzeitig Therapieneulinge und erfahrene Klienten auf der Station befunden, die ihre Erfahrungen und Erkenntnisse weitergeben konnten und so die Funktion von *Therapietutoren* übernahmen. Den Mitklienten kam damit auch die Aufgabe zu, für den Rest der Therapiegruppe Verantwortung zu tragen. Die Diskussion im Kreis von ebenso Hilflosen ermöglichte den Austausch individueller Erfahrungen und erinnerte die Laien an die ihnen verfügbaren Deutungs- und Handlungskompetenzen. Dabei ging es über die „kollektive Überwindung systematischer Kommunikationswiderstände" hinaus zusätzlich auch um die „Erfahrung von nicht-geteilter Wirklichkeit" (PORTUGALL 1976, 10f.), das heißt um die Erkenntnis, daß es nicht nur eine einzige, sondern unterschiedliche Konstruktionen von Wirklichkeit gibt. Auf diese Weise wurde der eigenen Problemlage der Charakter der Einzigartigkeit genommen;[1] der Austausch ermöglichte eine erste Normalisierung der vorher dramatischen Ereignisse. Therapiegruppen hatten manchmal den Charakter von verschworenen Gemeinschaften, manche Beziehungen blieben über Jahre hinweg erhalten. In Einzelfällen gründeten sich langjährige Freundschaften oder sogar Partnerschaften auf die in der Therapiegruppe erfahrenen Gemein-

---

1   Vgl. KRAUSE JACOB (1992, 224): „Die psychischen Probleme werden zu einem Teil entmystifiziert."

samkeiten.[1] Stationäre Psychotherapie ist somit im Gegensatz zur ambulanten Psychotherapie kein in den Alltag integrierter und auf die Person eines Professionellen konzentrierter Kontakt, sondern eine umfassende, wenn auch zeitlich begrenzte Unterbrechung der alltäglichen Lebensführung der Betroffenen, die über den von Professionellen intentional strukturierten und strukturierbaren Rahmen weit hinausgeht.

Als allgemeines Therapieziel wurde betont: „Unser Therapiekonzept kann ganz allgemein mit einem bekannten Schlagwort als ‚Hilfe zur Selbsthilfe' beschrieben werden. Von Ihrer Seite ist deshalb eine aktive Mitarbeit die entscheidende Voraussetzung" (INFORMATIONSBLATT FÜR DIE PATIENTEN DER STATION 23 1985, 1). Diese allgemeine Zielsetzung der langfristigen Selbsthilfe steht in Einklang mit expliziten Forderungen verhaltenstherapeutisch orientierter Behandlungen.[2] Damit wird angekündigt, daß das therapeutische Team anstrebt, dem Klienten Deutungs- und Handlungsfähigkeiten zu einer eigenständigen Bewältigung von zukünftigen Schwierigkeiten der Lebensführung verfügbar zu machen. Mit diesen Aussagen tritt das Konzept dieser Station einem medizinisch-naturwissenschaftlichen Krankheitsmodell und der dazu komplementären passiven Patientenrolle entgegen. Dies wird verstärkt durch die Hervorhebung des individuellen wie auch des sozialen Aspektes einer Störung und die explizite Aufforderung zu einer Kooperation zwischen den Experten der Station und der Laiengruppe der Betroffenen: „Unser gemeinsames Ziel ist es, daß Sie hier eigene Möglichkeiten und Fähigkeiten entwickeln und erweitern, damit Sie sich Ihren seelischen, sozialen und körperlichen Problemen selbständig stellen und sie meistern können. Eine solche neue Lebenseinstellung und ein so veränderter Umgang mit sich selbst und mit Ihren Mitmenschen ist am besten in der Gruppe, also gemeinsam möglich" (INFORMATIONSBLATT 1985, 1).

Angekündigt wird einerseits eine Ergänzung und Erweiterung der bisherigen Fähigkeiten der Lebensgestaltung, andererseits aber bisher unbekannte Deutungsangebote bezüglich der eigenen Lebensführung, eine „neue Lebenseinstellung" (ebd.). Ein Vergleich dieser Zielsetzungen und der im INFORMATIONSBLATT FÜR PATIENTEN DER STATION 23 (1985) ausgeführten Therapieregeln mit den Berichten über andere Psy-

---

1   Die Tatsache, daß in allen von uns zum Vergleich herangezogenen Hausordnungen von Psychotherapiestationen die Aufnahme von sexuellen Beziehungen sowie der Rückzug in eine Zweierbeziehung als Entlassungsgrund gilt, verweist darauf, daß dieser Rückzug aus der Gesamtgruppe aus therapeutischer Sicht keineswegs wünschenswert ist. Im INFORMATIONSBLATT FÜR PATIENTEN DER STATION 23 wird dazu als Erklärung angeführt: „Ziehen Sie sich aber nicht in eine Clique oder Einzelbeziehung zurück, sondern nützen Sie die Gelegenheit, auch mit Ihnen zunächst unzugänglich erscheinenden Menschen ins Gespräch zu kommen, sie kennenzulernen und so die gesamte Station mitzugestalten" (1985, 2).

2   Vgl. REIMER & EHRET (1982), SCHWARZ (1977), VERRES (1990) und ZIELKE (1993).

chotherapiestationen zeigt eine auffallende Strukturähnlichkeit unabhängig von den jeweiligen therapeutischen Ausrichtungen.[1]

3.1.4 Die Klientel der Psychotherapiestation

Die Klientel der Psychotherapiestation wies aufgrund einiger regionaler Faktoren des Einzugsgebietes eine Reihe von Besonderheiten auf. So ist etwa von Bedeutung, daß die betreffende Region vor dem Aufbau der neuen psychiatrischen Klinik Anfang der 80er Jahre unterversorgt war. Bis dahin wurde die stationäre psychiatrische Behandlung in einem der jeweils 80 – 100 Kilometer entfernten Bezirkskrankenhäuser durchgeführt. Zusätzlich waren nur wenige niedergelassene Psychiater und kaum ärztliche oder psychologische Psychotherapeuten in der Region tätig. Dies führte unter anderem dazu, daß in den Anfangsjahren der Station (dem Therapiezeitraum unserer Interviewpartner) eine systematische Nachbetreuung oder eine ambulante Anschlußbehandlung an die stationäre Psychotherapie nur in wenigen Fällen möglich war. Nach der Entlassung aus der Klinik war daher der Großteil der Betroffenen bezüglich der Umsetzung der therapeutischen Erfahrungen auf sich selbst gestellt. Diese ambulante Mangelversorgung sowohl für den psychiatrischen als auch für den psychotherapeutischen Bereich verbesserte sich sukzessive seit der Gründung der Klinik vor allem durch die Niederlassung von früheren Mitarbeitern der Klinik. Von dieser Veränderung konnten jedoch die von uns interviewten Personen, die zu Beginn dieser Entwicklung stationär behandelt wurden, nur langsam profitieren.

Außer den direkt aus P-Stadt stammenden Personen lebten die Klienten der Station 23 vor der Therapie in einem kleinstädtischen oder ländlichen Milieu und sind dort meist auch aufgewachsen. Es ist eine Region, in der sich durch mehrere große Industriebetriebe traditionale und moderne Strukturen und Lebensweisen bereits seit einigen Jahrzehnten vermischt haben; einige Personen, insbesondere jene, die in Milieus mit relativ geschlossenen Sinnstrukturen aufgewachsen sind, werden von den Industrialisierungsschüben in dieser Region jedoch regelrecht überrollt. Dieser gesellschaftliche Transformationsprozeß verläuft nicht ohne soziale, kulturelle und psychische Reibungen, und für einige Personen bleibt es nicht bei den immer wiederkehrenden problematischen Situationen – sie entwickeln Erlebnis- und Erklärungsmuster, mit denen sie in der Auseinandersetzung mit der sozialen Welt immer wieder scheitern.

Eine Verfestigung solcher Selbst- und Weltschemata kann zu psychosozialen Störungen führen, die eine autonome Lebensführung behindern. Die Schwierigkeiten, die diese Personen mit sich und/oder ihrer sozialen Umwelt haben, lassen sich (sehr ver-

---

1   Siehe BERNHARD (1988), HESS (1988) und PLOEGER (1972) sowie der Vergleich mit den Informationsblättern anderer stationärer Einrichtungen in MUTZ et al. (1991).

einfacht) auf folgenden Nenner bringen: ihre bisherigen Deutungs- und auch Handlungsmuster, ihre Art sich auf ihre Umwelt zu beziehen und daraus Ich-Identität zu formen, brechen sich an einem sich durchsetzenden Modernisierungsprozeß (vgl. MUTZ & KÜHNLEIN 1993).[1] Sie wenden sich an dafür zuständige moderne Institutionen, an fachkundige Experten – in der Regel ist der Hausarzt die erste Anlaufstelle –,[2] die sie weiter verweisen: an Nervenärzte, Psychiater oder direkt an die Klinik.

In dem unserer Untersuchung zugrundeliegenden Therapiezeitraum wurden insgesamt 177 Patienten in der Station aufgenommen, 149 davon (78 Frauen, 71 Männer) beendeten die Therapie planmäßig, das heißt nach durchschnittlich 12,3 Wochen (Range: 10-26 Wochen) und in beiderseitigem Einverständnis. Die gesamte Aufenthaltsdauer in der psychiatrischen Klinik betrug im Durchschnitt 16,9 Wochen (Range: 10-32 Wochen). Die Klienten dieser Station waren zwischen 16 und 50 Jahre, überwiegend zwischen 21 und 35 Jahre alt. Der Anteil von Männern und Frauen ist fast gleich (49,7 % zu 50,3 %). Bei den Erstdiagnosen standen depressive Neurosen (ICD 300.4) und depressive Reaktionen (ICD 309.1) mit insgesamt 37,8 % deutlich im Vordergrund. Die zweithäufigste Diagnosengruppe waren Suchtproblematiken mit 16,4 %, gefolgt von Angstneurosen und phobischen Störungen mit einem Anteil von 10,7 %. Weitere häufiger diagnostizierte Störungen waren Konversionsneurosen (ICD 300.1) mit 5,6 %, neurotische Entwicklungen (ICD 300.9) mit 5,1 %, Dekompensationen (ICD 311) mit 6,8 %, sowie Adoleszenzkrisen mit 5,1 %.[3]

Wir haben mit dieser Skizze die Psychotherapiestation relativ umfassend charakterisiert, damit ein Bild von der speziellen Sinnwelt entstehen kann, in der sich die Patienten zwei Jahre vor unserer Befragung aufgehalten haben. Vor diesem Hintergrund sind die folgenden Ergebnisse unserer Analysen der Transformationsebene I zu sehen. In den Kapiteln 3.2 und 3.3 wird analysiert, welche Funktion die Psychotherapiestation für die Transformation des theoretischen psychologischen Wissens auf der Ebene des praktischen Handelns der Experten hat. Wir wollen also die Frage beantworten, was das Besondere an dieser Transformationsebene (im allgemeinen) ist. In einem ersten Schritt wird die Psychotherapiestation als eine soziale Organisation rekonstruiert, die den *Kontext* für diese Transformation bestimmt; in einem zweiten

---

1   „Man denkt immer dann über Identität nach, wenn man nicht sicher ist, wohin man gehört, das heißt, wenn man nicht genau weiß, wo man in der offensichtlichen Vielfalt von Verhaltensweisen und -mustern den eigenen Platz finden und wie man sich vergewissern kann, daß die anderen Menschen diese Positionierung als richtig und angemessen akzeptieren, so daß beide Seiten in Gegenwart der jeweils anderen miteinander umgehen können. ,Identität' ist ein Name für den gesuchten Fluchtweg aus dieser Unsicherheit" (BAUMAN 1994, 390).

2   Vgl. auch KRAUSE JACOB (1992, 129 ff.) und LENZ (1990).

3   Diese Aufstellung der Diagnosen dient der Deskription der Station, sie werden nicht mit den biographischen Erzählungen verknüpft. Wir betrachten psychiatrische Diagnose nicht als einen objektiven Fakt, der eine Person charakterisiert, sondern als Klassifikation der Experten mit Konstruktionscharakter.

Schritt werden die *Relevanzstrukturen* skizziert, innerhalb derer diese Transformation hergestellt wird. Abschließend (Kapitel 3.4) werden wir die Struktur der Transformationsebene Psychotherapiestation zusammenfassend beschreiben.

3.2 Die soziale Organisation einer Psychotherapiestation als Kontext

Eine entscheidende Voraussetzung dieser Transformationsbeziehung liegt darin, daß sie innerhalb eines institutionellen Rahmens zu verorten ist, der sich als *soziale Organisation* bestimmte soziale Regeln geben muß, damit diese Transformation überhaupt stattfinden kann. Um diese Rahmung zu rekonstruieren, haben wir eine Reihe von empirischen Materialien ausgewertet, die sich auf die Organisation des Stationsalltags als eine von *draußen* unterscheidbare Sinndimension beziehen. Wir werden in den folgenden Abschnitten zeigen, daß es im wesentlichen *nicht* um die Reproduktion der Formalstruktur dieser sozialen Organisation geht, sondern darum, ein *Drinnen* zu konstituieren und zu legitimieren sowie festzulegen, in welchem Handlungskontext sich die Mitglieder dieser konkreten Sinnwelt bewegen. Im Zentrum steht die räumliche und sinnlogische Rahmung für Fremd- und Selbstbestimmung – ein Phänomen, das wir *Handlungsentlastetheit* genannt haben: welche Handlungen der Klienten haben welche Folgen?

3.2.1 Transformation durch Neudefinition

Was muß passieren, wenn ein Patient von einer anderen Station der Psychiatrie auf die Psychotherapiestation kommt? Die allgemeinste Antwort lautet, daß diese Person erst zu einem Klienten gemacht werden muß, der psychotherapeutisch behandelt werden kann. Anders formuliert: es müssen personenbezogene Voraussetzungen geschaffen werden, damit der Klient in diese besondere Transformationsebene eintreten kann. Hierzu sind eine Reihe von *Redefinitionsprozessen* notwendig, die zum Ziel haben, ein Individuum zu konstituieren, das aktiv und in eigener Verantwortung als *hilfesuchender Klient* ansprechbar ist. Dies geschieht in zwei Schritten:
Zunächst ist es notwendig, die Differenz zwischen Patient und Klient, also zwischen passiver und aktiver Haltung sinnfällig zu machen. Die Person muß ihren Status als leidender Patient, den sie *draußen* im Kontakt mit den Ärzten und *drinnen* in den traditionell geführten psychiatrischen Stationen einnehmen konnte (oder mußte), in Teilen aufgeben, weil psychotherapeutische Verfahren ohne aktive Mitwirkung der Klienten keine Aussicht auf Erfolg haben. Die erste psychologisch motivierte Maßnahme besteht also darin, dem Patienten eine Individualität zurückzugeben, die es ermöglicht, den Status des passiven Rezipienten therapeutischer Maßnahmen aufzugeben.

Dies impliziert die Re-Konstruktion eines *Ich* mit *eigener* Lebensgeschichte, dessen Zustandekommen das Subjekt nicht nur erlitten hat.[1]

Daß die eigene Lebensgeschichte Verwerfungen aufweist, die zu nicht mehr lösbaren problematischen Situationen geführt haben, ist die Voraussetzung für den Aufenthalt *drinnen*, mithin dafür, daß aktuell Bereiche des Lebensvollzugs auf der Psychotherapiestation fremdbestimmt sind. Dieses sich Hineinbegeben in Bereiche der Fremdbestimmtheit darf nun aber nicht als Zwang erfahren werden, sondern muß als Resultat einer aktiven *Hilfesuche* erscheinen – insofern bleibt er in Teilen Patient. In dieser Hinsicht versucht die stationäre Psychotherapie einen Balanceakt: um psychotherapeutische Verfahren anwenden zu können, braucht sie hilfesuchende Personen, die sich *zugleich* als Patienten und Klienten verstehen.[2] Sie müssen ihr Gewordensein aktiv einbringen können und zugleich akzeptieren, daß während des *Stations*aufenthaltes Bereiche der Lebensführung aufgrund der vorliegenden persönlichen Schwierigkeiten fremdbestimmt sein werden.

Damit dieser schwierige Balanceakt gelingt, muß eine zweite sehr wichtige Differenz gezogen werden, die das grundsätzliche *Arbeitsverhältnis* charakterisiert. Nachdem bereits vor dem Eintritt in die Psychotherapiestation durch die ambulant behandelnden Ärzte oder durch andere Stationen der Klinik abgeklärt worden ist, daß es sich nach Meinung der medizinischen Experten nicht um eine körperliche beziehungsweise nicht um eine medikamentös zu behandelnde Krankheit handelt, muß auf der Psychotherapiestation herausgefiltert werden, was genau eine nicht-körperliche, psychotherapeutisch zugängliche Erkrankung ist. Dies muß dem Klienten plausibel vermittelt werden, um eine gültige Arbeitsgrundlage herzustellen. Diese Redefinition ist für die Konstitution des Transformationsprozesses von besonderer Bedeutung.

Zunächst ist auffällig, daß *Krankheit* wegdefiniert wird; vielmehr ist die Rede von „persönlichen Schwierigkeiten"[3] der Klienten, die Anlaß für die aktive Hilfesuche gewesen seien. Es werden in lebens- und erfahrungsnaher Weise gleichsam alltägliche (psycho-)soziale Problemlagen, die nicht krankhaft, sondern von jederman/frau im

---

1   „Ein Eigenanteil an den Problemen sowie an ihrer Bewältigung muß vom Ratsuchenden anerkannt werden" (BITTNER 1981, 109).

2   Vgl. die Differenz zwischen *Patient* und *Klient,* wie sie in der Auseinandersetzung einer berufspolitisch motivierten Psychologie mit der eher medizinisch orientierten Profession stark gemacht wurde (KARDORFF 1986) – in der stationären Psychotherapie bleibt der *Doppelcharakter* prinzipiell erhalten. Wir werden folglich diese beiden Begriffe auch unterschiedlich verwenden: steht der hilfesuchende Aspekt im Vordergrund, sprechen wir von Patienten, steht dagegen das aktive, psychotherapiefähige Individuum im Vordergrund, sprechen wir von Klienten. BUCHHOLZ (1993) spricht in vergleichbarer Weise vom „kompetenten Patienten".

3   Vergleiche das INFORMATIONSBLATT (1985), sowie die ausführliche Interpretation in MUTZ et al. (1991). Dieses Stationsdokument ist zunächst als „Informationsblatt für *Patienten*" ausgewiesen, wendet sich in der folgenden Zeile mit „Lieber Herr/Frau ..." an die Individuen, was diesen Ebenenwechsel vom Patienten zu Personen beziehungsweise Klienten und die damit verknüpfte Ambivalenz anschaulich belegt.

Lebensvollzug zu bewältigen sind, als Deutungsfolie und Legitimation für den Aufenthalt auf der Psychotherapiestation angeboten. Diese persönlichen Schwierigkeiten bleiben an sich vage und werden nur diskret ohne exemplarische oder konkrete Ausdifferenzierung benannt. Damit haben wir bereits eine erste Transformation psychologischen Wissens in den Blick bekommen: Den Klienten wird nicht ein theoretisch formuliertes Deutungsangebot zur Begründung und Legitimierung des stationären Aufenthalts gemacht, sondern eines, das sie in ihrem Wissen aus den üblichen Sinnwelten unschwer wiederfinden können. Das Sonderwissen (Diagnose, begleitender Arztbrief usw.) bleibt im Verborgenen, verschwindet in der allgemeinen Kennzeichnung als psychosoziale Problemlage.

Daß ein psychotherapeutisch-psychiatrisches Kategoriensystem für diese *persönlichen Schwierigkeiten* durchaus vorhanden ist, zeigt die Selbstdarstellung der Psychotherapiestation anderen Adressatengruppen gegenüber; in dem INFORMATIONSBLATT FÜR DIE NIEDERGELASSENEN ÄRZTE (1987) heißt es: „*Zielgruppe*: Patienten mit Neurosen, psychogenen Reaktionen, psychosomatischen Störungen, sekundärem Suchtmittelmißbrauch. Nicht aufgenommen werden Patienten mit Psychosen, Abhängigkeiten oder akuter Suicidalität" (Herv. im Original). *Innerhalb* der Profession wird demnach das, was Gegenstand der Behandlung ist, mit einem medizinisch-psychiatrischen Sprachduktus auf den Begriff gebracht, während es im *Außenverhältnis* selbstverständlich ist, sich auch sprachlich in allgemeinen Wissensbereichen zu bewegen. In der Welt der Professionellen gibt es Krankheiten, die in ihrer möglichen Ausdifferenzierung konkret benannt werden können; im Kontakt zwischen den Professionellen und den Patienten finden Transformationsprozesse statt, die dieses Sonderwissen an bestehende Wissensbestände anknüpfungsfähig machen. Damit wird das, was die Professionellen als für sie relevante empirische Erscheinungen qua Wissenschaft systematisieren, kategorisieren und benennen, im konkreten Transformationsprozeß (Aufbau der Sinnwelt zwischen Experten und Patienten) seiner Wissenschaftlichkeit entkleidet und als Alltagsproblematik dargestellt – was freilich professionell abzusichern ist (siehe nächstes Kapitel).

Mit dieser Transformationsprozedur ist in zweierlei Hinsicht eine besondere Beziehung konstituiert. Erstens legitimieren persönliche Schwierigkeiten in der alltäglichen Lebensführung eine Verlagerung derselben nach *drinnen* und ziehen damit die Aufgabe ausgewählter Bereiche der Selbstbestimmung nach sich; zweitens werden soziale Problemlagen in dem Sinne *normalisiert*, daß ihnen die persönliche und soziale Dramatik genommen wird: die problematischen Ereignisse, die zur Einweisung führten, erscheinen aus der Logik des Alltags nachvollziehbar. Beides hat zugleich die Funktion, ein selbstverantwortliches Individuum zu konstituieren, das sich aktiv im psychotherapeutischen Prozeß bewegen kann.[1] Wissenssoziologisch betrachtet befinden wir uns zwar in einer Sonderwelt mit besonderen, abgeschlossenen Sinnstrukturen, in der Sonderwissen verwendet wird, die erste Regel lautet aber offensichtlich, daß sie sich durch einen Transformationsprozeß in allgemein vertrautes Wissen *verkleiden* muß, um lebensweltliche Problematiken in dieser Sonderwelt verhandeln zu können.

3.2.2 Organisatorisches und fachliches Expertentum

Ein solches scheinbar unwissenschaftliches Deutungsangebot unterscheidet sich von alltäglichen Hilfsangeboten bis hierhin nur dadurch, daß es in dem Kontext einer *Sonderwelt* formuliert wird, in der ein multiprofessionelles Team von Experten agiert. Beides – die Integration in eine soziale Organisation *und* das Expertentum – sichern den umgangssprachlich gehaltenen Diskurs um psychosoziale Problemlagen als Profession ab. Auf dieser konkreten Transformationsebene werden folglich psychologische Interpretations- und Deutungsangebote *nicht* durch die Inszenierung von Wissenschaftlichkeit legitimiert, sondern durch die Selbstinszenierung einer sozialen Organisation, in der Experten fachkundige psychosoziale Hilfe anbieten können.

Damit wird ein gesellschaftlich anerkannter Hintergrund für die Therapie geschaffen und die prinzipielle Behandlungsberechtigung der dort Tätigen sowie die Geltung der von ihnen angewandten Verfahren unterstrichen. Der gesamte soziale Raum, in dem wissenschaftliches Wissen praktisch wird, muß sinnfällig als eine soziale Organisation erscheinen, in der Multiprofessionalität fachkompetent gebündelt ist; die Vertreter der jeweiligen Professionen müssen entweder qua Titel oder Berufsabschluß als Mitglieder einer sozialen Organisation des Öffentlichen Dienstes ausgewiesen sein.[2] Erst damit ist abgesichert, daß es sich bei dem umgangsprachlichen Reden über persönliche Schwierigkeiten um eine Transformation psychologischen beziehungsweise psychotherapeutischen Wissens handelt, das auf eine Problemlösungskompetenz verweist. Halten wir fest: Auf der sprachlichen Ebene *verschwindet* theoretisches wissenschaftliches Wissen durch die Transformation in allgemein zugängliche Wissensbereiche; daß es sich dennoch um ein Sonderwissen handelt, wird für den Klienten *zunächst* nur dadurch erfahrbar, daß er sich in einem Transformationsprozeß mit Experten bewegt, die als Angehörige einer bestimmten sozialen Organisation ‚von Haus aus‘ kompetent sind. Es muß eine ganze Reihe von Signalen gesetzt werden, die auf eine eindeutige Zuständigkeit hinweisen, und es muß zumindest in Aussicht gestellt werden,

---

1 Dies hat eine folgenreiche Implikation, denn das hilfesuchende Individuum wird zum „Mitarbeiter" im psychotherapeutischen Prozeß, ist mithin mitverantwortlich für das Gelingen oder Mißlingen der Behandlung.

2 Vgl. „Prof. Dr. ..." und „Klinikum P-Stadt" im Briefkopf des INFORMATIONSBLATTES FÜR PATIENTEN (1985), sowie die Nennung der Titel in der Aufzählung der Stationsmitarbeiter.

daß die Fachleute die lebensweltlichen psychosozialen Problemlagen – gemeinsam mit den Klienten – bewältigen können.

Dieser Kontext wäre unvollständig, wenn das multiprofessionelle Expertenteam nicht deutlich machen würde, auf welchen Ebenen fachkundige Hilfe angeboten werden kann. Eine genaue Analyse des *Stationsangebots* ist deshalb von Interesse, weil dadurch deutlich wird, daß wir es mit sehr komplexen Interpretations- und Deutungsschemata zu tun haben, die nicht nur auf einen isolierten Bereich des Sonderwissens zurückgreifen. Im Zentrum steht erstens das *professionelle* Helfen, das eindeutig durch eine psychologisch-psychotherapeutische Kompetenz zum Ausdruck kommt. Sie steuert (auch durch die sozialrechtliche Stellung als Stationsleitung) nicht nur den formalen Ablauf der Station, sie leitet vielmehr auch den medizinischen, pflegerischen und sozialarbeiterischen Blick der übrigen Professionen, gibt ihm eine psychologisch-psychotherapeutische Richtung. Dies ist der Grund, warum sich die verschiedenen Disziplinen auf einen konkreten Transformationsprozeß, das psychotherapeutische Geschehen, konzentrieren können: durch diesen *Filter* sind sie alle fachlich kompetent für den Ablauf psychotherapeutischer Prozesse.

Zweitens ist das *fürsorgliche* Helfen zu nennen, das das professionelle Helfen stützt.[1] Die Fürsorge konzentriert sich zwar auf die Mitglieder des Pflegepersonals, deren Aufgaben in einem psychotherapeutischen Setting aber anders sind als die klassischen Bewacherfunktionen der traditionalen Psychiatrie und umfassender als auf den üblichen Stationen eines Krankenhauses. Hier ist Fürsorge zu einem Bestandteil der Transformationsebene geworden: die zusätzliche Ausbildung und psychologische Supervision des Pflegepersonals sichert und regelt den kompetenten fürsorglich motivierten Zugang zu psychotherapeutischen Prozessen. Diese besondere Kompetenz ist dadurch charakterisiert, daß *einfache* psychotherapeutische Techniken *an*gewendet werden (zum Beispiel Entspannungsübungen) und *einfache* problembezogene Gespräche mit den Klienten durchgeführt werden.[2] Hinzu kommen gemeinsame Alltagshandlungen mit den Klienten zwischen der Innen- und Außenwelt sowie in der Außenwelt. Insbesondere auf dieser Ebene verschwimmen Sonder- und allgemeines Wissen zu einem Kongloremat, das vor allen Dingen eines sicherstellt: die Anschlußfähigkeit zwischen unterschiedlichen Wissenssphären. Hier können beispielsweise die psychotherapeutischen Gespräche mit den Professionellen vor- und nachbereitet werden, Si-

---

1 Zur „Produktion von Fürsorglichkeit" vgl. WOLFF (1983).

2 Mit dem Begriff der *einfachen* psychotherapeutischen Techniken wollen wir keine Differenz von minder- versus höherwertigen Gesprächen einziehen, sondern auf deren Komplexität verweisen und darauf, daß sie in Abhängigkeit von Anweisungen und Absprachen mit der psychologischen Profession durchgeführt werden. So zieht die Stationsschwester im Interview genau an dieser Stelle eine wissens- und kompetenzfundierte Hierarchie im therapeutischen Team ein: „Wenn s halt schwieriger is, dann wird die Chefin zu Rate gezogen /.../ weil sie hat schließlich studiert und i net".

tuationen und Probleme alltagsnah gedeutet und interpretiert werden. Wir können von einem *Scharnier* sprechen, das Transformations- und Übersetzungsarbeiten sichert.

Eine Sonderrolle spielt das *zwischenmenschliche* Helfen, weil es die Klienten der Station als Fachkundige miteinbezieht. Die Klienten fungieren untereinander in einem gewissen Sinne als Experten in dem Versuch, problematische Situationen als alltägliche zu interpretieren und mit der Aktivierung von Allgemeinwissen zu lösen; sofern sie sich bereits länger auf der Station befinden, sind sie zusätzlich Experten darin, *erlerntes* Sonderwissen hinzuzuziehen. Wir haben sie deshalb als *Therapietutoren* bezeichnet. Die Klienten können so – unter fachkundlicher Anleitung – beispielsweise in den regelmäßigen Gruppensitzungen oder auch im Alltag der Station mögliche Problemlösungen austauschen. Durch die per Unterschrift allgemein geltende Schweigepflicht konstituieren sie gemeinsam mit den Experten der Station eine Gruppe von Geheimnisträgern, in der Allgemeinwissen und psychologisches Sonderwissen zu einem *neuen* Wissen verschmelzen.

Das Angebot auf der Psychotherapiestation besteht folglich aus einem weitestgehend umgangssprachlich formulierten fachkundlichen Helferwissen, das verschiedene professionelle, fürsorgliche und zwischenmenschliche Kompetenzen bündelt; dominant ist das professionelle Helfen aus einer psychologischen Perspektive, das die Handlungen auf der Station auf psychotherapeutische Prozesse ausrichtet. In dieser Form zusammengefaßt haben wir es mit einem Sonderwissen zu tun, das wir präziser als psychologisch-psychotherapeutisches Wissen bezeichnen wollen. Nur in ausgewählten Handlungsbereichen (Einzeltherapie mit der Psychologin) kommt psychologisches Wissen im engeren Sinne zum Tragen.[1]

Wir können zusammenfassen: die soziale Organisation mit ihren fachkundigen Experten gewährleistet, daß umgangssprachliches Reden über alltägliche Problemlagen als psychologisch kompetentes Sonderwissen erscheinen kann; die soziale Organisation stellt ein komplexes multiprofessionelles Team, das ganz unterschiedliche Hilfeleistungen bündeln kann und deren Mitglieder jeweils mehr oder weniger Sonderwissen in den psychotherapeutischen Prozeß einbringen und auf diese Weise verschiedene Anschlußmöglichkeiten für die Wissenstransformation ermöglichen; diese Kontextuierung ist notwendig, damit ein intimer sozialer Raum entstehen kann, in dem Implizites explizit gemacht werden kann. Nur so ist es möglich, daß durch aktive Konsumtion auf dieser Transformationsebene eine relativ abgeschlossene und zugleich wirklichkeitsgenerierende Sonderwissenssphäre *produziert* wird. Schließlich wird innerhalb der

---

1   Hier ist daran zu erinnern, daß in dieser Sonderwelt nicht Körper, sondern Psyche verhandelt wird, also innere Befindlichkeiten, die auch *drinnen* schutzwürdig sind. Um dies zu garantieren und um überhaupt erst einen intimen Rahmen zu ermöglichen, müssen die Rahmung der sozialen Organisation und die Inszenierung von fachkundlichem Expertentum greifen – es muß über die formale Schweigepflicht eine Verschwiegenheit und über soziale Kommunikationsregeln eine Vertrautheit sichergestellt werden (vgl. die Ausführungen im folgenden Kapitel).

Sonderwissenssphäre im Verlaufe des psychotherapeutischen Prozesses immer wieder von neuem ausgehandelt, wieviel Selbstbestimmung die jeweiligen Klienten aufgeben beziehungsweise auch hinzugewinnen können.

3.2.3 Formale und symbolische Regulierungen

Was wäre eine soziale Organisation ohne Regeln? Hier interessieren uns allerdings nicht die konkreten Ausprägungen der explizit formulierten und implizit geltenden Regeln auf der Psychotherapiestation, sondern deren Funktion im Hinblick auf die konkrete Transformationsbeziehung.

Die Regeln der Psychotherapiestation beziehen sich auf die verschiedenen Sinnwelten, die durch diesen konkreten Transformationsprozeß tangiert sind. Es wird durch die Regulierung der sozialen und symbolischen Räume eindeutig festgelegt, was *drinnen* und *draußen* ist, also Sonder- und Alltagswelt voneinander trennt, und wie sich der Ort *drinnen* als zugleich alltagsnahe und -ferne Sonderwissenssphäre konstituiert. Was die durch *formale* Regulierung erzeugte *sozialräumliche* Grenzziehung anbelangt, ist interessant, daß hier das Außergewöhnliche einer stationären Psychotherapie in den Vordergrund gerückt wird. Es ist nämlich zu klären, daß stationärer Psychiatrieaufenthalt und Freiwilligkeit in einer speziellen Form miteinander vereinbar sind, weil es sich um eine besondere Station innerhalb der Psychiatrie handelt. Sie zeichnet sich dadurch aus, daß sie *offen* ist und daß unter psychologischer Leitung psychotherapeutische Verfahren verwendet werden, die mit Zwang nicht vereinbar sind. Trotz der Freiwilligkeit, die im Sinne von Freizügigkeit ein Wieder-gehen-können ermöglicht, gibt es in dieser räumlich und sozial ausgelagerten Welt *formale* Regeln, die über den Grad der Fremd- und Selbstbestimmung entscheiden und detailliert darlegen, welche Handlungsfolgen bei einem bestimmten Verhalten zu erwarten sind. So wird etwa der Suchtmittelkonsum geregelt, und es wird deutlich gemacht, welche Folgen Alkoholgenuß hat – nämlich Ausschluß aus der Psychotherapiestation.[1] Insofern handelt es sich *nicht* generell um einen handlungsentlasteten Raum, weil die Mehrzahl der sozialen Handlungen durch die Station so reguliert sind, daß bestimmte Folgen antizipiert werden können.

Was die *symbolische* Regulierung anbelangt, so gewährleistet diese einen handlungsentlasteten Transformationsprozeß bei relativ geringer Fremdbestimmtheit. Um dies zu erläutern, vergegenwärtigen wir uns, was mit einer wissenssoziologischen Akzentsetzung in diesem konkreten Transformationsprozeß passiert: Wir hatten weiter oben festgestellt, daß es sich um eine geschlossene Sinnwelt handelt, die zugleich

---

1 Ein Vergleich mit Dokumenten vergleichbarer sozialer Organisationen zeigt, daß derartige Regulierungen genuiner Bestandteil von stationärer Psychotherapie sind.

offen ist, nämlich in der Hinsicht, daß die Klienten ausdrücklich aufgefordert werden, *die* Elemente aus der üblichen, alltäglichen Sinnwelt in den psychotherapeutischen Prozeß hineinzubringen, die störungs- und hilferelevant sind. Es würde sich nicht um psychotherapeutische Verfahren handeln, wäre die Sondersinnwelt der Station eine total geschlossene. In dieser Sondersinnwelt wird versucht, die *draußen* verankerte Erfahrungs- und Erlebniswelt *drinnen* nochmals abzubilden und die psychologisch und psychotherapeutisch relevanten Sinnbereiche zu explizieren und zu bearbeiten. Erst wenn sich Klienten und Experten gemeinsam auf die in der Binnenwelt explizierte Außenwelt beziehen können, kann der Transformationsprozeß – die Psychotherapie im eigentlichen Sinne – stattfinden.[1]

Um dies zu ermöglichen, sind Regeln unterlegt, die den Abbildvorgang als Formen des Sich-Einbringens thematisieren. In bezug auf die in der Sonderwelt der Psychotherapiestation wieder reproduzierte Außenwelt herrscht Handlungsentlastetheit in dem Sinne, als unterschiedliche Deutungs- und Handlungsoptionen in Form von Problemlösungsmöglichkeiten ‚ausprobiert' werden können. Es ist sogar die Regel, daß Probehandeln auf der Station, das über gedankliches Deuten und Interpretieren hinausgeht, ohne die alltäglichen Handlungsfolgen bleibt beziehungsweise daß unerwünschte Handlungsfolgen therapeutisch aufgearbeitet werden. Psychotherapie intendiert unter Expertenanleitung eine gezielte Erweiterung des individuellen Deutungs- und Handlungsspielraums innerhalb eines Lebensraumes, der vorübergehend von den Belastungen der alltäglichen Lebensführung befreit ist. Eine Umsetzung dieses Deutungs- und Handlungswissens gemäß der Logik des Alltags kann versuchsweise an den Wochenenden *draußen* stattfinden – eine letztendliche Validierung ist freilich erst nach der Entlassung aus dem therapeutischen Setting möglich.

In diesem Sinne können sich die Klienten wie Wissenschaftler verhalten und quasiexperimentell unterschiedliche Wissenskombinationen zur Bearbeitung ihrer persönlichen Schwierigkeiten einsetzen. Das Besondere dieser Sinndimension ist folglich, daß hier *zugleich* die Logik der Praxis und die Logik der Wissenschaft gilt, daß beide Logiken sich teilweise wechselseitig mit Hilfe psychologischer Techniken aufeinander beziehen. Der anvisierte Lerneffekt der Verwendung dieser psychotherapeutischen Techniken liegt darin, einen distanzierten Blick einzuüben, um die Außenwelt als eine so, aber auch anders deut- und behandelbare zu erfahren. Pointiert gesagt: es wird angestrebt, daß die Klienten lernen, vorübergehend eine wissenschaftliche Haltung einzunehmen. Lernen heißt hier nicht bewußte und kognitiv gesteuerte *Anwendung*, sondern *Habitualisierung* des neuen Deutungs- und Handlungswissens.[2]

---

1   Vergleichbares gilt ebenso für die ambulante Psychotherapie.

2   WACHTEL weist darauf hin, daß es sich im Grunde auch bei einer Psychoanalyse um eine Lernerfahrung handelt (1981, 29).

Dies gewährleistet ein besonderer Kommunikations- und sozialer Umgangsstil in dieser Sonderwelt, der teils explizit, teils implizit geregelt ist und der sich von der alltäglichen Praxis *draußen* unterscheidet. Kommunikations- und sozialer Umgangsstil bestimmen, *wie* man sich gemeinsam einen Deutungs- und Handlungshorizont erarbeiten und diesen habitualisieren kann: durch Veröffentlichung von Gefühlen, speziellen Umgang mit individuellen und sozialen Konflikten und durch die Thematisierung persönlicher Probleme in einer (begrenzten) Öffentlichkeit. Der kommunikative Austausch über relativ intime Einstellungen, Werthaltungen, Gefühle und Konflikte wird durch besondere Maßnahmen (beispielsweise durch die psychotherapeutische Intervention) abgesichert.

Sowohl die formale Regulierung der Differenz zwischen Innen- und Außenwelten als auch die symbolische Regulierung laufen auf die Herstellung einer vertrauten Gruppe im Sinne einer *therapeutischen Gemeinschaft* hinaus. Die therapeutische Gemeinschaft auf der Station ist ein *künstlicher* sozialer Raum, der eine emotional vertrauensvolle Auseinandersetzung mit der eigenen Person ermöglicht. Deshalb hat es auf der Psychotherapiestation wenig Sinn, einen expliziten und impliziten Regelcode zu entwerfen, dem sich die Klienten nur unterwerfen können. Da die Psychotherapie aktive, gelehrige Individuen braucht, muß sie das Regelgerüst der sozialen Organisation und die Logik der Praxis innerhalb der Sonderwelt so entwerfen, daß es Möglichkeiten des rationalen Nachvollzugs und der freiwilligen Aneignung zuläßt. Regeln dürfen nicht zu restriktiv und einer *totalen* Institution ähnlich sein,[1] sondern müssen für beide Seiten – Experten und Klienten – reflexiv verfügbar sein. Sie müssen darüber hinaus als ein Funktionserfordernis der außergewöhnlichen, besonderen Psychotherapiestation erkenntlich sein, die primär darum bemüht ist, Vertrauensbeziehungen zwischen allen Mitgliedern zu etablieren. Im günstigen Falle können Wir-Beziehungen entstehen, die als sozialer und symbolischer Freiraum erfahrbar sind: die problematischen Situationen, die persönliche Schwierigkeiten verursachen können, dürfen in diese Sonderwelt nicht ungefiltert eindringen. Dies wird dadurch gewährleistet, daß die Betroffenen durch ihren *Patienten*status von den Verpflichtungen ihres Lebensalltags (Beruf, Tätigkeiten der Haushaltsführung, soziale Beziehungen usw.) weitgehend befreit sind. Dies bedeutet, daß der Klinikaufenthalt nicht als Ort der Entmündigung und sozialen Stigmatisierung, sondern als Entlastungs- und Rückzugsmöglichkeit von einem überfordernden Alltag wahrgenommen werden kann. Auf der Transformationsebene Psychotherapiestation wird eine geschützte ideale, wenn auch keinesfalls konfliktfreie, sondern konfliktbewältigende oder -regulierende Lebenswelt inszeniert.

---

1 Im Hinblick auf den Regulierungsgrad kann von einer „locker strukturierten Institution" gesprochen werden (CASTEL et al. 1982, 332). In diesem Sinne sind auch die im INFORMATIONSBLATT FÜR PATIENTEN (1985) enthaltenen Regelerklärungen zu deuten.

3.3 Produktion von Relevanzen:
Die Rekonstruktion einer Störungsbiographie

In den vorangegangenen Abschnitten ging es um die Rekonstruktion der Psychotherapiestation als soziale Organisation, die den *Kontext* für den konkreten Transformationsprozeß bestimmt; es ging um die Frage, wie die soziale Organisation das Verhältnis zwischen Außen- und Innenwelt und zwischen den agierenden Personen in der abgeschlossenen Sinnwelt einreguliert und damit erst bestimmte Handlungskontexte schafft. Wir gehen nun einen Schritt weiter und skizzieren die sich daraus ergebenden *Relevanzstrukturen*, also die Binnenverhältnisse. Im Mittelpunkt stehen zwei Aspekte: Erstens wird untersucht, mit welchen psychologischen Modellvorstellungen auf der Psychotherapiestation gearbeitet wird; zweitens wird herausgearbeitet, wie sich auf dieser Transformationsebene durch Deutungs- und Interpretationsarbeit diese Psychologik durchsetzt. Gegenstand psychotherapeutischer Verfahren ist – wie wir bereits skizziert haben – die Lebensgeschichte der Klienten, die in diesem besonderen Transformationsprozeß als Störungsbiographie rekonstruiert werden muß.

3.3.1 Entwurf einer Psycho-Logik

Mit welchen (begründeten) Vorannahmen müssen die Experten arbeiten, wenn sie den Klienten auf der Psychotherapiestation begegnen, welche Aufmerksamkeiten erzeugt der psychologisch-psychotherapeutische Blick?[1] Rekapitulieren wir: es wurde bisher sehr allgemein unterstellt, daß Personen dann professionelle Hilfe aufsuchen, wenn sie sich in ihrer Lebenswelt mit problematischen Ereignissen konfrontiert sehen, die sie mit ihrem biographisch erworbenen Allgemeinwissen nicht bewältigen können und die sie in ihrer selbstbestimmten Lebensgestaltung gefährden. Aus psychologischer Sicht muß diese *Störung* der Lebenspraxis eine oder mehrere Ursachen haben, die mit professioneller Kompetenz rekonstruierbar sind.[2] Dies ist in der Praxis nur möglich, wenn diese von den Klienten auch in irgendeiner Form kommuniziert wird – so entstehen in dieser konkreten Sinnwelt (mit der Zeit immer ausführlichere und vollständigere) Biographien, mit denen gearbeitet werden kann. Am Anfang des psychotherapeutischen Prozesses müssen mit der professionellen Kompetenz der Experten diese Biographien

---

1   Hier sei nochmals angemerkt, daß die Experten gar nicht anders können, als einen psychologisch-psychotherapeutischen Blick anzulegen, weil sie sich sonst nicht fachkundig verhalten würden.

2   Auch das kognitiv-verhaltenstherapeutische Konzept arbeitet mit dem Modell, daß sich Erlebnis- und Erfahrungsschemata in einer Lerngeschichte entwickeln – mithin sind Störungen als struktureller Bestandteil dieser konkreten Lebensgeschichte zu vermuten, die deshalb auch notwendigerweise zu erfassen ist.

erhoben und konstruiert werden. Die Experten müssen über ‚Geständnistechnologien‘ verfügen.[1]

In einem weiteren Schritt muß innerhalb des Erklärungskontextes psychologischer Theorien angenommen werden, daß es zu der aufgetretenen Störung eine *Vorgeschichte* gibt. Dies bedeutet, daß nicht alle vergangenen Lebensereignisse für den psychotherapeutischen Blick gleichermaßen relevant sind, sondern nur solche, die auf die Genese einer Störung hinweisen können. Die Experten müssen die lebensgeschichtlichen Ereignisse folglich gemäß dem psychologischen Sonderwissen systematisieren und in eine psychotherapeutisch relevante Ordnung bringen, eine Ordnung, die Störungen erkennen läßt. Dies geschieht in der Anamnese beziehungsweise in der Verhaltensanalyse.

Die zentrale Frage ist: was ist störungsbiographisch relevant? Unterlegt wird eine *Entwicklungslogik,* in die soziostrukturelle Daten in Form von überprüfbaren Tatsachendarstellungen zur sozialen Verortung von Problemlagen integriert sind. In diese Daten werden entwicklungspsychologisch relevante Lebens*phasen* eingearbeitet, von denen die psychologische Profession weiß, daß sie per se für die Individuation problematisch sind. Diese verallgemeinerten Statuspassagen (zum Beispiel Pubertät) könnten für die Ausbildung eines Grundkonfliktes relevant sein. Lebensphasen in Form von generell problematischen Statuspassagen sind ebenso wie kritische Lebensereignisse deshalb von Bedeutung, weil sie Hinweise darauf geben, wie der Klient mit diesen Situationen umgegangen ist. Zu den objektivierbaren biographischen Daten müssen die *subjektiven* Bewertungen und Interpretationen der Klienten erhoben werden, also die Erlebnis- und Erfahrungsmuster, die sich in Auseinandersetzung mit der sozialen Umwelt und im Umgang mit Lebensereignissen *entwickelt* haben. Diese Deutungen beziehen sich nicht nur auf die erzählten lebensgeschichtlichen Ereignisse, sondern auch auf die Interpretationen der Klienten über die eigene Lebensgeschichte. Jede biographische Erzählung enthält *subjektive Theorien* über das eigene Gewordensein, mithin in diesem konkreten Fall auch Theorien über die Störung selbst.[2] Ausgangspunkt ist also ein

---

1   Zur Genese solcher Selbstbeobachtungsverfahren vgl. SOEFFNER (1988) sowie HAHN & KAPP (1987). KRAUSE JACOB (1992, 167 ff.) verweist auf die Bedeutung von Fragen in diesem Kontext. Eine solche Technologie ist in unserem Fall beispielsweise der 17seitige „Fragebogen zur Lebensgeschichte" (LAZARUS 1976), den die Klienten bei der Aufnahme ausfüllen müssen: er bietet ein Raster der Selbstbefragung und -beobachtung und ist gleichzeitig psychotherapeutisch nützlicher Relevanzfilter (siehe die ausführliche Analyse dieser Geständnistechnik in MUTZ et al. 1991, 21 ff.).

2   Zum Konzept der subjektiven Theorien vgl. FLICK (1991) und THOMMEN et al. (1988); zum verwandten Konzept der sozialen Repräsentationen vgl. FARR & MOSCOVICI (1984), MOSCOVICI (1988), HERZLICH (1991) und WAGNER (1994). In diesem Kontext ist auch häufig (fälschlicherweise) von *Alltagstheorien* die Rede – dazu SOEFFNER (1983, 13): „der Ausdruck ‚Alltagstheorien‘ (.) signalisiert die Erfüllung eines alten Wunsches: Alltag und Wissenschaft, Theorie und Praxis – die Königskinder, die nicht zusammenkommen konnten – scheinen plötzlich zusammenzufinden, vorerst in der Gestalt eines Kompositums." Die von SOEFFNER (ebd.) formulierte Kritik an der Ver-

Störungsmodell, in das aktuelle und lebensgeschichtliche Problemstellungen, individuelle Werthaltungen sowie lebensgeschichtlich erworbene Fähigkeiten eingehen. Psychische Störungen erhalten ihre spezifische Bedeutung nicht als unvermittelt eingetretene Krankheiten, sondern als ableitbare Folge der individuellen Entwicklung im gesellschaftlichen Raum.

Sachverhaltsdarstellungen, Bewertungen der biographischen Ereignisse seitens der Klienten und subjektive Störungstheorien, also äußere Wirklichkeit und innere Verarbeitungsweise, bilden gemeinsam ein Beziehungsgefüge, das den Experten Aufschluß über grundlegende Muster der biographischen Konstruktion sowie deren Welt- und Selbstsicht gibt.[1] Damit gibt es einen ‚roten Faden‘ sowie ein Deutungs- und Handlungsmustermosaik, das bereits zu Beginn des Transformationsprozesses zwischen Experten und Klienten *hergestellt* wird. Das neue Wissen, das hier prozessiert wird, ist ein fallbezogenes Sonderwissen, das sich der Sprache des Falls, also der Sprache der Klienten bedient. Wir haben es hier mit dem bereits skizzierten Phänomen zu tun, daß auf der sprachlichen Ebene im Transformationsprozeß das Sonderwissen weitgehend *verschwindet*, aber dennoch als eine Transformation psychologischen und psychotherapeutischen Fachwissens nachweisbar ist, weil dieser Prozeß von einer besonderen Psycho-Logik getragen, durchdrungen und reproduziert wird. Die Unterstellung, daß die Lebensgeschichte des Klienten für die Behandlung von psychosozialen Störungen *relevant* sei und daß diese nach einem psychologischen Entwicklungsmodell geordnet werden müsse, entspringt einer besonderen Herangehensweise, eben der Transformation psycho*logischen* Wissens.

Die Rekonstruktion einer biographischen Entwicklungslogik nach psychologischen Ordnungsrastern bedeutet aber nicht, daß die Vorstellung einer *zwangsläufigen* Störungskarriere zugrundegelegt wird. Es muß zwar eine *Störungsbiographie* hergestellt werden, in ihr müssen jedoch mögliche biographische *Wendepunkte* thematisch werden: nahezu jede Sequenz (aus objektivierten Ereignissen und dazugehörigen subjektiven Bewertungen) stellt eine soziale Situation dar, in der das folgende auch hätte *an-*

---

mengung von Alltags- und Wissenschaftsverständnis trifft in Teilen auch das Konzept der subjektiven Theorien – vgl. auch MUTZ & KÜHNLEIN (1991).

1   Zum Begriff der „biographischen Konstruktionsmuster" vgl. MUTZ et al. (1995); hierbei handelt es sich *nicht* um die subjektiven Theorien beziehungsweise sozialen Repräsentationen der Klienten, sondern um Rekonstruktionen der Experten, die in den Konstruktionsmustern die konkrete Fallstruktur erkennen.

ders kommen können und in der die Möglichkeit bestanden hätte, andere Deutungs- und Handlungsoptionen in Erwägung zu ziehen.[1]

Dies ist aber genau nicht der Fall: in einer Psychologik aneinandergereiht sind es vielmehr viele solcher Situationen, die in ähnlicher Weise *gelöst* werden. Daraus ergibt sich schließlich ein allgemeiner und besonderer *Fall*, dessen Struktur die Experten erkennen können. Anhand der möglichen Wendepunkte läßt sich schließlich das herausarbeiten, was als gestört interpretiert werden kann. Eine *Störung* ist dann vor diesem Hintergrund eine Verfestigung von Deutungs- und Handlungsmustern, die ‚immer wieder‘ zu den gleichen Lösungen führen, die ihrerseits ‚immer wieder‘ unangemessen sind und das Muster wiederum verfestigen. Dies führt zu einem prinzipiell geschlossenen System, das der Klient nicht aus eigener Kraft sprengen kann. Die Fokussierung von möglichen biographischen Wendepunkten weist auf das ebenso prinzipiell Offene in der „Biographie als Autopoiesis" (SCHIMANK 1988) hin und legitimiert folglich ein psychotherapeutisches Eingreifen. An diesen Wendepunkten kann psychotherapeutisches Handeln als Entwerfen von Alternativdeutungen – für vergangene, jetzige und zukünftige soziale Ereignisse – ansetzen.

Solche Ansatzpunkte haben in der Psychologik eine besondere Bedeutung, weil sie nicht für sich genommen, sondern als ‚Spitze eines Eisberges‘ interpretiert werden. Manifest sind benennbare Symptome, die auch der Klient, seine Umwelt, die ambulanten Ärzte usw. sehen können und die an biographischen Wendepunkten festzumachen sind; latent bleiben aber die *Ursachen*,[2] die zu einer stetigen Verfestigung von Erklärungs- und Erfahrungsschemata geführt haben. Es muß unterstellt werden, daß es über die Symptomatik und über die einzelnen biographischen Ereignisse hinaus einen umfassenderen Sinnhorizont gibt, der psychologisch-psychotherapeutisch durchdrungen werden kann. Nur in diesem Überschuß von Sinn liegen mögliche Störungserklärungen und alternative Deutungs- und Handlungsoptionen.

Mit der Rekonstruktion der psychologischen Modellvorstellungen, die der Psychotherapiestation zugrundeliegen, haben wir ein heuristisches Instrumentarium gewonnen, das es uns erleichtert, das konkrete psychologische und psychotherapeutische Deutungsangebot dieser Sinnwelt zu identifizieren. Wir können die Elemente des Sonderwissens angeben, die auf dieser Transformationsebene herangezogen werden: Es wird erstens das Sonderwissen verwendet, daß psychosoziale Probleme und die einer Ent-

---

1 Daß es jeweils so kam, wie es der Klient den Experten erzählt, darf nicht zufällig sein, sondern muß ihm als Entscheidung oder Nicht-Entscheidung *zurechenbar* sein; auch wenn die äußeren Umstände kaum ein anderes Verhalten zugelassen haben, muß der Klient anerkennen, daß es *seine* Art ist, so und nicht anders mit diesem Ereignis umgegangen zu sein.

2 In der Verhaltenstherapie sind dies die kognitiven, emotionalen und sozialen Erfahrungen und Wissensbestände ebenso wie *nicht* stattgefundenen Lernvorgänge (Defizite) innerhalb der bisherigen Lebensgeschichte, in der Psychoanalyse die nicht adäquat bewältigten Phasen der kindlichen Entwicklung.

wicklungslogik folgende Biographie des Klienten in einem inneren Zusammenhang zu sehen sind; zweitens wird ein Sonderwissen relevant, das biographische Sachverhalte, subjektive Bewertungen und Störungstheorien zu einem Störungsmuster ordnet; drittens müssen biographische Wendepunkte und die Verfestigung von störungsrelevanten Deutungsmustern so miteinander verknüpft werden, daß latente Störungsursachen sichtbar werden. Psychologisch-psychotherapeutisches Sonderwissen als Transformationsprozeß bedeutet also, daß psychische und soziale Zusammenhänge neu angeordnet werden und so einen *zugleich* psychologischen und alltagspraktischen Blick auf diese Zusammenhänge ermöglichen. Beide Parteien, die Experten und die Klienten, können sich gemeinsam mit dem Neugeordneten auseinandersetzen und es im Hinblick auf eine Störungsbehebung deutend und interpretierend bearbeiten. Die tragende Leitidee für psychotherapeutisches Handeln ist die prinzipielle biographische Wahl- und Gestaltungsmöglichkeit, die wiederum erst hergestellt werden muß.

3.3.2 Störungsbiographische Deutungs- und Interpretationsarbeit

Am Beginn jeder (idealtypischen) Psychotherapie steht als Behandlungsgrundlage das *Eingeständnis* eines Individuums, hilfsbedürftig in einem allgemeinen Sinne zu sein: Spezifische Situationen oder mehrere Lebensbereiche können nicht mehr mit den bestehenden Deutungs- und Handlungskompetenzen befriedigend gestaltet werden. Voraussetzung für die konkrete Psychotherapie ist eine in einem interaktiven Aushandlungsprozeß zuerst hergestellte freiwillige Selbstdefinition des Klienten, psychotherapiebedürftig zu sein und die Akzeptanz der institutionellen Zuständigkeit der Experten der Psychotherapiestation für psychosoziale Problemlagen. Dies wird in den Vorgesprächen mit der Stationspsychologin abgeklärt, die dem Wechsel auf die Psychotherapiestation vorausgehen. Dieses Eingeständnis muß vorläufig formuliert werden, denn es bestätigt sich erst im Therapieverlauf.

Es impliziert zugleich die Bereitschaft, das, was als problematisch erlebt wird, auch in dem therapeutischen Umfeld zu kommunizieren und sich selbst so zu einem verhandelbaren Fall zu machen. Ein erster Schritt dazu besteht darin, daß sich die Experten, mehr oder weniger gezielt störungsorientiert, lebenslaufbezogene Geschichten (zunächst oft nur als Biographiefragmente) erzählen lassen. Diese entstehen aber nicht selbstverständlich, sondern werden durch biographiegenerierende psychologisch-psychotherapeutische Techniken hervorgerufen – die soziale Organisation mit fachkundigen Experten sichert dabei den notwendigen Legitimations- und Vertrauensraum (siehe weiter oben). Schließlich gibt es ein Notwendigkeitsargument, denn die psychosozialen Probleme können nur dann bearbeitet werden, wenn die Experten die dazugehörigen Zusammenhänge kennen. Eine solche „Rückbesinnung auf das eigene Dasein" (HAHN 1988, 93), die Historisierung der eigenen psychosozialen Problemlage, findet in dem spezifischen institutionellen Arrangement dieser Sonderwelt statt, was dazu führt, daß besondere Relevanzmuster naheliegen: hier ist es die in verschiedenen therapeutischen Konzepten unterschiedlich umfangreiche Störungsbiographie.

Um eine Störungsbiographie zu erzeugen, muß den Klienten ein Beobachtungsraster angeboten werden, in das eingebracht werden kann, was störungsbiographisch relevant sein könnte. Ein solches Beobachtungsraster wird durch Nachfragen in Gesprächen oder aber auch durch einen Fragebogen beim Eintritt in diese Sinnwelt angeboten. Es muß, damit überhaupt Transformationsprozesse stattfinden können, in der Sphäre des Allgemeinwissens verankert sein, denn nur dann kann der Klient *seine* Lebensgeschichte sowie *seine* Erlebnis- und Erfahrungsmuster einbringen.[1]

Wenn wir uns also die Frage stellen, *wie* eine Störungsbiographie im therapeutischen Kontext entsteht, dann ist eine zunächst noch gesteuerte *Selbstbeobachtung* die elementare Form der Transformation psychologisch-psychotherapeutischen Wissens. Auf dieser Stufe ist es den Beteiligten möglich, übergreifende Muster der Selbstwahrnehmung zu rekonstruieren. Damit aber ein Wechselspiel zwischen den Selbstwahrnehmungsmustern der Klienten und dem Beobachtungsraster der Experten entstehen kann, müssen in einem weiteren Transformationsschritt Differenzen erzeugt werden, und zwar zwischen Selbst- und möglichen Fremdwahrnehmungen. *Perspektivenverschränkung* ist eine weitere Form des Rückgriffs auf psychologisch-psychotherapeutisches Wissen, womit gleichzeitig ein gemeinsamer Deutungs- und Interpretationsprozeß beginnt (hier hat die therapeutische Gemeinschaft zusätzlich eine besondere Funktion). Schließlich geht es um die Einübung von *Sinngebung*: Gemeinsam mit dem Klienten werden Lebensereignisse, Zusammenhänge, Wendepunkte usw. perspektivenverschränkend mit Sinn belegt, was zur Folge hat, daß die Biographie (einschließlich der aktuellen Lebensführung) ihrer Zufälligkeit und Zwangsläufigkeit entkleidet wird. Perspektivenverschränkende Sinngebung im Selbstbeobachtungsprozeß ist gleichsam das ‚Einfallstor‘ für das gemeinsame, psychologisch-psychotherapeutisch fundierte fachkundige Entwerfen von alternativen Lesarten.[2]

Das gemeinsame Erarbeiten von biographiebezogenen Deutungs- und Handlungsoptionen bildet den Kern des psychotherapeutischen Prozesses und kennzeichnet das *Wie* der Transformation psychologisch-psychotherapeutischen Wissens in ihrer elementaren Form. Als *stellvertretende* Deuter müssen die Experten in der Lage sein, den Wissenshorizont des Klienten sukzessive zu öffnen und zu erweitern, damit Partikel

---

1   Die bloße Aneignung eines Fachvokabulars als Effekt einer Psychotherapie ist nicht zufällig zum Inhalt gängiger Therapie-Witze geworden.

2   Was hier als eine zeitliche Abfolge dargestellt wird, geht in der psychotherapeutischen Praxis jeweils ineinander über und richtet sich weitestgehend nach den situativ erzeugten Relevanzen der Klienten und der Experten. Weiterhin ist auch zu sehen, daß diese Schritte in wenigen Tagen oder aber erst nach einigen Wochen oder Monaten erreicht sein können. Uns geht es hier darum, den Prozeß analytisch zu *zerlegen*, um dessen Struktur zu untersuchen.

des psychologisch-psychotherapeutischen Wissens aufgenommen werden können. Erst diese Grundlage ermöglicht die Konstruktion eines Störungsmodells, das Ursachen benennen kann und schließlich die Aufmerksamkeit auf den weiteren psychotherapeutischen Prozeß lenkt. Das besondere Setting dieser sozialen Organisation gewährleistet darüber hinaus, daß es nicht bei der stellvertretenden Deutung bleibt und daß nicht nur Handlungsoptionen kommuniziert werden; vielmehr ermöglichen der stationäre Rahmen, die quasi-therapeutische Gemeinschaft und der Wechsel zwischen *Draußen* und *Drinnen* (an den Wochenenden) ein praktisches Einüben in und außerhalb der Station. Damit sind Überprüfungsmöglichkeiten gegeben, ob das erarbeitete Sonderwissen im kognitiven Stil des Alltags praktisch werden kann, ob also das Ziel der *Veränderungen* von verfestigten Erlebnis- und Erfahrungsschemata erreicht werden kann.

3.4 Die Struktur der Transformationsebene Psychotherapiestation

Mit unserer ausführlichen Deskription der Psychotherapiestation ging es uns darum, den Aspekt der sozialen Organisation und die Binnenwelt der Psychotherapiestation analytisch voneinander zu trennen und in einen kausalen Zusammenhang zu stellen: nach unseren empirischen Analysen läßt sich rekonstruieren, wie die soziale Organisation den Kontext für die Transformation des theoretischen Wissens herstellt, in der die Störungsbiographie die entsprechenden Relevanzstrukturen erzeugt. Die soziale Organisation konstituiert durch eine Reihe von Redefinitionsprozessen ein selbstverantwortliches und gleichzeitig hilfesuchendes Individuum, das seine Krankheit als verallgemeinerbare Schwierigkeiten umgangssprachlich präsentieren und interpretieren kann. Um diesen Ablauf, der sich sprachlich im Bereich des Allgemeinwissens bewegt, als einen nicht-alltäglichen zu bekräftigen und abzusichern, wird eine organisatorische und fachliche Kompetenz inszeniert: Die Experten der sozialen Organisation bieten verschiedene Formen des Helfens an, sie können auf psychologisch-psychotherapeutisches Wissen zurückgreifen. Das Drinnen unterscheidet sich vom Draußen, und drinnen ist eine Sinndimension etabliert, in der in handlungsentlasteter Form Sonderwissen ausprobiert und habitualisiert werden kann.

In diesen Kontexten werden ganz bestimmte Relevanzen erzeugt, die in anderen Zusammenhängen un-sinnig wären: eine Biographie, die erst im psychotherapeutischen Prozeß nach einer Entwicklungslogik geordnet und so zu einer Störungsbiographie wird. Die Störungsbiographie ist charakterisiert durch festgefahrene Erlebnis- und Erfahrungsmuster, die eine autonome Lebenspraxis blockieren. Die psychotherapeutische Deutungs- und Interpretationsarbeit fokussiert hingegen die prinzipielle Wahl- und Gestaltungsmöglichkeit, indem sie andere Beobachtungsraster anlegt und zur Einübung von Selbstbeobachtung, Perspektivenverschränkung und Sinngebung anregt. Alles, was innerhalb und um die Störungsbiographie herum passiert, ist psychotherapeutisch erzeugte Psychologik, ist der Rückgriff auf theoretisches wissenschaftliches Wissen, das mit dem Erfahrungswissen des Experten und dem Allgemeinwissen der Klienten eine besondere Verbindung eingeht. Pointiert formuliert: Würde man nur den Kontext betrachten, so könnte man den Eindruck gewinnen, daß im praktischen Handeln innerhalb des psychotherapeutischen Prozesses das psychologische Wissen durch eine Reihe von Umformulierungen weitestgehend *verschwindet*; fokussiert man die Analyse aber auf das Relevanzsystem Störungsbiographie, dann wird deutlich, daß sich auch in umgangssprachlichen Stilen durch psychotherapeutische Techniken eine Psychologik durchsetzt. Damit wird aber auch die Komplexität dieser Transformationsebene deutlich, und es ist gezeigt, *wie* man sich Konsumtion und (Neu-)Produktion von Wissen in einem solchen Transformationsprozeß vorstellen kann – wenn dieser aus der Logik der Praxis rekonstruiert wird. Die Klienten können auf dieser konkreten Transformationsebene gar nicht umhin, psychologisch-psychotherapeutisches Sonderwissen zu konsumieren – in diesem verwobenen Netz von Kontexten und Relevanzen *müssen* sie sich aktiv damit auseinandersetzen (oder sich verweigern).

Wenn sich die Struktur von Transformationsprozessen aus den speziellen Kontexten und Relevanzen ergibt, dann ist weiter der Frage nachzugehen, was denn der ‚rote Faden', die besondere Leitidee dieser Transformationsebene ist. Die knappe Antwort lautet, daß *Differenzen* erzeugt werden, die Differenz*erfahrungen* ermöglichen – was im folgenden zu erläutern ist. Personen, die auf die Psychotherapiestation kommen, müssen mit der ambivalenten Differenz zwischen Patienten- und Klientenstatus umgehen und einen Switch zwischen dem medizinischen Blick der Ärzte und dem psychologischen Blick der Psychotherapieexperten nachvollziehen (selbst die Krankenschwester auf der Psychotherapiestation *pflegt* nicht im üblichen Sinne). Sie müssen eine Differenzerfahrung zwischen drinnen und draußen machen sowie mit dem schwierigen Verhältnis zwischen Selbst- und Fremdbestimmung, mit Bereichen der Handlungsfolgen (bis zum Ausschluß aus dem psychotherapeutischen Prozeß) und symbolischen Handlungsentlastungen in der Sonderwelt umgehen. Durch den Wechsel zwischen drinnen und draußen an den Wochenenden wird diese Differenzerfahrung wachgehalten.

Die wohl aber einschneidendste Differenzerfahrung ist, die eigene Lebensgeschichte als Störungsbiographie gemeinsam mit den Experten zu rekonstruieren und zu *lernen*, daß es gemäß einem psychologischen Entwicklungsmodell Wendepunkte in der Lebensgeschichte gegeben hätte, die alternative Deutungs- und Handlungsmöglichkeiten erlaubten. In der psychotherapeutischen Deutungs- und Interpretationsarbeit wird erfahren, daß Selbst- und Fremdwahrnehmungen weit auseinanderfallen können und daß vergangene und aktuelle Lebensereignisse auch mit einem anderen Sinn belegt werden können, aus dem dann auch neue Handlungsoptionen folgen. Das handlungsentlastete Erproben von Optionen in der Sonderwelt steht wiederum in Differenz zum normalen wochenendlichen Alltag.[1] Wissenssoziologisch auf den Punkt gebracht kann man von einer permanenten Differenzerfahrung sprechen, durch die erst eine ‚wache‘ und ‚bewußte‘ Bewegung zwischen Allgemein- und Sonderwissen entsteht, und womit dann die Einjustierung von neuen Wissensformen erzeugt werden kann.

Wie können wir uns den erfolgreichen Abschluß einer Psychotherapie – eine *Veränderung* der Selbst- und Welterfahrung – vorstellen? Offensichtlich reicht es für das Praktischwerden nicht hin, wenn das psychologische Deutungswissen nur bekannt ist; es muß zumindest instrumentell *an*wendbar, im günstigeren Falle habituell *ver*wendbar – im besten Falle reflexiv verfügbar sein. Das nicht nur von der Psychotherapiestation propagierte Ziel der Selbsthilfe läuft in einem wissenssoziologischen Sinne darauf hinaus, daß das psychologische Sonderwissen im kognitiven Stil der Praxis aufgeht und sich mit dem Allgemeinwissen verknüpft. Wir können im gewissen Sinne von einer „Protoprofessionalisierung" (DE SWAAN 1983) sprechen: Der Klient wird zum Selbstexperten in der Gestaltung des eigenen Lebenslaufs.

Damit ist der Klient sicherlich nicht in der Lage, sein Leben vernünftiger zu gestalten, denn es handelt sich hier allenfalls um eine andere Rationalität, die einen routinisierteren fachkundlichen Umgang mit problematischen Situationen ermöglicht. Die Transformationsebene Psychotherapiestation zeichnet sich dadurch aus, daß neue Deutungs- und Handlungsmuster, Raster des Erlebens und Erfahrens sowie neue Ordnungsschemata *angeboten* werden, die störungsrelevante Elemente in einem biographischen Zusammenhang anders zuordnen, nicht aber beseitigen. Neue Ordnungen können in der alten Ordnung *draußen* aber auch dysfunktional sein; die letztlich relevante Frage für die Psychotherapieforschung ist also nicht die nach einer höheren oder bedingt besseren Rationalität, sondern nach der praktischen Funktionalität – und hier ist es fast zwangsläufig, daß sich das komplizierte Konglomerat aus Sonder- und Allgemeinwissen im Alltag nochmals verändert und neu eingepaßt werden muß. Reflexivität ist eine Perspektive des Wissenschaftssystems, die den praktizierenden Psychologen nur bedingt interessieren kann. Die Perspektive der Praxis, die erfolgsorientiert im Sinne von Heilung beziehungsweise Wiederherstellung autonomer Lebensführung arbeiten muß, bezieht sich auf Funktionalität beziehungsweise Praktikabilität. Deshalb kann die reflexive Verfügung psychologischen Wissens zwar Ziel der Psychotherapie sein, nicht aber um den Preis, die Praktikabilität psychologischen Wissens aufzugeben. Pointiert formuliert: Den praktizierenden Psychologen interessiert allenfalls eine *praktikable Reflexivität*.

---

1   Die zentralen hier geschilderten Differenzerfahrungen finden in vergleichbarer Form auch im ambulanten Setting statt.

4 Das Interview mit den ehemaligen Klienten (Transformationsebene II)

4.1 Vier Transformationstypen und ihre Referenzfälle

Als Einstieg in die Darstellung unserer Ergebnisse sollen vier Fälle ausführlich dargestellt werden, die in die darauf folgende Typenbildung einführen sollen. Dabei werden hier nicht die ausführlichen Interpretationsschritte und die divergierenden Lesarten expliziert. Die Darstellungen folgen auch nicht der zeitlichen Abfolge unserer Auswertung (siehe Kapitel 2). Wir wählten vielmehr nach dem Abschluß der Interpretationsphase einen zentralen Referenzfall der jeweiligen Typenreihe zur ausführlichen Darlegung der unterschiedlichen Strukturmerkmale des jeweiligen Typus aus. Fallübergreifende Spezifika und Variationen des Typus werden in den anschließenden Typenreihen herausgearbeitet.

In den folgenden Falldarstellungen sind die intim-privaten Daten, Jahreszahlen, Eigennamen und Orte codiert. Es war uns wichtig, die Vertraulichkeit der Informationen, die wir unseren Interviewpartner zugesichert haben, auch einzuhalten. Deshalb haben wir manche Daten, die im Zusammenhang mit bestimmten Ereignissen in der Lebensgeschichte auf konkrete Personen verweisen würden, in der Darstellung verändert oder weggelassen (zum Beispiel wurden die tatsächlichen Berufe durch vergleichbare ersetzt, das gleiche gilt für Arbeitsplätze und Wohnorte). Dies erschien uns angesichts des keineswegs sozial wertfreien Themas Psychiatrie und stationäre Psychotherapie notwendig, um das Vertrauen unserer Interviewpartner nicht zu mißbrauchen. Wir werden deshalb im weiteren die veränderten und codierten Daten nicht gesondert kennzeichnen.

In den folgenden Falldarstellungen wird jeweils zu Beginn ein kurzer, faktenorienterter biographischer Überblick zu dem jeweiligen Fall gegeben, um den Einstieg zu erleichtern. Die beiden Interviewer sind mit I1 und I2 verschlüsselt, wobei I2 grundsätzlich die ehemalige Therapeutin unserer Gesprächspartner ist. Mit I1 ist der jeweilige männliche Interviewer der Arbeitsgruppe bezeichnet, der das Gespräch hauptsächlich führte.

Biographischer Überblick

Thomas Schneider ist 25 Jahre alt.[1] Er wuchs zusammen mit seinen Geschwistern bei seinen Großeltern und etwa ab dem 11. Lebensjahr bis zum Ende der Schulzeit in einem Heim auf. Nach dem Hauptschulabschluß machte er eine Lehre als Kfz-Mechaniker. Er wohnte in dieser Zeit in unterschiedlichen sozialen Kontexten (bei Verwandten, in der Wohngemeinschaft oder auch ohne festen Wohnsitz). In der Partnerschaft mit seiner Freundin begann er schließlich, Arbeit und Wohnung zu suchen. Die damalige Arbeitsstelle in einem großen Industriebetrieb hat er bis zum Zeitpunkt des Interviews beibehalten. Zum Indexaufenthalt kam es etwa zwei Jahre später. Er lebte zu diesem Zeitpunkt zusammen mit seiner Freundin und dem gemeinsamen Kind. Nach der Psychotherapie trennte er sich von ihr und heiratete ca. ein Jahr später eine ehemalige Mitklientin der Psychotherapiestation, mit der er ein sechs Monate altes Kind hat. Das Paar wohnt in einer 3-Zimmer-Wohnung in der Vorortsiedlung einer Großstadt.

Bei diesem Interview handelt es sich um ein Paargespräch, beide Partner sind ehemalige Klienten der Station 23 und wurden hintereinander (im Beisein des jeweils anderen) interviewt. Adressat der jeweiligen Erzählung ist daher neben den Interviewern auch der jeweilige Ehepartner (und ehemalige Mitklient). Herr Schneider empfängt die Interviewer in legerer Freizeitkleidung: in Sweat-Shirt und Latzhose. Er scheint auf einen familiär-privaten (und keinesfalls formellen) Gesprächsrahmen vorbereitet zu sein, der durch die Bewirtung mit Kaffee und Kuchen unterstrichen wird. Im Interviewprotokoll ist von einer „sehr lockeren und entspannten" Gesprächsatmosphäre die Rede. In der Unterhaltung nach Abschluß der Aufnahme „rutscht ihnen <den Interviewten> bisweilen auch das ‚Du' heraus, das der Situation angemessen und keinesfalls anbiedernd wirkt" (Interviewprotokoll).

Die Eingangssequenz: Darf Thomas Schneider im Interview schlürfen?

„I1: Doch, ich denk des läuft des Ding / S: Also wenn ich etzt mein Kaffee neischlürf, dann hört ma des glei da drin <lacht>. / I1: Dann steht im Protokoll ‚schlürf'. / <Alle lachen> / S: Also zsammreißn, nä?..."

Die Aufnahme beginnt mit einem Kommentar des Interviewers zum laufenden Tonband, der als Startsignal für einen formellen Interviewbeginn gedeutet werden kann. Mit seiner Bezeichnung des Aufnahmegeräts als „des Ding" greift der Interviewer die lockere und damit informelle und zugleich alltägliche Gestaltung der Ge-

---

1   Alle Altersangaben beziehen sich auf den Zeitpunkt des Interviews.

sprächssituation auf. Die Tatsache des laufenden Tonbandgerätes verändert jedoch für Herrn Schneider den bisherigen Gesprächsrahmen: Mit seinem Kommentar verweist er explizit auf unsichtbare Zuhörer, eine unbestimmte Allgemeinheit („man"), die ab sofort Zeuge des Gesprächs und auch möglichen unschicklichen Verhaltens von Herrn Schneider sein kann. Das im häuslichen Alltag unproblematische Kaffeeschlürfen wird für ihn nicht durch die Anwesenheit der Interviewer, sondern erst durch die Tonbandaufnahme zum möglichen Verstoß gegen die Etikette. Das Tonband wird so zum ‚Ohr der Außenwelt', in der (erfahrungsgemäß) andere Benimmregeln gelten als im familiär-privaten Alltag. Herr Schneider, so signalisiert er mit seiner Bemerkung, könnte sich in beiden Welten bewegen, aber nach welchen Regeln soll er sich nun weiterhin richten?

Die Antwort des Interviewers bleibt uneindeutig. Er spricht von einem „Protokoll", in dem Herrn Schneiders Verhalten festgehalten werde. Die doppelte Bedeutung dieses Begriffes überläßt Herrn Schneider die weitere Entscheidung: bezeichnet ein Protokoll doch einerseits als „Beurkundung einer Aussage" eine neutrale Verschriftung und andererseits als die „Gesamtheit der im diplomatischen Verkehr gebräuchlichen Formen" (DUDEN 1982) ein gesellschaftliches Regelwerk. Der Interviewer unterstreicht somit die Bedeutung von Inhalt *und* Form des Gesprächs, überläßt aber die Gestaltung der Erzählung Herrn Schneider. Gleichzeitig hebt er diese Ernsthaftigkeit auf, indem er das Protokoll als eines zitiert, das in Comic-Sprache („schlürf") den Laut als ein unspezifisches Geräusch codiert, das nicht einer bestimmten Person zuzuordnen ist. Der ‚Schlürfer' wird nicht namentlich identifiziert. Es wird nichts verheimlicht, aber auch nichts hinzugefügt (sondern vielmehr alles so festgehalten, wie es vernehmbar wird) – gleichzeitig ist das alles nicht so ernst zu nehmen, wie es auf den ersten Blick ‚protokollarisch' scheint. Auf Kosten eines solchen Protokolls wird es möglich, gemeinsam zu lachen und damit eine Zusammengehörigkeit der Vierergruppe gegenüber der durch das Tonband repräsentierten Außenwelt zu schaffen.

Herr Schneider greift die Ambivalenz dieser Vorgabe auf: Er inszeniert mit seiner Äußerung „also zsammreißn, nä?" eine für alle gültige Verhaltensmaxime der Anpassung, deren Verbindlichkeit gleichzeitig durch genau diese Veröffentlichung wieder teilweise aufgehoben ist. Zusätzlich weitet er durch das „nä" seine Parole auch auf die übrigen Gesprächsteilnehmer aus und solidarisiert die familiär-private Gruppe gegen die vermutete Verhaltensnorm der Öffentlichkeit. Explizit zum „zsammreißn" ermahnen muß sich, wer dies nicht sowieso schon internalisiert hat. Als Verhaltensmaxime im Umgang mit der Öffentlichkeit ist diese Äußerung milieuspezifisch von Bedeutung: Sie verweist auf eine Unterschichtslagerung beziehungsweise auf jugendlich-szeneartige Alternativmilieus, in denen das ‚Sich gehen lassen' eher selbstverständlich gelebt beziehungsweise mehr oder weniger bewußt als inszeniertes gesellschaftliches Gegenprogramm stilisiert wird. Die Interviewer werden insoweit ins Milieu einbezogen, daß nicht ihnen, sondern vermittelt über das Aufnahmegerät, das heißt der anonymen Öffentlichkeit gegenüber, eine solche Verhaltenskontrolle notwendig scheint. Herr Schneider behandelt sie als ‚Seinesgleichen‘ – obwohl die Bekanntschaft faktisch auf eine hierarchische Beziehung (Therapeutin/Patient) zurückgeht. Zusätzlich werden die Interviewer als nahestehende Personen definiert, denen gegenüber man sich familiär geben kann. Sowohl die Ex-Therapeutin als auch der bis zum Interview völlig unbekannte Interviewer werden so vertraut behandelt wie die eigene Frau.

Nach einer erzählgenerierenden Eingangsfrage des Interviewers fordert Herr Schneider Konkretisierungen mit seiner Gegenfrage „Ja, was kann i dazu erzählen?" und macht sich zum außenstehenden Betrachter seiner eigenen Lebensgeschichte, der weitere Strukturierungshilfe braucht. Er sieht sich selbst nicht als Zentrum seiner Biographie, sondern vielmehr als Berichterstatter, der seine Aufgabe als distanzierte Äußerung „zu" seinem Lebensverlauf versteht.

Die Bedeutung der Herkunftsfamilie

„Naja 196* bin i geborn wordn in V-Stadt und bin . mehr oder weniger aufgwachsen bei meiner Oma, .. Opa und Oma warn s no beide da und mei Mutter, also muß ganz ehrlich sagn, . hab i sehr wenig in Erinnerung, weil i s eigentlich nur bewußt ein einziges Mal gs-gsehn hab zu derer Zeit, also wo i klein war."

Herr Schneider beginnt seine Biographiekonstruktion stockend mit einer eher diffusen Erklärung der (bei seiner Geburt existierenden) familiären Situierung seiner Kindheit. Er greift nicht auf ein vorgefertigtes Konzept oder eine eingeübte Darstellung zurück, sondern benötigt kurze Denkpausen. Seine Erzählung ist keinesfalls der Beginn eines amtlich-formalen und offiziellen Lebenslaufes, der zum Beispiel ein konkretes Geburtsdatum erfordern würde. Die Hauptpersonen werden als eher instabil und unzuverlässig dargestellt: Die Großmutter ist nur „mehr oder weniger" für das Enkelkind da, die bloße Anwesenheit des Großvaters ist durch das zögernde Sprechen und das „noch da" bereits doppelt eingeschränkt, der Vater ist nicht einmal erwähnenswert. Das Verhalten der Mutter nötigt Herrn Schneider eine besondere Erzählleistung ab, er „muß ganz ehrlich sagn". Eine unglaubliche oder beschämende Geschichte wird angekündigt und auch nach einer kurzen Pause ausgeführt: Der Kontakt mit seiner Mutter war so spärlich, daß ihm nur eine einzige Begegnung mit ihr in seiner Kindheit erinnerlich ist.

Mit der Betonung des „bewußt Sehens" greift Herr Schneider auf ein psychologisches Konzept zurück, das gleichzeitig die Härte seiner Aussage mildert: Es geht, so betont er, um die Zeit seiner Kindheit, in der sich bewußte Wahrnehmung erst herausbildet. In dem von Herrn Schneider gewählten Relevanzsystem wird der Begriff „bewußt" nicht in einem psychoanalytischen Sinne, sondern als Synonym für eine Gedächtnisleistung herangezogen. Er schränkt mit dieser Betonung den objektiven Wahrheitsgehalt seiner Aussage ein und betont seine subjektive Wahrnehmung, die durch natürliche Erinnerungslücken eingeschränkt sein kann.

Dieser Beginn der Biographiekonstruktion ist als *Problemgeschichte* der sozialen Vernachlässigung angelegt. Die Weiterführung vertieft diesen Aspekt zuerst einmal, indem Herr Schneider betont, daß „des" von einem völlig unbestimmten „Anfang an" so gewesen sei. Was genau er damit meint, bleibt offen – nahe liegt, daß er von seiner Geburt an bei der Oma aufgewachsen ist und die Mutter sich nicht um ihn gekümmert hat. Dafür spricht auch die Fortführung seines Satzes, in der er die häusliche Situation genauer beschreibt: „Also des war scho von Anfang an, mei Mutter war zweimal verheiratet, äh mei Vater war der zweite Ehemann und der hat genauso wenig hinghaut wie der erste, der hat ziemlich schnell die Kurve kratzt .. ja und des war dann aa so, daß mei Oma is a ziemlich gläubige Frau und na hat s halt da ziemlich Reibereien geben, weil mei Mutter war doch sehr jung, die hat mit 18 es erste Kind kriegt und die war ja auch no auf dem Trip weggeh und na alles mögliche halt, was ma halt so macht, wenn ma jung is, nä. Und .. naja des is halt da, des war halt für mei mei Oma net so toll, was die da macht, sondern die hat halt nach dem glebt, naja also Kinder haben, dann aa dahoam sein, dahoam bleibn und dann war sie sowieso immer selber schuld, weil *sie* ist ja schuld, daß die Männer wieder abhaun, nä? Und so habn si die halt mehr oder weniger verkracht, ziemlich schwer verkracht sogar, daß also mei Oma mei Mutter nausgschmissn hat und daß mir also dann, weil mei Mutter also nach *ihren* Angaben, ich weiß es ja net, zu der Zeit war ich ja nicht dabei oder net, da war i-, wie alt war i dann da? Vielleicht 6 oder 7 in etwa, und ja, die is dann nach Q-Stadt gangen, sie hat halt nix ghabt, die hätt uns sowieso net nehmen können, drum san mir bei meiner Oma gwesn, wir warn also insgesamt fünf und eigentlich sechs, ein Kind is aber zur Adoption freigebn wordn, damals, .. hm ja und dann habn wir halt bei meiner Oma gwohnt. Oder glebt."

In dieser Fortsetzung seiner Geschichte ist er selbst zunächst einmal nur als außenstehender Berichterstatter von Ereignissen und als Teil eines größeren Geschwisterkollektivs von Bedeutung. Er ist Beteiligter einer Szenerie, ohne als Subjekt in Erscheinung zu treten. Die Protagonisten der weiteren Erzählung sind Mutter und Großmutter, die durch eine diametral entgegengesetzte quasi-natürlich gegebene Lebensorientierung gleich einem klassischen Generationskonflikt (jung, modern, lebenslustig vs. alt, traditional, religiös) in einen unlösbaren Konflikt geraten. Individuelle Eigenschaften, Motive und Hintergründe sind für Herrn Schneider nicht notwendig, um Lebensläufe zu charakterisieren, sondern unter bestimmten Voraussetzungen entwickeln sich „halt" die Dinge in einer unbeeinflußbaren Eigendynamik. Sie folgen keiner inhaltlich strukturierten Ablauflogik und unterliegen nicht der Notwendigkeit von logischer Konsistenz: So kennzeichnet Herr Schneider den Kontakt zu seiner Mutter mit der Aussage, er habe sie „nur *bewußt* ein einziges Mal gsehn", gleichzeitig sei er „6 oder 7" Jahre alt gewesen, als die Mutter die Kinder bei der Großmutter zurückließ. Die einmal gewählten Lebensorientierungen beziehungsweise Rollen bleiben statisch erhalten und erscheinen zur Charakterisierung der Personen ausreichend. So kennzeichnet Herr Schneider seine Mutter als „sehr jung" und deshalb wie selbstverständlich „ja auch noch auf dem Trip weggeh", auch nach deren zweiter Ehe und dem sechsten Kind. Personen sind in seiner Erzählung durch die Lebensumstände bestimmt, die Herr Schneider als möglichst inhaltlich-sachlich realitätsgetreue Abbildung von Ereignissen entlang einer einfach strukturierten Zeitachse darstellt und additiv mit „und dann" verknüpft. Seine Biographie hat eine lineare, keine kausale Struktur.

Die eröffnete Problemgeschichte wird nach Herrn Schneiders explizitem Verweis. daß er zusammen mit seinen Geschwistern im Hause der Großmutter nicht nur eine bloße Unterkunft („gwohnt"), sondern einen Lebensraum („glebt") zur Verfügung hatte, wieder geschlossen. „Des war eigentlich also für mich als Kind überhaupt net schlimm, muß i ganz ehrlich sagn, mir hat des ganz gut gfalln, ich hab mei Mutter aa net vermißt, bloß daß i halt statt ,Mutti' ,Oma' gsagt hab".

Gegen die vorher geschilderten familiären Widrigkeiten (zwei nicht ,funktionstüchtige' Väter, eine überforderte Mutter, fünf Geschwister bei der Großmutter) setzt Herr Schneider nun seine individuelle Betroffenheit. Er beurteilt die Auswirkungen dieser Lebenssituation auf der persönlichen Erlebensebene. Dafür ist ihm in erster Linie eine adäquate Besetzung der Mutterrolle wichtig, wie er sie in seinem Falle durch die Großmutter gewährleistet sieht. Durch diese Wertorientierung wird die Erzählung von Herrn Schneider erneut eine potentielle Problemgeschichte, die nur deshalb keine sei, weil er sie nicht als solche erlebt habe. Weder Fakten noch deren (implizite) Bewertung bestimmen die Qualität seines Lebenslaufes (und sie sind deshalb auch nur von untergeordneter Bedeutung), sondern das subjektive Wohlbefinden.[1] Es läuft gut im Leben von Herrn Schneider, wenn es ihm gut geht – und dieses subjektive Erleben wird auch im weiteren zum zentralen Bewertungsmaßstab seiner Biographie.

Der Ablauf der Erzählung entspricht weder einem institutionellen Raster noch einer Entwicklungslogik von Ereignissen und/oder Personen, sondern einer Abfolge von Ereignissen, die durch ihre Erlebnisintensität erzählenswert werden. Bei dieser Form der Biographiekonstruktion ist eine Rückkopplung an objektive Zeitverläufe (Lebensalter, Jahreszahlen usw.) ebensowenig zwingend erforderlich, wie die Nennung von konkreten Daten (Alter der Geschwister usw.).[2] Die Länge eines Zeitabstandes ist

---

1   Hierin besteht eine Parallele zu dem später dargestellten Entwicklungsstörungstypus, der ebenfalls Fakten nicht als zentrale Entscheidungsmomente für die eigene Lebensgeschichte heranzieht. Dort jedoch rückt – das sei hier vorweggenommen – die subjektive Bewertung dieser Fakten im Relevanzsystem der individuellen Entwicklung in den Mittelpunkt der Betrachtung. Während im Deutungsrahmen des Überlastungstypus jedes Ereignis, das zu Unwohlsein führt, negativ bewertet wird, ist beim Entwicklungsstörungstypus auch eine positive Interpretation eines solchen Ereignisses möglich (im Sinne einer Entwicklungsförderung durch Leiden).

2   Darin liegt ein zentraler Unterschied zu einem institutionalisierten Lebenslauf (KOHLI 1985).

im wesentlichen nicht durch eine meßbare Dauer, sondern durch die Zahl der Ereignisse und deren Verknüpfung bestimmt. So ist die Biographie im wesentlichen entlang einer Linie von Lebensereignissen konstruiert, die gemäß ihrer positiven oder negativen Auswirkung auf den Protagonisten ihre Bedeutung erhalten. Er aktualisiert damit ein pragmatisches Lebensmodell, in dem Personen und Lebenssituationen eben so sind, wie sie sind.

Schöne Zeiten – schlechte Zeiten

Der Aufenthalt der Geschwister bei den Großeltern nimmt ein jähes Ende. Gerade erzählt Herr Schneider noch, wie gut ihm das Leben bei der Großmutter[1] gefallen habe, da zerbricht das Heim plötzlich und ohne Vorwarnung. In direktem Anschluß, nur durch eine kurze Pause vom bisherigen Geschehen getrennt, erzählt Herr Schneider von der Veränderung. Die bis dahin so wichtige Bezugsperson „Oma" tritt mit ihrer Krankheit vom Schauplatz des Lebensgeschehens ab, sie ist nicht mehr für sein Wohlergehen zuständig und taucht in seiner weiteren biographischen Erzählung nicht mehr auf. Nicht mit ihrem Tod, sondern mit ihrem Ende als soziale Bezugsperson, die das Wohlergehen von Herrn Schneider sicherte, endet ihre Rolle als erzählenswerte Person innerhalb seiner Lebensgeschichte. „Und .. ja wir sind halt dann, mei Oma is krank wordn und na sin a paar nette Herrn vom Jugendamt kommen, die habn gsagt ,Entweder – oder'. Woll wir zu meim Vater, der da habn s uns natürlich scho erzählt, daß der ziemlich viel säuft und dann alle möglichen Sachen macht, nä, also des is von vornherein für uns abgschriebn gwesn, dann ob wir zu meiner Mutter wolln, .. pff war für mich eigentlich, naja Mutter, okay, Mutter is ja ganz recht und schön, aber eigentlich kennst ja die gute Frau gar ne, des lassn wir aa, na gibt s eigentlich nur noch des Heim. Nja und i mein, sicher, na habn s dir nette Stories erzählt von wegen: ,Da sin jede Menge Kinder und Spaß und Freude und hurra und High life'."

Statt der Beziehung zur Großmutter rückt nun das Geschwisterkollektiv in den Mittelpunkt der Betrachtung.[2] In die krankheitsbedingte Versorgungslücke tritt wie von selbst eine sich „nett" gebende sozialstaatliche Macht, die die Geschwister vor

---

1   Vom Großvater ist an keiner Stelle des Interviews mehr die Rede. Es bleibt offen, ob er in der Zwischenzeit gestorben ist oder ob er, wie die beiden Ehemänner der Mutter, „nicht hinghaut" hat. Er ist als Protagonist im Leben und damit auch in der Erzählung von Herrn Schneider nicht von Bedeutung.

2   Daß Herr Schneider ausschließlich auf seine eigenen Überlegungen innerhalb dieses kollektiven Entscheidungsprozesses rekurriert und keine Vermutungen über die Gedanken und Gefühle der Geschwister äußert, kann als eine Form der „Objektivierung" der Ereignisse gedeutet werden. Für die Alternativdeutung, nämlich daß er auf eine zentrale Stellung im Geschwisterkreis verweist, gibt es keine weiteren Hinweise.

eine Entscheidung stellt. Die Angebote stellt Herr Schneider als Scheinalternativen dar (zum „saufenden" Vater oder zur unbekannten Mutter zu gehen), die die Geschwister schnell durchschauen. Die damaligen Begründungen haben für ihn bis in die Gegenwart des Interviews nicht an Gültigkeit verloren: Väter qualifizieren sich für ihre Rolle, wenn sie zuverlässige Versorger der Familie sind, Mütter dagegen durch den emotionalen Kontakt zum Kind. Und unter dieser impliziten Voraussetzung sind die Eltern wie selbstverständlich als Bezugspersonen unwählbar. Die schließlich akzeptierte Möglichkeit entlarvt Herr Schneider letztlich ebenfalls als ein inadäquates Stereotyp, den angekündigten wunderbaren Trubel identifiziert er heute als Euphemismus („jede Menge Kinder und Spaß und Freude und hurra und High life").

Seine eigene Beurteilung der damaligen Zeit weicht davon aber nicht substantiell ab, sie polarisiert vielmehr: „Des war eine meiner schönsten und eine meiner schlechtesten Zeiten, die i jemals erlebt hab. Schön war s aus dem Grund, weil halt a unheimliche Kameradschaft da war /.../ grad durch des, daß eben daß des so streng war, war des mit der Kameradschaft umso schöner. Ja des is a Zeit wo i mi eigentlich *sehr* gern dran zurückerinner und wo i aa wo i aa jeder Zeit wieder sagn würd, obwohl s eigentlich schlimm is, nä, weil ich jede Menge dadurch verpaßt, verlorn, *nicht gelernt* hab oder einfach totale Nachteile dadurch kriegt hab, daß i überhaupt da drin war... Ja und ich war da vier, vierahalb oder so vierahalb Jahr war i da drin und zwar in meiner eigentlich, was ich so zruckdenk eigentlich wär des die wichtigste Zeit gwesn, des war halt so fünfte Klasse bis neunte Klasse Ende, nä."

Er rekurriert bei seiner Beurteilung auf den Kontrast zum umgebenden sozialen Rahmen. Dieser bestimmt letztlich nicht nur die Erlebensqualität („schön-schlecht"), sondern auch die Erlebnisintensität, so daß es kein Widerspruch ist, daß eine Zeitspanne je nach Hintergrund gleichzeitig sehr schön und sehr schlecht sein kann. Gerade die widrigen Außenbedingungen machen das subjektive Erleben umso herausragender. Und nicht nur das: In seinem Leben, so kündigt er an, hat es noch mehrere „schönste" und „schlechteste" Zeiten gegeben.

Konkrete Erlebnisinhalte bleiben dabei unwichtig, sie strukturieren die Erzählung nicht. An dieser Stelle steigt Herr Schneider aus der bisherigen Erzählform des reinen Erlebnisberichtes aus: Er ist nun nicht mehr der distanzierte Berichterstatter, sondern wird durch eine veränderte Zeitperspektive, nämlich der expliziten Verknüpfung damaliger Ereignisse mit der Gegenwart („wo i mi /.../ zurückerinner"), gleichzeitig zum Subjekt seiner Geschichte, das die Auswirkungen der damaligen Lebenssituation ,am eigenen Leibe' erlebt hat. So taucht hier in seiner Erzählung eine neue Beurteilungskategorie für die damalige Zeit auf, mit der er erneut eine potentielle Problemgeschichte eröffnet. Er verweist auf die Entstehung eines Defizits, denn durch den Heimaufenthalt habe er „verpaßt, verlorn, nicht gelernt", und zwar „jede Menge" und das in seiner „wichtigsten Zeit". Eine nicht genannte Vergleichsnorm wird eingeführt, die ihm heute ermöglicht, den damaligen Stand seiner individuellen Fähigkeiten zu messen. Dies erfordert ein Konzept, in dem Menschen nicht mehr einfach so sind, wie sie eben sind, sondern das einen intersubjektiv gültigen Beurteilungsmaßstab für den Stand einer individuellen Entwicklung sowie für kritische Zeiten einer solchen Entwicklung bereitstellt. Ein solcher besteht sowohl in der medizinischen (im Bereich der körperlichen Entwicklung) als auch in der psychologischen Profession.

Im Kontext der Entwicklungspsychologie und der Klinischen Psychologie wird auch dem von Herrn Schneider als „wichtigste Zeit" gekennzeichneten Lebensabschnitt („fünfte Klasse bis neunte Klasse Ende") eine besondere Bedeutung zugemessen – allerdings nicht verknüpft mit der Klassenstufe. Im Vordergrund steht dort eine an Altersstufen gebundene Entwicklungslogik, die den von Herrn Schneider benannten Lebensabschnitt als Adoleszenz mit spezifischen Entwicklungsschritten und -schwierigkeiten beschreibt. Doch die Fortsetzung seiner Geschichte zeigt, daß diese Aspekte für Herrn Schneider nicht von zentraler Bedeutung sind. Ihm genügt die bloße Erwähnung solcher Defizite ohne weitergehende Ausführungen. Diese sind somit nicht strukturtragende Bestandteile seiner Biographiekonstruktion,[1] sondern faktische Folgen bestimmter Lebensumstände, die lediglich konstatiert werden können. Nach seiner kurzen Rekapitulation der Zeitdauer im Heim setzt er seine ‚Chronik der laufenden Ereignisse' nahtlos fort.

Herr Schneider erzählt auch seine weitere Lebensgeschichte in einzelnen Kristallisationspunkten und szenischen Begebenheiten, die in einer linearen Zeitstruktur („und dann") miteinander verknüpft sind. Die Auswahl der erzählten Ereignisse verläuft entlang einem roten Faden, nämlich der Suche nach einem stabilen sozialen Rahmen der Zugehörigkeit, einem Ort „wo i hinghör, wo s mir aa gfällt". Unverändert bleibt, daß er sich sowohl in seiner Erzählung als auch bei den Begründungsmustern für die damaligen Entscheidungen an den jeweiligen *äußeren Rahmen* orientiert: Für sein Wohlbefinden macht er nicht die gelebten Inhalte einer sozialen Beziehung, sondern das Erfüllen fester, vorgegebener Rollen verantwortlich. Es geht ihm nicht um eine innere Ordnung oder Entwicklung, sondern um die Herstellung eines zufriedenstellenden äußeren Rahmens. Darin wird durchgängig eine traditionale Werthaltung deutlich, die nie benannt, expliziert oder gar kommentiert wird. Diese implizite traditionale Wertorientierung betrifft sowohl den beruflichen als auch den privaten Lebensbereich. So begründet zum Beispiel Herr Schneider seine damalige Berufswahl damit, daß er eigentlich gerne Verkäufer geworden wäre, aber nach den ersten Schwierigkeiten, eine Lehrstelle zu bekommen, sich zu einer Ausbildung als Kfz-Mechaniker entschlossen habe. Als Motiv für diese Entscheidung führt er das Vorbild des (nur als Rolle prä-

---

1 Genau darin unterscheidet sich dieser Typus von dem im Kapitel 4.1.3 dargestellten Defizittypus, der die Entstehung und Auswirkung von lebensgeschichtlich erworbenen Defiziten zum grundlegenden Strukturierungsprinzip seiner Biographie macht.

senten) Vaters und dessen ‚Stellvertreter', des großen Bruders an, deren Beruf er nun weiterführt: „Des hat mei Bruder glernt und war mei Vater angeblich, ich weiß net, ich hab n nie gsehn."

Im Privatleben von Herrn Schneider dagegen gibt es viele Stationen des Herstellens und Scheiterns stabiler sozialer Bezüge: Immer wieder scheint er einen Rahmen gefunden zu haben, der dann aber entweder durch andere zerstört wird (durch die Mutter, die ihm ein geeignetes Zuhause hätte bereitstellen können und die Schwester, die ihn aus ihrer Wohnung hinauswarf) oder der für ihn nicht lebbar ist[1] (Hausbesetzer-, Drogenszene). Seine Orientierung an den älteren Geschwistern führt ihn in soziale Submilieus, in denen er sich randständig verortet (er betont, „*nie* richtig abhängig" gewesen zu sein). Dies sei letztlich nie seine Welt gewesen, sein Streben war und ist auf eine bürgerliche Existenz ausgerichtet. So gelingt es ihm scheinbar mühelos, sich per Beschluß aus diesen Milieus zu lösen und einen sozialen Aufstieg zu verwirklichen („i hab gsagt: ‚So geht s nimmer weiter'...").

Mit der Arbeitsaufnahme in einem großen Industriebetrieb, einer Wohnung und einer festen Freundin scheint seine Suche auf allen Ebenen zu einem glücklichen Ende gekommen: „Zum ersten Mal hab i mei eignes, als was ghabt, ‚des ghört mir, des kann mir etzt kein Mensch mehr nehma' nä, des is des was *mir* ghört. Des hab ich alles aufgebaut, des is *meine* Wohnung, des sin *meine Möbel*, des is, ja s is einfach alles *meins*."

Die äußeren Rahmenbedingungen sind nun perfekt, und indem er sie aus eigener Kraft geschaffen hat, ist er nicht mehr, wie früher, von anderen abhängig. Im Märchen käme an dieser Stelle der bekannte Schlußsatz: ‚Und sie lebten glücklich bis ans Ende ihrer Tage'. Im realen Leben moderner Zeiten kann man(n) sich nicht mehr darauf verlassen, daß sich Individuen an die ihnen zugedachten festgelegten sozialen Rollen halten und diese ihren eigenen Wünschen und Bedürfnissen unterordnen. Und so bekommt das damalige Glück bald die ersten Risse: „Und des war eigentlich a sehr gute Zeit und des war dann, des is aber dann sehr schwierig mit ner Frau zusammen zu lebn, die halt nix tun *braucht*, weil i des aa gsagt hab, sie braucht net arbeitn oder sonst irgendwas äh die aber dann aa net den ganzn Tag daheim hockt. Und noch dazu drogenabhängig ist."

Es prallen verschiedene Welten aufeinander: Herr Schneider sieht sich in der traditionalen Männerrolle als Familienernährer, seine Freundin aber hält sich nicht an die komplementäre Hausfrauenrolle, sondern orientiert ihre Lebensführung weiterhin an einem Leben in der Drogenszene. Sie kümmert sich nicht um den Haushalt und nützt das (klein-)bürgerliche Lebensarrangement strategisch zur Finanzierung ihres Drogen-

---

1 In der Wiedergabe seiner damaligen Einschätzung dieser Lebensgestaltung verallgemeinert er seine Aussage durch ein personifiziertes „man": ‚Du hast irgendwie kein, wie soll ich sagn, kein Ziel vor Augen'.

konsums. Seine Überlegungen zu einer Trennung werden durch eine Schwangerschaft beendet, die moralische „Verpflichtung" der Übernahme der Vaterrolle macht alle individualistischen Überlegungen obsolet: „Etzt bin i daghockt mit mit a Frau, die i eigentlich scho loshabn wollt, die aber dann a Kind vo mir kriegt hat, der i mich verpflichtet gfühlt hab, dann in der Arbeit alls daneben ganga, ich bin ständig also von der Arbeit quasi heimgrennt, hab es Kind ghabt, habe überhaupt kei Freizeit mehr ghabt."

Die Situation spitzt sich zu, da Herr Schneider sich weiterhin als männlicher Ernährer der Familie sieht, der nun zusätzlich die Versorgung des Kindes zu übernehmen hat. Hinzu kommen Auseinandersetzungen an der Arbeitsstelle – statt aufzusteigen wird er an einem ungeliebten Arbeitsplatz eingesetzt. Das kleinbürgerliche Familienmodell droht zu scheitern.

Das Störungskonzept

Wie sich in der bisherigen Biographiekonstruktion andeutete, verortet Herr Schneider die aufgetretene psychische Störung als ein Moment der Überlastung und Überforderung. In der bereits oben geschilderten angespannten Lebenssituation trifft ihn ein kritisches Lebensereignis, das er als Auslösepunkt seiner Störung identifiziert. Erst damit beginnt für ihn der Störungsprozeß: „Ja und dann is halt no der große Knüller passiert, daß also mei Schwester dann gstorbn ist. /.../ Dann is losganga, muß i sagn, also wo s wo s dann richtig losganga is. Wo i dann einfach, i muß sagn, i hab vorher jede Situation irgendwie gmeistert. Des hat mir aa irgendwie hab i alles gschafft. Und des is eigentlich erst richtig losganga, wo s permanent losganga is mit mit der Theresa, daß i zum Streitn angfanga hab, daß mir daß i in der Nacht nimmer gschlafn hab, sondern einfach immer fertiger wordn bin mit die Nerven, des hat immer alles mehr an meine Nervn- i stell mir des vor, als wenn des so a Stapel Papier wär und du nimmst jeden Tag ein paar Blätter runter. Ja und wenn nix mehr da is, is nix mehr da."

Diese Anforderungen gehen Herrn Schneider an die Substanz. Während er bis dahin allen Zumutungen seines Lebens gewachsen war, ja sogar einen sozialen Aufstieg aus eigener Kraft geschafft hat, ändert sich plötzlich die Situation. Ein undefinierbares und unerklärliches „Es" beginnt, das Herr Schneider nur mit Hilfe eines Bildes beschreiben kann: Er ist darin ein lebloser Papierstoß, den ein soziales Gegenüber, ein anonymes „Du"[1], langsam aber stetig seiner Existenz beraubt, bis am Schluß „nix mehr da" ist. Herr Schneider konstatiert damit einen objektivierbaren und absoluten Nullpunkt seiner Nervenkraft. Mit seinem Bild und der Störungsbeschreibung be-

---

1   Wesentlich ist, daß Herr Schneider offenläßt, wer in seinem Bild das „Du" ist: raubt er sich selbst den Nerv oder schafft dies eine unspezifische soziale Umwelt?

wegt er sich in der Logik des Alltags.[1] Äquivalent zu den Papierblättern wird ein medizinischer Terminus, die „Nerven" gesetzt, die überstrapaziert worden seien. Herr Schneider wird körperlich krank mit Übelkeit, Schlafstörungen, erhöhtem Blutdruck, Hyperventilation. Damit fügt er eine versachlichte und medizinisierte Außensicht in sein Allgemeinwissen ein. Sie ist losgelöst von der Person und deren individueller Lebensgeschichte und suggeriert, daß jeder andere in der vergleichbaren Situation ähnliche Schwierigkeiten bekommen hätte. Daneben stellt Herr Schneider eine Innensicht: „Im Nachhinein hab i mir halt lauter Vorwürfe gmacht über die ganze Sache <den Tod seiner Schwester>. Und dann hab i halt mei ganzes Leben so passiern lassn wahrscheinlich und hab festgestellt, daß i eigentlich a ganz a armer Hund bin <Lacher in der Stimme>, daß ich noch nie irgendwie Schwein ghabt hab oder Glück ghabt hab und daß etzt einfach alles am Ende is und daß etzt irgendwie eigentlich wurscht is ob s d draufgehst oder net oder eigentlich is net wurscht, sondern i hab eigentlich immer mehr Angst kriegt davor, daß i mir selber n Hahn abdreh. Glaub i fast, daß des so war."

Im Kontrast zu seinen objektivierten Aussagen im Relevanzsystem einer ‚Alltagsmedizin' ist ihm die subjektive Bewertung der Ereignisse, die innere Logik seiner damaligen Lebensangst kaum zugänglich – er kann sie nur hypothetisch wiedergeben. Während er seine Gedanken und Selbstvorwürfe, die Schwester nicht genug unterstützt zu haben, klar und eindeutig benennt, äußert er sich zu seinen damaligen Gefühlen spekulativ („wahrscheinlich", „glaub i fast, daß des so war"). Die Bilanz seines Lebens ist aus dieser Perspektive eine bedrohlich negative, er verliert darin seine menschliche Identität und sieht sich als „a ganz a armer Hund", dessen Leben vollkommen wertlos ist. Hört er auf seine innere Stimme, dann wird die Selbstabwertung so elementar, daß er befürchtet, sich selbst eine Daseinsberechtigung zu nehmen. Er ist hier in akuter Lebensgefahr und nicht mehr der Held seiner Lebensgeschichte.

Doch auf diese Ebene geht Herr Schneider im Interview nicht weiter ein. Er stellt sich durch seine relativierenden Beifügungen nicht als Experte seiner selbst und seiner Gefühlswelt dar, sondern bleibt auch hier außenstehender Berichterstatter. Seinem Innenleben mißt er zudem keinerlei Erklärungswert für das Auftreten seiner Störung bei. Angesichts des Ausmaßes seiner lebensgeschichtlichen Belastungen betrachtet Herr Schneider jeden Zweifel und jede Alternativinterpretation als überflüssig: „Ja und ich

---

1 Solche metaphorischen Bilder werden auch von anderen Interviewpersonen herangezogen, um Störungen zu beschreiben, zum Beispiel von Lorenz Denner, der seine überhöhten Ansprüche damit erläutert, daß er versucht hätte, den ‚Motor neu zu erfinden' oder von Günther Frei, der erzählt, daß seine ‚Seele eine Überholung' bräuchte. Sie verweisen auf das Bemühen der Interviewpartner, sich durch Allegorien aus dem Bereich des Allgemeinwissens die Geschehnisse im Rahmen ihrer alltäglichen Welt verständlich zu machen und nicht auf die Wissenschaftssprache der Experten zurückzugreifen.

seh des Ganze so .. warum i neikomma <in die Klinik> bin is glaub i etzt jeden klar. Braucht ma net braucht ma net erklärn."

Indem er betont, daß seine Ausführungen „jeden" überzeugen müssen, schließt er auch eine Expertendeutung aus, die sich von seinen Erklärungen unterscheiden könnte. Die geschilderten Überlastungen sprechen für sich und haben objektive Beweiskraft.

Die stationäre Behandlung

Überzeugt davon, eine schlimme körperliche Krankheit zu haben, die der Hausarzt nicht erkennt, wendet sich Herr Schneider an die Notaufnahme des Klinikums.[1] Dort wird er mit einer psychosomatischen Erklärung für die aufgetretenen körperlichen Phänomene konfrontiert, eine Diagnose, die er anfänglich vehement ablehnt: „I hab mir gedacht: ‚Des äh des gibt s net nä, der der spinnt nä der erzählt mir an Mist, des gibt s net nä'. Und na hab i gsagt: ‚Kann des net no was anders sei, des des gibt s net' nä, ich war immer mei Lebn lang bin i mit jeder äh Si- hab i *nie* so was ghabt, ich hab keine Probleme ghabt, ich bin mit allem fertig wordn und plötzlich sagt der zu mir, ich hab des nä. Ich hab ich hyperventilier und ich weiß überhaupt net warum."

Hier kristallisiert sich noch einmal sein Umgang mit sich und der Welt: Ein Problem ist aus seiner Sicht per definitionem eine *ungelöste* Lebenssituation, alles andere ist Business as usual und kommt somit als Störungsverursacher nicht in Betracht. Die ärztliche Diagnose verortet er als Zumutung und persönliches Versagen, stellt sie doch seine Fähigkeit zu einer autonomen Lebensführung in Frage. Doch während seines Aufenthaltes auf der psychiatrischen Station ergänzt er seine Deutung durch zusätzliches Wissen um die Endlichkeit von Problemlösungskapazitäten: „Mit Probleme bin i eigentlich immer so zurechtkomma, bloß i hab net gwußt <lacht kurz> oder i hab des nie geahnt, daß des, wenn ma si zu viel zumutet, daß des a mal dermaßen zuhaun kann die ganze Sach."

Diese neue Information über psycho-somatische Zusammenhänge wird allgemein im Kontext mit seinen Gesprächen mit dem damaligen Stationsarzt erzählt, aber nicht konkret auf diesen zurückgeführt. Mit dem kurzen Lachen und dem zusätzlichen Verweis auf seine frühere komplette Ahnungslosigkeit bezüglich solcher Zusammenhänge distanziert er sich von seinem früheren Unwissen, es scheint ihm sogar etwas peinlich zu sein, das zuzugeben. Heute ist die Deutung seiner Störung als Überlastungsreaktion für ihn selbstverständlicher Bestandteil seines Wissensvorrates. Die nun gültige Erklärung für seine Symptomatik unterstreicht diese Zuschreibung, unterstützt durch ein physikalisches Gesetz: Wer sich zu viel zumutet, bricht zusammen – ganz logisch. Ein

---

1   An dieser Stelle sei daran erinnert, daß die psychiatrische Klinik Teil eines großen Allgemeinkrankenhauses ist.

Hinterfragen nach dem Warum der eigenen Überforderung ist dann nicht mehr notwendig, die individuelle Lebensgeschichte erklärt sich darin lediglich durch die Abfolge (und Anhäufung) von problematischen Lebensereignissen.

Seine sofortige Besserung nach der Klinikaufnahme schreibt Herr Schneider dem geschützten Raum des Klinikums zu. Die Behandlung in der psychiatrischen Station erfüllt für ihn den Zweck eines Kuraufenthaltes, der nach dem Abschluß der medizinisch-psychiatrischen Diagnostik jäh beendet wurde. Er wird vor die Wahl gestellt, nach Hause oder auf die Psychotherapiestation 23 zu gehen und entscheidet sich erst einmal für eine Rückkehr ins Alltagsleben: „Und ja nach sechs Wochn, die ganzn Untersuchungen warn abgeschlossen, der hat nix feststelln könna, na hat er gsagt: ,Ja, mir hättn no a Möglichkeit, des war die Station 23', hab i gsagt: ,Ja warum, des packn mir doch alles! Wenn mir nix fehlt, dann wird s scho wieder. Kann damit lebn' hab i gsagt. Ja, des hab i gedacht, weil kaum i war kaum draußn, des hat net lang gedauert, dann hab i mi freiwillig gmeldet auf der Station 23 <lacht, Frau Schneider kichert>. Mit hellem Entzücken bin i nunter gwatschelt, weil einfach die ganzn Probleme daheim immer no da warn. Nä die die habn si in der Zwischenzeit einfach net verflüchtigt."

Die Probleme seines Lebens erscheinen ihm nun erwiesenermaßen nicht in seiner Person begründet, schließlich konnte ja auch ein psychiatrischer Fachmann „nix feststelln". Konsequent lehnt Herr Schneider den Vorschlag einer Weiterbehandlung in der Psychotherapiestation ab und geht gestärkt und erholt wieder nach Hause. Seine Hoffnung, die Schwierigkeiten seiner häuslichen Situation hätten sich während seiner Abwesenheit gelöst, erweist sich als trügerisch. Es ist alles wie gehabt – einschließlich seiner Unfähigkeit, diese in den Griff zu bekommen. Sein Denkfehler ist jedoch gemäß seiner Erzählung kein logischer, sondern er wird lachhaft angesichts seines Scheiterns in der Realität seines Alltags. Herr Schneider hat sich falsche Hoffnungen gemacht, aber es ist diesmal nicht „jedem klar", warum sein Plan mißlingen mußte.

Eine spätere Textstelle zeigt, daß Herr Schneider bis zum Zeitpunkt des Interviews Zweifel daran hegt, ob die Therapie in seinem Falle überhaupt notwendig war: „Ich hab mir des a mal überlegt, was besser gwesn wär für mich: Auf der Station 57, wenn i blieben wär also einfach länger bliebn wär, hätt i mein Spaß ghabt so nach wie vor, hätt halt quasi gwart bis si meine Nervn beruhigt habn, bis mir wieder einigermaßn geht und wär dann heimganga und dann hätt i irgendwie hätt i dann des Glück habn müssn, daß des eben irgendwie anderst lauft daheim."

Letztlich hätte er das Glück gebraucht, daß sich die Lebensprobleme von selbst geändert oder reduziert hätten und eine therapeutisch vermittelte Konfliktlösung nicht notwendig gewesen wäre – dann wäre alles ,wie von selbst' gelaufen, und ihm wäre der spätere Kraftaufwand erspart geblieben. So aber ergreift Herr Schneider den einzig angebotenen Strohhalm und „watschelt" im Entengang zurück in die rettende und schützende Welt der Klinik. Mit dieser Formulierung verweist er noch einmal darauf, wie sehr ihn seine Störung in seiner menschlichen Existenz bedroht hat.

Ablauf und Inhalte der von ihm als „Haupttherapie" bezeichneten Behandlung auf Station 23 bleiben in Herrn Schneiders Erzählung sehr unklar und verschwommen. Gemessen an seiner Biographiekonstruktion, die 31 Transkriptseiten umfaßt, nimmt das Thema Psychotherapie einen sehr geringen Teil des Interviews ein (drei Seiten). Wichtigstes Moment der Darstellung ist, daß die neue Station seine Erwartungen nicht erfüllt, das Kurprinzip wirkt im Kontext und Relevanzsystem der Psychotherapie nicht mehr. Er nimmt ein undefinierbares, auch rückblickend nur als „komisch" benennbares Gefühl wahr, das sich deutlich negativ von dem vorherigen Wohlbefinden unterscheidet: „Ja und dann auf 23, muß i sagn, da is mir dann ganz komisch ganga. Da is mir scho komisch ganga, bevor i nunter bin zum ersten Mal. Is mir no komischer ganga, wo i dann dort war, da war s nämlich ganz anders als auf der Station 57, wo i zerst war. Da is mir nämlich gut ganga und da untn is mir überhaupt nimmer gut ganga. /.../ Und ich hab dann aa a mal, des erste Gespräch <lacht kurz> an des kann i mi no erinnern, da bin i zur Schwester Anna ganga und hab gsagt: ‚Ja, ich glaub, ich muß muß mal mit Dir redn nä'. Ja und na hab i gsagt: ‚Ich versteh des net', hab i gsagt nä, ‚mir geht s so schlecht! und i weiß net warum'. <alle lachen> Des war der erste Spruch, den i loslassn hab. Na hat s gsagt: ‚So, also denkn mir nach' und na hab i erzählt nä und sie is immer daghockt und hat gsagt: ‚Und da wunderst Du di, daß dir schlecht geht?' Hab i s so angschaut und hab gsagt: ‚Naa warum?' <lacht> und des warn dann so die ersten die ersten äh äh näheren Eindrücke / von der Station 23. Und des, ich kann des auch im Nachhinein ziemlich begründen, ich glaub, ich hab des scho geahnt, daß mir da untn wahrscheinlich schwer an Kragen gegangen wird."

In dem Rückblick auf sein erstes Therapiegespräch betont Herr Schneider die Konfrontation mit der Erkenntnis, daß seine eigenartigen Gefühle, die sich einstellen, obwohl er „herin" und damit von seinen Problemen örtlich entfernt ist, für das von ihm angesprochene Mitglied des therapeutischen Teams durchaus erklärbar sind. Auf seine Frage nach den Gründen für diese Gefühle, die in seinem Störungskonzept nicht erklärbar sind, gibt es auf dieser Station prinzipiell eine (psycho-)logische Antwort, die ihn allerdings keineswegs beruhigt.

In seiner Wiedergabe des damaligen Gespräches zitiert Herr Schneider die Sequenzen in wörtlicher Rede, bei der sich beide Gesprächspartner duzen. Dies steht im Kontrast zu seinen Zitaten aus der psychiatrischen Station, die in der ‚Sie-Form' wiedergegeben sind, und auch zu der Gesprächsführungspraxis der Station.[1] Herr Schneider

---

1 Das Duzen von Patienten hat in der Psychiatrie durchaus (schlechte) Tradition, allerdings zumeist einseitig zur Etablierung eines hierarchischen Verhältnisses zwischen Pflegepersonal und Patienten. Weder das einseitige noch das geschilderte gegenseitige Duzen ist, nach unseren Kontextinformationen, auf der Station 23 praktiziert worden.

verortet damit das therapeutische Gespräch auf einer gleichberechtigen Gesprächsebene in der Logik des Alltags und im Bereich des Allgemeinwissens: Das Gespräch findet nicht zwischen Experten und Laien, sondern von Mensch zu Mensch statt. Es hat damit die gleiche Interaktionsstruktur wie das aktuelle Interview (siehe die Interpretation der Eingangssequenz). Der vertraute Kontakt im Interview ist damit nicht als besondere persönliche Sympathie der früheren Therapeutin gegenüber zu deuten, sondern weist auf eine für Herrn Schneider prinzipiell gültige Kontaktebene im Umgang mit Psycho-Experten hin. So weiß auch die damalige therapeutische Gesprächspartnerin nicht von vornherein alles besser, sondern sucht die Lösung im gemeinsamen Nachdenken – eine Lösung, die Herr Schneider damals erstmal nicht verstanden habe. Er betont damit erneut seinen zwischenzeitlichen Wissenszuwachs, den er an dieser Stelle nicht expliziert. Schließlich hat er ja im Interview seine Überlastungen bereits so geschildert, daß er von der generellen Klarheit seiner Ausführungen überzeugt ist („für jeden klar").

Doch anders als bei der psychiatrischen Diagnosestellung schildert er die psychologische Aufklärung der ihm mysteriös bleibenden Phänomene nicht als Beruhigung, sondern als Vorbotin weiterer Unannehmlichkeiten. Seine bösen Vorahnungen beziehen sich darauf, gepackt, festgehalten und entlarvt zu werden – ohne die Chance zu entkommen. Und dies „da untn", eine Ortsbezeichnung, die sachlich richtig auf die im Souterrrain der Klinik gelegene Station verweist, aber keinerlei inhaltlichen Bezug herstellt. „Unten" befindet sich im christlichen Sprachgebrauch jedenfalls die Hölle, in der man für seine Sünden büßt.

Die Therapie wird eingeführt als ein Prozeß der Wissensvermittlung über die Zuordnung bestimmter Problembereiche zu einem Gefühlszustand, wobei Herr Schneider nicht von Inhalten spricht. Im Zentrum steht seine Erkenntnis, daß die menschliche Kraft der Problembewältigung endlich ist. Das Gespräch mit der Psychotherapeutin wird als „sehr wichtig", aber bedrohlich gedeutet. „Doktor I. war eigentlich sehr wichtig für mich aa, obwohl i des immer tunlichst vermieden hab, wenn s geht <lacht>, Sie werdn gwußt habn, warum."

So locker und vertraut er auch mit den Teammitgliedern der Psychotherapiestation bis hin zum Interview auf der menschlich-gleichberechtigten Ebene umgeht, in ihrer Rolle als Experten sind sie ihm so bedrohlich, daß er einem professionellen Kontakt lieber aus dem Weg geht. Dies geschieht selbst im Interview: Er spricht die anwesende Therapeutin nicht direkt, sondern in der 3. Person an, er weist ihr gleichzeitig eine geschlechtsneutrale Expertenrolle zu („Doktor I.") und macht sie zusätzlich explizit durch seine direkte Anrede zur Mitwisserin eines Geheimnisses, das er im aktuellen Gespräch nicht auflöst. Er schreibt ihr hellseherische Fähigkeiten zu, indem er seine Vermutung ausdrückt, sie werde die Gründe damals wohl gewußt haben. Auch im Interview werden diese Gründe nicht verbalisiert. Die professionelle Kompetenz der Therapeutin wird durch den Zusatz „eigentlich" auf ein Potential reduziert, das letztlich nicht zum Einsatz kam. Er stellt vielmehr den Kontakt mit den Mitpatienten in den Vordergrund: „Durch Gespräche, durch einfach aa mit die Leut, des is net nur Doktor I. oder oder Schwestern, sondern des is aa des hängt aa viel mit die Leut selber zusammen nä. Durch des einfach beim – von sich selber siehgt man s einfach *nie*, des siehgt ma dann erst wenn ma mit dem dann redt, plötzlich kommt s eim dann: ‚Mensch, Herrgottsacklzement aber aa! Des is doch bei dir genauso!‘"

Die Professionellen sind in seiner Darstellung von untergeordneter Bedeutung für seinen Werdegang, wesentlicher ist seine eigenständige Auseinandersetzung mit den Mitpatienten, an deren Beispiel und Vergleich er unvermittelt und heftig sich selbst erkennt. Gefragt nach seinem wichtigsten Gesprächspartner in der Klinik antwortet er: „Der hockt mir gegenüber" und meint damit nicht etwa die anwesende Therapeutin, sondern seine Frau, die er dort kennengelernt hat.

Das entscheidende therapeutische Medium ist für ihn somit ein spezifischer alltagsnaher mitmenschlicher Kontakt – nicht Expertenwissen oder gar wissenschaftliche Erklärungsmuster, sondern der kommunikative Austausch mit Gleichen, die das eigene Verhalten oder die eigenen Einstellungen spiegeln und somit Selbsterkenntnis und Relativierung der eigenen Probleme ermöglichen. Die Psychotherapie in ihrer spezifischen sozialen Organisation stellt dafür den entsprechenden Kontext bereit. Trotz seiner rundum positiven Einschätzung der Therapie bleibt die Tatsache, daß er in seinem Leben überhaupt behandlungsbedürftig wurde, ein unangenehmes Lebensereignis. Diese Haltung betont er in der Bilanz seiner Biographie: „Also des is ja folgendermaßen: Mir is ja am Anfang immer gut ganga, also auf der Welt gut ganga, also ich hab meine Probleme ghabt, des is scho klar, aber die hab i irgendwie net so, einfach net so dramatisch gsehn die ganzen Probleme, bis halt zu dem Tag halt wo s dann wirklich aa übergschwappt is mehr oder weniger. Und bis zu den Zeitpunkt is mir gut ganga, es einzige Ziel, des i eigentlich immer erreichen wollt, is, daß mir wieder gut geht, daß i s irgendwie einfach wieder pack besser die ganze Sache und drum kann ma net sagn, im Klinikum is mir gut ganga."

In dieser Gesamtschau beschränkt Herr Schneider erneut den individuellen Anteil an seiner Störung auf sein Unvermögen, die „überschwappenden" Probleme rechtzeitig zu bändigen. Ihm sei es, trotz aller lebensgeschichtlichen Widrigkeiten, ganz umfassend „auf der Welt gut ganga" und dieses Lebensgefühl wieder zu erreichen und festzuhalten ist sein erklärtes Ziel, damals wie heute. Unter dieser Perspektive wird auch der sonst positiv bewertete Klinikaufenthalt zu einem negativen Ereignis in seinem Leben, denn, so führt er im gemeinsamen Gespräch nach Abschluß des Interviews mit seiner Frau aus: „So viel des an Erfahrung bringt oder was, mir wä- mir wär s trotzdem *tausendmal* lieber gwesn, mir wär die ganze Sache überhaupt net passiert <lacht>. Weil des hat mir enorme Nerven kost, die ganze Sache, ja überhaupt also des mit dem also m-mit die ganzn Symptome, alles einfach."

Dabei definiert er Psychotherapie als ein Medium der Erkenntnisgewinnung über lebensgeschichtliche Zusammenhänge, dies aber in vielfacher Betonung nur „eigentlich", also letztendlich, wie auch der Interviewverlauf zeigt, nicht für ihn. Auf die Frage der Interviewer, was aus seiner Sicht Psychotherapie denn sei, antwortet er: „Is eigentlich Eigenforschung, sich selber kenna lerna eigentlich. Weil des die die Probleme liegen eigentlich daran, daß ma eigentlich des überhaupt net kapiert, wie ma überhaupt damit umgeht, ma setzt si da in a bestimmtes Klischee und da hockt ma drin und da kommt ma nimmer raus, weil ma s ja gar net mitkriegt, daß ma da drinhockt. Und des muß ma halt alles zerst a mal mitkriegn eigentlich, daß- des muß einm gsagt wern und meistens dann glaubt ma s ja no net. Nä des muß einm scho wirklichnä und dann wenn s gschnackelt hat, dann nja dann kann ma mal schaun, ob ma- was ma damit macht."

Den Vorgang der Selbsterkenntnis beschreibt Herr Schneider als einen grundsätzlich von außen nach innen und nicht als innere Entwicklung verlaufenden Prozeß. Für eine Umdeutung der verfestigten Raster sieht er generell die Notwendigkeit massiver Anstöße der sozialen Umwelt, die selbst bei Plausibilität nur gegen Widerstand akzeptiert werden können. Die bisherigen Kriterien der Lebensführung in Frage zu stellen und sich mit innerpsychischen Vorgängen zu beschäftigen, bleibt damit auch im erfolgreichen Falle ein belastendes und nervenaufreibendes Ereignis. Und sogar wenn man die bisherigen Mechanismen, das „Klischee", identifiziert hat, ist noch fraglich, „ob ma" beziehungsweise „was ma damit macht". Psychologische Deutungsmuster bleiben damit Sonderwissen, das fakultativ angewandt werden kann und das keineswegs, auch nach dem Abschluß einer Psychotherapie, zur alltäglichen Lebensbewältigung notwendig ist.

Die aktuelle Lebensführung

Herr Schneider zieht eine durchwegs positive Bilanz der Auswirkungen des Klinikaufenthaltes, einschließlich der Therapie. Als Begründung dafür erinnert er an das Ausmaß seiner Problematik, an denen nur ein „Übermensch" ohne äußere Hilfe nicht gescheitert wäre. Er bekräftigt damit die Deutung seines Zusammenbruchs als allzu menschliche Reaktion auf übergroße Belastungen: „Ob s ohne ohne Klinikum jemals no mal word wär, des is die andre Sache. Also ich glaub s fast net, daß des jemand alleine schafft. Also da muß er a Übermensch sei. Also ich glaub s net. Aber durch des, daß du im Klinikum warst, kannst du den Weg zum Normalen zurückfinden, tat i sagn. Und des is, wie gesagt, bei mir der Fall. Also ich kann eigentlich wieder alles machen. Ich fahr ewig lang Autobahn alleine, ich kann- hm ich bleib, wenn sie weggeht, bleib i allein daheim. /.../ Bloß ab und zu wenn s halt, äh speziell wenn s ums Körperliche geht, also wenn i mi irgendwie körperlich etwas unwohl fühl einfach nä dann is des etwas scho übersteigert dann die ganze Sache bei mir, aber ansonsten, möcht i fast sagn, mir geht s wieder sehr gut."

Zentrale Begründung für sein aktuelles Wohlbefinden ist die Tatsache, daß er nun wieder in der Lage sei, alltägliche Aufgaben zu erfüllen (deren vorherige Störung er im gesamten Interview nie angesprochen hatte) – und zwar alleine, ohne einen schützenden Rahmen oder Kontext. Voraussetzung dazu ist ein „Normales", eine Vergleichsmöglichkeit, die Exzesse bestimmbar macht – ein kognitives Regulativ für überschäumende Gefühle und körperliche Empfindungen. Herr Schneider rekurriert dabei nicht auf eine gesellschaftliche Normalität, mit der ein Maßstab zur Bewertung und Beurteilung seiner Handlungen bereitgestellt wird.[1] Ihm geht es vielmehr um die Aufgabe, seinen Lebensraum so zu gestalten, daß er sich darin wohlfühlt – und genau dieses, so berichtet er, sei ihm gelungen. Das alles scheint in seinem ersten Resümee, wie von selbst, ohne sein Zutun geschehen zu sein – so als hätten sich diesmal, anders als bei dem Aufenthalt auf der psychiatrischen Station, seine Probleme „verflüchtigt".

Diese Selbstverständlichkeit des wiedergefundenen Wohlbefindes schränkt Herr Schneider nach einer Nachfrage ein. Er dehnt die Gültigkeit seiner Antwort bis in die Gegenwart des Interviews aus, was darauf hindeutet, daß er von einem Modell grundsätzlich „natürlich" bestehender Probleme im Leben ausgeht, die ihn nun nicht (mehr) belasten, weil sie bewältigt sind: „I1: Das heißt es gab nichts, wo Sie gsagt habn: ‚Das muß ich jetzt aber ändern und anders machen?' / S: Ja natürlich gibt s da mehrere Probleme". Er berichtet im folgenden von drei für ihn klar voneinander abgrenzbaren Problembereichen: der Arbeit, der früheren und der aktuellen Partnerschaft.

Bei der Arbeit „hat si scho einiges geändert und vorher war s halt so, daß i wirklich also erst a mal unheimliche Angst ghabt hab, mein Job zu verliern, ich mein, die Angst besteht immer noch, daß d mal dein Job verlierst, aber die is momentan einfach für mich net begründet und des des war aa für mi a Grund, daß i mi so unheimlich engagiert hab für die – für den Betrieb, weil i mir gsagt hab: ‚Äh äh wenn Du weiter kommst, je weiter Du kommst umso weniger sicher äh umso sicherer is es, daß Du net nausfliegst'. Und daß i mi dabei nervlich natürlich unheimlich dabei aufgarbeit hab, grad am Band, ich mein, des sagt wenig Leuten was, Bandarbeit, weil des mußt echt mitgmacht habn, nä also die nervliche Sache von der ganzen von der ganzen Geschichte."

Er interpretiert seine damalige Angst vor einer Entlassung nun als eine objektiv (für alle) gegebene Unsicherheit der abhängigen Lohnarbeit und relativiert damit sein Gefühl der individuellen Bedrohung. Diese kognitive Erklärungsleistung bildet die Grundlage eines veränderten Umgangs mit Arbeit und entlarvt die bisherige Belastung als weitgehend ‚selbstgemachten Streß'. Er muß sich nicht mehr zu übermäßigem Ein-

---

1 Eine solche Validierung der eigenen Lebensführung am nicht hinterfragten Maßstab der Normen des sozialen Milieus ist zentrales Kennzeichen des im nächsten Kapitel (4.1.2) dargestellten Devianztypus. Im Deutungsrahmen von Herrn Schneider bezieht sich die Normalität auf eine Reduktion überschäumender unangenehmer Gefühle.

satz und einem beruflichen Aufstieg zwingen, der aus seiner Sicht damals kein natürliches Ende gefunden hätte, es sei denn, er wäre „Chef von der Welt wordn". Zusätzlich identifiziert er seinen derzeitigen Arbeitsplatz „am Band" als denkbar ungünstige Ausgangsposition für einen solchen kometenhaften Aufstieg und erklärt auf der Basis der für alle Bandarbeiter gleichermaßen bestehenden Belastung seine besondere Überlastung. Dabei verweist er explizit auf die „nervliche", nicht die körperliche Komponente des Druckes, den er heute durch eine veränderte innere Einstellung zu seiner Arbeit reduziert hat: „Etzt is halt so: ‚Okay der Job, der taugt mir etz, hier bleib i a Zeitlang', wenn s natürlich weitergeht, hab i nix dagegn, aber unbedingt sein? Unbedingt sein muß es net". Das vorher bestehende Problem ist durch eine Einstellungsveränderung auf der Basis der Anwendung kognitiver Wissensbestände um allgemein gültige ökonomische Zusammenhänge bewältigt – die Nerven werden geschont.

Seiner früheren Partnerschaft hat Herr Schneider ein Ende gesetzt: „Und dann, was – ich hab dann meine Konsequenzen ergriffn, was mit meiner Freundin da zu tun hat, des hätt i zum Beispiel aa nie gmacht, wenn i net äh auf der Station 23 gwesn wär. /.../ I hab gsagt: ‚Aus, Schluß, vorbei!'" In dem zweiten von ihm erwähnten früheren Problembereich bleibt Herr Schneider bei seinem bisherigen Partnerschaftsmodell und erkennt, daß seine Freundin zu dessen Realisierung ungeeignet ist. Er versucht nicht, mit der Freundin gemeinsam zu einer befriedigenden Gestaltung der Partnerschaft zu kommen, sondern löst sich aus seinen Verpflichtungen und trennt sich von der Freundin. Das Kind, das einmal als Objekt der Versorgung und Verpflichtung zur Aufrechterhaltung dieser Partnerschaft von zentraler Bedeutung war, spielt nun keine Rolle mehr. Herr Schneider führt diese Erkenntnis über die Aussichtslosigkeit dieser früheren Partnerschaft und seinen Entschluß zur Trennung auf die „Station 23" zurück. Der Fall ist mit seiner alleinigen Entscheidung („meine Konsequenzen ergriffen") für ihn gelöst, er kann ihr nur noch kommentarlos das Ende der Beziehung mitteilen. Er hält nun nicht mehr weiter an der unrealistischen Vorstellung fest, mit dieser Frau sein Partnermodell verwirklichen zu können, und beendet damit auch seine private Überlastung.

„Ja dann, ja der dritte Punkt ist, daß i mir mei Frau catcht hab <lacht> .. aber mit fairen Mitteln nä". Herr Schneider thematisiert als weiteren Bereich der Veränderung die erfolgreiche Besetzung seines Partnermodells. Er spricht dabei nicht die konkrete, ihm gegenüber sitzende Person an, wie er dies vorher bereits getan hatte, sondern entscheidend ist erst einmal ihre Rolle als „mei Frau". Daß er dabei nicht wahllos vorgegangen ist, vermittelt er durch den jugendlichen Slang-Ausdruck „catcht": Er hat sie „im Freistil, bei dem fast alle Griffe erlaubt sind, errungen" (DUDEN. DAS FREMDWÖRTERBUCH 1982). Wichtig ist es ihm, zu betonen, daß er keine gesellschaftlich-moralischen Regeln überschritten hat, sondern mit „fairen Mitteln" gekämpft habe – seine Frau bleibt in dieser Schilderung das passive Objekt seiner Bemühungen.

Die Umsetzung der psychotherapeutischen Erfahrung.
Erste Überlegungen zum Überlastungstypus

Das Interview mit Herrn Schneider beginnt mit einer Klärung des Gesprächsrahmens, sowohl auf der Beziehungsebene als auch auf der Erzählebene. Dabei gibt er durch die Situationsgestaltung und sein Auftreten einen familiär-privaten Rahmen vor, in dem auf einer alltäglich-menschlichen Ebene alle Gesprächspartner gleichberechtigt sind. Die Interviewer greifen diese auf, verweigern ihm aber, trotz seiner Nachfragen, eine genauere Bestimmung der ‚erwünschten' Struktur der Lebensgeschichte angesichts der durch das Tonband repräsentierten anonymen Öffentlichkeit. Herr Schneider bleibt so in seiner Biographiekonstruktion auf seine eigenen Relevanzstrukturen verwiesen.

Die biographische Erzählung entspricht einem Erlebnisbericht, dessen zeitliche Struktur nur vage an einen chronologischen Zeitablauf angelehnt ist und wesentlich durch die Häufigkeit und Intensität der Ereignisse bestimmt wird.[1] Zentral für die Bewertung dieser Ereignisse ist das subjektive Wohlbefinden, das durch die jeweiligen Rahmen- und Kontextbedingungen entscheidend strukturiert wird. In seiner Erzählform lehnt sich Herr Schneider an allgemein verfügbare Skripts, zum Beispiel den Erlebnisbericht und szenische Darstellungen an. Er erzählt eine Aufstiegsgeschichte mit Hindernissen, die er aber bis zur Klinikeinweisung eigenständig und erfolgreich bewältigt hat.

Er aktualisiert Deutungsmuster, die Menschen keine individuell besonderen Charaktereigenschaften zuschreiben; Personen werden nicht im Kontext ihrer persönlichen Entwicklung, sondern als Träger fester unveränderlicher Eigenschaften und Lebensausrichtungen beschrieben. Sie sind keine unabhängigen Individuen, sondern führen einen spezifischen Lebensstil innerhalb festgelegter sozialer Zuordnungen, mit denen der jeweilige Werdegang erklärbar ist. Dieser Rahmen bestimmt wiederum den individuellen Handlungsspielraum. Soziale Beziehungen werden mehr durch die ihnen zugewiesene Rolle bei der Herstellung oder Störung seines subjektiven Wohlbefindens als durch die konkret gelebte Beziehung oder die Individualität der beteiligten Personen bestimmt. Insofern treten Personen dann auf der Bühne von Herrn Schneiders Le-

---

1 Die Typenbeschreibung von FUCHS (1984) als „Szenen-Geschichte" scheint der Erzählform dieses Typus zu entsprechen. Da hier jedoch keine „bewußte" beziehungsweise gezielte Identitäts*bildung* angestrebt wird, läßt sich dieser Typus nicht an die Typenbildung von ENGELHARDT (1990a) anlehnen. Die individuelle Entwicklung beim Überlastungstypus ist kein zentrales Thema, sondern das angestrebte Lebensziel beschränkt sich auf die Herstellung von Wohlbefinden.

bensgeschichte auf, wenn sie von aktueller Bedeutung sind, und sie treten mit Beendigung ihrer Rolle von dieser Bühne ab.

Begriffe oder Konzepte eines psychologischen Diskurses werden zwar aktualisiert, bleiben aber bruchstückhaft und werden nicht in einem übergeordneten Zusammenhang thematisiert. Insofern bleibt der pragmatische Rahmen einer Logik der Praxis erhalten, in den wissenschaftliches Wissen partiell und ereignisbezogen eingebaut, aber nicht zum zentralen Strukturelement wird. Die Biographie wird mit der fast ausschließlichen Verwendung von Allgemeinwissen gemäß einer alltäglichen, praktischen Logik konstruiert, sowohl bei der Darstellung der Lebensgeschichte als auch beim Störungskonzept der nervlichen Überlastung und bei der Zuschreibung therapieinduzierter Erkenntnisse. Verändert hat sich durch den Klinikaufenthalt das kognitive Wissen über die Endlichkeit menschlicher Kräfte. Herr Schneider kann nun akzeptieren, daß nicht jedes Problem zu seiner Zufriedenheit lösbar ist und daß psychische Überlastung zu körperlichen Störungen führen kann.

Den Wissenszuwachs über die Veränderung von Problemen schreibt er der Auseinandersetzung mit den Mitpatienten der Station, den *Therapietutoren*, zu. Die psychologisch-psychotherapeutischen Professionellen sind im Kontrast dazu mit ihrer Ausrichtung auf die Gefühlswelt von Menschen eher bedrohlich. Während er in seiner Außensicht die Souveränität des Erfolgreichen besitzt, tauchen in seinem Innenleben Selbstzweifel und Selbstabwertungen auf, die er explizit gar nicht genauer kennen möchte. Im Interview spricht er die Interviewer nicht als Experten, sondern als gleichberechtigte sympathische Mitmenschen an, denen er „von seiner Lebensgeschichte" erzählt.

Das Ziel seiner Lebensführung in und nach der Psychotherapie ist die (Wieder-)-Herstellung und Absicherung seines Wohlbefindens durch den gezielten Abbau von Belastungen. Insofern scheint ihm seine Alternative zur Therapie, die Verlängerung des reinen Erholungsaufenthaltes auf der psychiatrischen Station zur Stärkung seiner Nerven, eine auch im Rückblick durchaus plausible Behandlungsvariante – vorausgesetzt, das Schicksal griffe zu seinen Gunsten ein. Lebenserfahrung (beziehungsweise ein Lernen aus schwierigen Lebensereignissen) ist kein positives Moment an sich, vor allem dann nicht, wenn sie mit unangenehmen Gefühlen und vorübergehendem Verlust des Wohlbefindens und der Souveränität verbunden und damit aus seiner Sicht (zu) teuer erkauft ist.

Herr Schneider, so wird aus seiner Darstellung deutlich, hat durchaus ein Wissen über spezifisch psychologische Zusammenhänge, doch die Beschäftigung mit ihnen ist ihm so unheimlich und beängstigend, daß er sich damit nicht genauer auseinandersetzt, sondern nur partiell und ereignisbezogen darauf zurückgreift. Die bedrohlichen emotionalen Anteile seiner Störung (Selbstzweifel, Suicidgedanken) sollen weder in der Therapie noch im Interview thematisiert werden. Daß diese Haltung nicht auf spezifische Bestandteile der Interviewsituation zurückzuführen ist, zeigt zum einen der sehr schnell hergestellte fast freundschaftliche Kontakt zu dem bis dahin fremden Interviewer, zum anderen die auf eine vage Vermutung reduzierte Erzählung seiner Innensicht. Er beschränkt sich auf klar definierbare Probleme mit der Außenwelt (Arbeitsplatz, Partnerschaft) und erwähnt emotionale oder psychische Störungen (Defizite durch den Heimaufenthalt, Selbstvorwürfe wegen des Todes seiner Schwester, Angst vor dem Alleinsein) lediglich punktuell, ohne Zusammenhang mit der Ablauflogik seiner Lebensgeschichte. Sie tauchen unvermittelt auf oder sind wie von selbst verschwunden. Die Beschäftigung mit diesen Phänomenen bleibt an der Oberfläche der Verweisung, ohne daß sie in die Struktur seiner Erzählung integriert werden.

Herr Schneider stellt seinen aus eigener Kraft geschaffenen erfolgreichen sozialen Aufstieg und sein heutiges stabiles Zuhause in den Mittelpunkt seiner Lebensgeschichte. Er ist nun der Ernährer einer bürgerlichen Kleinfamilie und kann die damit verbundenen Anforderungen ohne Störungen erfüllen. Sein Ziel, nämlich Wohlbefinden, scheint auf allen Ebenen erreicht. Es ist lediglich getrübt durch die lebensgeschichtliche Erfahrung, daß es flüchtig ist und er sich deshalb nicht sicher sein kann, daß es nun ‚bis ans Ende seiner Tage‘ anhält. Ein spezifisch psychologisches Wissen ist für seine Sicht auf die eigene Lebensgeschichte nicht notwendig. Selbsterkenntnis wird darin zu einem Prozeß, der keinesfalls zwangsläufig und umfassend verläuft, sondern in das Ermessen des jeweiligen Individuums gestellt bleibt. Psychologische Deutungsmuster über eine Binnenwelt des Subjekts bleiben dem alltäglichen Diskurs und der Verwendung von Allgemeinwissen untergeordnet, auch wenn sie durchaus plausibel erscheinen. Herr Schneider führt sein aktuelles Wohlbefinden auf das Wissen um menschliche Grenzen, auf das Erkennen spezifischer Belastungssituationen und auf seine Tatkraft zu deren Veränderung zurück.

Tabelle 1: Die Deutungsmuster des Überlastungstypus für Störung und stationäre Psychotherapie

Nähe des Störungs-konzeptes zum ...	Deutungsmuster *Störungsgenese*	Deutungsmuster *stationäre Psychotherapie*	Grundlage der Bewertung von Psychotherapie
pragmatischen Lebensmodell	Überbelastung durch schwierige Lebens-ereignisse	Freiraum für Erholung und Regeneration	Erfolgreicher Abbau von Belastungen

Im Vordergrund der biographischen Erzählung steht die Darstellung von kritischen Lebensereignissen. Die Bewältigung dieser Ereignisse ist konstitutiv für das Selbstwertgefühl, insofern wird die Erfahrung, eine Lebenssituation nicht bewältigt zu haben, prinzipiell als Bedrohung wahrgenommen. Der Klinikkontext erhält seine zentrale Hilfefunktion als Schutz vor alltäglichen Belastungen und der dadurch entstehenden Erholungs- und Regenerationsmöglichkeit. Der stationären Psychotherapie wird zudem eine aktivitäts- und selbständigkeitsfördernde Relevanz zugeschrieben. Dagegen werden die psychotherapeutischen Maßnahmen im engeren Sinne abgelehnt, da sie in ihrer aufdeckenden Wirkung als Angriff auf die Selbständigkeit und individuelle Gestaltungskraft gedeutet werden. Der direkte Kontakt zur Psychotherapeutin ist freundlich auf der zwischenmenschlichen, aber distanziert auf der professionellen Ebene. Die Sinnhaftigkeit der Behandlung zeigt sich darin, daß sie sich letztlich überflüssig macht, da der Betroffene alle weiteren Lebensereignisse autonom und erfolgreich bewältigt.

4.1.2 Der Devianztypus: Joseph Urban

Biographischer Überblick

Joseph Urban ist 23 Jahre alt und ledig. Er lebt bei den Eltern in einem ca. 1500 Einwohner[1] umfassenden Ort, der Vater ist Landwirt, die Mutter ist Hausfrau und mithelfende Familienangehörige. Herr Urban ist das jüngste Kind und der einzige Sohn der Familie. Nach der Hauptschule schloß er eine Lehre als Kfz-Mechaniker ab. Er arbeitet zusätzlich, vor allem in der Erntezeit, auf dem Hof mit. Während seiner Lehrzeit litt er unter funktionellem Bluthochdruck, der auf Anraten der Hausärztin stationär psychiatrisch abgeklärt wurde, aber ohne Befund blieb. Danach hatte er Angst „nervenkrank" zu werden. Diese Angst verschwand nach ca. 3 Monaten ohne professionelle Hilfe. Mit knapp 20 Jahren bekam er nach einem Kreislaufkollaps auf dem Weg zum Arzt Herzstörungen, Hyperventilation und „Todesangst". Er wurde – ergebnislos – im Allgemeinkrankenhaus untersucht und ging, da sich die Symptome nicht besserten, freiwillig in die Psychiatrie. Nach der Entlassung kehrte er zurück zu seinen Eltern in sein Heimatdorf.

Das Spannungsverhältnis zwischen Individuum und Familie

Die Interviewer wurden von Herrn Urban empfangen und zu einem Gespräch mit seinen Eltern, die dazu extra von der Hofarbeit ins Haus geholt wurden, in die Wohnküche geführt. „Herr Urban saß – mehr lümmelte sich – auf der Couch. Er sagte während der anfänglichen halbstündigen Unterhaltung fast kein Wort, mischte sich aber

---

1 GEMEINDEDATEN des Bayerischen Landesamtes für Statistik und Datenverarbeitung (1988).

energisch ein, als sein Vater von seinen ‚Anfällen' sprach und verbesserte ihn, daß er ‚Todesangst' gehabt habe. Das Gespräch zu viert ging über die Erkrankung von Herrn Urban, daß das alles so plötzlich innerhalb von 3 Monaten begonnen habe und daß es jetzt ihm wieder so gut gehe." (Interviewprotokoll)

Die Eltern inszenieren sich als offizielle Berichterstatter und Beurteiler der gesundheitlichen Entwicklung des Sohnes und machen diese damit zu einer gemeinsamen Familienangelegenheit. Herr Urban jun. präsentiert sich mit diesem gemeinsamen Gespräch als Teil eines bäuerlichen Familienkollektivs. Er versetzt sich gleichzeitig durch seine Außenseiterposition abseits der Gesprächsrunde in die Rolle eines Zuhörers und Beobachters und wird zum Objekt seiner eigenen Krankengeschichte. Nur als der Vater von „Anfällen" spricht, besteht er auf der dramatisierenderen, nämlich fundamental lebensbedrohenden Einstufung seiner Probleme als „Todesangst". Seine Einwände betreffen ausschließlich die Benennung seiner Störung, nicht jedoch die elterliche Einschätzung des Zeitraums sowie seiner heutigen Gesundung und Leistungsfähigkeit. Den Interviewern gegenüber signalisiert er mit seiner Einmischung, daß eine innerfamiliär ausgehandelte einheitliche Lesart zwar für den nach außen sichtbaren Teil, nicht aber für das subjektive Erleben seiner Problematik besteht und daß er nicht bereit ist, die vom Vater eingebrachte harmlosere Deutung seiner Problematik als „Anfälle", die gleichzeitig sein Leiden relativieren würde, widerspruchslos zu akzeptieren. Diese subjektive Sicht wird durch seine Bemerkung nicht zu einem expliziten Thema innerhalb des Familienverbandes, sondern bleibt daneben unkommentiert stehen.

Das anschließende Interview fand in Herrn Urbans Zimmer im 1. Stock des Hauses statt, das jedoch (laut Interviewprotokoll) sichtbar nicht sein Lebens-, sondern ausschließlich sein Schlafraum war und erst durch einen extra herbeigeholten Tisch und zwei Stühle zu einem Raum gemacht wurde, in dem mehrere Leute miteinander sprechen können. Der unverheiratete Herr Urban ist damit auch von der räumlichen Gestaltung her Mitglied der Herkunftsfamilie und hat keinen eigenständigen Lebensraum. Gerade sein besonderes Arrangement des Interviews unterstreicht aber seine Bemühungen, sich einen von den Eltern abgegrenzten Raum innerhalb des Hauses zu schaffen, den er zumindest für die von ihm erwarteten Themen des Interviews benötigt und in dem er als Individuum, nicht als Teil der Familie auftritt. Dieser Wechsel des Arrangements verlegt das Interview mit Nachdruck in den Intimbereich von Herrn Urban. Besonders auffällig ist der Kontrast zwischen dem anfänglichen Familiengespräch mit dem eher offiziellen Charakter eines ‚Anstandsbesuchs' und dem folgenden Interview in seinem *Schlaf*zimmer. Die Interviewer sind für Herrn Urban jun. damit *nicht* Besucher, denen er auf einer alltäglichen Ebene begegnet, sondern Vertraute einer Intimsphäre, die gewöhnlich der Familie und dem Partner, sowie dem Pfarrer beziehungsweise – bei Krankheit – dem Arzt vorbehalten ist. Mit seiner Gestaltung des Interviews macht Herr Urban die Interviewer zu Ansprechpartnern für sein ‚Innerstes'.

Der Tonbandmitschnitt beginnt mitten im Satz. Offenbar hatten die Interviewer das Gerät zwar aufnahmebereit gehalten, aber noch kein offizielles Startsignal gegeben: „Und der Grund is der, weil i gestern mit meiner Freindin Schluß gmacht hab nach 2 äh Jahr und äh des normalerweis *nicht* mei Verfassung, mir geht s ziemlich guat, aber etz heit vormittag is halt/ trifft halt a bisserl schlecht zsamm/ I mächt des bloß vorausschickn daß S a bissl wissn, warum daß i net so guat beinand bin und i tat aa gern nach dem Gespräch bissl über des redn, mei Problem etzt da".

Mit seinem Wunsch nach einem ‚Gespräch nach dem Gespräch' übernimmt Herr Urban nun aktiv die inhaltliche Gestaltung des Interviews. Er signalisiert damit, daß er durchaus weiß (beziehungsweise zu wissen meint), worum es geht, und daß er sich in die Interview-Situation gleichberechtigt mit seinen Wünschen und Vorstellungen einbringen kann und will. Während er im familiären Kreis in der Küche den Eltern weitgehend das Wort überlassen hatte, ergreift er jetzt die Initiative als ‚informierter Ex-Patient'. Dabei spricht er die Interviewer als Therapeuten beziehungsweise Ratgeber an, mit denen er sein aktuelles Problem besprechen möchte und überträgt ihnen damit die Expertenrolle zur Lösung zwischenmenschlicher Probleme.

Konsistent mit den Aussagen seiner Eltern verweist auch er darauf, daß es ihm „normalerweise ziemlich gut" gehe, er also nicht dauerhaft Patient geblieben sei. Jedoch ist seine „Verfassung", sein stabilisierendes (Lebens-)Gerüst, zumindest an diesem Vormittag ins Schwanken geraten – und hier scheint der Intimbereich zu beginnen, der zwar den Interviewern, nicht aber den Eltern gegenüber eröffnet wird.[1] Die von den Eltern anfänglich inszenierte offizielle Familiensache ‚Gesundheit des Sohnes' hat für Herrn Urban jun. zusätzlich einen ganz persönlichen Aspekt, ohne daß er diese Differenz (inneres Erleben – äußeres Erscheinungsbild) den Eltern gegenüber offensiv vertritt. In seinen Intimbereich gewährt er zwar den Interviewern einen Einblick, nicht aber den Eltern. Sein aktuelles ‚Formtief' ist für ihn auf ein eindeutig benennbares äußeres Ereignis des Vortages zurückzuführen, nämlich die von ihm aktiv betriebene Trennung von seiner Freundin – also eine faktische Begebenheit (in Kontrast zu dem psychologisch relevanten Moment des Gefühlszustandes), die er als ein schwieriges Lebensereignis für sich selbst sprechen läßt und nicht von seiner individuellen Bewertung abhängig macht.[2]

---

1   Dies spricht Herr Urban später noch direkt an. Im Interviewprotokoll heißt es: „Seinen ursprünglichen Plan, daß die Freundin beim Gespräch anwesend sein sollte, habe er jedoch verworfen, weil es nicht möglich gewesen sei, deren Anwesenheit den Eltern zu erklären. Diese wüßten nichts von den Schwierigkeiten zwischen beiden, wüßten nichts von der Trennung gestern abend und hätten ihn vermutlich nur darauf angesprochen, warum er jetzt auch noch seine Freundin in seine Klinikgeschichte hineinziehen würde."

2   Gerade die von ihm selbst ausgehende Trennung könnte ja auch Anlaß zu Erleichterung sein.

Auf die Diskrepanz zwischen seinem inneren Zustand und der faktisch von ihm geschaffenen Klarheit der Beziehungsdefinition geht er nicht ein. Daneben signalisiert Herr Urban überdauernde Stabilität: Er kann das erschütternde Ereignis benennen, seinen (körperlich!) schlechten Zustand als Folgeproblem diagnostizieren und seinen Wunsch nach einem (helfenden) Gespräch äußern. Das aktuelle Problem ist – und damit setzt sich der auf das Ereignis zentrierte Blickwinkel fort – zeitlich und örtlich („jetzt da") eindeutig eingrenzbar. Die Partnerschaft war zwar Teil seines Lebensgerüsts, die aktuelle Krise bringt dieses zum Schwanken, nicht aber zum Zusammenbruch. Seine „Verfassung" hat einen ‚Normalzustand', der heutige Zustand ist eine davon klar unterscheidbare Abweichung. Seine Lebensführung ist auf das Erreichen einer Stabilität, nicht auf ständige Veränderung und Weiterentwicklung hin ausgerichtet.

Er ist, wie er anschließend betont, durchaus ‚funktionstüchtig' („ohne weiteres jetzt"; sprich: ohne äußere Hilfe) und kann das Interview absolvieren; er kann allerdings nicht einen – seinem Normalzustand entsprechenden – Eindruck auf die Interviewer (beziehungsweise auf seine ehemalige Therapeutin) machen: „Über des grad zu redn grad vom Klin/ also wie i neikämmer <hineingekommen> bin ins Krankenhaus und des, ohne weiteres jetzt ganz unabhängig vo dem Problem etz da".

Mit seiner Betonung, daß das vereinbarte Interview „ganz unabhängig" vom derzeitigen Zustand stattfinden könne, zieht Herr Urban eine weitere Differenz, nämlich zwischen den Vorgängen, die zum Klinikaufenthalt geführt haben und den heutigen Problemen beziehungsweise deren Auswirkung. Er stellt keinen kausalen Zusammenhang zwischen der akuten Störung und dem Klinikaufenthalt beziehungsweise den damaligen Schwierigkeiten her. Weder der Anlaß der Trennung am Vorabend des Interviews noch deren Auswirkungen haben mit dem früheren Problem zu tun. Bereits an dieser Stelle verdichten sich die Anzeichen, daß Herr Urban *keine* psychologische Konstruktion seiner Lebensgeschichte mit einer innerlogischen Entwicklungslinie erstellen wird. Sein Blickwinkel ist der einer stabilen psychosozialen Grundordnung (einer ihm zugehörigen „Verfassung"), deren Abweichungen als Störung thematisiert werden. Mit seiner Einschätzung, daß es sich um eine Sorte von Problemen der inneren Ordnung handelt, für die die Interviewer (nicht jedoch die Eltern) als Ansprechpartner zuständig sind, schließt er genau diesen sehr persönlichen Lebensbereich (Partnerschaft) aus der familiären Interaktion aus und macht beide Interviewer zu ‚Experten der Stabilisierung von Lebensgerüsten'.

„I1: Vielleicht erzählen Sie vorher mal, wie Sie so aufgewachsen sind /.../ U: <räuspert sich> Ja aufgewachsen . ziemlich guat hm. Sagn mir mal so ... <atmet laut> bin mit 5 Jahr in d Schul nei kemma, also ziemlich früh".

Mit der Frage nach dem „wie aufgewachsen" setzt der Interviewer den erzähl-generierenden Impuls. Herr Urban schafft sich mit seiner Einleitung eine kurze Bedenkpause, die darauf schließen läßt, daß ihm eine Erzählung über seine Kindheit beziehungsweise Jugend nicht unmittelbar, als vorbereitete oder durch frühere Gespräche eingeübte (Erhebung von Anamnese beziehungsweise Krankengeschichte im psychosozialen Kontext), verfügbar ist. Das „Aufwachsen" hat für ihn denn auch keine erzählbare Geschichte. Dieser Lebensabschnitt ist nur als normative, nämlich „ziemlich" – also eingeschränkt – „gute" Bewertung von Bedeutung. Konkrete Fakten (selbst das Geburtsdatum oder sein Lebensalter) und die soziale Umgebung sind ebenso unwichtig wie Gefühle oder Erfahrungen.

Mit der Umschreibung „sagn wir mal so" versucht Herr Urban, seine erste Aussage von einer anderen Seite her zu fassen oder zu ergänzen. Auch diese Antwort kommt ihm nicht flüssig über die Lippen, sie verrät erneut den ungeübten Erzähler der eigenen Lebensgeschichte. Einziger Inhalt und Bezugspunkt des gesamten Aufwachsens ist nun die Einschulung und deren lebensgeschichtlicher Zeitpunkt. Die Altersangabe „mit 5 Jahr" erhält angesichts des nicht genannten Geburtsdatums eine besondere Bedeutung, denn sie kann nicht mit einem generellen Bemühen um Exaktheit der Darstellung erklärt werden. Durch den Nachsatz „also ziemlich früh" betont Herr Urban, daß es sich dabei um einen unüblichen Vorgang gehandelt hat, er vielmehr einen außergewöhnlichen Start hatte. Der (in diesem Falle mit Zahlen) ‚verobjektivierte' Vergleich zu den Anderen seiner sozialen Umwelt und die darauffolgende Bewertung sind – so kann hier bereits vermutet werden – wesentliche Konstruktionsprinzipien der Urbanschen Biographie. Er verweist damit mehrfach auf den geordneten äußeren Verlauf seiner Lebensgeschichte, sein damaliges Befinden ist ihm nicht erwähnenswert. Er zieht eine Grenze zwischen dem unauffälligen und unproblematischen Familienleben ‚drinnen', aus dem heraus er in die Welt der Schule ‚draußen' „hineingekommen" ist, und allein dieser Fakt aus ansonsten ereignislosen ersten Lebensjahren ist erzählenswert.

„Glei im Umkreis da, also zwoa Jahr war i aa in P-Dorf, bin mit 5 Jahr scho neikommen damals . und war an sich aa ziemlich guater Schüler, hab a so an Schnitt ghabt vo 2,1 2,2 oder aa no drunter, hab meine Leit/ also is mir allweil nahglegt worn mit der 5., 6. Klass, i soll in d Mittelschul geh oder Gymnasium, erstens hab i selber net gmögt damals, hab aa des net übersehn, was des vielleicht für/ i moan mit 8, 9 Jahr oder 10 Jahr, einfach koa Luscht net ghabt zum Lernen und s war aa so, daß ma da scho nach der Schul auf n Hof naus gmüßt hat, mittag ham mir Kartoffel ausgrabn oder Spargelernte, des war mir natürlich aa um a guats <um ein gutes Stück> liaber. Ja die Hauptschule hab i fertig gmacht mit am qualifiziertn Abschluß . und bin dann mit 14 Jahr bin i aus der Schul rauskemma, bin dann in a Kfz-Lehre ganga, Kfz-Mechaniker, in W-Stadt, des is aa a Nachbarortschaft oder a Stadt, nja und so mei pff mei Kindheit, i moan bei uns dahoam war eigentli-eigentlich immer alls in Ordnung. "

Trotz seiner frühzeitigen Konfrontation mit der Schule, die zwar örtlich „im Umkreis" liegt, aber doch Außenwelt ist, hat er sich durch seine guten Leistungen durchaus qualifiziert – was er erneut durch Zahlen und den Verweis auf Unbekannte (Lehrer? Eltern?) belegt, die ihm eine höhere Schulbildung nahegelegt und zugetraut hätten. Durch diese Verdoppelung der ‚Objektivität' seiner schulischen Leistungsfähigkeit verweist er gleichzeitig auf die „draußen" herrschende *Konkurrenz* und auf seinen vergleichsweise guten Stellenwert in diesem Kampf. Er hätte es durchaus in der Welt der Schule zu etwas bringen können. Andererseits hat er diesen Weg aber damals nicht eingeschlagen. Mit den ausführlichen Darstellungen der damaligen Entscheidung zieht Herr Urban eine Differenz zwischen den Notwendigkeiten auf dem Bauernhof und denen der durch die Schule repräsentierten Außenwelt, die zwar „gleich im Umkreis", aber trotzdem nicht mit der bäuerlichen Welt vereinbar ist. Während dort Zensuren als Maßstäbe für Leistung und Stellenwert innerhalb einer Konkurrenz erzählenswert sind, geht es hier um konkrete Arbeitsinhalte und eine Arbeitsaufgabe in Kooperation („wir").

Der nicht weitergeführte Hinweis auf „meine Leit", also die Herkunftsfamilie, könnte sowohl als Hinweis auf deren Förderung als auch deren Verhinderung einer solchen Schulbildung ergänzt werden. Seine damalige Entscheidung verläuft in Richtung auf ein ‚Arbeiterbauerntum', wie es seiner Schilderung nach auch von den Eltern für ihn vorgesehen war. Seine Begründungen für diese Entscheidung legen nahe, daß die Eltern ihren Sohn eher auf dem Hof halten wollten. Er kombiniert dabei unterschiedliche Aspekte und betont,

° daß er „selber" auch nicht gewollt habe, andere[1] also auch nicht,
° daß er nach der Schule als Arbeitskraft benötigt wurde („auf n Hof naus gmüßt"), dies also keine ganz freiwillige Entscheidung war, und
° daß nicht nur ihm, sondern auch anderen seine Tätigkeit in der Landwirtschaft „aa liaber" gewesen war.

Seine schließlich getroffene Entscheidung stellt er als gelungene Verbindung zwischen den eigenen Bedürfnissen und denen seiner Familie dar. Er weiß, so signalisiert er damit, sich in seinem sozialen Rahmen angemessen zu verhalten. Was für ihn damals – und das verweist noch einmal auf seine bäuerliche Verbundenheit – eine selbstverständliche „natürliche" (naturgemäße) Entscheidung zugunsten der ihm ver-

---

1   An anderer Stelle erzählt er, daß alle seine Freunde der Schule überdrüssig gewesen seien.

trauten Landwirtschaft war, sieht er nun kritischer. Er kennt sich inzwischen besser aus in der Welt „draußen", sein heutiger Blick geht über die Landwirtschaft hinaus in eine Welt, in der ihm eine höhere Schulbildung andere Möglichkeiten eröffnet hätte.[1] Damals aber, so seine Begründung, sei er für eine solche Perspektive einfach zu jung gewesen – und wird in der Rückschau noch 1-2 Jahre jünger, als er in der 5. und 6. Klasse auch bei früher Einschulung gewesen sein kann. Die mangelnde Lebenserfahrung als Grund für eine Entscheidung ist heute für ihn nicht mehr zutreffend, denn jetzt ist er in der Lage, die damalige Entscheidung nach anderen Kriterien zu beurteilen.

So verbleibt sein Lebensweg im familiären, heimatlichen Umfeld – in der Nachbarortschaft und einem handwerklichen Beruf. Daß es sich bei dieser Ortschaft um die nächstgelegene Stadt handelt, unterstreicht seine Fähigkeit, sich in verschiedenen Welten zu bewegen. Eine soziale Stadt-Land-Differenz, wie wir sie in anderen Interviews vorfanden (siehe Bruno Lehmann, Kapitel 4.2.3), ist für Herrn Urban nicht von Bedeutung. Für ihn geht es um Zugehörigkeit zum familiär und heimatlich vertrauten Rahmen, so daß seine folgende, nahtlose Rückführung zum geordneten „Daheim", das auch nach den Erzählungen über die Schule geschichtenlos bleibt, kein thematischer Bruch ist. Gleichzeitig legt er nahe, daß diese „Ordnung" außerhalb des Häuslichen oder in einem späteren Lebensalter nicht immer gegeben war.

Die traditionale patriarchalische Familienstruktur mit dem Vater als Familienoberhaupt, wie sie sich auch den Interviewern dargestellt hatte, wird vom Sohn nicht in Frage gestellt: „I hab vor meim Vater Respekt, weil er irgendwie a Persönlichkeit is und i richt mi aa ganz stark nach eam, also i hab viel vo eam, trau i mir sagn. Mit meiner Mutter find i halt etza, daß i ihra scho überlegn bin. I moan die war no nia drauß in d Arbeit und so, die war ebba < immer > halt im Haushalt und im Hof. I weiß ja da aa scho a bissl wia s zuageht in der Arbeit drin, daß ma ebba- daß ma si durchbeißn muß und so weiter."

Der Vater ist eine Respektsperson aus seiner persönlichen Erscheinung heraus, die Herr Urban jun. zwar nicht genauer spezifizieren kann, aber die zumindest „irgendwie" da ist. Der Vater ist Vorbild und Richtungsweiser für den Sohn, der – und das scheint ein gewagtes Geständnis – sich „traut", die Ähnlichkeit zwischen sich und dem sehr übermächtig erscheinenden Vater einzugestehen. Er weist damit darauf hin, daß er im Begriff ist, sich ebenfalls zu einer Respektsperson zu entwickeln. Herr Urban unterstellt eine Familienhierarchie, in der er sich zwischen dem Vater als unangefochtenem Familienoberhaupt und der am Ende der Hierarchie eingeordneten Mutter die mittlere Position zuweist. Die von der Mutter ausgeführte Arbeit auf dem Hof reicht in seiner Weltsicht nicht aus, um sie als „Persönlichkeit" anzuerkennen.

---

1 Daß er zum Zeitpunkt des Interviews plant, die Meisterprüfung zu machen, verweist auf die Umsetzung dieser Erkenntnis.

Die gültige Bewährung – und damit auch der Nachweis der persönlichen Fähigkeiten – findet ganz selbstverständlich im ‚wirklichen Leben' außerhalb des Bauernhofs statt. Denn nur in der Bewährung „draußen" kann in seinem Wertesystem ein Mensch zur Respektsperson werden, dort realisieren sich die wesentlichen Fähigkeiten des Einzelnen.

Dort allerdings ist nicht „alles in Ordnung", sondern es herrscht ‚das feindliche Leben', in dem für alle gleichermaßen („man") die Forderung nach ausdauerndem Kampf („durchbeißen") besteht. Es ist ihm aber eine vertraute Welt geworden, in der er sich „aa scho a bissl" auskennt. Er hat „in der Arbeit drin" einen Platz. Herr Urban nähert sich damit dem Status seines Vaters an (obwohl dieser ja gar nicht in Lohnerwerbsarbeit ist, aber im Dorf sehr angesehen sei und die Welt draußen vor dem Hof aus seinen vielfältigen Ämtern im dörflichen Leben kenne) und ist bereits durch die, von ihm selbst (zumindest den älteren und statusmäßig höhergestellten Interviewern gegenüber) als relativ gering eingestufte, Erfahrung im Arbeitsleben der Mutter überlegen.

Wie bereits erwähnt, gibt es für Herrn Urban, trotz seiner Lehr- und Arbeitszeit in der nächstgelegenen Stadt, keine städtische Lebensorientierung. Sein „selbstverständlicher" Bezugspunkt ist die dörfliche Gemeinschaft mit ihren verschiedenen Vereinen und Gruppierungen. „I1: Sind Sie religiös aufgewachsen? / U: Ja, mir han Katholikn. Und i geh aa heit fascht jedn Sonntag in d Kirchn und des is da selbstverständlich und aa so daß ma aa im Verein dabei is, Feuerwehr oder Sportverein oder Schütznverein oder so Sachn, is ma halt überall dabei und i hab aa ziemlich großn Freundeskreis, scho immer ghabt . möcht sagn, daß i scho beliebt war oder bin, hab aa den Freundeskreis heit no genauso, da gibt s/ hat s weiter keine Probleme gebn und jetzt nachdem daß i da in der Psychiatrie war, bin i wirklich wieder guat aufgnomma worn, war natürlich aa a Kampf, daß i wieder unter d Leit geh, aber den Kampf hab i überstandn, da gibt s nix, i werd aa net dumm ogredt oder irgendsowas, bin i aa nia worn, muß i sagn, also .. nja und was soll i no erzähln vo meiner Kindheit?"

Herr Urban beantwortet die Frage des Interviewers nach der religiösen Erziehung ausschließlich institutionell. Er gehört der katholischen Religionsgemeinschaft als Teil eines kollektiven (dörflichen und familiären) „Wir" an. Den sonntäglichen Kirchenbesuch assoziiert er bruchlos mit weltlichen Gemeinschaften des traditionalen Dorflebens (Feuerwehr, Sportverein, Schützenverein). Die für alle gültige und generelle Teilnahme am heimischen Gesellschaftsleben („is ma halt überall dabei") basiert nicht auf individuellen Interessen oder Fähigkeiten, sondern auf der Zugehörigkeit zum Gemeinschaftsleben.

In diese Gemeinschaft wird „man" nicht ganz selbstverständlich aufgenommen. Hier gilt neben der Regel der Anwesenheit auch die der gegenseitigen Akzeptanz und der Beliebtheit. Diese persönliche Anerkennung innerhalb der dörflichen Gemeinschaft ist Herrn Urban wichtig und wünschenswert, er „möcht sagn", daß ihm dies gelungen sei. Doch sie ist ein flüchtiges Gut, das Störungen und Schwankungen unterworfen ist. Mit seiner Verbesserung „beliebt war oder bin" deutet Herr Urban an, daß seine Beliebtheit im Dorf in der Vergangenheit in Gefahr war. Für ihn bestand diese Gefahr darin, möglicherweise durch den Psychiatrieaufenthalt stigmatisiert zu werden. Dies hätte zu einem Verlust der persönlichen Wertschätzung durch ein „dumm angeredet"-Werden führen können. Daß dies nicht passiert ist, schreibt er seinem „Kampf" um die Teilhabe an dieser Gemeinschaft zu. Der Psychiatrieaufenthalt hat zwar zu einer empfindlichen Störung des vorher bestehenden Gleichgewichtes geführt, dieses aber letztlich nicht nachhaltig zerstört.

So nimmt die Dorfgemeinschaft einen Zwischenstatus ein: Sie ist kooperative Gemeinschaft wie die Familie, deren Zugehörigkeit jedoch über persönlichen Einsatz, nämlich über den Kampf um die individuelle Beliebtheit, geregelt ist. Diese Frage nach seiner Beliebtheit beschäftigt Herrn Urban durch das gesamte Interview. Immer wieder betont er, beliebt zu sein (im Dorf, in der Klinik, am Arbeitsplatz) und Freunde zu haben, durch deren Akzeptanz er zum anerkannten Gruppenmitglied wird. Individualität oder gar Außenseitertum wird zur Abweichung von der natürlich gegebenen Gruppennorm, so daß seine Beliebtheit gleichzeitig durch die Akzeptanz der Bezugsgruppe als Nachweis der eigenen Normalität von Bedeutung ist.

Die plötzliche Störung in der Lebensführung

In Fortsetzung der oben ausgedeuteten Zielsetzung der Zugehörigkeit zur Dorfgemeinschaft spricht Herr Urban im Zusammenhang mit seinen Fußballaktivitäten zum ersten Mal im Interview von seiner „Todesangst": „Da war i in der erschten Mannschaft, na is mir kurz drauf a Mißgeschick passiert, daß i a schwere Verletzung gehabt hab am Fuß und dann war halt ja/ hab i immer Schwierigkeiten ghabt, bin i überall higloffa zu jedn Arzt und dann war halt ja/ hab s immer wieder probiert und ebn aa ohne ohne Vorbereitung und dann is des passiert mit meim Kreislaufkollaps oder Todesangst."

Diese Angst wird auf der Ebene körperlicher Schwierigkeiten eingeordnet: Voraussetzung dafür ist eine Fußverletzung, die zum (vorübergehenden) Ausschluß aus der Fußballmannschaft führte. Folge seiner heftigen Bemühungen um die Wiedereingliederung in diese Gemeinschaft ist ein „Kreislaufkollaps", der als Synonym für die bereits im Vorgespräch des Interviews mit den Eltern erwähnte „Todesangst" herangezogen wird. Seine psychische Störung erhält damit einen medizinischen, keinen psychosozialen oder psychologischen Hintergrund, er überträgt ein medizinisches Krankheitsmodell auf psychische Zusammenhänge. Die Angst wird als einfache Folge („und dann") seiner körperlichen Belastung durch den Trainingsmangel dargestellt.

Die Plötzlichkeit der Erwähnung des psychischen Problems greift der Interviewer mit einer Nachfrage bezüglich früherer Schwierigkeiten auf. Er bleibt damit bei einer (sozialwissenschaftlichen) Sichtweise, daß es irgendwelche Hintergründe der späteren Problematik gegeben haben muß. Herr Urban erzählt daraufhin von einer Krise als 16jähriger. „I1: Hattn Sie früher scho, also außer dieser Verletzung, der Fußverletzung, äh warn Sie da in Behandlung wegen irgendwelcher ähm ja Symptome oder Belastung oder so, daß Sie auch in ner hm mal beim Psychologn oder Erziehungsberater oder / U: Ja da hat s was gebn, da war i 16 Jahr alt und da hab i Depressionen ghat /.../ weil i allweil Blutdruckschwierigkeitn ghabt hab bis zu 180, 190 mit den Alter, des is abgeklärt worn, da hat nix gfehlt und .. damals hat mei Hausärztin gmeint, des liegt/ kimmt vom Seelischen, der hohe Blutdruck und na hat s mi zum Psychologn gschickt. Aa in Q-Stadt und damals alls in Ordnung, keine Medikamente nix gnomma, bis auf Blutdrucktablettn und na hat des so drei Monat dauert des Tief, drei, vier Monat, war aa a schwierige Zeit damals, hab mi aber ganz ganz guat erholt und sagn ma zwischen 16 1/2 und bis zu 20 wo des wo des dann passiert is <atmet laut ein>, war i eigentlich/ i hab alls gmacht, i hab Fußball gspielt, i hab/ war im Schütznverein, i war furt eigentlich jeden Tag /.../ hab viel Freund ghabt und war eigentlich beliebt möcht i sagn, was i aa jetz no bin. Nja des war de-des die Zeit hab i mal ghabt."

Die Struktur dieser Erzählung ist identisch mit der vorangegangen: Exogener Auslöser der psychischen Störung (hier „Depression") ist eine körperliche Störung (hier: „Bluthochdruck"). Herr Urban erzählt diesen Lebensabschnitt als abgeschlossenes, bewältigtes Intermezzo, das lebensgeschichtlich ohne Zusammenhang und Bedeutung ist. Auch die anfänglich benannten „Depressionen", eine Bezeichnung aus dem Bereich des Allgemeinwissens und gleichzeitig psychiatrischer Fachbegriff, sind im weiteren Verlauf der Geschichte nicht mehr von Belang. Die Verbindung zwischen den Blutdruckschwierigkeiten und den „Depressionen" bleibt völlig offen. Lediglich der Hausärztin wird ein psychosomatisches Störungsmodell zugeschrieben – eine Diagnose, die er im weiteren Verlauf des Interviews als ‚ärztlichen Kunstfehler' behandelt. Er selbst distanziert sich von dieser Deutung. Als Beweis für seine Sichtweise führt er an, daß gemäß den hinzugezogenen Experten der Großstadt „damals alls in Ordnung" gewesen sei (und zwar auf körperlicher wie auf psychischer Ebene) und daß er „keine Medikamente nix gnomma" habe. Es bestand, so signalisiert er mit diesen Hinweisen, von Seiten der sachkundigen Experten kein (Be-)Handlungsbedarf – und somit auch keine Störung.

Letztlich steht die Tatsache der erfolgreichen Bewältigung der Probleme im Vordergrund, nicht die Art und Weise der Bewältigung oder deren Entstehung. Nachweis seiner Gesundung ist die Tatsache, daß er wieder regelmäßig und zwar „jeden Tag" an den dörflichen Aktivitäten teilnehmen konnte und daß diese Episode seiner Beliebtheit (und damit seiner Normalität) keinen Abbruch getan habe. Der problematische

Bluthochdruck ist durch die Einnahme von Blutdrucktabletten unter Kontrolle und wird nicht als Störung gedeutet. Mit der Formulierung „die Zeit hab i mal ghabt" distanziert er sich vom subjektiven Erleben und versachlicht den emotionalen Gehalt der damaligen Lebenssituation. Er betont die Abgeschlossenheit der damaligen Problematik, einen inneren Zusammenhang zur späteren, wie ihn der Interviewer immer wieder nahelegt, stellt er nicht her. Er bleibt vielmehr, auch bei einer ausführlicheren späteren Erzählung der Störungen, die zur Index-Therapie führten, bei der bereits oben dargestellten Deutung als ein Ereignis, das gleich einem Unfall ohne Zusammenhang mit der eigenen Lebensgeschichte „passiert".

Er aktualisiert damit eine medizinische Deutung für seine Störung und lehnt eine psychologische, auch beim direkten Nachfragen seiner früheren Therapeutin, explizit ab, diese befinde sich außerhalb seiner Vorstellungen, außerhalb seiner Logik der Praxis, in die er die soziale Welt einordnet: „I2: Sehn Sie s denn heut auch noch so? Daß S sagn: ‚Des hat mi da aus heiterm Himmel überfalln' oder würden S heut sagn, des hat irgendwie in der/ in Ihrer Lebensgeschichte seinen Platz? / U: Ja i i weiß scho, worauf daß S da naus möchtn, daß des vom Lebensweg herkomma is, aber i kann mir s net vorstelln. I kann mir nur sagn, ja guat, i wollt scho unbedingt a Freundin .. hat mi aa oft a bissl deprimiert /.../ aber i hab des alls scho als normal empfundn, daß des scho no kemma <kommen> wird die Zeit, da wo s einfach so is, wia s sei sollt. Vo alle zwei Seitn. Aber daß mei Lebensweg/ ja i woaß aa net, i hab halt vo andre ghört, ja mei die ham pff vo mir aus scho zwei Scheidungen hinter sich oder ja so Sachn oder wie mei Kind is gstorbn oder oder oder sie ham a Ehe ghabt des wo a Martyrium war scho bald oder wie i sagn soll, die wo gschlagn worn san die Fraun aa oder einfach jahrelang was mitgmacht ham und ja hab i alls net ghat. Und drum kann i mir wirklich aa heint <heute> no schlecht vorstelln, daß des irgendwie so viel Gründe ghabt hat, daß des so weit kemma hat *müssn*. I find mir koa. Koane extrigen, koane schwa/ schwer-schwerwiegenden find i mir koa."

Um einen psychologischen Zusammenhang herzustellen, so betont er, hätte es schon „extrige" und „schwerwiegende" Gründe in seinem Leben geben müssen und er erwähnt als Beispiele den Tod eines Kindes oder eine zweite (!) Scheidung. Ein ‚Überlastungsmodell' durch die Konfrontation mit sehr ungewöhnlichen und objektivierbaren Belastungen wird zwar als prinzipielle Möglichkeit der Störungsverursachung herangezogen, aber solche heftigen Schwierigkeiten findet er, auch bei genauerem Hinsehen, einfach nicht in seinem Leben. Seine Trauer über die fehlende Freundin war für ihn „normal" und mit Abwarten zu bewältigen. Nicht so umgrenzte und klar benennbare Probleme,[1] die ein hohes Reflexionsniveau über seine individuelle Situation erfordern würden, gelten bei ihm ebenso wenig als ernstzunehmende Proble-

---

1 Solche Probleme werden durchaus erwähnt: Er erzählt von einer sehr belastenden Lehrzeit und von seiner Angst, wie ein Onkel an einer chronischen psychischen Störung zu erkranken.

me wie die vorher erwähnte bewältigte Krise. Mit seiner Lebensgeschichte jedenfalls, dessen ist er sich sicher und läßt sich auch durch die intensiven Nachfragen der Interviewer nicht aus dem Konzept bringen, hat seine damalige Störung nichts zu tun. Die (nachweisbare) Ordnung seines Lebensweges hat ausreichende Beweiskraft.

Seine „Todesängste", die eine Störung dieser Ordnung nach sich ziehen, tauchen nach dem Kreislaufkollaps letztlich aus dem Nichts auf. Herr Urban erzählt einen Horrorfilm, in den er plötzlich und ohne Vorwarnung verwickelt ist und den er von Stund an nicht mehr los wird. Die Gespenster von Angst und Panik überfallen ihn unvermittelt und (erneut) wie von außen kommend, anfangs vor allem beim Autofahren. Trotzdem ist er in dieser Zeit mit Hilfe von wöchentlichen Beruhigungsspritzen „in d Arbeit ganga", im Berufsleben war ihm das weitere Funktionieren noch möglich. Anders im Privatleben, da kam dann „Alkohol dazua .. und dann hat si des in einem Maße ausgewirkt, i hab nimmer fortgeh könna, ab dem Tag wo des passiert is, wa-war i kein Tag nimmer fort, die 3 Monat hab nimmer fortgeh könna, dann bin i no mal nach W-Stadt ins Krankenhaus komma und dann/ hat nix gholfa und auf freien Wunsch oder freie Entscheidung, aa ohne meine Eltern, hab i den Entschluß gefaßt, daß i nach P-Stadt geh. In die Psychiatrie."

Genau sein Ziel, das er mit dem forcierten Fußballspiel erreichen wollte, nämlich mehr Teilnahme an der Gemeinschaft der Gleichaltrigen, hat sich in sein Gegenteil verkehrt: Er ist nun durch seine Symptomatik vollständig aus der Dorfgemeinschaft ausgeschlossen. Diese nach außen sichtbare Abweichung von der Normalität der ländlichen Lebensführung und das letztliche Scheitern der Allgemeinmedizin sind schließlich Anlaß für Herrn Urban, sich in die Psychiatrie einweisen zu lassen und zwar ohne die Zustimmung seiner Eltern. Mit dieser familiären Grenzziehung wiederholt sich die Eingangssituation: Die psychischen Schwierigkeiten sind Herrn Urbans Intimsphäre, zu der die Eltern keinen Zutritt haben.

Als weiterer Grund für die Klinikaufnahme führt Herr Urban die Ausweitung seiner Angstsymptome an. Sie nehmen in der Folgezeit Ausmaße an, die Herrn Urban an sich selbst zweifeln lassen: Er kann sich seiner selbst und seines Lebens nicht mehr sicher sein. Er wird Täter und Opfer zugleich und zusätzlich (wenn auch unzureichende) Kontrollinstanz: „I hab Angst ghabt, i kann mir selber was antua, also i hab mi direkt selber zrückhaltn müssn, daß i nix mach, i hab des net vorghabt, aber i hab Panik davor ghabt und i hab Angst ghabt, daß i *kannt* s/ vielleicht sogar jemand was do .. die Angst hat si aa immer wieder gsteigert, gsteigert, i kannt jemand irgendwas doa".

Mit diesen Symptomen kann sich Herr Urban nun endgültig nicht mehr in dem ihm wichtigen Bezugsrahmen bewegen, zum Rückzug aus der Dorfgemeinschaft addiert sich das innere Chaos. Er sieht sich in seiner physischen (durch möglichen Suicid) und sozialen (durch die Phantasie von Mord oder Körperverletzung) Existenz

elementar bedroht. Die Entstehung seiner Ängste wird als ,Folgeschäden' seines Un-
falls („vom Kreislauf her", siehe unten) dargestellt und bleibt inhaltlich und lebensgeschichtlich ein unerklärliches Mysterium. Er kann die Phänomene nach bestem
Wissen und Gewissen schildern und damit die Heftigkeit seiner Abweichung von
einem Normalzustand belegen. Wie seine Lebensgeschichte, so erzählt Herr Urban
auch seine Störungsgeschichte auf der Folie von Normalität und Abweichung, indem
er die psychische Störung unter dem Blickwinkel eines bewältigten Problems gleich
einer überstandenen Krankheit thematisiert. Die damals bedrohte innere und äußere
Ordnung ist nun wieder hergestellt.

Die Psychiatrie

„I1: Wie lang warn Sie auf der Station? / U: Drei Monat / I1: Drei Monat / U: und
des war natürli aa ein Kampf auf Biegen und Brechen, daß i weg kimm vo die Medikamente. /.../ Hab alles drangsetzt, daß i wieder vo die Medikamente wegkimm. Hab
Freunde gfunda drin sogar, mir ham viel Kartn gspielt oder aa Monopoly oder so
Sachn. I hab aa versucht zum spaziern geh ausm Kranknhaus naus, war a mal sogar
a Zeit drin, da wo i fast nimmer aus der Station naus hab könna, so viel Angst hab i
ghabt vom Kreislauf her."

Die psychiatrische Station wird, vergleichbar zur Arbeitswelt, einer Außenwelt
zugerechnet, die ihm Kampf und Durchhaltevermögen abverlangt. Nun sind „Medikamente" für ihn der objektive Beweis für das Vorliegen einer Störung, die es zu beseitigen gilt. Ihm ist nicht in erster Linie die Beendigung seiner psychischen Problematik wichtig, sondern es geht ihm darum, die äußerlich sichtbaren Zeichen einer
Störung (die medikamentöse Behandlung) loszuwerden. Das therapeutische Setting
unterscheidet sich in seiner Schilderung nicht von einem Aufenthalt in einem medizinisch-somatischen Krankenhaus. Es bietet zugleich Schutz vor einer bedrohlichen
Außenwelt. Das soziale Leben „drin" ist für ihn unschwer auf der Folie der Dorfgemeinschaft abzubilden.

Die Psychotherapie

„Nach drei, vier Wochen so was, wie i drin war, hat halt die Stationsärztin gsagt, i
soll mit Eana redn und daß da halt a Station gibt nja und na bin i halt da hikemma
und des war natürli für mi der Unterschied zwischen Himmel und Hölle. Also des
Station 23 war praktisch der Himmel und s ander war d Hölle. Aa vo de Leit her und
wie/ was da na für a Umgang war und des Gesprächstherapie und so weiter, des war/
ab dem Tag is mit mir aufwärtsganga nach und nach und i hab alls drogsetzt, daß i s

wieder schaff und es hat für mi koa anders Ziel gebn, als wie nur des schaffa, daß i wieder gsund wer. Nur des oane Ziel und des/ da hab i a jede Kraft neiglegt und is natürli aa viel gholfa worn daß meine Leit zu mir gholfa ham und meine Freund und Bekanntn."

Herr Urban führt seinen Entschluß zur Psychotherapie nicht auf sein Eingeständnis einer Therapiebedürftigkeit, sondern auf die qua Autorität einer namenlosen „Stationsärztin" verordnete Verlegung zurück. Die sofort danach eingetretene Verbesserung ist für Herrn Urban zentraler Nachweis für die Nützlichkeit und Gültigkeit der Psychotherapie. Hier wird ihm himmlisch Gutes geboten, während die psychiatrische Station eher höllisch und damit leidvoll war. Nun kämpft Herr Urban nicht mehr gegen die ‚Sekundärproblematik' der verordneten Medikamente, sondern um sich und seine eigene Gesundheit. Familie und Dorfgemeinschaft sind zentrale Bezüge und Maßstäbe: So wie Herr Urban den Ausschluß aus der Gemeinschaft durch seine Ängste als Anlaß für die freiwillige stationäre Behandung definiert, so ist nun das auch in der Entfernung noch wirksame soziale Netz seiner Familie und des Freundeskreises von erstrangiger Bedeutung, um nicht dauerhaft zum Abweichler zu werden. Das Gesundwerden des Herrn Urban erscheint so als eine gemeinsame Aufgabe, in der er selbst zwar vorne dran steht, aber die Unterstützung „natürlich", selbstverständlich erhält – vielmehr noch: erst durch die Unterstützung des Kollektivs wird der Kraftakt des Individuums Urban sinnvoll. Wesentlich auf der neuen Station, die er durch direkte Anrede („mit Eana < Ihnen > gredt") mit der Person (und nicht der früheren Funktion) der anwesenden Interviewerin verknüpft, ist ihm der „Umgang" und die „Gesprächstherapie", das heißt die Erfahrung eines spezifischen Kommunikationsstils.

„I1: Was ham Sie denn da hauptsächlich gemacht oder was ham Sie da gern gemacht und / U: Hm. Erschtens der Umgang mit de Leit, so an Umgang find i heit / I1: Mmh mit den Mitpatienten / U: Ja / I1: oder mehr mit den/ ah so / U: Mit den Mitpatienten und aa mit der/ mit n Personal. Also der Umgang war was ma im/ was ma so etz in der Gesellschaft gar net erlebt vo der Guatheit her des, so was gibt s höchstens no in der Familie, aber vo dem Aufgnomma wern und ja einfach da hört ma koa schlechts Wort net und einfach da f-hat ma ebn/ hab mir i wohlgfühlt und hab aa wieder schö langsam aus mir rausgeh kenna, wia r i eigentlich bin."

Die Inhalte der Therapie werden erst auf Nachfrage des Interviewers thematisch, von sich aus spricht Herr Urban (vergleichbar zu der ersten Krise) ausschließlich vom (erfolgreichen) Kampf um seinen festen normativen Zielpunkt Gesundheit. Dieses bleibt zentrales Ziel und Beurteilungskriterium und verknüpft sich mit dem anfangs interpretierten Lebensgerüst. Herr Urban macht für sich keinen psychologischen Kontext von lebenslanger Entwicklung, innerem Wachstum, grundsätzlichem Vorhandensein von menschlichen Problemen oder ähnlichem verbindlich. Störungen seiner stabilen, ‚geordneten' Lebensführung, wo immer sie hergekommen sein mögen, müssen beseitigt werden.

Psychotherapie wird durch ihren Stil des kommunikativen und sozialen Umgangs zu einer familienähnlichen Gemeinschaft, Herr Urban setzt einerseits Familie mit gegenseitigem Wohlwollen und Kooperation (= Himmel) und andererseits Außenbeziehungsweise Arbeitswelt (siehe oben) mit Konkurrenzkampf (= Hölle) gleich. Die Atmosphäre der Station ist das wesentliche vertrauensbildende Moment, in dem sich Herr Urban öffnen kann. Er kann die Stationsgemeinschaft auf der vertrauten Folie eines idealisierten Familienverbandes abbilden, in der seine Zugehörigkeit nicht über Leistung und Anerkennung, sondern vorbehaltlos gegeben ist. Die psychologischen Schlagwörter („aus sich herausgehen" und „wie ich eigentlich bin") als Elemente seiner Selbstfindung sind Zeichen dieser Geborgenheit, in der er auf Kampf und Auseinandersetzung verzichten kann. Die Station ist damit nicht Spiegel oder Teil der äußeren Gesellschaft, sondern ein spezifischer Lebensraum, wie von einer anderen Welt („Himmel"), in dem Herr Urban sich akzeptiert und gut behandelt fühlt. Sie stellt für ihn ein Ideal dar, das für ihn in der eigenen Lebensführung, zumindest annäherungsweise, nur in der Familie zu verwirklichen wäre. Daß dies in seiner Herkunftsfamilie genau *nicht* der Fall war, zeigte die Eingangssequenz, in der deutlich wurde, daß Herr Urban dort nicht aus sich „rausgeht". Seine Intimsphäre bleibt den Vertretern der ‚Expertenfamilie' vorbehalten.[1]

„I hab allweil gmerkt auf was daß irgendwie nausgeht und so, i hab halt i möcht sagn, des den Sinn auf was da drauf okimmt, hab i scho ziemlich schnell mitkriagt / I1: Wodrauf kommt s denn da an? / U: Ja daß ma halt ganz aus sich rausgeht und … ja und aa daß ma merkt, daß ma si daß des Ganze eigentlich nur ziemlich viel Einbildung is, die ganze Krankheit / I1: Einbildung? / U: Ja. I moan i hab ja am Herz nix ghabt, des is a reine Einbildung gwen, und aa die Angst vor mein Onkl, i kannt so krank wern wie er er hat si aa net irgendwia/ hat ja aa koan Grund net ghabt, daß i die Angst habn hätt solln und des hat si halt für mi rausgstellt, daß des reine Einbildung is, des meischte halt. Die Schwierigkeitn wo no dazua komma san, i mein, des hat si na zwangsläufig ergebn, daß des immer schlechter worn is mit n Alkohol, mit Spritzn. I hab halt gmerkt, daß durch so Gesprächstherapien und durch des daß ma s richtig siehgt und betracht, daß des eigentlich . ja Einbildung is hauptsächlich."

Herr Urban bringt seine Störung auf einen ganz pragmatischen Nenner: Es war alles nur „reine Einbildung", ein Bild in seinem Kopf – einen Grund für eine ‚Berechtigung' seiner Schwierigkeiten kann er jedenfalls nicht finden. Er bleibt bei seinem naturwissenschaftlich-medizinischen Krankheitsmodell, in dem das Fehlen objek-

---

1   Über die Atmosphäre in seiner Partnerschaft lassen sich auf Grund unseres Materials wenig Aussagen machen. Die Erzählung über die Beziehung zur Freundin läßt allerdings vermuten, daß er mit ihr durchaus auch über sein „Innenleben" gesprochen hat.

tivierbarer Auslöser für die Störung genügt, um die erlebten Phänomene in den Bereich der Phantasie zu verweisen. Mit dieser Zuordnung schließt Herr Urban den Kreis zu traditionalen Deutungen von psychischen und psychosomatischen Störungen als „Einbildung", begründet diese aber mit dem durch die Psychotherapie erworbenen „richtigen" Durchblick. Diese neue Sichtweise ist für ihn keine individuell gültige Deutung, sondern trifft für die Allgemeinheit zu, denn „man" muß es nur von allen Seiten „richtig sehen und betrachten". Der Psychotherapie wird dadurch objektive Aussage- und Beweiskraft zugeschrieben, die Richtigkeit der neuen Deutung wird, auch durch die Rückfrage des Interviewers, keinesfalls in Zweifel gezogen. Nicht das Symptom, sondern dessen Wahrnehmung ist das Problem. Dieses psychologische Sonderwissen transformiert Herr Urban aber in ein normatives medizinisch-naturwissenschaftliches Störungskonzept, das dem Allgemeinwissen sehr viel näher ist. Der veränderten Perspektive wird nun ein objektivierbarer Wahrheitsgehalt zugeschrieben, der für die Allgemeinheit gleichermaßen gültig sei.[1] Erhöhter Alkoholkonsum *und* Medikamente sind damit die Folgeprobleme der vorherigen falschen Sichtweise und werden zu objektiven Hinweisen auf ein Fortdauern (beziehungsweise eine unvollkommene Bewältigung) der Problematik.

„Da hab i viel glernt, ja, daß ma si net einfach was vormacht, sondern auf jemand zuageht und denjenigen/ mit denjenigen redt, daß ma si praktisch auskennt, ob s etz hart is oder net. Die Wahrheit is ja letztendlich entscheidend und wenn ma si was vormacht, na is ja sowieso a Schmarrn. Ja i mein, die Wahrheit zählt immer. Und i hab aa/ ja des hab i halt festgestellt, daß i des/ daß i einfach da schüchtern war, daß i da meine Gefühle net so rauslassn hab."

Mit dem „richtigen" Durchblick, den Herr Urban nun mit objektiver „Wahrheit" gleichsetzt, knüpft er auch an traditionale christliche Werte an. Psychotherapeutische Ziele wie Offenheit und Authentizität sind für ihn in dieses Wertesystem bruchlos einzugliedern, und sie eröffnen ihm als Relevanzsystem neue Handlungsmöglichkeiten. Nicht mehr „Abwarten", sondern Erkennen und Überwinden von „Schüchternheit" ist nun seine Devise. Das Psycho-Schlagwort ‚Gefühle rauslassen' bezieht er allerdings ausschließlich darauf, daß es ihm schwer gefallen sei, Mädchen anzusprechen. Schließlich war die fehlende Freundin bei der Nachfrage der Interviewerin nach lebensgeschichtlichen Hintergründen (siehe oben) für die spätere Störung das einzige Problem, das ihm dazu einfiel. Das Scheitern der nach der Therapie begonnenen Liebesbeziehung am Vortage des Interviews bekommt dadurch eine besondere Brisanz.

---

1   Damit unterscheidet er sich vom weiter unten (Kapitel 4.1.4) dargestellten Entwicklungsstörungstypus, der sich auf die subjektiven Wahrnehmungen und Bewertungen seiner Problematik stützt, die nicht zwangsläufig durch die Konformität mit den Normen und Werten seiner sozialen Umgebung validiert werden.

Die aktuelle Lebensgestaltung bei Herrn Urban

Bereits bei der Einleitung des Interviews hatte Herr Urban darauf verwiesen, daß es ihm „ziemlich guat" gehe. Sein Wohlergehen macht er daran fest, daß er wieder beruflich und sozial voll eingegliedert sei und daß er seine „Kreislaufangst /.../ nimmers so in dem Ausmaß" erlebt habe. Seine Erzählung ist eine Erfolgsgeschichte der Re-Normalisierung: Die Eltern sind von seiner Gesundheit überzeugt, er ist im Dorf integriert[1] und hat einen beruflichen Aufstieg gemacht. Seinen aktuellen Arbeitgeber kennzeichnet er als „im Umkreis so ziemlich die beste Firma" – da er als Firmenangehöriger selbst Mitglied dieser Firma ist, ist er Teil dieser Anerkennung. Daß er nun rundum seinen Mann steht (und darüber definiert: wieder normal ist), führt er auf die Steigerung seiner Abwehrkräfte durch „Selbstvertrauen" zurück.

„I scheu nix, ich hab genügend Selbstvertraun .. also mi kannt so nix-x unterkriagn. Da bin i/ da hab i einen Ding etz kriagt, eine Kraft, i loa < laß > mi vo neamad < niemandem > unterkriagn, also vo der Arbeit her, vo meine Leit irgendwia was/ i moan, sie moana ja sowieso bloß des Guate, vo dem her gsehn, i laß mi v-/ da vo neamad unterkriagn. Ganz im Gegenteil i sch/ glaub daß i des aa schaff, daß ma irgendwia Respekt vor mir hat."

Er ist nun seinem Ziel, wie der Vater eine Respektsperson zu werden, entscheidende Schritte nähergekommen, und die Kombination aus innerer Stabilität (Abwesenheit von Ängsten) und äußerer Anerkennung ist der entscheidende Beweis seiner Normalität. Er ist nach Abschluß der Therapie wieder in der Lage, die Aufgaben seiner sozialen Umgebung gemäß zu erfüllen. Seine „Verfassung" ist stabil und lediglich durch außergewöhnliche Belastungen aus diesem Gleichgewicht zu bringen. „Halt hauptsächlich, wenn i Schwierigkeitn ghabt hab in der Arbeit und wenn s halt irgendoa Problem gebn hat, des is mir allweil auf n Kreislauf gangen glei wieder, was aa heit no so is. .. Des Problem etz mit der Freundin da geht ma aa auf n Kreislauf, körperlich einfach."

An dieser Stelle äußert sich das neue Wissen um die psychosomatischen Zusammenhänge von psychischen beziehungsweise sozialen Problemen und körperlichen Störungen, das nun wie selbstverständlich zu seinem Allgemeinwissen geworden ist: Die Möglichkeit der Auswirkung von psychischen Problemen auf das körperliche Befinden ist ihm heute vertraut. In der Anwendung der als „wahr" und „richtig" anerkannten psychologischen Umdeutung seiner körperlichen Schwierigkeiten als Folgen einer inneren Unordnung zieht er (siehe Eingangssequenz des Interviews) die Konsequenz, den Rat der Psycho-Expertin einzuholen. Der Verlust der Partnerin ist

---

1 Als Beweis für seine Integration führt Herr Urban an, daß er „guat aufgnomma" wordn sei und auch am Stammtisch wieder mithalten könne, schließlich „bin i so stabil worn, daß i alle Tag, mei alle Tag dat i net sagn, aber daß i/ i kann Alkohol trinka".

genau der Punkt, der das aktuell feste Lebensgerüst des Herrn Urban in Gefahr bringt: „Des is des oanzige, da wo i net drüber hinweggeh ko, daß i sag ‚I laß mir durch neamads schlecht geh‘. Des kann i einfach net. "

Das neue Problem ist, wie bereits anfänglich festgestellt, nicht inhaltlich mit den früheren Schwierigkeiten verknüpft. Es gehört lediglich zum selben Typus des ‚Intim-Problems‘ und fällt damit, so weiß Herr Urban nach Abschluß der Psychotherapie, in den Zuständigkeitsbereich der psychotherapeutischen Profession.

Die Umsetzung der psychotherapeutischen Erfahrung.
Erste Überlegungen zum Devianztypus

Herr Urban geht in seiner gesamten Biographiekonstruktion vom Vorhandensein naturgegebener sozialer Ordnungen aus, die je nach dem sozialen Bezugsmilieu unterschiedlich ausgestaltet sind. Sein Lebensziel ist die Normalität durch Anerkennung und Bewährung in allen Bezugsgruppen seines Lebens (Familie, Dorf, Arbeitswelt). Ein Scheitern dieser Eingliederung oder ein Ausschluß ist nicht als alternative Lebensgestaltung, sondern ausschließlich als Störung wahrnehmbar. Diese stabile soziale Ordnung ist normativer Vergleichsmaßstab für die Richtigkeit seiner Lebensführung.

Herr Urban erzählt eine Geschichte verschiedener Welten: der auf Kooperation und friedliche Koexistenz aufgebauten Familienwelt nach einem bäuerlich patriarchalischen Muster, der durch Wettbewerb und Konkurrenz beherrschten Arbeitswelt sowie der Dorfgemeinschaft, deren Zugehörigkeit durch die Teilnahme an gemeinsamen Aktivitäten bestimmt ist. Daneben existiert seine intime Innenwelt, zu der die psychologischen Professionellen Zutritt haben. Die jeweiligen ‚Ordnungen‘ sind statisch gegeben, sie geben Verhaltensraster vor, die vom Einzelnen nicht weiter hinterfragt werden können beziehungsweise müssen. Die Welt des Herrn Urban ist dann in Ordnung, wenn er sich innerhalb seiner verschiedenen sozialen Milieus vertraut, unauffällig und erfolgreich, das heißt den jeweiligen Normalitätsbedingungen entsprechend, bewegen kann. Für die Konstruktion seiner Biographie steht im Vordergrund, daß ihm genau dies weitgehend gelungen ist: Er weicht nicht dauerhaft von den quasi naturgegebenen gesellschaftlichen Normen ab. Herr Urban präsentiert seine Lebensgeschichte nicht als Entwicklungsgeschichte, sondern als eine Aneinanderreihung von Ereignissen und zu bewältigenden Aufgaben (Pflichten); in bezug auf die spätere Störung ist es eine Gesundheits- beziehungsweise Krankheitsgeschichte. Erzählenswert sind Fakten und Ereignisse, die die Normalität seines Lebenslaufes belegen, individuelle Entscheidungen erscheinen nur innerhalb dieses vorgegebenen Relevanzsystems möglich.

Herr Urban, der den Devianztypus repräsentiert, bildet die psychischen und psychosomatischen Phänomene auf der Folie eines medizinisch-naturwissenschaftlichen

Störungsbildes als von *außen* verursachte Störungen ab. Die psycho-logische Sicht-weise eines Hinterfragens von Phänomenen (im Sinne eines „steht für…", vgl. MAHL-MANN 1991) wird ausschließlich störungsbezogen aktualisiert. Sie dient der Erkennt-nis der als ‚wahr‘ identifizierten Hintergründe der funktionellen Störungen und der Ängste. In den Relevanzstrukturen seiner Biographiekonstruktion wird die psychologi-sche Deutung ausschließlich als diagnostisches Instrument zur Erklärung mysteriöser Phänomene herangezogen.

Die Lebensprobleme entstehen für diesen Typus unabhängig von der individuellen Lebensgeschichte als unerklärliche Abweichungen von den Normalitätsvorgaben der sozialen Umwelt und sind durch ein Wissen um eine ‚Wahrheit‘ der Zusammenhänge zu bewältigen. Das neue psychologische (Teil-)Wissen steigert das ‚Selbstvertrauen‘ und sichert durch die Herstellung einer inneren Ordnung die Zugehörigkeit zu den verschiedenen Welten und damit auch die äußere Ordnung. Ziel einer Psychotherapie ist die Re-Normalisierung durch (Wieder-)Eingliederung in die bestehenden sozialen Bezugsmilieus. Die traditionale Weltsicht, die nicht von einer individuellen Lebens-gestaltung mit vielfachen Möglichkeiten, sondern von festen, normativ bewerteten Zugehörigkeiten zu sozialen Gruppen ausgeht, bleibt unangetastet. Eine Abweichung von dieser Orientierung wird als Devianz und damit als zu beseitigende Störung der Lebensführung gedeutet. Ziel ist die (Wieder-)Herstellung von innerer und äußerer Ordnung.

Die psychologischen Experten sind Ratgeber für den Intimbereich des Menschen, deren Aussagen durch ihre diagnostische Kompetenz Gültigkeit erlangen. Dies bedeu-tet, daß die Logik der Wissenschaft und die Logik des Alltags säuberlich voneinander getrennt werden – nur der Intimbereich des Alltags, der mit dem lebensgeschichtlich angehäuften Allgemeinwissen nicht durchdrungen werden kann, ist den Experten zugänglich. Sie vermitteln durch eine Umdeutung vorher bedrohlicher Phänomene neue Bewertungskriterien, die einen dauerhaften Ausschluß aus den lebensweltlichen Gemeinschaften verhindern. Sie bieten ein diagnostisches Werkzeug an, das Herrn Urban die Rückführung von körperlichen Schwierigkeiten auf Störungen seiner inne-ren, emotionalen Ordnung ermöglicht. Eine Übertragung des psychotherapeutischen Deutungssystems in allgemeines Wissen ist wegen der völligen Andersartigkeit von Therapie, die als außerirdische erlebt wird („Himmel"), im Alltag nicht möglich. Sofern sich die erwünschte Ordnung nicht durch die alltäglichen Handlungsmöglich-keiten des Kampfes gegen die äußerlich bleibende Störung wiederherstellt, kann sich der Betroffene nicht selbst helfen und sucht – konsequent – Rat bei der ehemaligen Therapeutin.

Beide Interviewer werden gleichermaßen als Experten für Störungen im zwischen-menschlichen und emotionalen (Intim-)Bereich angesprochen, an die man sich ver-trauensvoll wenden kann, selbst wenn sie persönlich nicht bekannt sind (wie in unse-rem Falle der Interviewer). Herr Urban reproduziert damit das traditionale hierarchische Verhältnis zwischen den Experten und ihm als hilfesuchenden Laien. Diese Hierarchie zwischen Therapeutin und Klient ist auch nach dem Abschluß der Behandlung unverändert.

Tabelle 2:   *Die Deutungsmuster des Devianztypus für Störung*
                        und stationäre Psychotherapie

Nähe des Störungs-konzeptes zum ...	Deutungsmuster *Störungsgenese*	Deutungsmuster *stationäre Psychotherapie*	Grundlage der Bewertung von Psychotherapie
medizinischen Krankheitsmodell	Unerklärlicher Funktionsausfall	Geborgenheit im Kollektiv der Therapiegruppe	Beendigung der Störung

Die Biographie wird nach dem zentralen Strukturierungsmerkmal von Normalität und Abweichung konstruiert. Angestrebt wird die Integration in die Normen und Werte des sozialen Bezugsmilieus, die als selbstverständliche akzeptiert werden. Eine Abweichung davon wird nicht als alternative Lebensführung, sondern grundsätzlich als Störung gedeutet. Da diese weder billigend in Kauf genommen noch willentlich hergestellt wird, kann sie nicht im Relevanzsystem der eigenen Lebensgeschichte interpretiert werden. Sie wird so lange geleugnet, bis sie auf Grund von äußerlich wahrnehmbaren Funktionsausfällen, die die bisherige Integration verhindern, sichtbar wird. Die stationäre Therapie bietet in dem institutionellen Kontext von Experten ein Hilfsangebot an, das der Einordnung der Störung in ein medizinisches Krankheitsbild und der damit verknüpften Selbsteinschätzung als Patient entspricht. Zusätzlich ermöglicht sie durch den kommunikativen Austausch in der Therapiegruppe die Erstellung eines neuen Bezugsmilieus von Mitbetroffenen, in dem neue, bislang ungekannte Therapieregeln und -normen gelten. Zentraler Bezugspunkt bleibt aber das soziale Milieu der Lebenswelt, in dem die Psychotherapie dann als erfolgreiche Behandlungsmethode gewertet wird, wenn sie die vollständige Wiedereingliederung ermöglicht.

4.1.3 Der Defizittypus: Johanna Clemens

Biographischer Überblick

Johanna Clemens ist 35 Jahre alt. Sie ist in einer Großstadt aufgewachsen, der Vater war Handwerker, die Mutter hat in verschiedenen Tätigkeiten gearbeitet. Nach der Hauptschule machte sie eine Lehre als Keramikerin, lebte und arbeitete in mehreren

Großstädten Deutschlands. Während dieser Zeit lernte sie ihren jetzigen Mann kennen. Sie zog mit ihm in seine Heimatstadt und ist zum Zeitpunkt des Interviews Geschäftsführerin in einem Handwerksbetrieb. Nach Abschluß der Index-Therapie nahm sie gemeinsam mit ihrem Partner an einer Paartherapie teil und heiratete ein halbes Jahr vor dem Interview.

Frau Clemens präsentiert sich den Interviewern als arrivierte Geschäftsfrau: Sie läßt sich von ihnen im Geschäft („ein sehr moderner großer Laden"; Interviewprotokoll) abholen und führte sie in die halbfertige eheliche Wohnung: ein aufwendig ausgebautes Dachgeschoß mit „Marmorböden, zum Teil Marmorfließen in der Küche und im Bad" (ebd.). Das Arrangement des Interviews gibt ihr die Gelegenheit, den Interviewern ihre beruflich und privat gut situierte Welt zu zeigen.

Ein problematischer Einstieg in die Lebensgeschichte

„I1: Ja, fangn wir ganz allgemein an, nämlich wie alt Sie sind und wo Sie aufgewachsen sind / C: Also / I1: richtig von vorne / C: Ich bin .. 35 < lacht kurz > und bin in Q-Stadt geboren und aufgewachsen und bin Keramikerin. .. Bin nach der Lehre aus Q-Stadt weggegangen, war in WW-Stadt n Jahr, zwei Jahre FF-Stadt, zwei Jahre in MM-Stadt, UU-Stadt n Jahr, K-Stadt zwei Jahre und bin dann hier gelandet."

Die Beantwortung der Frage nach ihrem Alter verzögert Frau Clemens und kommentiert ihre Antwort mit einem kurzen Lachen. Angesichts der Genauigkeit der folgenden Zeitangaben kann dies signalisieren, daß ihr exaktes Lebensalter für sie üblicherweise nicht von Bedeutung und damit auch nicht unmittelbar verfügbar ist oder daß ihr die Altersangabe unangenehm ist, sie somit gegen ihren Willen Auskunft gibt. Die Frage des Interviewers nach dem „aufgewachsen sein" dehnt sie in ihrer Antwort bis weit in das Erwachsenenalter (rekonstruierbar bis etwa zum 26. Lebensjahr) aus. Sie schließt somit ihre Entwicklung nicht mit der körperlichen Reife, der Volljährigkeit oder beruflichen Qualifikationen ab, sondern setzt erst in den unbestimmten Konditionen „hier" einen Endpunkt ihrer Entwicklung.

Im Vordergrund ihrer Erzählung steht die örtliche Veränderung, die sie durch Zeit- und Ortsangaben, ohne Verweis auf Motive oder biographische Ziele kennzeichnet. So schildert sie, von ihrem Heimatort ausgehend, eine achtjährige ,Reise' durch fünf Städte der Bundesrepublik, die „hier" einen Endpunkt gefunden hat. Nun ist sie „gelandet", hat ,Land', also festen Boden unter den Füßen, einen sicheren Hafen erreicht. In diesem ersten kursorischen Überblick stellt die Suche nach einer äußeren Umgebung, die eine längere Verweildauer ermöglicht, das zentrale Strukturierungsmerkmal dar. Als wesentliche Voraussetzung für ihre lebensgeschichtliche Reise sieht sie eine qualifizierte Berufsausbildung zur Keramikerin, die sie mit Abschluß der Lehre in die Lage versetzt, aus dem Elternhaus und ihrer Heimatstadt auszuziehen.

Sie ist dabei eine Person, die sich über den Beruf und die (erfolgreiche) Berufstätigkeit definiert und daraus ihre Selbständigkeit und ihre Handlungskompetenz gewinnt.

Die Fortsetzung des Gesprächs verläuft zäh, Frau Clemens gibt knappe Antworten und „wurde manchmal rot, schien auch manchmal verlegen zu sein" (Interviewprotokoll). Die Fragen des Interviewers und ihr Bemühen um Exaktheit bringen Frau Clemens in die Lage, Schattenseiten ihrer Lebensgeschichte aufzudecken, die sie mehrfach mit einem kurzen Lachen kommentiert. Dies ist nicht das expressive Lachen einer witzigen und damit souveränen Gesprächsgestaltung. Sie signalisiert damit vielmehr Anspannung, Unsicherheit und Verletzlichkeit bezüglich des Inhaltes ihrer Erzählung, einen Hinweis auf eine peinliche Situation, ein widerstrebendes ‚Outing‘ und die Abwehr weiterer unangenehmer Fragen. Sie antwortet in einer Mischung aus Knappheit, Präzisierungen und ohne eigene Relevanzen, wodurch sie dem Interviewer die Gestaltungsmacht über die Themen des Gesprächs gibt. Dieser scheint, nachdem Frau Clemens die erzählgenerierende Frage sehr knapp und sachbezogen beantwortet hatte, auf der Suche nach einem unverfänglichen lebensgeschichtlichen Einstieg zu sein.

„I1: Mhm. Sie sind in Q-Stadt zur Schule gegangen / C: Ja / I1: In Hauptschule – Volksschule? / C: Hauptschule, ja, i hab acht Jahr Volksschul / I1: Mhm. In welchem Stadtteil war des in Q-Stadt? / C: In x-Viertel / I1: Mhm / C: y-Viertel[1] halt / I1: Ah ja, des weiß ich / C: Keinen guten Ruf < lacht kurz > / I1: Des is da am < Straßenname > rechts ab dort, ja. Und was waren Ihre Eltern von Beruf?"

Der Interviewer führt die Antwort nach dem Schultypus mit einer aus der ersten Sequenz strukturell vertrauten Thematisierung des Ortes weiter und erhält erneut eine ortsbezogene Antwort, der Frau Clemens, wie gegen Widerstand („halt"), eine Präzisierung folgen läßt. Nachdem er seine Kenntnis des Stadtviertels äußert, verweist sie auf den „Ruf" dieses Stadtteils und kommentiert dies zum zweiten Mal mit einem kurzen Lachen. Frau Clemens zeigt sich als außenstehende Beurteilende in der Gegenwart und gleichzeitig als Betroffene in der Vergangenheit – ohne eine subjektive Sichtweise, die Binnenperspektive ihrer Lebenserfahrung daneben zu stellen. Das soziale Stigma bleibt damit ohne die Möglichkeit einer individuellen Bewertung oder Relativierung uneingeschränkt erhalten. Mit ihrem heutigen sozialen Status, den sie in der Interviewsituation zum Ausdruck bringt, zeigt sie sich am ‚Ziel ihrer Reise‘, und zwar diametral von ihrem biographischen Ausgangspunkt entfernt. Die berufliche Erfolgsgeschichte ist somit gleichzeitig die Erzählung eines sozialen Aufstieges.

Der Interviewer neutralisiert mit seiner Rückführung auf die örtliche Beschreibung des Stadtviertels den sozialen Gehalt ihrer Antwort und wechselt anschließend das Thema. Er scheint bemüht, eine weniger belastende Gesprächsatmosphäre zu

---

1   Y-Viertel ist ein Teil des x-Viertels, das sozial stigmatisiert ist: es gilt als ‚Asozialen-Viertel‘. der Stadt.

schaffen und behält weiterhin die Gesprächsführung. Bei ihrer Antwort läßt Frau Clemens offen, weshalb die vierköpfige Familie mit berufstätigen Eltern in diesem Stadtviertel lebte. Die Zugehörigkeit der Familie zu einer sozialen Unterschicht scheint nicht erklärbar, sondern naturgemäß gegeben. Für ihre biographische Erzählung ist allein die Tatsache, nicht die Ursache entscheidend.

„I1: Und wie sind Sie so mit Ihren Eltern zurechtgekommen in der Kindheit? / C: Hm .. ja also, mei, sie haben s net anders gewußt, also heute würd i sagn <lacht kurz; verlegen> totale Fehlerziehung, krankmachende Erziehung ... Also war nich so lustig mit Schläge und Druck, mei Mutter is sehr ehrgeizig, die wollt, daß also wir aus m x-Viertel rauskommen und hat des halt mit allen Mitteln."

Die Beziehung zwischen Eltern und Tochter wird von Frau Clemens eindeutig bewertet: von den Eltern, vor allem von der Mutter, sei sie umfassend falsch erzogen worden. Dabei betont sie ihren zwischenzeitlichen Wissenszuwachs den Eltern gegenüber: „heute" kann sie die damalige Erziehung als „totale Fehlerziehung, krankmachende Erziehung" identifizieren. Hier verortet Frau Clemens den Ursprung eines *Defizits* in ihrem Leben, das schließlich wie zwangsläufig zu Krankheit führt. Als Ausgangspunkt ihrer späteren psychischen Schwierigkeiten sieht sie das ungenügende Wissen ihrer Eltern um eine adäquate Erziehung. Sie aktualisiert damit ein auch medial häufig vermitteltes entwicklungspsychologisches Modell, das der Erziehung einen zentralen Stellenwert für die seelische Entwicklung beimißt. Als Mittel der Durchsetzung der Erziehungsziele verweist Frau Clemens auf eine feststehende Charaktereigenschaft ihrer Mutter und deren Gestaltungsmacht innerhalb der Familie. Sie selbst taucht als Subjekt bis zu diesem Zeitpunkt in ihrer Erzählung nicht auf. Damit vermittelt sie den Eindruck des Schicksalhaften, dem sie als passives Opfer ausgeliefert war. Sie schildert dabei die soziale Struktur dieser Beziehung, nicht ihre subjektive Binnenwelt als Beteiligte. Indem sie als Motivation ihrer Mutter deren starken Ehrgeiz zu einer materiellen Besserstellung der Familie anführt, deutet sie an, daß sie ihren eigenen Weg „aus dem x-Viertel" aus anderen Gründen gegangen ist. Nahe liegt der bereits in der Eingangssequenz angedeutete Weg über die berufliche Qualifikation.

Der Interviewer greift mit seiner Frage nach der Schule diesen Themenbereich nochmals auf, bringt damit jedoch Frau Clemens erneut in eine unangenehme Situation: „I1: Mhm. ... Und wie sind Sie so in der Schule zurechtgekommen? / C: Schlecht. Ich war *keine* gute Schülerin <lacht kurz>. Also und und die Lehrer ham mein Bruder aa gern gemocht, mei Bruder is, glaub i, schon sehr intelligent und war aa in der Schule gut und der war immer so vorne dran, dann kam ich halt hinterher. Und *ich* hab mehr im Haushalt machen müssen und so, weil mei Mutter überhaupt kei Hausfrau is und des eigentlich mehr voll seit frühester Kindheit auf mich abgewälzt hat, weil sie keine Lust dazu hatte. ... Ich war zu unkonzentriert zum Lernen."

Die eigenen Schulerfahrungen sind für Frau Clemens vor dem Hintergrund des besseren und beliebteren Bruders nur negativ auszudeuten. Dieser war ihr generell und uneinholbar überlegen („immer so vorne dran") und bildet so, trotz eigenen Aufstiegs, bis in die Gegenwart des Interviews den Vergleichsmaßstab. Ihr Schulversagen, so vermittelt sie durch ihre nachgeschobene Begründung, ist jedoch nicht auf geringe Fähigkeiten zurückzuführen. Sie hätte durchaus auch leistungsfähig und anerkannt sein können, wenn sie nicht durch die geschlechtsspezifischen Anforderungen, bereits in jungen Jahren den Haushalt zu übernehmen, in Anspruch genommen worden wäre und es ihr nicht an Konzentration gemangelt hätte. Das erziehungsbedingte Defizit der „Fehlerziehung" wird nun um die Komponente der mütterlichen Vernachlässigung („weil sie keine Lust dazu hatte") und des Schulversagens erweitert. Und dieses Schulversagen bezieht sie nicht nur auf die Ebene der Leistungen, sondern auch auf ihr Verhalten: „Ich glaub, daß i a auffälliges Kind war, wir habn auch in der Schule noch so Tatzn gekriegt und ich hab also immer ganz gschwollne Knöchel ghabt. Ja. Mhm. Ja. Auch gschlägert viel."

Frau Clemens stellt sich als ein im schulischen Bereich unangepaßtes „auffälliges" Kind dar. Sie begründet ihre Auffälligkeit mit dem Verhalten der Lehrer, die sie häufig geschlagen hatten. Erst nach einer Pause des Überlegens und kommentierter Gedanken benennt sie das eigene Verhalten (komplementär) als Aggressivität. Motive und Hintergründe dieses Verhaltens werden nicht genannt. So erscheint sie in erster Linie als Opfer der (familiären) Verhältnisse, deren Auswirkungen auch in der Schule zu Auffälligkeiten und Defiziten der Konfliktbewältigung führen.

Die Erzählstruktur der verobjektivierenden Stigmatisierung entspricht der vorherigen Erzählung über das Stadtviertel ihrer Herkunft und dessen „schlechten Ruf". Den ‚Befreiungsschlag' führt sie auf die erfolgreich abgeschlossene Lehre und die dort erlernten „Manieren" zurück: „Und sofort nach der Lehre bin ich dann- also eigentlich abgehauen. Bin gleich nach WW-Stadt gegangen, weit weg, des war für mich so Amerika < lacht kurz > – fort. / I1: < lacht kurz > Und wie sind Sie so in der Lehre zurechtgekommen? Sie haben gesagt, so Berufsschule ging gut mit den Noten. / C: Ja, in der Lehre bin ich sehr gut zurechtgekommen. Bin von Natur aus sehr fleißig und hat mir aa Spaß gmacht. Hab da so- ich hab am M-Platz gelernt, so des erste Mal- naja sagn wir Manieren gelernt und warn halt sehr gute, sehr teure Kunden / I1: so große Welt / C: hab gute Umgangsformen gelernt, ja, also in Anführungsstrichen, doch, ich hab da viel mitgekriegt. Also /.../ i hab da Glück ghabt, daß i da gelandet bin."

Die veränderte (geographische und soziale) Umwelt im Beruf eröffnet Frau Clemens neue Welten. Hier wird sie nicht unterdrückt, sondern gefördert, ihrem naturgegebenen Fleiß wird eine Entfaltungsmöglichkeit gegeben. Die „Lehre" bezieht sie jedoch nicht nur auf die Aneignung berufsspezifischer Fertigkeiten, sondern vor allem auf soziale „Umgangsformen", mit denen sie bisherige Defizite ausgleicht. In dieser

Situation kann sie sich durch Lernen vom aggressiven Kind zu einer jungen Frau entwickeln, die in der Lage ist, mit vornehmer Kundschaft adäquat umzugehen. Ihre Lebenswelt, die vorher „nich so lustig" war, wurde nun um die diametral entgegengesetzte Komponente des „Spaßes" erweitert. Wie es allerdings zu dieser Berufswahl und der sozial von der Herkunftsfamilie weit entfernten Lehrstelle kam, bezeichnet Frau Clemens lapidar als „Glück" und verlegt die Gründe außerhalb ihres Einflußbereiches. Erzählenswert ist aus dieser Lehrzeit eine erfolgreiche Kompensation der sozialisationsbedingten Leistungs- und Verhaltensschwierigkeiten; im Bereich von Schule und Beruf ist sie damals bereits auf festem Boden „gelandet" und hat somit ihren Rückstand aufgeholt.

Auf diesen ersten sozialen Erfolg in der Lehre und die damit verknüpfte ökonomische Autonomie baut sie auf. Sie zieht alleine in eine weit entfernte Großstadt und entzieht sich so, gleich einer Flucht („abgehauen"), den Einschränkungen ihrer Herkunftsfamilie. Die geographische Veränderung wird zum wesentlichen Merkmal der Befreiung aus ihrem sozialen Herkunftsmilieu. Die örtliche Veränderung setzt sie in ihrer Erzählung gleich mit der Aufhebung von äußeren Einschränkungen. So erscheint ihr der neue Wohnort „wie Amerika", als das ‚Land der unbegrenzten Möglichkeiten', in dem sie sich nun auf der Basis ihrer beruflichen Fertigkeiten würde entfalten können.

Erste Zeichen für eine einsetzende „Krankheit"

„I1: Und dann sind Sie nach zwei Jahren von WW-Stadt weg? / C: Ein Jahr war ich in WW-Stadt, ja. Da war ich in ner guten Firma, aber mit m sehr schlechten Klima und da bin i aa- da fing s an so mit der Krankheit und bin dann von da aus nach MM-Stadt gegangen."

Den Beginn dessen, was sie an dieser Stelle „Krankheit" nennt, bringt sie in direkten Zusammenhang mit dem „sehr schlechten Klima" in der neuen Firma, also zwischenmenschlichen Problemen. Sie macht damit nicht nur ihr Wohlbefinden, sondern auch ihre Gesundheit von der sozialen Umgebung abhängig. Durch die ‚alltagsmedizinische' Bezeichnung als „Krankheit" werden die vorherigen Defizite des sozialen Umgangs zu behandlungsbedürftigen Störungen, sie selbst zur leidenden Patientin. Damit kommt die zweite Komponente der elterlichen Erziehung („krankmachende Erziehung") zur Auswirkung. Der bewältigt geglaubte sozialisationsbedingte ‚Schaden' wird unter den (erneuten) schlechten psychosozialen Bedingungen, manifest.[1] Worum es sich bei ihrer „Krankheit" handelt, bleibt an dieser Stelle offen. Frau Clemens wiederholt, gleich einem verbalen Fluchtversuch im Interview, erst einmal die weiteren geographischen Stationen in ihrem Leben und wird vom Interviewer wieder auf ihre „Krankheit" angesprochen: „I1: Wie hatte sich des geäußert? / C: Also zu Hause, als Lehrling, hab ich des erste Mal n Anfall gekriegt, Tetanieanfälle, des erste Mal hab i gedacht /.../ etzt wär i gelähmt, des war furchtbar, es wurd alles pelzig und ähm na haben s n Arzt gholt und der hat- ich weiß nimmer, was der diagnostiziert hat, wahrscheinlich Kalziummangel."

Frau Clemens führt ihre Problematik mit dem medizinisch-psychiatrischen Fachbegriff Tetanie[2] ein. Auch ihre rückblickende Vermutung, der Arzt habe Kalziummangel, das heißt eine biochemische Störungsursache, diagnostiziert, zeigt medizinisches Wissen über die möglichen Ursachen solcher Anfälle. Gleichzeitig distanziert sie sich von der medizinischen Diagnose und macht statt dessen einen psychologischen Zusammenhang für sich geltend. Sie begründet die Anfälle mit einer psychischen Belastungssituation durch ihre soziale Umwelt, die sie mit den gleichen Worten kennzeichnet („net lustig") wie ihr Elternhaus: „Also die Anfälle warn in WW-Stadt am schlimmsten, weil da aa die Umstände eben schlecht warn. Der Chef war a furchtbarer Tyrann und des war net lustig. Und dann bin i des erste Mal zum Nervenarzt gegangen, da- *die* habn mir dann Valium verschrieben, ich war ja immer sehr nervös, des schon und aufgeregt oder leicht erregbar /.../ Da hab i oft drei Anfälle am Tag ghabt. Und dann hab i alle möglichen Beruhigungsmittel gekriegt und wurd dann tablettenabhängig."

In der Folgezeit gab es offensichtlich mehrere Konsultationen bei Nervenärzten („*die* habn mir dann Valium verschrieben"), deren ausschließlich medikamentöse Behandlung sie oberflächlich plausibilisiert („ich war ja immer sehr nervös"), aber mit ihrem Nachsatz „des schon" einen nicht ausgeführten Einwand im Sinne von ‚aber...' implizit ankündigt. Statt dessen verweist sie auf eine iatrogene Folgestörung, die „Tablettenabhängigkeit", die sie der ärztlichen (Fehl-)Behandlung und ihrer eigenen da-

---

1 Hierin unterscheiden sich die Interviewten des Defizittyps von denen des Devianztyps. Während für die letzteren die psychische Störung gleich einer körperlichen Krankheit plötzlich und unerklärlich eintritt und nur durch eine nach außen sichtbare Abweichung von der Norm des Bezugsmilieus zur behandlungsbedürftigen Störung wird, interpretieren die Repräsentanten des Defizittyps die Störung als eine sozialisationsbedingte Unfähigkeit der kompetenten Lebensgestaltung, die nicht notwendigerweise nach außen sichtbar werden muß. Die manifeste Störung ist eine erklärbare und ableitbare Konsequenz der nicht bewältigten Defizite.

2 „Tetanie, psychogene: Bild einer anfallsweise auftretenden neuromuskulären Übererregbarkeit durch seelische Ursachen, zum Beispiel Angst. Die Symptomatik ist identisch mit der Tetanie durch andere Ursachen, zum Beispiel Kalziummangel-Tetanie. ... Der einzelne Anfall kann durch Injektion von Kalzium beendet werden" (PETERS 1971, 446). Gleichbedeutend wird im psychiatrischen Kontext auch von „Hyperventilationsanfällen" gesprochen.

maligen Unwissenheit zuschreibt.[1] Sie selbst ist dabei erneut Objekt der Handlung, ohne eigene Gestaltungsmöglichkeit. Damit kündigt Frau Clemens eine klassische medizinisch-psychiatrische Krankheitskarriere an, die sie allerdings nur in Bruchstük-ken erzählt.

Eine positive Veränderung ihres Zustandes begründet sie (erneut) mit einem Orts-wechsel: „Naja und- hat sich dann so hingezogen ... In MM-Stadt wurd s dann bes-ser". Zentraler Fokus ihrer Erzählung ist die Bewältigung der sozialisationsbedingten Defizite, nicht eine Gesamtschau ihrer Lebensgeschichte. So kommt erst in einem späteren Abschnitt zur Sprache, daß sie damals zusätzlich Angstzustände hatte und auch in stationärer psychiatrischer Behandlung war: „Und dann- in WW-Stadt hab ich des erste Mal Angstzustände gekriegt. Da war i dann sechs Wochen in der Nerven-klinik und des äh hat sich geäußert, indem ich immer ne Faust im Nacken gespürt hat- hab und hab Stimmen gehört. Also war wirklich fast am Wahnsinn. .. Dann war ich- ähm da hab ich in MM-Stadt, weil ich hab des gar net so als Psychotherapie gecheckt und des war s aa wahrscheinlich aa net, war a sehr alte Frau, die Autogenes Training mit mir gemacht hat, war ne Schülerin vom Jung und hat aa des selber bei dem Schultz gelernt, also bestimmt a sehr weise Frau, aber ich hab s net *so* bewußt erlebt. Ich hab halt meine Übungen gemacht, s hat mir aa geholfen merklich und die Zuständ sind dann wieder weggegangen. .. Und aufgebrochen is es dann hier wie-der."

Die Situation spitzt sich zu – die stationäre Behandlung wird trotzdem nur beiläu-fig und distanziert-sachlich zwischen den damaligen Symptomen erwähnt.[2] Frau Cle-mens' Zielrichtung der biographischen Erzählung bleibt das erfolgreich bewältigte Problem. So ist ein weiterer ausführlicher Ankerpunkt die ambulante Psychotherapie, der sie das vorläufige Verschwinden ihrer Symptomatik zuschreibt. Erneut verweist Frau Clemens auf ihr hohes Sachwissen: Sie erwähnt, wie beiläufig, Begriffe und große Namen der Psychotherapie („Autogenes Training", „Schultz", „Jung") und betont damit nicht nur die Kompetenz der damaligen Therapeutin, sondern auch ihr eigenes heutiges Wissen. Dabei handelt es sich in diesem Falle offensichtlich nicht um ein damals bereits vorhandenes Erfahrungs-Wissen („ich hab s net bewußt *so* er-lebt"), sondern um ein später angelesenes oder gehörtes Wissen. Frau Clemens wech-

---

1 Dabei führt sie ganz dramatische Lebensereignisse auf diesen Tablettenkonsum zurück: „Ich hab da keine Ahnung von Drogen ghabt, ich war nie in solchen Kreisen hab aa *nie* irgendwas genommen, nur eben des Zeug, was i vom Arzt- des konnt i von der Sprechstundenhilfe abholn, ja, fünfzig Stück weis, war überhaupt kei Schwierigkeit und des hab i reingeschmissen, sobald s zu Kribbeln anfing, des hab i in der Kitteltasche ghabt, wie wie Smarties, ja, hab i des neigschmissen, dreimal is mir der Magen ausgepumpt worden, wo ich aus Versehn zu viel genommen hab, i wollt nie sterbn."

2 Auf Nachfragen wiederholt sich strukurell die passive Patientenperspektive bei der Erzählung über die ambulante nervenärztliche Behandlung: „Ich hatte keine Ahnung, was da mit mir passiert" und zugespitzt durch den Drogenjargon: „Ich war ständig zu. Alles mögliche gekriegt."

selt damit von der Seite der Betroffenen auf die der Therapeuten und Wissenschaftler und weist die Interviewer darauf hin, daß sie sich damals in kompetenter Hand befunden habe und dies heute wertschätzen kann. Dieses Wissen kontrastiert mit den damaligen Kenntnissen, die sie so gering darstellt, daß sie die Bedeutung und Zielsetzung von Psychotherapie in ihrer Besonderheit weder habe wahrnehmen noch verstehen können.

Die Störung sieht sie durch die damalige Therapie nicht beseitigt, sondern als lediglich von der Oberfläche verschwunden.[1] Die zugrunde liegende Problematik bleibt bestehen und kann unter schlechten Bedingungen zu einem erneuten „Aufbrechen" führen. Auf die Dramatik der damaligen Ereignisse geht sie (erneut) nicht genauer ein, sie scheinen einer unangenehmen Vergangenheit anzugehören, die für sie nicht mehr von aktueller Bedeutung sind. So berichtet Frau Clemens über die dazwischen liegende Zeit wenig; innerpsychische Entwicklungen und konkrete Lebensgestaltungen (Partnerschaften, Berufsweg) werden auch auf Aufforderung der Interviewerin nicht ausgeführt. „I2: Jetzt habn wir ne ganze Zeit übersprungen, gel? / C: Ja <lacht> / I2: <lacht> / C: Ja, des war eigentlich normal is des gelaufen. Ich hab dann- war auf der Techniker-Schule in K-Stadt und hab da n Techniker oder Meister gemacht und dann hab i mein jetzigen Mann kennengelernt, wir habn scho in Q-Stadt zusammen gelernt, habn uns da wiedergetroffen und ich bin dann mit ihm hierher nach S-Stadt. Und des war a sehr komplizierte Beziehung, komplizierter wie meine anderen und da is es halt wieder schlimmer geworden. Und dann kamen etzt vor also im Dezember, kurz vorm ersten Advent, drei Tag oder so vorher äh kamen wieder Angstzustände. "

Auf der festen Basis ihrer beruflichen Qualifikation gelingt ihr der weitere Aufstieg. Hinzu kommt nun eine verbindliche Partnerbeziehung, die zwar schwierig begann („*war* kompliziert"), aber inzwischen legitimiert und stabilisiert ist („jetziger Mann"). Die zu Beginn des Interviews angesprochene „Landung" in S-Stadt läßt sich damit auf die partnerschaftliche und soziale Festigung ihrer Lebensbasis beziehen. Gemäß ihrem Störungsbild stellt sie eine direkte und logische Verbindung zwischen den Schwierigkeiten ihrer damaligen sozialen Lebensumstände und dem Auftreten ihrer psychosomatischen Störungen her. Ihre bisherige Störungszuschreibung bleibt unverändert; Faktoren der sozialen Umgebung verursachen die Manifestation der latenten Störung aufgrund verbleibender Restbestände ihrer sozialisationsbedingten Defizite: „Wir habn gestritten ghabt und dann hab i mi eingeschlossen und dann ging des los mit diesen Zuständen. "

---

1   Hierin liegt ein weiterer Unterschied zum Devianztypus, für den die Beendigung einer Störung und der weitere ungestörte Lebensvollzug gleichgesetzt wird mit der Heilung seiner Problematik. Für die Interviewpersonen des Defizittypus können immer wieder (auch neue) Lerndefizite auftreten, da das gesamte Leben als potentielle Anforderung zu weiterem Lernen im Umgang mit sich und der sozialen Umwelt gedeutet wird.

Den erneuten Ausbruch ihrer Störung knüpft sie nicht an ein bestimmtes problematisches Thema, sondern an die Tatsache der Auseinandersetzung mit einer wichtigen Person des sozialen Umfeldes, dem damaligen Freund, der sie sich gemäß dem bisherigen Schema durch örtliche Distanzierung zu entziehen versucht.

Die Index-Behandlung

„Und wie i s dann nimmer ausgehalten hab, bin i zu ihr < der Hausärztin > nüber und hab gsagt, sie soll mir ne Spritze geben äh Kalzium oder so was, es hört nimmer auf /.../ und dann hat sie mir was gegeben, hat dann nen Krankenwagen geholt und hat gsagt, ich soll über s Wochenende, daß ich nicht allein bin doch in die Klinik rein gehen. Ich wußte *nicht*, daß ich auf Psychiatrie komm, des hat sie mir nicht gesagt. Hätt ich aa gar net gecheckt, also ich war wirklich .. *krank.*"

Frau Clemens wendet sich zur Behandlung ihrer Störung an die Hausärztin und erwartet dort, gemäß ihrem damals gültigen somatischen Störungsbild, rein medizinische Hilfe, nämlich die Kalziumspritze. Sie stellt sich weiterhin als passive Patientin dar. Den Slang-Ausdruck „checken" verwendet Frau Clemens im gesamten Interview viermal: In allen Fällen geht es um das frühere Verständnis für die Inhalte und Zielrichtung der auf Psycho-Logik ausgerichteten Behandlungsansätze. Sie weist damit, wie bereits zu Beginn des Interviews auf einen zwischenzeitlichen Erkenntnisgewinn bezüglich psychologischer und psychosomatischer Zusammenhänge hin („heute würd i sagn"). Das früher fehlende Verständnis begründet sie nun nicht mehr mit ihrer (jugendlichen) Naivität, sondern mit dem Ausmaß ihrer Störung, dem sie ,Krankheitswert' zuschreibt. Was in ihrer Einführung der Problematik wie eine kurzfristige Zuspitzung eines Partnerkonfliktes erschien, weitet sie auf die Nachfrage des Interviewers auf eine längere Störungsgeschichte aus: „I1: Und Sie bringen das in Verbindung damit, daß Sie sagen, es war irgendwie ne komplizierte Beziehung gewesen zu Ihrem jetzigen Mann? / C: Nee, ich glaub, daß einfach ... Nee, es hat sich ja nix geändert in meinm Leben ja, die Anfälle sin halt a bissel schlimmer geworden, immer wenn die die Umwelt oder irgendwas war, dann hab i halt Anfälle gekriegt, des hat mi gar net a mal *so* belastet, ja, da hab i immer gsagt ,Naja, andre haben des und i hab halt des'. Ich hab damit *gelebt.*"

Einer umfassenden, in sich geschlossenen ,Krankengeschichte' scheint Frau Clemens für das Verständnis ihrer Lebensgeschichte keine zentrale Bedeutung beizumessen. Nicht die belastenden Momente an sich,[1] sondern ihr Unvermögen, mit spezifischen sozialen ‚Umweltzumutungen' zurechtzukommen, sind in ihrer Biographiekonstruktion das eigentliche Problem.

Der Aufenthalt in der Psychiatrie

Der Behandlung auf der psychiatrischen Station kommt in ihrer Darstellung keine positive Funktion bei der Bewältigung ihrer Störung zu. Als Hintergrund für „a paar *sehr* negative Erlebnisse" deutet sie mangelndes „Engagement" der Professionellen, insbesondere des damaligen Stationsarztes, der „in den ganzen sechs Wochen < nur > ein Gespräch" mit ihr geführt habe und ihr gegen ihren Willen zusätzlich Medikamente verordnen wollte. Das bereits für den ersten Psychiatrieaufenthalt herangezogene Bild der klassischen Verwahrpsychiatrie, in der medikamentöse Behandlung im Vordergrund steht, wird in ihren kurzen Schilderungen erneut lebendig: „Nach dem Gespräch mit dem Oberarzt haben s mir plötzlich so dicke Pillen hingelegt beim Abendessen".

So bleibt in ihrer Erzählung die medizinische Psychiatrie unter gewissen Umständen (hier: Desinteresse der Professionellen am Wohlergehen der Patienten) eine bedrohliche, keineswegs hilfreiche Institution: „Und was mir viel geholfen hat, war eben die starke Lobby von außen". Sie verweist explizit auf die Notwendigkeit einer organisierten Interessengemeinschaft, um die Entscheidungen der Ärzte zu ihren Gunsten beeinflussen zu können. Ihr eigenes Mitspracherecht und aktive Gestaltungsmöglichkeiten erscheinen auf ein Minimum beschränkt, die bestehenden Verhältnisse übermächtig. So erfolgt in ihrer Darstellung auch die Verlegung auf die Psychotherapiestation als ein hierarchischer Akt des Oberarztes, unabhängig von ihren eigenen Wünschen. Das obligatorische Vorgespräch mit der Stationsleiterin,[2] eigene Motivation oder selbständige Erwägungen werden nicht als Entscheidungsgrundlage diskutiert. So bleibt die hierarchische Struktur von weisungsbefugten Ärzten und passiven Patienten uneingeschränkt bestehen.

---

1   Hierin unterscheidet sich der Defizittypus vom Überlastungstypus. Letzterer geht von einer für alle Individuen gleichermaßen, quasi objektiven Auswirkung von bestimmten Lebensereignissen aus, die es zu bewältigen gilt. Die subjektive Bewertung spielt dabei keine Rolle. Im Gegensatz dazu betonen die Befragten des Defizittypus ihre individuelle Unfähigkeit, mit der Anforderung umzugehen und begründen diese mit einem Lerndefizit.

2   Dieses Gespräch (siehe Kapitel 3) wurde in fast allen anderen Interviews erwähnt.

„Des war aa auf der Station unten, wie i des gemerkt hab, daß also erst geredet wird, bevor ich- ich hab dann so Tropfen ghabt äh und dann war s *meine* Entscheidung, wenn ich diese Tropfen genommen n genommen hab, ja. Des war also für mich scho a gute Ausgangsbasis da." Die neue Station wird von vornherein zum Kontrastprogramm zu den bisherigen Psychiatrieerfahrungen aufgebaut. Als zentrale Voraussetzung für ihr weiteres Ergehen, als „Ausgangsbasis", beschreibt sie ihre selbständige Entscheidungsmöglichkeit zur Medikation. Sie erhält damit Autonomie und Gestaltungsmöglichkeiten für ihre Lebensführung im sozialen Kontext dieser Klinik zurück und bekommt gleichzeitig Hilfestellung. Insgesamt sind für sie aus all den therapeutischen Angeboten der Station die Gespräche „Kern von der Therapie. Des war des Wichtigste."

Zur Beurteilung der Wichtigkeit führt sie mehrfach die Kriterien „hat mir was gebracht" und „hat mir gut getan" an. Die spürbare kognitive oder emotionale Wirkung steht für sie im Vordergrund, zentraler Bewertungsmaßstab ist die Effektivität der Maßnahmen auf ein bestimmtes Ziel hin. Dieses Ziel ist nicht Bestandteil eines therapeutischen Prozesses (und damit grundsätzlich offen), sondern fest vorgegeben. Den Professionellen kommt die Aufgabe zu, die Betroffenen ‚auf den richtigen Weg' zu bringen, und zwar mit möglichst konkreten Verhaltensanweisungen: „Ich hätt mir manchmal äh gewünscht, daß mehr ähm daß mehr- Rat kann i net sagn, ich find des richtige Wort net, ja ja daß man gsagt kriegt < lacht kurz > oder mehr Unterstützung ähm .. ja was man machen soll in bestimmten Situationen. /.../ Ja, ‚des passiert, weil Du des und des machst'. Ja, da is mir also zu wenig gekommen, wo s so hätt klick machen können, ja. Also da bin i sicher aa dahinter gekommen und des is aa vielleicht aa der Sinn des Ganzen, daß man selber dahinter kommt, aber es äh i find halt, des dauert dann so lang."

Ihre Wunschvorstellung des therapeutischen Gespräches ist nicht die Selbsterkenntnis, das eigene Nachvollziehen des individuellen Werdegangs,[1] sondern konkrete Ratschläge und eindeutige Aussagen der Experten. Ein klares Lernprogramm, in dem Ursache und Wirkung sowie Verhaltensregeln festgelegt sind, wäre ihr, vor allem unter dem Gesichtspunkt der Zeitökonomie und in Hinblick auf das Erreichen des feststehenden Zieles, am liebsten. Das therapeutische Handeln dient so der Wissensvermittlung über allgemein gültige Ursache-Wirkungsprinzipien im sozialen Zusammenleben. Die Beziehung ist durch diesen Wissensunterschied eine grundsätzlich hierarchische, die durch das einseitige „Du" der fiktiven therapeutischen Intervention

---

1 Dies ist der Anspruch des im nächsten Kapitel (4.1.4) beschriebenen Entwicklungsstörungstypus, der mit der eigenständigen Erklärung und Deutung seiner biographischen Entwicklung sein Ziel der Selbstexpertise untermauert.

unterstrichen wird. Die professionelle Anweisung wird als gültig anerkannt, vorausgesetzt, daß bei der Befolgung „was passiert". Die Logik therapeutischer Maßnahmen ist eine ‚Black box', deren Struktur für die Betroffenen nicht durchschaubar sein muß – im Gegenteil: Zu viel „selbst draufkommen" mag zwar von den Therapeuten intendiert sein, ist aber für Frau Clemens, angesichts des bereits feststehenden Weges und Zieles, ein unnötiger Umweg.

Die Psychotherapiestation erhält ihre zentrale Bedeutung durch die Bereitstellung der Möglichkeit von Erfahrungs- und Kompetenzzuwachs. Dies gilt sowohl für das professionelle Team als auch für die Mitpatienten: „Also da war niemand, wo ich mich hätt anfreunden können oder wo ich gmer- wo ich sagn könnt, hier der bringt mir was direkt äh für s gesund werden, ich hab so was über mich erfahren können und lernen im Verhalten mit Anderen". Die Psychotherapie wird damit zu einer Lern- und Bildungsinstitution, deren zentrale Aufgabe es ist, die sozialisationsbedingten Defizite auszugleichen. Ziel ist die ‚Komplettierung' eines vorher unvollständigen Menschen. Voraussetzung dazu ist – auf Grundlage des Expertenwissens – die Identifikation der individuellen Defizite im therapeutischen Gespräch sowie die konkrete eigenständige Auseinandersetzung mit anderen Menschen. Hinzu kommt ein verändertes fachliches Deutungswissen über die somatischen Erscheinungsformen psychischer Störungen, das sie im Interview immer wieder einsetzt.

In ihrer Gesamtbeurteilung wird – parallel zur Wortwahl bei ihrer Lehrstelle – die Psychotherapiestation zu einem glücklichen Lebensereignis, das ihr ohne ihr Zutun zugekommen ist: „Also ich hab Glück ghabt, daß i also an der richtigen Stelle gelandet bin. Des war a Zufall und der Doktor /.../ wenn der net gesagt hätt: ‚Fall für die 23', ich wußt ja gar net, daß s so was gibt, daß man des machn kann oder daß ich so was machn kann."

So ist sie mit der psychotherapeutischen Behandlung ein drittes Mal in ihrer biographischen Erzählung „gelandet", diesmal bezogen auf den Ausgleich der sozialisationsbedingten ‚Mängel' im Bereich konstruktiver Auseinandersetzungen und die Beseitigung der körperlichen Folgeerscheinungen. Sie befindet sich nun in jeder Hinsicht (beruflich, sozial, psychisch und körperlich) auf festem Boden – sie hat eine stabile Lebensbasis.

Die aktuelle Lebensgestaltung

Nach dem Abschluß der Therapie nahm Frau Clemens gemeinsam mit ihrem damaligen Freund an einer Paargruppe in der Klinik teil. Diese Gruppe deutet sie als strukturelle Fortsetzung der stationären Therapie.

Der vorrangige Nachweis ihrer heutigen ‚Gesundung' ist der kompetente Umgang mit körperlichen Störungen auf der Basis ihres (von ihr unbezweifelten) Deutungswissens über deren psychische Verursachung: „I1: Und wie ist es Ihnen ergangen, als Sie rausgekommen sind? / C: Ja. Ich hab überhaupt keine keine Schwierigkeiten ghabt, überhaupt net. /.../ Also ich muß sagn, daß ich seitdem weder einen Anfall ghabt hab, zwei Ansätze, die ich also abgewehrt hab und da weiß i aa, daß i wahrscheinlich z viel garbeit hab und- also i hab dann scho gmerkt, des Herz fing an, so a typisches Vorsymptom. Und dann hab i mi glei hingelegt und bin glei daheim blieben dann nachmittag und des war in der Saison, also da kann i genau sagn, woher des gekommen is."

Bereits „Ansätze" der vorher als Selbstverständlichkeit hingenommenen Symptome werden als Folgeerscheinung psychischer Anforderung gedeutet. Früher nicht erklärbare körperliche Phänomene werden nun als Anzeichen einer Störung wahrgenommen und erklärt. Konsequent auf ihrer Störungszuschreibung des sozialen Defizits aufbauend, weitet Frau Clemens ihre „Umgangsformen" über die Ebene von gesellschaftlichen Benimmregeln auf die Regelung von Sozialkontakten aus. Dazu verweist sie neben ihrem neuen Deutungswissen auf eine veränderte Gestaltung des sozialen Umgangs: „I fühl mi einfach gut, i- i kann mit die Leut besser umgehn, kann besser zuhörn, also hat si viel geändert. Grad so Verhaltensweisen. Bin a bissel empfindsamer word... Also und i bin aa überrascht, muß i scho sagn, wie gut unsre Ehe klappt."

Die vorherigen mitmenschlichen Schwierigkeiten sind nun konstruktiv zu bewältigen, das Zusammenleben in der Ehe „klappt". Sie hat heute kommunikative „Verhaltensweisen" erlernt, die psychologisierte Kommunikationsregeln beinhalten (sie erwähnt zum Beispiel Selbstwahrnehmung, Einfühlung durch Zuhören). Diese Veränderungen führt Frau Clemens auf die therapeutisch angeleiteten „Verhaltensregeln" auf der Handlungsebene zurück. Voraussetzung dazu ist die Wahrnehmung eines Konflikts, nicht jedoch dessen Erklärung oder (Be-)deutung im lebensgeschichtlichen Relevanzsystem: „Also in der Partnerschaft habn mir so Verhaltensregeln, die wir da gelernt habn, die tun wir also voll- dann, des geht- läuft etzt normal. Am Anfang liefwar s bewußter, daß keine Tür geknallt wird oder äh daß der andre- ja daß man n net auflaufen läßt, ja. Wir reden miteinander, dann- ich stau nix mehr auf, des war mein großes Problem, daß i immer gmeint hab: ‚Is nix', i hab s so weggeschoben."

Das entscheidende Moment der Psychotherapie ist für Frau Clemens das zielgerichtete Verändern von Verhaltens- und Einstellungsmustern. Die Abwesenheit körperlicher Symptome ist der Nachweis für die adäquate Veränderung ihres „Umgangs" mit sich und anderen. Die lebensgeschichtlichen Defizite sind heute behoben und somit nicht mehr existent. Daran erinnert zu werden scheint unangenehm und peinlich, kommt einem Regelverstoß gleich. So sind Anfang und Ende des Interviews gekennzeichnet durch Aussagen, die Frau Clemens durch ein kurzes, verlegen erscheinendes Lachen kommentiert (siehe auch die Eingangssequenz). Ihr Resümee des Interviews erscheint als ein eher zweifelndes und (selbst-)kritisches: „… Mh, hab scho zu viel gsagt <lacht kurz>. Hab i zu viel gsagt?"

Die Umsetzung der psychotherapeutischen Erfahrung. Erste Überlegungen zum Defizittypus

Zentrales Strukturierungsmerkmal der Biographie von Frau Clemens ist die Darstellung von Defiziten aufgrund von Lern- beziehungsweise Erziehungsfehlern signifikanter Personen der sozialen Umwelt. Sie stellt sich als eine Person dar, die durch die sozialen und familiären Verhältnisse daran gehindert wurde, ihre Fähigkeiten zu entfalten (Unterschicht-Milieu sowie Arbeitsbelastung, psychischer und physischer Druck). Es gibt für sie unterschiedliche Startbedingungen für Lebensläufe, die sie schicksalhaft sozialen Konstanten oder biologisch gegebenen Charaktereigenschaften zuschreibt: Milieu und Armut auf der einen, Intelligenz, Fleiß und Ehrgeiz auf der anderen Seite. Beide Komponenten sind jedoch für die Betroffenen vor allem in der Kindheit nicht beeinflußbar, sondern passiv zu ertragen. Die Entfaltung individueller Charaktereigenschaften kann durch das soziale Milieu beziehungsweise durch signifikante Personen der Primär- und Sekundärbeziehungen gehindert oder gefördert werden. Im ungünstigen Falle verbleiben sozialisationsbedingte Defizite, auf die Frau Clemens ihre Schulschwierigkeiten, sowohl auf der Leistungs- wie auf der Verhaltensebene, und ihre Probleme im Umgang mit Konflikten zurückführt.

Die mehrfachen Verweise von Frau Clemens auf ‚Normalität' und ‚Gesundheit' stellen eine Nähe zum Devianztypus her. Wesentlicher Unterschied ist, daß sie in ihrem Störungskonzept nicht von der Abweichung von einem naturgegebenen gesellschaftlichen Bezugsrahmen ausgeht, die durch Therapie rückgängig gemacht werden soll. Es geht vielmehr um einen Ausgleich von lebensgeschichtlich erworbenen Defiziten und damit um eine Komplettierung der Persönlichkeit. Psychotherapie hat dabei ein klar definiertes Ziel und damit einen festen Endpunkt; das Ziel der weiteren Entwicklung ist prinzipiell geschlossen, eine dauerhafte Veränderung oder Entwicklung ist nicht Bestandteil ihres Relevanzsystems.

Zum Zeitpunkt des Interviews ist für Frau Clemens mit dem Erreichen einer ‚Vollständigkeit' durch Ausgleich der Defizite ein solcher positiver Endpunkt erreicht. Sie validiert diesen Erfolg an der besseren, das heißt konfliktfreieren gegenwärtigen Lebensführung und der Abwesenheit körperlicher Symptome. Psychologisches Wissen kommt in dieser Deutungslogik von Defizitentwicklung und -behebung zur Anwendung. Daneben verfügt Frau Clemens über psychologische Fachbegriffe, die auf hohes kategoriales Sachwissen über die Einordnung der eigenen psychischen Störung und über Psychotherapie verweisen.

Diese Sachkompetenz steht in einem deutlichen Spannungsverhältnis zu dem eigenen früheren Erleben von Störung und Therapie, das als damals völlig unverstanden und „unbewußt erlebt" dargestellt wird. Ein aus ihrer Sicht adäquates Deutungs- und Erklärungswissen, das eine Verknüpfung aus kognitivem Sachwissen und emotionalem Erleben ermöglicht, schreibt sie erst der Index-Therapie zu. Die als notwendig erkannte *Nacherziehung* soll und kann aus Sicht von Frau Clemens mit einer einmaligen intensiven Schulung und dem Willen der Betroffenen erfolgreich abgeschlossen werden. Ihre sichere ‚Landung' auf einer umfassenden stabilen Lebensbasis ist nun perfekt. Eine gesamtbiographische Entwicklungslogik ist weder für die Biographiekonstruktion noch für das Störungskonzept von Bedeutung. Die Erzählung konzentriert sich vielmehr ausschnitthaft auf die Illustration der Defizite, auf gelungene oder fehlgeschlagene Kompensationsversuche und auf die neuen Verhaltensregelungen und -möglichkeiten in denjenigen sozialen Situationen, die als Auslöser für ihre psychosomatischen Störungen identifiziert wurden. Andere Lebensbereiche und Lebenspläne sind für die biographische Erzählung nicht von Belang.

Die Veränderung der lebensgeschichtlich erworbenen Defizite ermöglicht eine Loslösung aus den Zwängen der sozialen Milieus und eine Individualisierung durch ein breiteres Spektrum an Alternativen der Lebensführung. Eine ständige Weiterentwicklung wird jedoch nicht angestrebt. Frau Clemens hat heute den Zielpunkt ihrer biographischen ‚Reise' erreicht: Im Interview präsentiert sie sich als eine sozial und beruflich erfolgreiche Frau, die sich so weit von ihrem Herkunftsmilieu entfernt hat, daß es ihr schwer zu fallen, ja sogar peinlich zu sein scheint, sich daran zurückzuerinnern und davon zu erzählen. Während sie zu Beginn des Interviews durch die Fragen des Interviewers auf ihr unangenehme Themenbereiche angesprochen wurde, erwähnt sie ohne seine Nachfragen im späteren Verlauf unsystematisch und nur in knappen Andeutungen weitere schwierige Bereiche ihres Lebens vor der Therapie. Sie selbst, so scheint es, hätte lieber nur die positiven Auswirkungen der damaligen Therapie zur Sprache gebracht – ein Arrangement, das ihre anfängliche Selbstdarstellung als ‚arrivierte Geschäftsfrau' nahe gelegt hatte. Indem sie die ihr unangenehmen Fragen der Interviewer dennoch beantwortet, bleibt das hierarchische Verhältnis auf einer Lehrerin-Schülerin-Ebene bestehen.

Tabelle 3: *Die Deutungsmuster des Defizittypus für Störung*
und stationäre Psychotherapie

Nähe des Störungs-konzeptes zum …	Deutungsmuster *Störungsgenese*	Deutungsmuster *stationäre Psychotherapie*	Grundlage der Bewertung von Psychotherapie
pädagogischen Lernmodell	Lernfehler bzw. -mangel	Nacherziehung in einer Lern- und Bildungsinstitution	Nachweis von Kompetenzzuwachs zur Komplettierung von Persönlichkeit

Die Biographie ist gemäß einem Modell des lebenslangen Lernens konstruiert. Dabei werden vor allem diejenigen Lebensbereiche expliziert, in denen es zu Defiziten kam, auf die die spätere Störung zurückgeführt wird. Auslöser solcher Defizite werden sowohl in der eigenen Person als auch in Verhaltensweisen der sozialen Umwelt verortet. Die Psychotherapie erhält den Status einer sekundären Bildungsinstitution, in der die lebensgeschichtlichen Defizite bewältigt werden können. Dabei ist die kompetente Anleitung von Fachpersonal, nicht jedoch die spezifische Form einer stationären Psychotherapie besonders bedeutsam. Die Notwendigkeit des stationären Aufenthaltes wird mit dem Ausmaß der eigenen Defizite begründet, die unter den Anforderungen der alltäglichen Lebensführung nicht auszugleichen gewesen wären. Ziel der Therapie ist die Komplettierung der eigenen Persönlichkeit.

4.1.4 Der Entwicklungsstörungstypus: Peter Imhoff

Biographischer Überblick

Peter Imhoff ist 24 Jahre alt und ledig. Er wuchs als Ältester von zwei Kindern in einem Dorf auf. Der Vater ist Arbeiter, die Mutter Hausfrau. Nach dem Abitur zog er zum Zivildienst in die nächstgelegene Großstadt. In dieser Zeit unternahm er einen Suicidversuch und wurde anschließend sechs Wochen stationär psychiatrisch behandelt. Kurz vor Abschluß des Zivildienstes kam es zu einer erneuten depressiven Krise. Er besuchte einen Schulfreund, der ihm einen erneuten stationären Aufenthalt in P-Stadt nahelegte.

Herr Imhoff blieb insgesamt fast sechs Monate in der Klinik, anschließend ging er noch mehrere Wochen in die Tagesklinik. Kurz danach zog er in die nächstgelegene Großstadt. Dort macht er zum Zeitpunkt des Interviews eine kaufmännische Lehre und wohnt in einer Wohngemeinschaft. Er befindet sich in ambulanter psychoanalytisch ausgerichteter Behandlung.

Was soll Herr Imhoff in einer Biographie erzählen?

Mit der erzählgenerierenden Frage des Interviewers entsteht für Herrn Imhoff zuerst
einmal ein Klärungsbedarf. Er ist irritiert über die für ihn zu umfassende Themenstellung: „I1: Versuchen Sie mal so ähm aus Ihrer Sicht äh, so Ihre Lebensgeschichte zu
erzähln. / I: Die ganze? / I1: Die ganze, so wann Sie geborn sind, wie Sie aufgewachsen sind. / I: Mhm. Des is jetzt aber viel, < lacht kurz > Sie ham gesagt, es
dauert nur ein, zwei Stunden. / <I2 und I. lachen > / I1: Das kommt drauf an,
worauf *Sie* sich beschränken / I: Ja also praktisch von Anfang an. Also ich hätt jetzt
vorher so gedacht, daß ich so diesen Entwick äh die Entwicklung ab der 23 so erzäh-
le, weil Sie ja / I2: Mhm / I: also naja gut, aber Sie kennen des halt bis bis dahin. /
I2: Hm / I: Na is mir schon klar, weil Sie ja an sich nix von mir wissen. Ja is immer
schwierig, da irgendwo anzufangen. Soll ich s an der 23 festmachen, wie sich s bis
dahin entwickelt hat oder? / I1: Wie s für Sie wichtig ist / I: Mhm < räuspert sich >
/ I1: Also wenn irgendwie wenn Sie in der Kneipe sind und n Freund erzählt äh
erzähl: ‚wer bist Du eigentlich so, wie bist Du aufgewachsen?‘ "

Seine Verwirrung äußert sich in mehreren Komponenten: zuerst in der verein-
barten Zeitdauer des Interviews von 1-2 Stunden, die ihm zu kurz erscheint, um die
gesamte Fragestellung angemessen zu beantworten. Zu seiner Lebensgeschichte bis
zum heutigen Zeitpunkt hätte er weit mehr zu erzählen, als es ihm in dem von der
Interviewerin vorgeschlagenen und von ihm offensichtlich als verbindlich akzeptierten
Zeitrahmen möglich scheint. Sein Verweis auf die Länge der „ganzen" Lebensgeschichte läßt sich dahingehend deuten, daß für ihn kein eindeutiges Auswahlkriterium
zur Erzählung seiner Lebensgeschichte im Kontext eines biographischen Interviews
besteht.[1] Zusätzlich entspricht die Eingangsfrage nicht seinen Erwartungen über die
Inhalte des Interviews, nämlich seine „Entwicklung ab der 23", also seinen der ehemaligen Therapeutin noch unbekannten Werdegang zu erzählen. Selbstverständlich dagegen ist ihm, daß er eine „Entwicklung", keinen formalen Lebenslauf oder Krank-
heitsbericht erzählen wird.

Die Zusammenhänge seiner der Therapie vorangegangenen Lebensgeschichte sieht
er als gemeinsam geteiltes, das heißt auch nach Abschluß der damaligen Therapie
objektiv gültiges, nicht subjektiv interpretierbares Wissen. Das, was seine ehemalige
Therapeutin über ihn weiß, ist selbstverständlich auch für ihn gültig und hat in den
dazwischenliegenden zwei Jahren keine Veränderung erfahren. Lediglich die vorher

---

[1] Hierin unterscheidet sich der Entwicklungsstörungstypus sowohl vom Devianztypus, der die Biographie nach dem Muster von Zugehörigkeit und Abweichung von einem Kollektiv konstruiert als
auch vom Defizittypus, bei dem die lebensgeschichtlichen Ereignisse im Erwerb und den Auswirkungen der sozialisationsbedingten Defizite eine feste Struktur vorgeben. Damit bestehen für beide
Typen klare implizite Strukturierungsvorgaben für die Erzählung der Lebensgeschichte.

erwähnte Tatsache, daß dem fremden Interviewer gegenüber die Schweigepflicht gewahrt worden war und daß dieser deshalb „an sich nix", also die wirklich wichtigen Dinge von Herrn Imhoff nicht weiß, verändert in seinem Deutungskontext die Gesprächssituation. Der ungleiche Wissenstand ist für ihn ausreichendes Argument, doch noch einmal „von Anfang an" zu erzählen und damit die Asymmetrie der Interaktion aufzuheben. Trotzdem fällt es ihm schwer, genau diesen Anfang, den der Interviewer mit der Frage nach seiner Geburt vorstrukturiert hatte, für sich zu finden. Soll eine eindeutige Störungsgeschichte erzählt werden, die in der Psychotherapiestation ihren (ersten) Endpunkt hat oder geht es ganz allgemein um seine Lebensgeschichte bis zum heutigen Tage? Eine bereits ‚therapeutisch aufbereitete' Geschichte scheint ihm am ehesten verfügbar. Doch der Interviewer verweist ihn auf eine alltagsnahe Ebene, ihm ist nicht die Störungsentwicklung, sondern die persönliche Sicht der Gesamtbiographie wichtig, wie sie Herr Imhoff ‚dem Freund in der Kneipe' erzählen würde.

Die Bedeutung des sozialen Milieus in der Lebensgeschichte des Herrn Imhoff

Mit seiner Antwort macht Herr Imhoff deutlich, daß die Gegebenheiten seiner Lebensgeschichte nicht nur aus seiner eigenen Person heraus erklärbar sind und ihren Anfang nicht mit seiner Geburt haben, sondern daß spezifische Familienstrukturen und gesellschaftliche Bedingungen seine individuelle Entwicklung mitbestimmt haben. „Mhm. ... Ja also geborn bin ich in in der Nähe von EE-Stadt, aufgewachsen in nem relativ kleinen Dorf, ja meine Eltern hattn ein/ mein Vater ist ein relativ einfacher Mann, also keine große Schulausbildung, meine Mutter auch net, ja so aufgrund des Krieges mehr oder weniger konnten sie ja praktisch n-net des aus ihrem Leben machen, was sie wohl sonst gemacht hättn. Mein Vater hat/ also aufgewachsen bin ich die ersten sieben Jahre bei den Eltern meines Vaters, so auf m Bauernhof, also so ländliche Gegend ... es war dann so, daß mein Vater sich mit seinen Eltern sehr überworfen hat, also es gab da massive Konflikte ... daß er sich dann ebn entschlossen hat, auf diesem Hof von diesem Hof wegzugehn, was er vielleicht sonst irgendwann übernommen hätte, hat in ner Fabrik dann hat gearbeitet als Hilfsarbeiter, weil er praktisch keine Ausbildung hatte, um ebn Geld zu verdienen, die Familie durchzubringen. /.../ als ich sieben war, kam mein Bruder zur Welt, es war schon ne schwere Zeit damals für meinen Vater, des seh ich auch jetzt rückblickend so, daß es ihm enorme Kraft gekostet hat, mit diesem geringen Gehalt ebn ja so n Haus zu baun und dieses Haus is irgendwie sein ganzer Lebensinhalt, quasi sich irgendsowas zu schaffen, sich des auch zu beweisen, er kann das auch machen."

Herr Imhoff bestimmt seine Lebensgeschichte nicht durch konkrete Daten (Geburtstag, Wohnort), sondern durch eine soziale Zuordnung. Er stellt sich damit als Fall einer spezifischen über-individuellen Problemlage dar, indem er auf sozialstruk-

turelle und gesellschaftliche Voraussetzungen seines Aufwachsens verweist: die dörfliche beziehungsweise ländliche Umgebung, den kriegsbedingt geringen Bildungsstand
der Eltern, die Hilfsarbeitertätigkeit des Vaters. Für ihn sind die Lebenswege seiner
Eltern die zentrale Voraussetzung zur Erklärung seiner eigenen Lebensgeschichte. Die
Kennzeichnung des Vaters als „einfacher Mann" und die Charakterisierung des elterlichen Lebensraums als „ländliche Gegend" steht in deutlichem Kontrast zu dem
heute in der Großstadt lebenden und gut qualifizierten Sohn. Sie verweist auf einen
sozialen Aufstieg und gleichzeitig auf eine Entfremdung von seinem Herkunftsmilieu.

Darüber hinaus macht Herr Imhoff deutlich, daß individuelle Lebensgestaltungen
durch die jeweiligen Lebensumstände und durch persönliche Konsequenzen daraus
verständlich und logisch ableitbar werden. So beschreibt er die Zwänge des Vaters,
mit seinem geringen Gehalt eine vierköpfige Familie zu ernähren, er sieht aber keine
objektiven Notwendigkeiten für den zusätzlichen Hausbau. Als entscheidend dafür
wird vielmehr dessen individuelle Motivation herangezogen, einen unübersehbaren
„Beweis" für seine Leistungsfähigkeit zu liefern, nachdem er auf die Übernahme des
elterlichen Hofes verzichtet hat. Um diese psycho-logische Abfolge der Ereignisse
und damit die psychosozialen Bedingungen seines eigenen Heranwachsens darstellen
zu können, muß Herr Imhoff auf die lebensgeschichtliche Entwicklung beider Eltern
zurückgreifen. Dort liegen die Wurzeln für seinen eigenen Werdegang: „Meine Mutter war net berufstätig, hat sich eben um die Familie gekümmert, hat auch mitgehol-
fen und is dann so im Laufe der Jahre eigentlich mehr so in ihrm Hausfrauendasein
aufgegangn, daß sie halt ja uns großgezogen hat, für den Haushalt zuständig war und
auch sonst irgendwie wenig Bestätigung hatte und dann auch in ihrer Putzerei und
ihrem also sehr aufgegangn is, also ich denk, daß sie auch so n Putzfimmel hat, also
alles irgendwie so auf die Sauberkeit und so hin ausgerichtet war."

Die lebensgeschichtliche Motivation seiner Mutter begründet Herr Imhoff mit
einer parallelen Figur, in der er von einem allgemeinmenschlichen Streben nach Anerkennung und Selbstverwirklichung ausgeht, das von gesellschaftlichen, sozialen und
individuellen Bedingungen gefördert und/oder behindert werden kann. So baut der
Vater das (eigentlich zu teure) Haus, um den geringen beruflichen Erfolg auszugleichen, während die Mutter den Haushalt bis ins Übermaß perfektioniert. In beiden
Schilderungen deutet Herr Imhoff die Handlungen der Eltern und bezieht dazu persönlich Stellung. Er kann das Ausmaß des jeweiligen Engagements der Eltern zur
Selbstbestätigung nachvollziehen und darin eine gemeinsame Struktur erkennen.
Gleichzeitig ist er „jetzt" retrospektiv in der Lage, die Handlungsweisen seiner Eltern
zu beurteilen. So kennzeichnet er das Sauberkeitsbemühen seiner Mutter kritisch als

„auch so nen Putzfimmel"[1] und läßt damit keinen Zweifel darüber aufkommen, daß nach seiner Einschätzung die Mutter zu viel und übertrieben auf Sauberkeit geachtet habe.

Obwohl Herr Imhoff seine Erzählung weitgehend in ‚Und-dann-Verknüpfungen' aufbaut, gibt es an den entscheidenden Stellen direkte oder indirekte kausale Verknüpfungen (der Hausbau und der Haushalt als Bestätigungen der eigenen Wertigkeit). Herr Imhoff geht damit weder von einer Zufälligkeit noch von einem zwangsläufigen Zusammenhang zwischen den subjektiven Motiven und den jeweiligen Handlungen aus, sondern er stellt die nach außen sichtbaren Handlungen seiner Eltern in einen logischen, für ihn uneingeschränkt gültigen Zusammenhang mit ihren Motiven.

„Und was sich auch in der Erziehung dann halt niedergeschlagen hat, ja wir mußten immer also ich besonders ... ja sich nicht schmutzig machen < genervte Stimme > und s hm also ich war halt so n richtig braver Bub und *mußte* das auch sein, also des war einfach so, hm: ‚Du machst dich net schmutzig', und: ‚Du *setzt* dich hin und machst deine Hausaufgaben' und ... sie war dann auch sehr stolz drauf und stand auch so mit dem Ehrgeiz halt auch dahinter, daß ich ebn in der Schule gut war von Anfang an, daß ich ihr das halt immer so recht gemacht hab und dann war s auch immer in Ordnung". Die Lebensgestaltung seiner Mutter bringt er in direkten Zusammenhang zu deren Erziehungsstil. Der Übergang vom negativ bewerteten „Putzfimmel" zur übertriebenen Sauberkeitserziehung erscheint ihm wie zwangsläufig („was sich auch in der Erziehung dann halt niedergeschlagen hat").

Mit der Ergänzung seiner eigenen Bedürfnisse ist seine spezifische Entwicklungsdynamik nun durch die drei beteiligten Familienmitglieder bestimmt. So ist der damals von sich aus „richtig brave Bub" in seinem Anpassungsstreben durch das Verhalten der Mutter zusätzlich unterstützt worden. Er „mußte" – und das verstärkt er zusätzlich durch eine Betonung – auch so sein, es gab für ihn wenig oder gar keine Alternativen. Die Eltern erwarteten von ihm Ordnung, Sauberkeit und gute Schulleistungen, zusammen mit der Verwirklichung dessen, was ihnen selbst durch den Krieg verwehrt worden war: „I sollte das < Gymnasium > ebn machen, ich sollt s halt mal besser habn dann als als sie. Ja also ich war dann auch gut, also das Lernen is mir auch leicht gefalln, des war net so, daß ich mich da irgendwie abgequält hätte, also ich wollt halt immer möglichst gut sein und da is eigentlich schon so von Kindheit an ja so ganz ja so soziale Kontakte ja Freundeskreis und so was is einfach viel zu kurz gekommen. Also ich seh des jetzt grad im Nachhinein schon sehr deutlich, daß es halt sehr wichtig gewesn wär also für meine Entwicklung."

---

1 Das „auch" dieser Aussage wird an einer späteren Interviewstelle eindeutig. Er erzählt, daß „bei mir auch so ne Art ja hm ja Waschfimmel oder selbst so ne Art hm ich weiß net Waschneurose oder wie ich s bezeichnen soll, eingesetzt hat". Damit deutet er sein Verhalten, ebenso wie das seiner Mutter, als ein gestörtes.

Er drückt die elterlichen Erwartungen in einer umgangssprachlichen Wendung aus („ich sollt s halt mal besser habn als sie"), die signalisiert, daß dies kein spezifischer Wunsch der Eltern Imhoff, sondern ein für eine größere Allgemeinheit gültiges Anliegen von Eltern an ihre Kinder war (beziehungsweise ist). Gleichzeitig verweist er darauf, daß seine Eltern nicht das für ihn individuell Beste verfolgten, sondern sich an alltäglichen Lebensregeln orientierten. Doch Herr Imhoff bleibt nicht auf der Ebene des elterlichen Auftrags stehen, er solle über Bildung einen sozialen Aufstieg schaffen. Er fügt hinzu, daß diese Forderungen seiner Eltern problemlos zu seiner selbstgewollten Konzentration auf gute Schulleistungen paßten. Erst diese Verknüpfung plausibilisiert für ihn die Konkretisierung seines schulischen Werdegangs.

Daß sein Streben nach Bildungskapital an einer anderen Stelle zu Versäumnissen führte, kann er erst in der Rückschau auf seine Lebensgeschichte, dafür aber nun umso deutlicher, erkennen. Er aktualisiert dabei das Modell einer ganzheitlichen Entwicklung, das die Bildung von sozialem Kapital notwendigerweise als eine von mehreren Komponenten miteinschließt. Die neutral-sachliche Benennung der Freundschaften als „soziale Kontakte" verweist auf ein solches, für ihn allgemein gültiges Modell. Durch die damalige Vernachlässigung der Bildung von Sozialkapital sieht er auf diesem Gebiet seine Entwicklung gehemmt beziehungsweise eingeschränkt.

Die Grobstruktur der Biographie

Herr Imhoff setzt bei seiner weiteren biographischen Erzählung die bisherige Struktur der Konzentration auf die individuelle Gesamtentwicklung fort. Er verweist immer wieder auf die Dynamik seiner Binnenwelt im Zusammenspiel mit seiner sozialen Umwelt; er spricht dabei förderliche und hinderliche Aspekte dieser Auseinandersetzung sowie deren Rückwirkungen auf die eigene Person an. Dabei betont er im weiteren Verlauf seiner Lebensgeschichte eine zunehmende Diskrepanz zwischen den eigenen Zielen und Bedürfnissen und denen seiner Eltern.

Die Zuspitzung der familiären Situation führt Herr Imhoff auf eine kognitive ‚Horizonterweiterung' durch Zuwachs an schulischer Ausbildung zurück, die bewirkt, daß er andere Kriterien an seine bisherige Lebensgestaltung anlegt. Er hat, gemäß seiner Darstellung, reflexives Wissen erworben: „Klar wurd ich dann durch das Gymnasium auch kritischer irgendwo, also hab s net alles mehr so gemacht und übernommen und ja hab mir dann auch so n paar eigne Gedanken gemacht und auch die Eltern so n bißchen in Frage gestellt und des war dann einfach der Punkt, wo s auch/ wo die Schwierigkeiten anfingen zuhause. Also ich hab auch die Abhängigkeit dann stark zu spüren gekriegt, also daß man halt dann auch sagte: ‚Ja was willst Du überhaupt, solange Du hier die Füße unter unsern Tisch streckst'."

Damit entsteht eine nach außen sichtbare Kluft zwischen dem zu einem „kritischen" Jugendlichen herangewachsenen Herrn Imhoff, der sich „eigne Gedanken" macht, und den Eltern als Repräsentanten eines Kollektivs („man sagte"). In diesem sozialen System gibt es kein Verständnis für den sich verändernden Sohn, sondern lediglich Drohungen, deren Formulierung in einer bekannten alltäglichen Redewendung als Kennzeichnung einer überindividuellen familiären Problemlage herangezogen wird. Genau das durch die höhere Schulbildung geförderte reflexive Wissen über die Pluralität von Meinungen steht wie zwangsläufig („klar") der traditionalen Normativität der Eltern konflikthaft gegenüber. Herr Imhoff stellt sich nicht als Einzelfall, sondern als Vertreter einer typischen Konfliktlage unter spezifischen sozialen Voraussetzungen dar, die er im Interview mit Hilfe seines psychologischen Deutungswissen darstellen kann. Er ist heute in der Lage, eine Meta-Perspektive einzunehmen: Angesichts der dargestellten psychosozialen Lage innerhalb der Familie sind die nun entstehenden familiären Konflikte überindividuell erklärbar als Folge eines Spannungsfeldes, das in vergleichbaren Fällen zu einem parallelen Ergebnis führen würde. Herr Imhoff sieht sich dadurch in Teilen seiner Entwicklung (Sozialkontakte, Autonomie) gebremst oder gar gehindert, er kann sich nicht gemäß seinen eigenen Bedürfnissen und Notwendigkeiten entfalten: „Wie bei allem einfach nur ja so ihre Vorstellungen, wie sie s gerne hätten und aber *nie nie* der ja der Punkt, ob des auch mir gut tut, ja so als Mensch, ob mir des einfach paßt und ob des auch für mich ebn richtig is."

Genau diese Wahrnehmung individueller Bedürfnisse ist im traditional-kollektiven Deutungssystem der Eltern aus „ländlicher Gegend" nicht möglich. Sie etikettieren das veränderte Verhalten als schuldhafte ‚Abweichung' und ‚Störung des Familienfriedens':[1] „Und bei allem, was nur irgendwie war, es war immer so: ‚Du bist schuld und bei andern Familien läuft es auch so gut und warum bei uns net und Du bringst hier nur Unfrieden ins Haus'."

Herr Imhoff wird aus dem Familienleben sozial ausgeschlossen, auf sich selbst zurückverwiesen, die bereits vorher angelegte soziale Isolation wird nun vollständig und zusätzlich verschärft: „Und des hat sich dann also im Laufe der Zeit immer mehr gesteigert, bis mein Vater mir jeden Tag gesagt hat, ich sei net normal, was von was auch noch vor dem der Homosexualität war, daß er auch mein ganzes Verhalten, daß ich mich ebn so zurückgezogen hab, keine Freunde hatte, mit so *meinen* Bereich gesucht habe in in diesem Haus."

Erneut fügt Herr Imhoff äußere Gegebenheiten (Vorwürfe und Abwertungen durch den Vater) und subjektive Handlungen (aktiver Rückzug aus dem sozialen und familiären Leben) zu seinem Gesamtbild zusammen. Seine Isolation wird damit nicht als zwangsläufig, sondern als aktive (wenn auch re-aktive) individuelle Problemlösung

---

1 In der Erzählung des Herrn Imhoff deuten die Eltern sein Verhalten gemäß der von uns als Devianztypus charakterisierten Störungszuschreibung.

dargestellt. Wichtig ist ihm zu betonen, daß für die Einschätzung seines Vaters, er „sei net normal", *nicht* seine inzwischen den Eltern bekannte Homosexualität von vorrangiger Bedeutung gewesen sei. Die Abweichung von der Normalität gründet sich für den Vater bereits auf die vorher geschilderte kritische Haltung seines Sohnes. Herr Imhoff setzt sich durch den Konjunktiv („ich sei net normal") von der Einschätzung des Vaters ab. Daß ihm diese Kategorisierung von sozialer Welt zwar vertraut, aber für ihn nicht gültig ist und bereits damals nicht gültig war, bringt er in der Schilderung seiner eigenen Empfindungen über seine Homosexualität zum Ausdruck. „Also mit 14, 15 hab ich dann für mich selber ebn gemerkt, daß daß ich schwul bin ... also ich hab da selber nie so furchtbar drunter gelitten, daß ich dachte, ,des *darf* jetzt net sein' oder ,des müßte anders sein' jahrelang, so war s eigentlich net, es war nur so schwierig, daß ich des halt niemand sagen konnte."

Herr Imhoff geht in dieser Einschätzung von der Unterschiedlichkeit individueller Bewertungen für soziale Sachverhalte aus. Er weiß um die Schwierigkeiten der Erkenntnis, einer sozialen Minderheit anzugehören, setzt dagegen aber seine individuellen Probleme. Diese begründen sich nicht auf die Homosexualität, sondern auf die Zuspitzung des bereits vorher manifesten familiären und sozialen Ausschlusses und die daraus resultierende Einsamkeit. Seine damalige Problemlösung des selbstgewählten Ausschlusses in familiär bereits vorgegebenen Bahnen deutet er rückblickend als „Waschneurose oder wie ich s bezeichnen soll /.../ daß ich also wirklich dann ganz penibel war, immer selber sauber zu sein, mich also schon daraus mich irgendwie von meinen Eltern abzusetzen, also wirklich viel Zeit dann im Bad und mit so Geschichtn zugebracht hab."

Er greift dabei auf einen psychiatrischen Begriff der Störung („Neurose") zurück, deren Entstehung und Funktion er als aktiv betriebenen Ausschluß aus der Familie begreift. Dabei nutzte er die familiär akzeptierte Sauberkeitsideologie zum Rückzug in einen gesellschaftlich anerkannten Intim-Bereich, das Badezimmer. Sein Verhalten ist ihm aus dem lebensgeschichtlichen und familiären Zusammenhang verständlich und erscheint in seiner Deutung funktional. Neben der Diagnose verweist er in seiner Darstellung nicht auf eine Einstufung als Störung oder Krankheit.

Die verhinderte Autonomie – erste Anzeichen für eine Störung

Nach dem Abitur ergreift Herr Imhoff eine für Männer institutionalisierte Chance, sich – zumindest örtlich – aus dem Elternhaus zu lösen. Er verweigert den Wehrdienst und sucht sich eine Zivildienststelle in der nächstgelegenen Großstadt. Diese Entscheidung deutet er als gezielte Anstrengung zur Verbesserung der Lebensbedingungen: „Ich wollt aus dem Dorf unbedingt raus, hab mir ne Stelle in FF-Stadt gesucht /.../ hab mir s eigentlich so vorgestellt, das Leben war eigentlich furchtbar bisher auf diesem Dorf, es war eigentlich kein Leben so in dem Sinne, es wird jetzt alles anders so in der Großstadt, so von heut auf morgen bin ich da hin ohne jemandn zu kennen. Und ich denk halt im Nachhinein, daß ich mir da wahnsinnig viel vorgemacht hab, des *konnt* irgendwo gar net aus der- aus dem was ich irgendwo mitgemacht hab oder was war, konnt s gar net gut gehn. "

Der bisherige Werdegang der sozialen Isolierung in seiner Lebensgeschichte zeigt in der Erzählung von Herrn Imhoff nun unausweichliche Folgen. Er kontrastiert dabei sein früheres Wissen mit dem heutigen: Was er damals noch als ein rein soziales, in seiner Umgebung begründetes Problem sah, das mit einem Ortswechsel vom Dorf in die Großstadt lösbar schien, interpretiert er heute als eine psychische, in seiner Person liegende Störung in Folge der bisherigen Lebensgeschichte. Das Scheitern wird retrospektiv mit Hilfe dieses neuen Deutungswissens als unausweichliches Ereignis, nämlich als Konsequenz aus dem, „was war" dargestellt. Die bereits früher mangelnden, für seine „Entwicklung notwendigen" Fähigkeiten, einen „Freundeskreis" aufzubauen, werden nun auch außerhalb der stigmatisierenden Familie zum Problem: „ < Ich hab > weiter halt *ganz* isoliert auch gelebt, also dieses Leben wie vorher also es einfach net geschafft, Kontakte zu kriegn oder irgendwie n Freundeskreis, was ja vorher nie da war, das einfach hinzubekommen, ich hab also *wahnsinnig* da vor mich hingelitten. "

Hier kommt nun die Entwicklungsstörung seiner Person unabhängig vom konkreten sozialen Kontext zum Tragen. Sie verhindert die Verwirklichung seiner Vorstellung von einem erfüllten Leben und setzt, da es ihm nicht gelingt, diese Störung zu beheben, die bisherige Isolation fort. Die Unausweichlichkeit dieser Situation einerseits und die dazu diametral verschiedenen Vorstellungen der Lebensgestaltung konstituieren das daraus entstehende Leid. Herr Imhoff steht sich nun selbst im Wege, sein Lebensraum ist so klein geworden, daß er sein Leben nach einem Urlaub, in dem er „nur so vor mich hingelebt" und „also ja vegetiert" habe, zur Disposition stellt. In dieser Situation „hab ich ebn versucht, mich da also diesen Selbstmordversuch in FF-Stadt gemacht, es war einfach so n Hilferuf, daß ich sag, des muß jetzt was muß was passiern, so geht es einfach net. War da sechs Wochen in der Klinik, wurd eigentlich schon mehr medikamentös behandelt, also so von Therapie irgendwie war da eigentlich net die Rede, grad jetzt so rückblickend im Vergleich zu der 23. Ja dann meine Umgebung is halt bißchen aufmerksamer geworden, danach ging s irgendwie schon besser und die Leute sind mehr auf mich zugekommen, das ging vielleicht n halbes Jahr gut, dann war eigentlich wieder alles so wie vorher, weil es hat sich ja auch im Grunde in dieser in diesen sechs Wochen dort in dieser Klinik nix geändert. "

Er versteht den damaligen Suicidversuch als „Hilferuf", der auf Grund seiner eigenen Unfähigkeit folgenlos verhallte. Die Veränderung in seiner sozialen Umgebung reicht nicht aus, um ihn lebensfähiger zu machen, er trägt die Störung in sich. Deshalb hätte sich in der Tiefe, „im Grunde" bei ihm selbst etwas verändern müssen, was weder durch professionelle medikamentöse noch durch Hilfe im Alltag geschehen konnte. Es hätte, so betont er aus seiner heutigen Deutungskompetenz heraus, bereits damals einer spezifischen professionellen Behandlung, nämlich einer Psychotherapie, bedurft. Diese erscheint im Rückblick als einzig adäquate Behandlungsform. Indem er dies feststellt, macht er zugleich deutlich, daß er heute zu einem für ihn gültigen Lösungsweg gefunden hat.

Damals jedoch blieb ihm keine Möglichkeit, die Definitionsmacht über die Behandlung haben die Ärzte, Herr Imhoff bleibt weiterhin auf sich selbst verwiesen. Wieder in das alte Leben zurückgekehrt, ist in Kürze, da er selbst unverändert bleibt, alles beim Alten. Er wählt im darauffolgenden Urlaub in einer „Phase, wo ich eigentlich schon ja wahnsinnig depressiv war," einen neuen Lösungsweg und fährt zu einem Schulfreund, der inzwischen im Sozialbereich studiert. Dieser sei „nach diesem Selbstmordversuch /.../ dann auch drauf aufmerksam" und so zur semi-professionellen Stütze geworden. Die Störung hat nun eine weitere Qualität bekommen, für die eine im Allgemeinwissen vertraute klinisch-psychiatrische Bezeichnung angemessen erscheint („depressiv"). Die Kombination aus seinen entwicklungsbedingten Unfähigkeiten, den fehlenden Bewältigungsmöglichkeiten und dem Kontrast zwischen seinen Wünschen und den Anforderungen einer großstädtischen Lebensgestaltung führt nun zum Ende seiner aktiven Gestaltungsfähigkeit.

Die Index-Behandlung

Der Schulfreund bringt in dieser Situation seine professionellen Kenntnisse zum Einsatz, er „war also schon mit diesem Bereich < Psychiatrie > so n bißchen vertraut und hatte halt einfach auch gesehn, was los is und hat mir des nahegelegt, da hinzugehn und einfach auch irgendwas auch zu machen. Ich hab mich sehr dagegn gewehrt, was ich/ einfach total konfus, ich wußt überhaupt net, was ich machen soll." Herr Imhoff selbst sieht sich dazu nicht mehr in der Lage, die Autonomie seiner Lebensgestaltung ist vollständig zerstört. Der Freund übernimmt nun an seiner Stelle die Entscheidung über sein weiteres Ergehen. Es gibt, auch im Rückblick, keinen eigenen Entschluß zur erneuten stationären Behandlung: „Jedenfalls kam ich dann irgendwie in die Klinik."

Aufgrund seiner bisherigen positiven Haltung zu Psychotherapie ist es unplausibel anzunehmen, daß Herr Imhoff mit diesem Hinweis seine fehlende Beteiligung an der Einweisung in die Klinik als einen Akt wider seinen Willen deutet. Plausibler ist die Betonung des Ausmaßes seiner damaligen Störung, die ihn an zielgerichteten und autonomen Handlungen hinderte. Der Kontrast zu seinem selbstbewußten Auftreten im Interview und zu seiner in sich schlüssigen Erzählung wird dadurch umso signifikanter.

Der Psychiatrie-Aufenthalt von Herrn Imhoff

„Ich wußt am Anfang net, was los war und hab auch Medikamente gekriegt, net so starke, aber irgendwie hat des seine Zeit gebraucht, bis ich einfach auch so eingesehn hab, ich muß da was tun, es is eigentlich ganz klar, daß es net so gehn kann, wie ich mir des vorgestellt hab von heut auf morgen mach ich hier/ schmeiß ich so mein Leben und meine ganzen Wunschvorstellungen werden so in die Realität umgesetzt /.../ des konnt einfach net gut gehn und da so n bißchen mehr Verständnis zu kriegn, des liegt jetzt net an mir, daß ich meinetwegn jetzt jetzt verrückt bin oder total danebn, sondern es mußte irgendwie zwangsläufig so kommen und ich muß auch da was machen, um das jetzt wieder einigermaßen so hinzukriegen, daß ich halt ja mein Leben so selber in die Hand nehmen kann."

Die erneute psychiatrische Behandlung hat zwei unterschiedliche Komponenten: zum einen die klassische medikamentöse Behandlung, zum anderen aber eine erste Selbsterkenntnis: „Ich muß da was tun". Diese Erkenntnis wird nicht auf den Kontakt mit Professionellen zurückgeführt, sondern erscheint als Ergebnis der (wieder-)gewonnenen Einsicht, die ihm ermöglicht, die Ereignisse neu zu ordnen. Diese Perspektive ist nicht mehr „total konfus", sondern im Gegenteil „ganz klar" und erweitert die Problemzuschreibung von einer Selbstabwertung seiner Person zu einer biographischen Gesamtschau. Sie eröffnet so die Wiedergewinnung seiner Bereitschaft zu einer autonomen Lebensgestaltung, die er als wesentliche Grundlage der nachfolgenden Therapie definiert.[1] Der Aufenthalt auf der psychiatrischen Station dient so der inneren Regeneration und Sammlung, die als zentrale Voraussetzung für die folgende Psychotherapie gedeutet wird.

Erkennen und Verstehen durch Psychotherapie

„Ich hab am Anfang diesen Fragebogen gekriegt, wo ich ebn des ausfüllen sollte, was so los war oder mir überhaupt bißchen drüber klar werden, warum ich da jetzt bin und was ich denn da überhaupt will und weiß halt noch, daß ich dafür *Wochen* gebraucht hab, des des auszufülln, also es is mir wahnsinnig schwer gefalln, ich denk auch so im Nachhinein, so mich *wirklich* mit mir selber auseinandersetzen, was is jetzt los und und was will ich auch, des is mir halt auch *ganz* schwer gefalln. Des hat sich ja auch im Nachhinein im Lauf der Therapie immer gezeigt, daß es mir halt

---

1   Er aktualisiert damit indirekt auch in der Psychotherapie zumeist als Grundlage einer wirksamen Behandlung betonte Klientenvariablen: Therapiemotivation und Therapiefähigkeit.

schwer fällt, irgendwas konkret zu fassen, also net <lacht> des war so des magische Wort am Ende, daß ich halt *konkret* was mache. "

Herr Imhoff thematisiert die Psychotherapie als ein in sich geschlossenes Ganzes: Der Fragebogen „am Anfang" beinhaltet bereits die „am Ende" feststehende Problemdefinition. Es ist ein „magisches Wort", das seine verwobene Lebensproblematik auf einen scheinbar einfachen Nenner bringt: „konkret", das heißt auf einen Begriff mit mehrfacher Bedeutung,[1] der gleichzeitig den Gegenpol zur bisherigen Diffusität und Konfusion sowie zu seinen Wunschträumen über die Realität bildet. Die Ziele der Psychotherapie werden von ihm als komplementär zu seinen bisherigen Probleme passend wahrgenommen. So wird bereits das anfängliche Ausfüllen eines Fragebogens zur therapeutischen Aufgabe, die in medias res zielt. Dieser Fragebogen ist für Herrn Imhoff kein bürokratischer Akt, sondern therapeutisches Instrument („warum ich da jetzt bin und was ich denn da überhaupt will"), das neben der Informationsvermittlung auch der Selbstreflexion dient und dem somit ein tieferer Sinn zugesprochen wird.

Für ihn steht außer Frage, daß er als Klient selbst erkennen muß, was er will, und daß ihm diese Entscheidung nicht von den Experten (oder einer feststehenden Normalität wie beim Devianztypus) vorgegeben wird. Er aktualisiert damit eine Pluralität von möglichen individuellen Lebenswegen, über die das Subjekt entscheiden kann und muß. Inwieweit diese moderne individualisierte Sichtweise durch die Therapie vermittelt wurde oder bereits vorher bestand, ist mit diesem Interview nach Abschluß der Behandlung nicht entscheidbar. Deutlich ist jedoch, daß Herr Imhoff diese Perspektive durchgängig, auch in seiner Biographiekonstruktion, für sich verbindlich macht.

„Ja in der Therapie selber denk ich auch, daß es ebn wahnsinnig wichtig is oder vielleicht auch grad des bei so ner Gruppentherapie is, daß ich ebn mit mh ja mit andren vielleicht weiterkomme, daß ich da also bei demjenigen halt viel viel sehen kann, was mich selber betrifft und ... vielleicht auch so dann vor andern aus mir rausgehn kann. Um dann auch posi/ paar positive Kontakt äh Möglichkeiten äh Erfahrungen zu sammeln, weil die mir bis dahin eigentlich vollkommen abgegangen sind, weil es zuhause eigentlich mehr negativ immer war, die ganzen Äußerungen. "

Therapie ist für ihn kein abgeschlossenes Thema, sie „is" wichtig[2] und zwar genau in der von ihm erlebten Form der Gruppentherapie. Das therapeutische Kontrast-

---

1   „Konkret [‚zusammengewachsen']: 1. anschaulich, greifbar, gegenständlich, wirklich, auf etwas Bestimmtes bezogen; Ggs. -> abstrakt. 2. sachlich, bestimmt, wirkungsvoll. 3. deutlich, präzise" (DUDEN, DAS FREMDWÖRTERBUCH 1982, 415).

2   Herr Imhoff befindet sich zum Interviewzeitpunkt in einer ambulanten Psychotherapie.

programm zum Elternhaus bewirkt den Ausgleich der bisherigen Erfahrungsdefizite.[1]
Der kommunikative Austausch dient vor allem der Selbsterkenntnis im Spiegelbild der
sozialen Umwelt. So betont Herr Imhoff nicht nur die Veränderung von kognitiven
Strukturen („wissen was ich will") und Verhaltensweisen, sondern auch Erkenntnisse
im emotionalen Bereich: „Auch eben also wirklich mal Gefühle irgendwie ja Gefühle
rauszulassen, auf die Reihe zu kriegen im Laufe der Zeit, denn am Anfang war s ja
so wahnsinnig konfus /.../ ich denk, daß da schon so ne Entwicklung war, bestimmt
auch unbewußt, gefühlsmäßig da n bißchen mehr Zugang zu mir zu kriegen."

Beide Komponenten (kognitive und emotionale Strukturen) bilden zusammen das
Gesamt einer Entwicklung, die nicht notwendigerweise intentional gestaltet wird,[2]
sondern mit Sicherheit „bestimmt auch unbewußt" abläuft. Herr Imhoff hat keinen
Zweifel am Vorhandensein eines „Unbewußten", der Terminus und dessen Bedeutung
sind ihm vertraut. Er führt auch bei der Erzählung über die Therapie seine Strukturierung von äußeren Ereignissen und deren subjektiver Bewertung und Bearbeitung fort.
Er kontrastiert die damalige Wahrnehmung mit seinem heutigen Wissen, das subjektive Erleben der Therapiestation und der therapeutischen Maßnahmen mit deren übergreifenden allgemeinen Zielen. In dieser Meta-Perspektive aktualisiert er einerseits
die Ziele der Therapie aus professioneller Sicht, zum Beispiel: „Des Selbstsicherheitstraining also vor der Kamera, einfach mal gut des Selbstbewußtsein bißchen
aufbaun, auch mit sich selber mal konfrontiert, sich mal selber zu sehn und da sich
zu korrigieren". Andererseits wird die eigene Beurteilung thematisch: „Also fand ich
alles also sehr sehr wichtig."

Der professionellen Therapeutin kommt dabei die Funktion eines geschlechtsneutra-
len ‚Geburtshelfers' zu, der durch seinen Wissensvorsprung und seine Übersicht
die Erkenntnisprozesse der Klienten unterstützen und beschleunigen kann. Anders als
bei den übrigen Typen werden hier aber keine konkreten Ratschläge und Handlungs-
anweisungen, sondern Hinweise zur besseren Wahrnehmung erwartet. „Es geht eigentlich alles von eim selber aus, *muß* auch bestimmt von eim selber ausgehn, aber
daß der Therapeut vielleicht da noch n bißchen aktiver is, daß er vielleicht noch n
bißchen mehr sagt, also hm ja: ‚Sie sollten jetzt mehr da und da drauf achten'."

Auch das eigene Wohlbefinden in diesem therapeutischen Kontext und Relevanzsystem beurteilt Herr Imhoff aus einer übergeordneten Perspektive. Die nicht-alltägli-
che, sehr intime therapeutisch hergestellte Begegnung mit anderen Menschen bei
gleichzeitiger zeitlicher Begrenzung dieses Kontaktangebotes deutet er als eine in

---

1 An diesem Punkt besteht oberflächliche Übereinstimmung zum Defizittypus: Auch hier werden
   Defizite thematisiert, jedoch als Folge einer Entwicklungsstörung und Teil der Gesamtproblematik
   gedeutet, so daß als Therapieziel mehr als der Erwerb von eng umgrenzten Fertigkeiten angestrebt
   wird.

2 Hier liegt ein weiterer entscheidender Unterschied zum Defizittypus, dem es um rational begründ-
   bare und bewußte Verhaltensänderungen geht.

diesem System liegende Gefahr, die er an seinem individuell schwierigen „Ablösungsprozeß" darstellt. Er selbst ist dabei nur Beispiel für ein allgemein gültiges Phänomen: „Diese Klinik war einfach *alles*, es war einfach ja so ne Art Zuhause oder des war des war einfach alles, also daß ich bis ich mal über diesen Klinikrand hinauskam, des warn also wirklich Kämpfe und auch nach der Therapie nach der 23 also warn da noch *wahnsinnig* starke Bindungen dahin, also ich seh da schon grad für mich im Nachhinein, daß sowas auch ne gewisse Gefahr sein kann, grad dieser schwierige Ablösungsprozeß, also daß es schon ne Gefahr sein kann, ebn da gar net mehr wegzukommen."

Herr Imhoff begründet seine emotionalen Schwierigkeiten nach Abschluß der Therapie mit seinem Bedürfnis nach Geborgenheit einerseits und mit therapieimmanenten Strukturen andererseits, die er rückblickend „im Nachhinein" als „Gefahr" einer möglichen Abhängigkeit von Therapie bewertet. Die lebenslange Verortung innerhalb eines psychotherapeutischen Relevanzsystems ist für ihn keinesfalls anstrebenswert. Er betont dies explizit in seiner auf Nachfrage des Interviewers gegebenen Definition von Psychotherapie: „Ja mir fällt da jetzt nur dieses Schlagwort ein. < lacht kurz > Hilfe zur Selbsthilfe /.../ jemandn ... auch lebensfähig zu machen, ich denk in die Richtung muß es schon gehn, also daß man net beim Therapeuten steckenbleibt oder sich nur da drauf fixiert. /.../ ich möcht schon sagn zum Leben hinführn. Das is bestimmt n ganz wichtiger Punkt, aber der andere is ebn auch noch /.../ daß man halt wirklich guckt, was is los und wo kommt das auch her". Therapie ist für ihn ohne die Loslösung gar nicht denkbar, Ziel ist die Autonomie des Individuums durch Selbsterkenntnis. Der therapeutische Experte wird im erfolgreichen Falle überflüssig, wenn das Individuum „lebensfähig" ist, das heißt durch die Kenntnis der Ursachen und die Deutung von Phänomenen sich selbst helfen kann.

Die aktuelle Lebensführung des Herrn Imhoff

Nach Abschluß der stationären Therapie befindet sich Herr Imhoff noch mehrere Wochen in der Tagesklinik und in ambulanter Nachbetreuung bei einem Wohlfahrtsverband. Beides sei ihm wichtig gewesen, um sich „langsam eher von der Klinik loszulösn". Einen zusätzlichen therapeutischen Effekt schreibt er diesen Institutionen nicht zu. Die Therapie ist für ihn der entscheidende „Wendepunkt" zur Selbsthilfe: „Also ich kann jetzt schon sagn, jetzt hab ich mein Leben so in der Hand". In der Darstellung dessen, was er als gelungene Selbsthilfe ansieht, unterscheidet er äußere Autonomie (Sicherung eines selbständigen Lebensunterhaltes) und inneres Befinden.

„Und bin dann ja so Sommer letzten Jahres dann auch hierher gezogen, hab ebn n Ausbildungsplatz gekriegt, was schon so n Kompromiß war und auch jetzt noch is, wo ich denk, das is für zwei Jahre schon ganz gut, aber des warn halt so Schritte, das

Leben selber in die Hand zu nehmen und zu machen, was ebn vorher net gegangn wär". Etwa eineinhalb Jahre vor dem Interview zog Herr Imhoff nach Q-Stadt, eine Großstadt in der Nähe von P-Stadt. Die berufliche und soziale Eingliederung sind für ihn notwendige, aber nicht hinreichende „Schritte" zur Autonomie. Der betonte „Kompromiß" bei der Wahl der beruflichen Ausbildung weist auf mögliche zukünftige Veränderungen hin. Dies schmälert nicht seine positive Beurteilung dieses Schrittes, vor allem im Vergleich zu seiner früheren Entscheidungunfähigkeit. Doch mit dieser Grundlage zur eigenständigen Lebensgestaltung ist seine Selbsthilfe noch nicht vollständig: „Ich stell aber *jetzt* fest, daß irgendwie ja doch was net in Ordnung is, also daß ich zwar des Äußere also *ganz* gut hingekriegt habe, also bin da auch schon in gewisser Weise stolz im Vergleich zu früher, wo ich nie was tun konnte is des schon n Fortschritt. Aber daß ich ebn sehe, daß ich trotzdem noch wahnsinnige Probleme irgendwo mit mir selber hab."

Die Ursache dieser „Probleme mit mir selber" stellt Herr Imhoff in Zusammenhang mit seinen Loslösungsschwierigkeiten aus der stationären Therapie: „Hatt auch ne Beziehung dann gehabt, die mir auch viel Auftrieb gegbn hat, ja des im Nachhinein denk ich, des war vielleicht so n Ersatz ja also zwo drei/ zwo Monate höchstens aus der Klinik draußn /.../ ich bin halt auch immer mit mit älteren Männern zusammen gewesen und hab auch so n Halt so ne Stütze gesucht und die auch gefundn."

Das spätere Scheitern dieser spezifischen Beziehung sieht er bereits in deren Beginn verankert. Die damalige Partnerwahl wird aus heutiger Sicht als „Ersatz" für die Geborgenheit in der Klinik re-interpretiert und in ein für ihn typisches Muster der Partnersuche eingebettet. Der äußeren Autonomie wird nun am Beispiel der Partnerwahl eine fortdauernde Problematik der inneren Unselbständigkeit entgegengestellt. Die externe lebensweltliche „Stütze" wird in doppelter Hinsicht als „Ersatz" identifiziert: Sie steht für[1] den vorangegangen Verlust an Geborgenheit durch das Therapieende und für eine fortdauernde innere Störung der Orientierung an „älteren Männern" und engt damit seine Möglichkeiten der Gestaltung von Partnerschaften ein: „Hab so dieses entwickelte Selbstbewußtsein doch net irgendwie so auch leben können, also ich hätt öfters mal auf n Tisch haun solln oder sonst irgendwas machen, hab aber diesen Kontakt so auch *gebraucht* und war auch bestimmt abhängig von ihm in ner gewissen Weise, vielleicht wie vorher von der Klinik auch, daß ich dachte, ich brauch des *unbedingt*. Also das was ich da kriege, was ich vorher net gekriegt hab, is so wahnsinnig wichtig."

Herr Imhoff entdeckt eine neue Form von Abhängigkeit durch innere Unselbständigkeit, nachdem er sich aus der finanziellen Abhängigkeit von den Eltern und deren Definitionsmacht über seine Lebensführung erfolgreich gelöst hat. Seine Autonomie

---

1 MAHLMANN (1991) verweist auf das Hinterfragen lebensweltlicher Gegebenheiten im Sinne eines „steht für" als ein Moment der Psychologisierung des Alltags.

ist weiterhin unvollständig, und dies hat zur Folge, daß er ohne Therapie, nach dem Scheitern der Partnerschaft, in bereits überwunden geglaubte Probleme zurückfällt: „Anfang des Jahres war furchtbar, ich dachte, also ich schaff des überhaupt net, ich krieg des gar nimma auf die Reihe, ich war in der Firma schlecht, ich konnt nix mehr lernen und ich konnt nachts net mehr schlafen, es war so ich dacht es darf net wahr sein, es is jetzt wieder genauso wie vorher."

Seine emotionalen Probleme bedrohen die eben stabilisierte berufliche Existenz und sein leibliches Wohl. Vermeintlich wieder am alten Ausgangspunkt angelangt, entschließt sich Herr Imhoff zu einer ambulanten Psychotherapie, die zum Zeitpunkt des Interviews noch andauert. Sein Ziel der Selbsthilfe hat er noch nicht erreicht. Dies bringt ihn aktuell in eine Zwickmühle zwischen wahrgenommener Therapiebedürftigkeit und deren Ablehnung: „Weil ich des an mir selber net akzeptieren kann im Moment, wieder naja ne Therapie machen zu müssen in Anführungszeichen". Den Rückgriff auf professionelle Therapeuten deutet er als Zeichen einer Abhängigkeit, einer unvollständigen Selbsthilfe.

Die Umsetzung der psychotherapeutischen Erfahrung.
Erste Überlegungen zum Entwicklungsstörungstypus

Herr Imhoff konstruiert ein Modell der psychosozialen Entwicklung von Individuen, das er in den sozialen Raum der Familie und des Dorfmilieus einbettet. Erst durch die Verknüpfung von äußeren Gegebenheiten und der subjektiven ‚Antwort' auf diese Vorgaben ist ein Gesamtbild der individuellen biographischen Entwicklung möglich. Erzählenswert sind dabei sowohl die förderlichen als auch die hinderlichen Aspekte der Lebensgeschichte, die retrospektiv zu einer Entwicklungslogik verknüpft werden. Lebenswege sind nicht normativ bestimmt oder zwangsläufig vorgegeben, sondern vielmehr Folgen individueller Entscheidungen und Entscheidungsmöglichkeiten innerhalb eines sozialen Rahmens. Konflikte entstehen im sozialen Zusammenleben, sofern die Bedürfnisse des Einzelnen durch Machtausübung denen eines Kollektivs untergeordnet werden, das heißt, wenn die Individualisierung eines selbstreflexiven Subjekts und dessen Emanzipation aus einengenden Lebensverhältnissen verhindert wird. Das Individuum bleibt dann auf sich selbst zurückgeworfen und wird in seiner Weiterentwicklung eingeschränkt. Die Störungsgeschichte ist nur aus dem Gesamt der Lebensgeschichte und der sozialen Umstände erklärbar und damit integrierter Bestandteil der Biographie. Die verschiedenen Komponenten seiner Entwicklung kann Herr Imhoff heute aus einer Meta-Perspektive reflexiv zu einer in sich logischen Geschichte verbinden und damit die eigene Lebensgeschichte schlüssig erklären.

In seiner Erzählung über Störung und Therapie verknüpft Herr Imhoff seine subjektiven Erlebnisse mit Wissensbeständen über psychologische Erklärungsmodelle und

Behandlungsmöglichkeiten. Die psychische Problematik wird als Entwicklungsstörung identifiziert, die die Betroffenen an einer autonomen Lebensführung hindert. Gesellschaftliche und soziale Bedingungen sind Bestandteil, aber nicht alleinige Verursacher einer solchen Störung. Entscheidend ist vielmehr die spezifische individuelle Unfähigkeit, mit diesen Gegebenheiten konstruktiv umgehen zu können. Das psychologische Deutungswissen ist selbstverständlicher Bestandteil des allgemeinen Wissens geworden, es wird nicht als besonderes Expertenwissen ausgewiesen. Es konstituiert vielmehr sein Wissen, sowohl biographisch erworbenes wie auch biographiebezogenes Deutungswissen. Es läßt sich daher bei diesem Typus von einer Protoprofessionalisierung (DE SWAAN 1983) durch Psychotherapie sprechen. Die Gültigkeit des psychologischen Weltbildes ist unbestritten, ein ‚wissenschaftlicher Zweifel‘ der prinzipiellen Möglichkeit anderer Deutungssysteme wird nicht aktualisiert. Der Psychotherapie wird die alleinige Behandlungsberechtigung und -kompetenz für die rekonstruierten Problemkonstellationen zugeschrieben. Als Voraussetzung für eine erfolgreiche Therapie wird die Wahrnehmung des Klienten, sein Leben nicht mehr aktiv gestalten zu können und eine positive und hilfreiche Therapeut-Klient-Beziehung verbindlich gemacht. Die Therapie dient der Erweiterung der Lebensgestaltungsmöglichkeiten durch Auseinandersetzung mit der sozialen Umwelt, neue kognitive und emotionale Erfahrungen und den Erwerb von Deutungswissen über die Hintergründe und Auswirkungen der Entwicklungsstörung.

Als Ziel der Therapie wird die „Hilfe zur Selbsthilfe", eine von Experten unabhängige Lebensführung betont, die die Entwicklung der Klienten zu Selbstexperten voraussetzt. Es geht nicht um Heilung oder endgültige Kompensation von Defiziten, sondern um einen Balanceakt des autonomen Umgangs mit dem individuellen So-Sein. Ein späteres Scheitern einer eigenständigen Lebensführung wird gleichgesetzt mit erneuter Therapiebedürftigkeit und ist damit Nachweis einer weiterbestehenden Störung auf der Grundlage einer mangelhaften Selbsthilfe. Die Psychotherapie erscheint durch ihre große Wirksamkeit gleichzeitig als Stütze *und* Gefahr. Vor diesem Hintergrund wird die weitere Inanspruchnahme von Therapie ambivalent beurteilt, ist sie doch einerseits einzig wirksame Hilfe bei psychosozialen Störungen und andererseits Zeichen einer gescheiterten (innerlich und/oder äußerlich) autonomen Lebensführung. An diesem Punkt unterscheidet sich Herr Imhoff von einem großstädtischen, gut ausgebildeten ‚Selbstverwirklichungsmilieu‘ (SCHULZE 1992). Seine Nutzung des therapeutischen Angebots dient nicht der Selbstverwirklichung, sondern der lebensnotwendigen ‚Entwicklungshilfe‘. Die reflexive Einsicht in die selbstdefinierte Notwendigkeit zur erneuten Inanspruchnahme von Psychotherapie wird angesichts der Zuschreibung als einzig gültige und effektive Maßnahme zur Bewältigung von Entwicklungsstörungen gleichzeitig zum selbstgewählten Zwang.

Den Interviewern gegenüber verhält sich Herr Imhoff als gleichberechtigter Gesprächspartner, der die jeweiligen Positionen im Gespräch und auch die Interviewinhalte auslotet. Trotz seiner aktuellen Therapiebedürftigkeit ist er bezüglich seiner Biographiekonstruktion *Selbstexperte*, der kompetent und ohne äußere Hilfe seine Lebensgeschichte schlüssig darlegen kann.

Tabelle 4:   *Die Deutungsmuster des Entwicklungsstörungstypus für Störung und stationäre Psychotherapie*

Nähe des Störungskonzeptes zum ...	Deutungsmuster *Störungsgenese*	Deutungsmuster *stationäre Psychotherapie*	Grundlage der Bewertung von Psychotherapie
psychodynamischen Entwicklungsmodell	Störung der Identitätsentwicklung	Erkennen und Verstehen der eigenen Entwicklung	Nachvollzug einer Psycho-Logik

Die Biographie wird als psychosozialer Entwicklungsroman[1] konstruiert, der über die individuelle Lebensgeschichte hinausgehen kann, sofern diese durch die familiäre und/oder soziale Vorgeschichte beeinflußt scheint. Im Zentrum steht die Darstellung von konkreten Fakten und deren individuelle Interpretationen und Bewertungen, die (zumindest im Rückblick) dem Betroffenen den eigenen Lebensweg verständlich machen. Die manifeste psychische Störung wird als logisch erklärbare Folge von Entwicklungsverhinderungen gedeutet, die durch äußere und/oder innere Faktoren bedingt sein können. Eine wirksame Psychotherapie ermöglicht den Betroffenen Selbsterkenntnis und Selbsterklärung unabhängig von den Experten, um somit zum Selbstexperten zu avancieren.

4.2 Von der Typenreihe zur Typenbildung

Die im vorangegangenen Kapitel 4.1 herausgearbeiteten störungs- und therapiebezogenen Deutungskonzepte müssen im folgenden erweitert werden; es geht in diesem Kapitel zusätzlich um die je unterschiedlichen Ausprägungen der gemeinsamen Konstruktionsmerkmale der biographischen Erzählung sowie um biographische und interaktionelle Kategorien. Dabei werden weitere Zusammenhänge der *Transformation psychologischen Wissens bei der Biographiekonstruktion* analysiert. Zusätzlich wird versucht, Parallelen zu anderen Konzepten biographischer Konstruktionsmuster, vor allem denen von SCHÜTZE (1981, 1984) und ENGELHARDT (1990a), aufzuzeigen.

---

1   Die Bezeichnung Roman kennzeichnet dabei eine „große Prosaerzählung, die über das Schicksal einer Einzelperson oder einer Gemeinschaft *mit weitgehender Schilderung ihrer Umwelt* berichtet" (DUDEN. DAS FREMDWÖRTERBUCH, Hervorhebung I.K./G.M.).

Bei der Typenkonstruktion fiel auf, daß weder Alter oder Geschlecht noch der Grad der formalen Schulbildung die Zugehörigkeit einer biographischen Erzählung zu einem der vier Typen systematisch bestimmte. Das gleiche gilt für eine grobe Zuordnung der erzählten Störungsbilder (Suchtprobleme, Depressionen, Ängste, psychosomatische Störungen usw.) zu unseren Typen und für systematische Vorerfahrungen mit psychosozialen Professionen. Ebensowenig typenkonstituierend ist das aktuelle beziehungsweise das Herkunftsmilieu, das in unserer Stichprobe jedoch durch den Einzugsbereich der Klinik von vornherein relativ stark auf ländlich-kleinstädtische Milieus eingeschränkt war. Beim Defizittypus finden sich zwar auffallend viele soziale Aufsteiger (J. Clemens, L. Denner, G. Frei), sie kommen aber auch bei anderen Typen vor (siehe P. Imhoff als Repräsentant des Entwicklungsstörungstypus und Th. Schneider für den Überlastungstypus).

All diese Abgrenzungen von anderen Einflußgrößen können dahingehend interpretiert werden, daß die von uns rekonstruierten, lebensgeschichtlich gewachsenen biographischen Konstruktionsmuster als zentrale Strukturierungsmomente für lebensgeschichtliche Ereignisse gelten können. Sie können durch Psychotherapie erweitert, ergänzt oder korrigiert, aber nur selten vollständig verändert werden. Solche Konversionsereignisse sind im Rahmen von psychotherapeutischen Prozessen offensichtlich nicht die Regel.

Bei der folgenden Darstellung von Typenreihen werden die wesentlichen Strukturmerkmale der einzelnen Typen und gleichzeitig die Variation im empirischen Feld verdeutlicht. Wir verzichten auf die ausführliche Darstellung von einzelnen Interpretationsschritten. Originaltextstellen erhalten damit weniger den Stellenwert als Belege für die Nachvollziehbarkeit von Deutungen, sondern werden vor allem dann herangezogen, wenn sie den Sachverhalt prägnant verdeutlichen. Deshalb konzentrieren sich die folgenden Ausführungen auf die bedeutsamen Fallspezifika innerhalb der jeweiligen Typenreihe einerseits und auf die Ähnlichkeiten und Gemeinsamkeiten der Fälle innerhalb einer Typenreihe in Absetzung zu den anderen Typenreihen andererseits. Dabei werden anfangs die *fallspezifischen* Aspekte besonders hervorgehoben, die fallübergreifenden *typenspezifischen* Momente werden in der Zusammenfassung ausgeführt. In der Darstellung können nicht alle Facetten der häufig recht komplexen Lebensläufe berücksichtigt werden. Wesentlich ist, die Struktur der biographischen Erzählungen deutlich zu machen, nicht jedoch, alle Varianten strukturähnlicher Deutungen sowie sämtliche lebensgeschichtlichen Ereignisse vollständig wiederzugeben. Aus diesem Grund sind die folgenden Falldarstellungen von sehr unterschiedlicher Ausführlichkeit. Im Anschluß an die einzelnen Fälle werden die wesentlichen gemeinsamen Konstruktionsmerkmale der autobiographischen Erzählung jedes Typus zusammengefaßt.

4.2.1 Typenreihe zum Überlastungstypus

Als Ergänzung zu der ausführlichen Falldarstellung von Thomas Schneider (Kapitel 4.1.1) werden im folgenden drei weitere Fälle zum Überlastungstypus dargestellt. Dabei haben unterschiedliche zentrale Merkmale zu dieser Zuordnung geführt: In dem folgenden Fall von Frau Gruber wird deutlich, daß sie die psychologischen Anteile der damaligen Behandlung ignoriert. Ihre biographische Erzählung betont ihre individuelle Kraft der eigenständigen Lebensbewältigung gegen Widerstände, die ihr von außen entgegengesetzt werden. Die Eingangserzählung des darauffolgenden Falles von Frau Dietz ist ähnlich strukturiert: bei ihr scheint auf Nachfrage (vergleichbar zu Herrn Schneider) ein lerntheoretisch begründetes Störungsmodell auf, das jedoch nicht in die Gesamterzählung integriert ist. Auf den ersten Blick völlig anders ist dann die Erzählung von Frau Michl, die nach ihrer religiösen Konversion Psychotherapie als Heilmethode für prinzipiell unwirksam erklärt. Sie wurde dieser Typenreihe zugeordnet, weil ihre biographische Erzählung nicht ‚theologischen‘ Strukturprinzipien folgt (wie es zum Beispiel die Frage der Versündigung und darauf folgenden Bestrafung als Störungskonzept wäre). Frau Michl kleidet ihre Lebensgeschichte zwar in eine biblische Struktur ein, begründet und validiert ihre Entscheidungen jedoch ausschließlich mit dem subjektiven Befinden.

Sonja Gruber

Sonja Gruber ist 52 Jahre alt und kinderlos verwitwet. Sie wuchs auf einem kleinen Bauernhof in der Nähe von P-Stadt auf. Nach der Hauptschule ging sie ins Kloster und machte dort eine Ausbildung zur Krankenschwester. Sie verließ das Kloster nach über 10 Jahren und heiratete später einen Mechaniker. Frau Gruber war während ihrer gesamten Ehezeit in Aushilfsberufen, später als Krankenschwester berufstätig. Diese Stelle gab sie wegen körperlicher Beschwerden auf und machte eine Umschulung „auf kaufmännisch". Nach dem Tod ihres Mannes nahm Frau Gruber Privatpflegeplätze an. Sie lebte damals mit ihrem Freund zusammen. Nach dem Klinikaufenthalt wohnt sie allein in einer Wohnung im Randbezirk von P-Stadt. Sie arbeitet derzeit als Putzfrau.

Die biographische Erzählung von Frau Gruber gleicht einem ereignisreichen Erlebnisbericht ihrer mannigfaltigen Anstrengungen und Mißerfolge durch böswilliges Verhalten oder Unfähigkeit der sozialen Umwelt oder durch ihre körperlichen Einschränkungen. Sie stellt ihre Lebensgeschichte als eine Aneinanderreihung von (immer wieder von neuem erschwerten) Anstrengungen dar; dabei ist sie um die Optimierung ihrer Lebensbedingungen mit dem Ziel der Maximierung von Wohlbefinden bemüht. Sie inszeniert sich durchgängig als ein seit ihrer Jugend aktiv handelndes Subjekt, wobei sie unspezifisch „das Beste" als einziges Kriterium für ihre lebensgeschichtlichen Entscheidungen anführt. Dies wird zum Beispiel bei ihrer Begründung für ihre Entscheidung, Nonne zu werden deutlich, bei der sie weder traditionale noch religiöse Motive angibt: „Und dann mit 16 bin i ins Kloster, des hab i mir selber eingebildet und hab denkt, ‚des is des Beste, was i tun kann‘ und hab im Lauf der Jahre halt festgstellt, daß es doch net so ganz des Beste war.“

Ihr Kampf um „das Beste“ gegen die Widrigkeiten dieser Welt ist in Frau Grubers Erzählung bis zur Gegenwart des Interviews noch nicht abgeschlossen. Zentrales Ziel ist eine „gute Ordnung“,[1] die durch eine wohlwollende soziale Umwelt gekennzeichnet ist, die das Individuum akzeptiert und ihm/ihr auf diese Weise Wohlbefinden ermöglicht. Insofern führt Frau Gruber die sich ihr entgegenstellenden Widerstände nicht auf Verhaltensweisen oder Einstellungen ihrer eigenen Person zurück, sondern auf unbeeinflußbare Fakten in der jeweiligen sozialen Umwelt. Ihr eigenes Handeln bleibt unter diesen Voraussetzungen auf einen unermüdlichen Kampf um die Optimierung von Zufriedenheit unter gegebenen und unveränderlichen Bedingungen beschränkt. Ihre Aktivitäten begründet sie durchgängig in Abhängigkeit von äußeren Umständen, mögliche Wechselwirkungen zwischen ihrem eigenen Verhalten und dem ihrer Umwelt erwähnt sie nicht. Ihr Verhältnis zu ihrer sozialen Umwelt strukturiert sich gemäß dem Prinzip: ‚Wer nicht für mich ist, ist gegen mich‘.[2]

Zur Klinikeinweisung kommt es in ihrer Deutung unzweifelhaft nach einem „Nervenzusammenbruch“ als Folge der Überlastung durch die Auseinandersetzungen mit dem ehemaligen Freund.[3] Eine eigene Beteiligung an den Ereignissen oder eine spezifische individuelle Betroffenheit wird nicht in Erwägung gezogen. Sie deutet den folgenden Klinikaufenthalt als Zwischenstation auf dem Weg zu einem Neubeginn einer selbständigen Lebensführung. Die Zuständigkeit und Verantwortlichkeit liegt dabei ausschließlich bei ihr, fachliche Anregung oder Unterstützung erscheint kaum erforderlich. Die Spezifika von Psychotherapie erscheinen dabei eher hinderlich, vor allem wenn sie sich von einem alltäglichen Gespräch deutlich unterscheiden. Am besten sei sie mit Schwester Anna zurechtgekommen, weil „mit der hab i einfach normal redn können.“

Eine psychologische Fokussierung auf ‚tiefere‘ Beweggründe interpretiert sie als Zumutung, da sie Anregungen zur Selbstreflexion oder das Hinterfragen von Motiven ausschließlich als Verunsicherung und damit als Schwächung ihrer Kraft deutet. Das psychotherapeutische Gespräch, sowohl während der Therapie als auch in der anschließend begonnenen Nachsorge, erscheint ihr ausschließlich als ‚helfendes Gespräch‘ für

---

1 Diese Beschreibung ist gleichzeitig die einzige Ausdeutung einer positiven Lebensgestaltung im Interview: „da war a gute Ordnung und da hat s ihr recht guat gfalln.“

2 So begründet sie beispielsweise den Entschluß, zu heiraten, mit folgenden Worten: „Und dadurch daß s meine Eltern net recht war und sovui Streit gebn hat, hab i gsagt, also wenn wenn Du zu mir hoiltst <=hältst>, na heirat ma, wenn nicht, dann sagst ma s, dann bin i weg.“

3 „Ja des war ebn einzig und allein dadurch, daß i äh mit dem Witwer net klarkommen bin.“

die Bewältigung einer aktuellen Konfliktsituation und zur sofortigen Stärkung und Unterstützung von Bedeutung. Jede problemübergreifende Perspektive ist dabei überflüssig oder gar hinderlich.

Unter diesem Blickwinkel ist für sie ein spezifisches Strukturmerkmal von Psychotherapie, nämlich die Festlegung von Gesprächsterminen, absurd. Frau Gruber verweigert letztlich den Therapievertrag – sie sieht sich selbst nicht als Klientin und möchte auch nicht so behandelt werden. Sie verbucht den stationären Aufenthalt auf ambivalente Weise, setzt die Behandlungsbedürftigkeit doch gemäß ihrem Störungskonzept immer den völligen Zusammenbruch voraus. Weil dadurch für sie nur der Patientinnenstatus möglich ist, bekommt die Klinik nicht nur eine Funktion als schützende, sondern auch als bestimmende und damit entmündigende Institution. Frau Gruber bezieht sich auf die stationäre Psychotherapie als Ort der Regeneration und der Begegnung mit anderen Menschen ohne spezifischen Erkenntnis- und Deutungsgewinn. Die zentrale Funktion der stationären Psychotherapie besteht aus ihrer Sicht in der sozialen Organisation, also in dem Kontext, der vor äußeren Zumutungen und innerer Passivität schützt, sowie in der allgemeinen Aktivierung.[1]

Als wesentliche Verbesserungen in der aktuellen Lebensgestaltung betont Frau Gruber die äußeren Lebensbedingungen, die ihr relative Unabhängigkeit und Sicherheit zurückgegeben haben (eigene Wohnung, rentenversicherungspflichtige Beschäftigung). Zusätzliche Autonomie schreibt sie der Erkenntnis „es is aa alloa ganz schee" zu. Sie definiert sich heute als Single und bewältigt ihre „Angst vor m Alleinsei" durch die Mitgliedschaft in einem Single-Club. Sie berichtet jedoch den Interviewern von einer neuen Lebensdevise nach der Psychotherapie, die sie auf eine Anregung innerhalb ihres Alltags zurückführt: „Und an neuer Wahlspruch hab i aa, da hab i mal an Schlager ghört, grad so a paar Fetzen, na hab i mir des schnell aufgschriebn und den letztn Satz hab i dann selber dazugschriebn. Und in dem Schlager da heißt s, also an Anfang hab i net ganz verstandn, aber i hab des halt so gschriebn. ,Lieber etwas tun als etwas erleiden, lieber provozieren als vermeiden'. Weil früher hab i immer alles vermeiden wolln, grad mit meiner Mutter und so. Und äh i bin jetza scho zweimal gscheit mit ihr radlgfahrn und dann: ,Lieber sich verbrennen als kalt sein' und jetzt in der Woch hab i erscht no den letztn Satz dazugschriebn: ,Lieber mit den Jungen redn als alt sein'."

Der Schlagertext fordert auf zu eigenständigem Handeln, zu aktiver Auseinandersetzung mit der sozialen Umwelt und zu Gefühlsäußerungen. Er beinhaltet damit die zentralen Momente, die auch im INFORMATIONSBLATT DER STATION 23 (1985) als Ziele der Psychotherapie beschrieben sind. Frau Gruber präsentiert sich jedoch mit der Rückführung ihrer neuen Erkenntnis auf den Schlagertext konsequent als Person, die

---

[1] „Also es is zum Teil so, daß vorgeschriebene Sachn warn und des muß ma habn in in so rer Zeit, weil ma sich sonst gehlaßt <gehen läßt>. Und es war aber net so viel vorgschriebn, daß ma also auch selber mal sagn kann des tu i oder des möcht i."

nicht auf professionelle Hilfe angewiesen war. Statt dessen zeigt sie sich dazu in der Lage, aktiv eine Auswahl von Anregungen aus ihrem Alltag zu treffen und diese auch ihren Bedürfnissen entsprechend umzugestalten. Folglich verwendet sie in gewisser Weise psychologisches Wissen, indiziert dies aber nicht als ein *Sonderwissen*, sondern transfomiert es in trivialisierender Weise in allgemeines Wissen. Ihr Selbstbild der autonomen und erfolgreichen Kämpferin bleibt durch das gesamte Interview konstant erhalten. Ihr zentrales Anliegen ist nicht die veränderte Einsicht, sondern das modifizierte Handeln mit dem Ziele des dauerhaften Wohlbefindens. Professionelle Hilfe erscheint ihr in Form von konkreten Tips und Ratschlägen für den Alltag durchaus angemessen, wäre sie genau in dem kritischen Moment verfügbar.

Julia Dietz

Frau Dietz ist 29 Jahre alt und ledig. Sie lebt mit ihrem Freund zusammen, den sie in Kürze heiraten will. Sie wurde als zweites uneheliches Kind geboren, die Mutter war nie verheiratet. Sie wuchs zuerst bei Pflegeeltern, danach bei ihrer Mutter in einem Vorort von P-Stadt auf. Nach der Hauptschule besuchte sie die Hauswirtschaftsschule und arbeitete in einem Altenheim (zunächst in der Küche, später als „Stationsmädchen"). Nach der Indextherapie begann sie eine Ausbildung als Altenpflegerin.

Die biographische Erzählung von Frau Dietz orientiert sich fast ausschließlich an den faktischen Gegebenheiten ihres Aufwachsens; bereits nach wenigen Sequenzen meint sie, alles Wesentliche erzählt zu haben: „Guat also es/ i bin in P-Stadt also geborn, bin in E-Vorort aufgwachsen .. /.../ des is a Dorf ne. War also im Waisenhaus a Zeitlang, war bei Pflegeeltern und bin unehelich. Ja mit meiner Mutter hab i koa so gutes Verhältnis, i moan jetz is besser aber mehr oberflächlich, i hab no a Schwester, a Stiefschwester, die is vier Jahre älter wie ich, verheiratet, hat a kleines Baby jetzt und, ja was gibt s sonst noch zum Sagen?"

Es werden keine Entscheidungsprozesse oder Alternativen, sondern Situationen und Begebenheiten berichtet und in einen zeitlichen Ablauf gebracht. Menschen und lebensgeschichtliche Fakten erscheinen damit gleichermaßen unhinterfragbar wie unbeeinflußbar vorgegeben. Das individuelle Erleben wird unter objektivierbare positiv oder negativ stigmatisierte und damit nicht mehr subjektiv bewertbare Lebensbedingungen subsumiert. Sie stellt andere Menschen in dichotomisierten Kategorien dar (gut versus schlecht) und interpretiert ihre Beziehung zu ihrer sozialen Umwelt auf der Ebene von Macht und Ohnmacht. Auftretende „Schwierigkeiten" führt sie auf ihren persönlichen Mangel an Gestaltungsmacht zurück.

Zu dem Psychiatrieaufenthalt kommt es in ihrer Darstellung nach einer Kulmination mehrerer Überlastungsmomente im beruflichen und privaten Bereich: „Am Schluß war i halt dann aa/ i muaß aa wirklich sagn mit die Nerven runter, i hab ja totale

Angst ghabt also jeden Tag in d Arbeit zu/ wenn i in d Arbeit geh hab müssen und hab nur no gschlafa, hab dann aa Drogen gnumma und dann is aa no die damalsige Beziehung ausanandergang und des war ma halt dann ois zuvui auf oamal und drum war i dann aa in der Psychiatrie."

Der Psychotherapie steht sie anfangs abwertend und kritisch gegenüber.[1] Die Veränderung dieser Einschätzung führt sie auf drei Gründe zurück:

° das menschliche Vertrauen in die Professionellen, das auf eine positive alltagsnahe und gleichberechtigte Beziehung („Ihr"), nicht auf deren fachliche Kompetenz als Experten gegründet ist;[2]

° das unspezifische (Wieder-)Erleben von Wohlbefinden, das die Eigeninitiative und das Potential der selbständigen Lebensführung ermöglicht;[3]

° die als richtig akzeptierten, konkreten und in der Logik der Praxis verwendbaren „Ratschläge" und „Tips" für eine weniger belastende Lebensführung.

Sie führt auch ihre berufliche Zusatzqualifikation zur Altenpflegerin auf die professionellen Ermutigungen zurück. Als entscheidenden Punkt dabei betont sie eine größere Gelassenheit im Umgang mit belastenden oder angstauslösenden Situationen (Prüfungen, Streitigkeiten), die sie auf ein durch das Wohlwollen und die Tips der Professionellen gesteigertes „Selbstbewußtsein" zurückführt.

Das psychotherapeutische Vorgehen wird von ihr als die Anwendung von besonderem Allgemeinwissen behandelt. So erscheinen Frau Dietz psychotherapeutische Maßnahmen prinzipiell in Allgemeinwissen transformierbar und es ist für sie verwunderlich, wenn diese dort nicht ähnliche Wirkung und Akzeptanz wie im professionellen Setting hervorrufen: Sie erzählt, daß sie auf einer Party den therapeutischen ‚positiven Tagesrückblick‘ vorgeschlagen und damit Irritationen hervorgerufen habe. Daneben gibt es auf Nachfragen des Interviewers ein zweites Störungskonzept, das dem Defizittypus entspricht. Frau Dietz verwendet dieses Konzept jedoch nur an einer einzigen Stelle im Gespräch auf Nachfragen des Interviewers zu ihren (vorher bereits kursorisch erwähnten) Therapieerkenntnissen. Dieses Störungskonzept wird an keiner anderen Stelle des Interviews wieder aufgegriffen: „I1: Und auf welche Punkte in Ihrer Biographie sind Sie da selbst gekommen? / D: Ja also es is also auf hauptsächlich is es halt auch um mei Mutti gangen, ne. I bin halt irgendwie net damit fertig worn, daß mi mei Mutti net mog und daß s mit halt/ daß s halt mei Schwester bevorzugt irgendwo und mi irgendwo so abstoßt, obwohl daß i ihr ja eigentlich nix gmacht hab und i aa a Kind

---

1 Zum Beispiel: „Also da hab i mi am Anfang total drüber aufregn kenna, weil i hab ma immer gedacht: ‚Also so einen Quatsch'."

2 „I hab dann irgendwie gmerkt, daß zes <Ihr es> irgendwie guat moants und daß z ehrlich seids /.../ des war so a Punkt für mi, wo i dann aa ehrlicher zu Euch worn bin."

3 „I woaß net warum an an wos daß des glegn is, des woaß i bis heit no net, aber auf oamoi hab i mi total guat gfühlt, körperlich hab i mi guat gfühlt und aa psychisch hab i mi irgendwie total guat gfühlt."

von ihr bin und da drunter hab i also wahnsinnig gelitten und dann ebn des und da draus also i schließ des dann aa wieder des mangelnde Selbstbewußtsein irgendwo autoritären Personen gegenüber wie zum Beispiel meim Chef aus m Pius-Spital oder so daß i mi net durchsetzen kann."

Psychologisches Wissen erscheint als ein additives Spezialwissen, das für die Biographiekonstruktion, auch im Gespräch mit ihrer ehemaligen Therapeutin, nicht erforderlich ist; die Anwendung eines solchen Sonderwissens bleibt aus ihrer Sicht letztlich den Professionellen beziehungsweise dem therapeutischen Kontext vorbehalten.

Klara Michl

Frau Michl ist 25 Jahre alt, verheiratet und Mutter eines Kindes. Sie ist als jüngstes von drei Kindern in einem Dorf aufgewachsen, der Vater war Fabrikarbeiter und Nebenerwerbslandwirt. Die Mutter war Hausfrau, sie bewirtschaftete früher zusätzlich eine Sportwirtschaft. Frau Michl machte nach Abschluß der Realschule eine Lehre als Maurerin und arbeitete danach als angelernte Arbeiterin in der Fabrik, in der auch ihr Vater beschäftigt war. Während der stationären Psychotherapie konvertierte sie zusammen mit ihrem Ehemann, der auch in der zweiten Hälfte des Interviews anwesend ist, von der katholischen Kirche zu einer evangelischen Glaubensgemeinschaft.

Frau Michl bewertet und strukturiert ihre Lebensgeschichte gemäß der dichotomen Kategorie „schön-schlimm". Die Biographiekonstruktion folgt keinem amtlichen oder psychologischen Lebenslauf, sondern einer typisierten biblischen Form der Geschichtserzählung in drei Abschnitten:

° eine uneingeschränkt „wunderbare", als völlig problemlos dargestellte Zeit bis zum 11./12. Lebensjahr (*das Paradies*), beendet durch die „Pubertät" (*den Sündenfall*);[1]

° eine „schlimme" Zeit mit Eßstörungen, Depressionen und sozialer Isolation bis in die Index-Therapie hinein (*das Tal der Tränen*), die durch das religiöse Konversionserlebnis beendet wird;

° eine „wunderschöne" Zeit nach der Bekehrung (*die Erlösung von den Sünden*), eine „innere Verwandlung", nach der alle bisherigen Probleme ausgelöscht sind.

Es ist für Frau Michl kein Widerspruch, daß sie an anderen Stellen des Interviews oder in anderen Begründungszusammenhängen von Erlebnissen und Gefühlen in die-

---

1 „Mei Kindheit war also was i mi erinnern kann, *ganz ganz* schee. Ganz ganz wunderbar also sang ma i hab mi sehr geborgn gfühlt von beidn Elternteiln her und aa mit de mit die Gschwister und alles war echt schee, also *ganz* schee."

sen Lebensabschnitten berichtet, die mit ihren pauschalisierten Aussagen kontrastieren.[1] Die dadurch entstehende Vielschichtigkeit der vorher so klar strukturierten Darstellung wird an keiner Stelle des Interviews reflexiv eingeholt. Ihre autobiographische Darstellung entspricht strukturell anderen Lebensgeschichten, wie sie in einem Buch ihrer Glaubensgemeinschaft zusammengefaßt sind, das das Ehepaar Michl den Interviewern zum Abschied schenkte. Sie sind auf den Nachweis ausgerichtet, daß psychische Störungen durch den Mangel an Gottesglauben in der modernen Gesellschaft entstehen. Abgelehnt werden soziologische oder psychologische Störungszuschreibungen, die soziale Umgebung oder individuelle Entwicklungsgeschichte scheinen unerheblich. Frau Michl deutet und bewertet den gesamten Verlauf ihrer Lebensgeschichte auf der Ebene der subjektiven Befindlichkeit, christlich-religiöse Vorstellungen der individuellen oder kollektiven Versündigung werden nicht aktiviert: „Da is echt losganga mit meinen ganzen Problemen, da hat mir irgendwie d Welt überhaupts nimmer gfalln."

Sie schildert eine in ihr ablaufende Problematik, der sie ganz alleine gegenübersteht und die nicht gestoppt werden kann. Einschneidende Lebensereignisse werden im Vergleich zu ihrer emotionalen Befindlichkeit so unwichtig, daß sie ihnen zwar einen verstärkenden, aber keinesfalls auslösenden Charakter zuweist oder sie nur beiläufig erzählt.[2] Ihre biographische Erzählung ist ein sehr distanzierter Rückblick, in der letztlich keine individuelle Geschichte mehr aufscheint. Sie stellt sich exemplarisch als Typus einer „unvorstellbaren" Störung dar, die ihr selbst völlig fremd ist: „Echt also da war i echt a arm also armer Mensch is is ma da, wenn ma so von irgendwie da so getrieben werd und des is ma gar net selba irgendwo. Und ma kann si s aa echt net vorstelln, daß ma so weit komma kann."

Der Schritt zu der späteren Störungsdiagnose, die Herr Michl[3] der modernen Gesellschaft zuschreibt, ist naheliegend: Es ist „der Teufel", denn „net Gott regiert in der Welt, sondern der Satan regiert momentan". Vor diesem Hintergrund werden psychotherapeutische Deutungsmuster zu einer Individualisierungszumutung, die von einer gottgefälligen Lebensführung nach den Vorgaben der Bibel wegführt. Der Psychotherapie wird jede Sinnhaftigkeit als Heilverfahren abgesprochen. Sie ist vielmehr Ausdruck der verirrten und verwirrten Geister einer von Gottes Wort abtrünnigen Gesellschaft und im Grunde völlig überflüssig. „I hätt s ma auf jedn Fall sparn können, wenn i mi einfach vorher scho bekehrt hätt. Und und einfach wenn si daß wenn si

---

1   So stellt sie zum Beispiel ihre Mutter als grundsätzlich schwierige Frau dar: „Mei Mutti is sehr aufbrausend und schimpft wegen jeder Kleinigkeit, und zwar immer so *intensiv* und so *lang*, daß daß oan echt so aufregn konn."

2   So erwähnt sie an keiner Stelle des Interviews den Beginn ihrer Partnerbeziehung. Ihr heutiger Mann taucht als Partner unvermittelt in ihrer Erzählung auf. Auch belastende Lebensereignisse werden nicht chronologisch, sondern gemäß ihrem emotionalen Gehalt eingeführt: „Also mei mei Papa is doch gestorbn und dann glei drauf bin i da zum Herrn D. <niedergelassener Psychiater>".

3   Die theologischen Argumentationsfiguren werden im Interview von *Herrn* Michl eingebracht. Frau Michl argumentiert durchgängig mit der Qualität ihres Erlebens.

jeder bekehrn tät, dann wärn S arbeitslos <lacht>, wirklich dann bräucht ma sowas net." Sie ist ein zwangsläufig fehlschlagender Heilungsversuch im Gegensatz zur „strikten Umkehr" und der Hingabe an Gottes Wort. Die Symptome sind, und das betont Frau Michl ausdrücklich, seit ihrer Konversion während der stationären Therapie bis zum heutigen Tage nicht mehr vorhanden: „Alles alles was i gmacht hab, i hab des gar net fassen können irgendwo, daß jetzt des alles weg ist und vergessen und keiner trägts mir mehr nach und dann dann und i war wirklich äh ph i war geheilt."

Seither geht es ihr gut, sie fühlt sich wohl. Belastungen sind als solche einfach nicht mehr existent, wie sie am Beispiel ihrer vor der Bekehrung ungeliebten Fabrikarbeit darstellt. Während Arbeit vorher „so langweilig für mi und echt a Problem" gewesen sei, habe danach durch das Wissen, daß eine „ordentliche" Arbeit „vor ihm <dem Herrn> wohlgefällig" sei, ihren besonderen Sinn bekommen. Die vorher belastenden äußeren Arbeitsbedingungen in der Fabrikhalle erhielten nun eine beglückende Funktion: „Wenn s laut war, na hab i laut singa kenna."

Im Mittelpunkt ihrer heutigen alltäglichen Lebensgestaltung steht das kollektiv organisierte Leben mit regelmäßigen Treffen der Gemeindemitglieder, die als Ideal-Familie wahrgenommen werden: „Des sind alles meine Brüder und Schwestern." Als Ziel der Lebensführung betont das Ehepaar Michl das Erreichen einer „absoluten Sicherheit" im alltäglichen Leben, die zu einer Wiedergewinnung und Absicherung des subjektiven Wohlbefindens führt. Voraussetzung dazu ist die Bekehrung, die ein immerwährendes Glück verspricht. Dieses Glücksgefühl ist für Frau Michl der zentrale Beweis für die Richtigkeit ihrer Lebensführung, der Himmel ist so bereits auf Erden erreichbar.

Die übergreifenden Strukturmerkmale des Überlastungstypus

Nach der Darstellung der einzelnen Fälle dieser Typenreihe werden im folgenden die wesentlichen gemeinsamen Konstruktionsmerkmale der autobiographischen Erzählungen des Überlastungstypus zusammengefaßt (siehe auch Kapitel 4.3). Dabei sind die einzelnen Kategorien nicht bei allen biographischen Erzählungen gleichermaßen vertreten.

Die Biographie ist wie ein nahezu alltäglicher *Erlebnisbericht* gemäß einer linearen Zeitachse in einer ‚Und-dann-Abfolge' von Ereignissen und Fakten ohne kausale Verknüpfung konstruiert. Lebensgeschichtliche Ereignisse oder Zeiträume werden entweder explizit in dichotomen *Kategorien des subjektiven Erlebens* (gut-schlecht, schön-schlimm) bewertet oder implizit durch ihren alltäglichen sozialen Gehalt ohne ergänzende Kommentare charakterisiert (so etwa das Waisenhaus bei Frau Dietz). Die den jeweiligen Ereignissen zugeschriebene subjektive beziehungsweise quasi-objektive Befindlichkeit entscheidet über den be- oder entlastenden Charakter. Biographische

Entscheidungen werden mit der *Suche nach Wohlbefinden* beziehungsweise mit der Vermeidung unangenehmer Lebenssituationen begründet. Die Befragten dieses Typus führen ihre Therapiebedürftigkeit auf *überlastende äußere Lebensereignisse* zurück, die ihren alltäglichen Lebensvollzug ver- oder behindern und eine Störung des Wohlbefindens hervorrufen. Die Identität des Subjekts wird erschüttert, bleibt aber letztlich davon unberührt.[1]

Der stationäre Aufenthalt wird als handlungsentlasteter Raum gedeutet, der eine vorübergehende *Erholung und Regeneration* bietet. Er entspricht der Struktur nach einem Kuraufenthalt, in dem konkrete Tips zur Belastungsbewältigung und -vermeidung erwartet werden. Dabei erscheint das psychologische Thematisieren und Hinterfragen von subjektiven Handlungsmotiven als Bedrohung der Autonomie. Es dominieren Deutungsmuster, die der Logik des Alltags folgen und in die Partikel psychologischen Wissens eingestreut sind. Auch das therapeutische Geschehen auf der Psychotherapiestation wird als eine Variante des alltäglichen Lebens dargestellt. Die Interaktion mit den Interviewern ist auf Ebene des *gleichberechtigten Alltagsgespräches* angesiedelt (zum Beispiel Kaffeeklatsch).

4.2.2 Typenreihe zum Devianztypus

Für die Ausführungen zum Devianztypus wurden neben Joseph Urban (Kapitel 4.1.2) drei weitere Falldarstellungen ausgewählt. Zunächst folgt der Fall von Herrn Kunze, der einige auffällige Parallelen zum Fall von Herrn Urban aufweist: Auch Herr Kunze kommt aus einem traditionalen ländlich-bäuerlichen Milieu, kann sich aber im Gegensatz zu Herrn Urban dort nicht integrieren. Die Normen des Dorfes bleiben für ihn bestimmend, obwohl er sie im Grunde nicht erfüllen kann. Herr Kunze berichtet von Selbst- *und* Fremdstigmatisierungen als Abweichler. Der anschließende Fall von Herrn Fendt erscheint auf den ersten Blick gegensätzlich, weil der soziale Hintergrund und die biographische Erzählung anders sind. Entscheidend für die Zuordnung zum Devianztypus war bei ihm die Selbststigmatisierung als Süchtler, der von einer als Normalität gesetzten bürgerlichen Lebensordnung abweicht. Er sieht seine Abhängigkeit als quasi-natürlich gegeben. Er thematisiert sie erst in dem Moment als Störung, in dem seine Lebensführung nicht mehr mit den Normen seines Bezugsmilieus kompatibel ist.

Die Selbstdefinition als Abweichler bedeutet jedoch nicht, daß die Erzähler dieses Typus nur ein einziges Bezugsmilieu für sich geltend machen. Erstaunlich war, daß

---

1 Die theoretische Störungserklärung der „Zusammenbruchskrise aus den Zufälligkeiten einer harmlosen Episode" (SCHÜTZE 1981, 100) entspricht strukturell dem Störungskonzept dieses Typus. Schütze konstatiert, daß sich in diesem Fall „die reflektorische Situations- und Selbstdefinition des Betroffenen" nicht ändere.

alle im Verlauf ihrer biographischen Erzählung mehrere Bezugsmilieus erwähnten –
dabei aber das Moment der Zugehörigkeit zentral machten, auch wenn es sich, wie im
Falle von Herrn Fendt, um inkompatible Milieus handelte. Der letzte Fall in dieser
Typenreihe ist der von Frau Jansen; bei ihr ist auffällig, daß sie Psychotherapie für
sich selbst prinzipiell ablehnt. Sie verwendet ein rein medizinisch-somatisches Störungsmodell – was angesichts zweier ambulanter Langzeittherapien vor der stationären
Behandlung überraschend ist.

Albert Kunze

Herr Kunze ist 43 Jahre alt und alleinstehend. Er ist der jüngste Sohn einer Bauernfa-
milie und wohnt in seinem Elternhaus in einem ca. 300 Einwohner umfassenden Dorf.
Er sollte Priester werden und besuchte deshalb das Missionsseminar in einer ca. 50km
entfernten Stadt. Nach dem Abbruch dieser Ausbildung schloß er eine Lehre als Metzger bei einem Familienangehörigen in einer Großstadt ab und übernahm dann aber den
elterlichen Hof. Herr Kunze war ein halbes Jahr vor dem Index-Aufenthalt bereits in
der psychiatrischen Klinik in P-Stadt. Nach der Psychotherapie löste sich Herr Kunze
langsam aus den Verpflichtungen der Landwirtschaft: er verkaufte die Kühe und ver-
pachtete Land. Etwa vier Wochen vor dem Interview nahm er eine Arbeit in einer
Fabrik auf.

Herr Kunze erzählt eine besondere Form der Kollektivbiographie, nämlich die
seiner permanent mißlungenen Bewährung in unterschiedlichen Gemeinschaften. Die
Erwartungen des sozialen Milieus (repräsentiert durch die Eltern und Geschwister, aber
auch durch anonyme „die" oder ein allgemeingültiges „man") bleiben die entscheidende Folie seiner biographischen Erzählung. Sie bilden durchgängig Ziel und Maßstab
seiner Handlungsorientierung und werden trotz seiner vielfachen Abweichungen von
deren Anforderungen nicht relativiert. Er stellt sich bis in die Gegenwart des Interviews nicht als autonom handelndes Subjekt dar, das seinen Lebenslauf aktiv gestaltet,
sondern als Spielball sozialer Mächte, denen er sich nicht konstruktiv widersetzen
kann. So erscheint sein beruflicher Lebensweg (Priesterseminarist – Metzger – Landwirt – Fabrikarbeiter) nur auf den ersten Blick inkohärent. Die Verbindung dieser
einzelnen Stationen wird jedoch durch die Bedürfnisse des bäuerlichen Familienkollektivs beziehungsweise durch die Planungen des dominanten Familienoberhauptes (seiner
Mutter) gemäß deren Relevanzstrukturen hergestellt. Diese habe gewollt, daß er Pfarrer wird und habe ihn später gedrängt, den Hof zu übernehmen, nachdem der vorgesehene Hoferbe in ein größeres Anwesen eingeheiratet hatte.

Er äußert keine Zweifel an der Rechtmäßigkeit der Anforderungen, die an ihn
gestellt wurden, sondern bedauert, diesen nicht angemessen nachkommen zu können.
So werden lebensgeschichtliche Entscheidungen durchgängig einerseits mit dem nor-

mativen Druck seiner sozialen Umwelt und andererseits mit seinem eigenen Bemühen, diesen als verbindlich akzeptierten Normen zu entsprechen, begründet. Von sich selbst zeichnet er das Bild einer Person, deren individuellen Wünsche hinter diesen traditionalen bäuerlich-familialen Wertvorstellungen nur als diffuses Unbehagen in Erscheinung treten.[1] Sein Versagen, diesen Anforderungen zu genügen, deutet er auf drei unterschiedlichen Ebenen:

° als individuelle moralische Schuld (vor einem religiös-christlichen Deutungshintergrund);

° als unerklärliches körperliches Unvermögen (auf einer somatisch-medizinischen Deutungsfolie);

° als gemeinsames Scheitern des Sub-Milieus der kleinen Bauern, deren Landwirtschaft sich nicht mehr rentiert (im Kontext einer Kollektivbiographie).

Die Verpflichtungsgefühle der Familie und der bäuerlichen Tradition gegenüber werden in seiner Erzählung so stark gemacht, daß Herr Kunze all seine beruflichen Entscheidungen darauf zurückführt. Zusätzlich erklärt er damit auch das Scheitern seiner (einzigen) langjährigen Partnerschaft: Die damalige Freundin habe sich geweigert, in die Landwirtschaft einzuheiraten. So kommt Herr Kunze mit Ende 20 in ein Dorf zurück, in dem er sich bis in die Gegenwart hinein fremd fühlt,[2] und in einen Beruf, von dem er „hinten und vorne nix verstanden" habe. Er zeichnet einen Widerspruch zwischen seiner traditionalen Verankerung im Milieu des Bauerndorfes und seiner Fremdheit in genau dieser Lebenswelt, den er bis in die Gegenwart hinein nicht auflösen kann. Pflichterfüllung gilt in seiner Erzählung als oberstes Gebot seiner Lebensführung: er begründet damit seinen Verzicht auf seine Partnerschaft sowie seinen persönlichen Einsatz für den Erhalt des Hofes und die Pflege der Eltern bis zur Selbstaufgabe: „I hab mich dann schon reingesteigert, weil i mir gedacht hab, es muß weitergehen und so, gel aber. Es is auch gangen, i hab mich eingesetzt, meine Mutter war schwer krank. Kann keiner sagen, daß i mich net eingesetzt hätt dafür und da hab i mich hergeben dafür Tag und Nacht."

Nach dem Tod seiner Eltern und damit nach der Auflösung des Familienkollektivs auf dem Hof bricht diese Konstruktion erstmalig zusammen: Herr Kunze betont mehrfach, daß er danach „keine Kraft mehr gehabt" habe, um seine Aufgaben weiter zu führen. Den Entschluß zur stationären Behandlung führt er nicht auf seine eigene Entscheidung zurück, sondern verweist, parallel zu seinem beruflichen Lebensweg, auf den Rat von signifikanten Bezugspersonen (seiner Schwester und des Hausarztes).

---

1   Ein Beispiel dafür ist die Darstellung seines Konfliktes im Missionsseminar: „Für mich war des so ein Widerspruch innerlich, da hat es geheißen: ‚Jetzt wirst Du ein Pfarrer' und so weiter und i hab bloß immer gsagt: ‚Ja i werd ein Pfarrer' und so."

2   „I hab mich immer zurückgezogen im Dorf, i hab keinen richtigen Kontakt /.../ i bin ja net net so richtig aufgewachsen im Dorf."

In diesem ersten Klinikaufenthalt stellt sich Herr Kunze durchgängig als passiver Patient dar. Er deutet diesen Aufenthalt als einen Erholungsurlaub, in dem er durch viel Schlaf und ordentliche Ernährung wieder zu Kräften gekommen sei. Nach der Entlassung stellt er sein Leben auf dieses medizinisch-somatische Krankheitskonzept der körperlichen Überforderung durch die Landwirtschaft ein: er verkauft sein Milchvieh[1] und reduziert so seine Arbeitsbelastung. Trotzdem kann er das verbleibende, weiterhin normativ bestimmte Soll seiner Lebensführung („wie es hätte sein sollen") nicht erfüllen: „Dann war i schon ein paar Monat ein paar Monat daheim. ... Aber es is halt net so richtig gangen wie es hätte sein sollen. Die Arbeit war da und und das hat einfach nimmer gestimmt daheim mit der Landwirtschaft. Das Viech war weg damals ja und und /.../ i war seelisch oder moralisch und i hab da Wiesen da hinten gemäht ghabt im Feld draußen und auf einmal ist mir das überkommen und nix is mehr gangen."

Den erneuten Zusammenbruch schildert Herr Kunze weder im Zusammenhang mit der vorherigen Problematik noch mit irgendeinem anderen Teil seiner Biographie, sondern als unerklärlichen und plötzlichen Funktionsausfall auf der Grundlage eines mysteriösen „seelischen oder moralischen" Zustandes. Er sieht seine Störung in der Welt des Allgemeinwissens – parallel zu dem gängigen Begriff des ‚seelisch-moralischen Tiefs'. Dieser beinhaltet genau die diffuse Vermischung von körperlicher Erschöpfung, psychischer Belastung und moralischer Be-(beziehungsweise Ver-)Urteilung, die sich durch die gesamte Biographiekonstruktion von Herrn Kunze zieht. Diese Zuschreibung ändert nichts an seinem grundsätzlich medizinisch-somatischen Störungskonzept, denn „des war halt wie a Krankheit bei mir, und das hat einfach Zeit braucht zum Ausheilen."

Die Verlegung auf die Psychotherapiestation begründet Herr Kunze mit dem Expertenvorschlag der damaligen Ärztin. Nach den Eltern übernehmen nun zunehmend Geschwister und Experten die richtungsweisende Funktion in seinem Leben. Er selbst sei, im Kontrast dazu, daheim „ganz allein und hilflos" gewesen. In der Therapie dagegen definiert er sich durch die Aufnahme in die Gruppe der Patienten nicht mehr als Außenseiter, sondern als Teil eines neuen Kollektivs, für das gemeinsame Regeln gelten. Sein Scheitern erklärt sich in diesem Milieu nicht mehr als Resultat eines individuellen schuldhaften Versagens, sondern als Teil einer kollektiv gültigen Logik. Insofern fällt es ihm leicht, ein gemeinsames Störungsbild für alle Mitbetroffenen zu postulieren: „Alle, die wo krank sind, lassen sich alles gefallen. Oder die meisten wenigstens."

---

1   Genau in dieser Zeit, so erzählte er nach Abschluß der Tonbandaufnahme, gab es hohe Zuschüsse der EG für diejenigen Bauern, die die Milchproduktion aufgaben. Herr Kunze war mit seiner Entscheidung keineswegs ein Einzelfall, sondern rechtfertigte an dieser Stelle den Verkauf der Kühe mit dem kollektiven Niedergang der Milchwirtschaft.

Durch den mehrfachen Bezug auf solche Gemeinsamkeiten bleibt Herrn Kunzes Weltbild erhalten, in dem sich das Individuum unhinterfragbaren Gesetzmäßigkeiten unterordnen muß. Er bildet die Stationsgemeinschaft auf der Folie eines traditionalen Familienverbandes ab, in der Zusammengehörigkeit und gleichzeitig die Unterordnung des Individuums unter die kollektiven Bedürfnisse und eine Autorität mit Führungsanspruch gelten. Innerhalb dieser neuen (geschwisterähnlichen) Bezugsgruppe kommt auch seine vorherige Passivität und Lethargie nicht mehr zum Tragen. Herr Kunze wird, wie er vielfach im Interview wiederholt, „mitgerissen" im Strom des kollektiven Geschehens. Dabei kommt dem „Reden" und dem „richtig verstanden"-Werden ein besonderer Stellenwert zu.[1] Ihm geht es um die Herstellung eines Gruppengefühls durch kommunikativen Austausch, eine Erfahrung, die er mit seinem Lebensalltag im Dorf kontrastiert.

Zusätzlich gibt es in seiner ‚Therapiefamilie' den Eltern strukturell vergleichbare Leitfiguren: Diese Rollen besetzt er mit den beiden damals auf der Station tätigen Psychologinnen, deren Aussagen in den Einzelgesprächen er eine besondere Bedeutung zumißt. Erkenntnisse aus der Therapie werden im Interview mit dem Verweis auf die jeweilige Experten-Quelle zitiert.[2] Die Therapie ist für ihn dezidiert kein Medium der Selbstverwirklichung oder Individualisierung. Herr Kunze zitiert auch alle diesbezüglichen Überlegungen ausschließlich als Ratschläge seiner Therapeutinnen. So bleibt das auf die Therapie zurückgeführte psychologische Wissen über Gesundheit und Krankheit und seine Ausführungen zu einer modernisierten Lebensführung externes Verweisungswissen.[3] Er begründet auch seine Entscheidungen nach Abschluß der Therapie entweder mit ihrer kollektiven Gültigkeit oder mit den Ratschlägen signifikanter Leitfiguren (er nennt dabei die Geschwister und den Sozialarbeiter des Sozialpsychiatrischen Dienstes der nächsten Kreisstadt). So ermöglichen ihm die Strukturänderungen in der Landwirtschaft unter Verweis auf die anderen Kleinbauern des Dorfes, seine Landwirtschaft zu verpachten und in der Fabrik zu arbeiten. Der Plan, das Familienerbe aber ganz zu verkaufen und damit örtlich unabhängig zu werden, wird zwar erwähnt, aber nicht handlungsleitend. So ist die therapeutisch vermittelte Individualisierung von Herrn Kunze, die implizit in seinem allgemeinen Konzept psychischer Störungen enthalten ist, auf der Ebene von Rezeptwissen steckengeblieben.

---

1 Seine Devise „Das Beste is reden und reden und reden. Das is der Sinn und Zweck dort. Wenn da, wenn man net red, dann kann einem net geholfen werden" wendet Herr Kunze auch in der Gegenwart des Interviews an. Er unterbricht die relativ lange Eingangssequenz der Interviewer, die ihn ausführlich über ihre Schweigepflicht aufklären und beginnt ohne konkrete Frage mit der Erzählung seiner Lebensgeschichte.

2 „Sie haben das zu mir gesagt: ‚Sie müssen bewußter leben'. Das hab i mir gemerkt."

3 „I sag, des is jetzt *mein* Leben und i sag i muß weiterkommen, der <Onkel in der Großstadt> hilft mir net. / I2: Is das sowas, wo Sie sagen würden, das ist sowas, was ich auf der 23 erfahren habe, daß ich schauen muß, daß das *mein* Leben ist? / K: Ja, das haben *Sie* gesagt."

Leo Fendt

Leo Fendt ist 25 Jahre alt, kinderlos und lebt mit seiner Lebensgefährtin zusammen. Er ist der mittlere von 3 Brüdern, der Vater war Handwerker, die Mutter Hausfrau. Nach Abschluß der Realschule machte Herr Fendt eine Ausbildung zum Krankenpfleger in der Psychiatrie. Danach war er bis zu seiner Einberufung zur Bundeswehr arbeitslos. Nach dem Abschluß der Therapie war Herr Fendt weiterhin arbeitslos. Sechs Monate später wurde Krebs diagnostiziert, er wurde operiert und chemotherapeutisch behandelt. Zum Zeitpunkt des Interviews arbeitet er als Krankenpfleger in einem Heim.

Herr Fendt thematisiert seine Biographie auf der Folie einer Normalität, die jeden weiteren Kommentar und jede genauere Beschreibung überflüssig macht. Normalität ist für ihn kein soziales Konstrukt, sondern naturgemäß gegeben: „Also so in meiner Jugend, des war alles eigentlich relativ normal. Gutbürgerlich, kann ma nix sagen, is nix weiter gwesen." Er entwirft innerhalb dieses Rahmens einen institutionalisierten Lebenslauf (Wohnorte, Schul- und Berufsausbildung, Bundeswehr), den er als Faktendiskurs ohne Bezug zu lebensgeschichtlichen Hintergründen oder Motiven konstruiert. Kontrastiert wird dieser durch einen als Abweichung interpretierten drogenbezogenen Lebensbereich: „Naja und ab m 15. Lebensjahr is es halt dann rapide bergab ganga. Des war ebn au mit meinen Geschichten wegen Rauschgift und wegn meim Bekanntenkreis allem möglichen Sachen war das zusammghängt."

Herr Fendt stigmatisiert sich selbst damit in doppelter Hinsicht: Zum einen bewertet er seinen Lebensweg objektivierend als einen schnellen Abstieg. Er begründet diesen nicht im Relevanzsystem einer individuell erklärbaren inneren Entwicklung, sondern mit einer neuen sozialen Bezugsgruppe. Diesen „Bekanntenkreis" charakterisiert er auf Nachfrage der Interviewer als einen unspezifischen Gegenentwurf zur Normalität des Herkunftsmilieus. Die Andersartigkeit eines „net normal" genügt, auch im Rückblick, als ausschlaggebende Grundlage seines Zugehörigkeitsgefühls. Zum anderen betont er seine Abweichung von der Norm, indem er sich pauschalisiert als Rauschgiftkonsumenten darstellt, obwohl er, wie er später sagt, ausschließlich Haschisch, also sogenannte weiche Drogen konsumiert habe. Er verlegt damit seinen Drogenkonsum in den Werterahmen eines auf ‚Law and order‘ ausgerichteten konservativen Teils der Gesellschaft.[1]

So kontrastiert Herr Fendt eine Normalität seines Heranwachsens und seiner beruflichen Laufbahn („des war au ganz normal eigentlich"), die für ihn (trotz längerer Arbeitslosigkeit) ohne erzählenswerte Besonderung verläuft, mit einer ebensolchen

---

1 Im Interviewprotokoll ist vermerkt, daß Teile des an das Interview anschließenden Gesprächs, das auf Wunsch von Herrn Fendt in einem naheliegenden Café stattfand, „fast ein Insider-Gespräch über Drogenabhängigkeit" gewesen sei. In diesem sozialen Kontext nimmt Herr Fendt eine gesellschaftskritische Haltung ein.

Zwangsläufigkeit und Selbstverständlichkeit seines abweichenden Verhaltens. Seine Zweigleisigkeit zwischen äußerer Anpassung (Familie, Schule, Arbeitskontext) und heimlicher Devianz in der Gruppe (Drogenkonsum) endet bei der Bundeswehr. Durch das Ausbleiben einer Kiffergemeinschaft in diesem neuen sozialen Kontext erhält sein Haschischkonsum den Charakter belastender, weil von der Norm abweichender Heimlichkeit. Herr Fendt stellt sich damit als Individuum dar, das den Einflüssen divergierender, ja sogar diametral voneinander entfernter sozialer Bezugsgruppen wie dem Drogenmilieu und der militärischen Umgebung ausgeliefert ist: „Und ich hab mi halt au irgendwie au anstecken lassen dadurch, hab aa immer gedacht, immer bereit sei und so die des war total <lacht kurz> des war echt übel. Naja und dann bin i damals ausgflippt, i weiß nimma ganz genau, wie s war."

Herr Fendt weist diesen Gruppen eine unausweichliche („ansteckende") Definitionsmacht über den Einzelnen bezüglich seiner Meinung, Wertschätzungen, Verhaltensweisen zu. Voraussetzung dazu ist seine Einteilung der Welt in unterschiedliche soziale Gruppen, denen das Individuum angehört und die das Individuum ganz selbstverständlich „prägen". Sie ermöglichen sowohl Sicherheit als auch die Zwangsläufigkeit der sozialen Zuordnung, und damit die Reduktion von Optionen. Der individuelle Verhaltens- und Entscheidungsspielraum ist somit (wie natürlich) begrenzt und nicht mehr seiner Entscheidung überlassen. Er selbst wechselt die Perspektive je nach der Gruppe, der er sich gerade zuordnet, ohne auf den jeweiligen Rollenwechsel zu verweisen.

Stoßen innerhalb einer Einzelperson zwei so unterschiedliche Bezugssysteme wie die Bundeswehr und die Drogenszene aufeinander, dann kommt es zu ‚gespenstischen' Vorgängen. Was damals passiert ist, benennt er in umgangssprachlichen Begriffen: er sei „vollkommen durcheinander", „ausgeflippt" und „voll fertig" gewesen, sei „ausgerastet", habe „total wirres Zeug" geredet und einen „Filmriß" gehabt. Auf die Nachfrage des Interviewers, wie er selbst die damaligen Phänomene einschätzt, zitiert er anonyme Experten, denen er damit eine hohe Definitionsmacht über seine Störung zuschreibt: „Naja wie s es dann mit Haschischpsychose oder oder Lagerkoller, wie sie des dann au bezeichnet ham". Indem er Begriffe aus den beiden damals beteiligten Expertengruppen (Psychiatrie und Bundeswehr) anführt, aktualisiert er ausschließlich diese gruppenspezifischen Sichtweisen und verzichtet auf eine individuelle Einschätzung. Dies ist umso erstaunlicher, als Herr Fendt als Psychiatriepfleger auch auf ein eigenes Experten- oder ein berufsspezifisches Erfahrungswissen zurückgreifen könnte. Er selbst bleibt sich in der Erzählung dieser Ereignisse bis in die Gegenwart des Interviews ein Fremder, eine autobiographische Einordnung oder Deutung gibt es für ihn nicht.

Auch die Therapie schildert Herr Fendt aus zwei verschiedenen Perspektiven, ohne sich selbst als Subjekt eindeutig zu verorten: so gibt es anfangs die therapiekritische Haltung aus dem Drogenmilieu, die der Psychotherapie einen strategischen Wert, aber keinen hilfreichen Einfluß zuschreibt. Diese Einstellung wird nach der Verlegung, das heißt in der Konfrontation mit der therapeutischen Bezugsgruppe, scheinbar bruchlos von einem diametral entgegengesetzten Hochgefühl („euphorisch") abgelöst. Seine Orientierung innerhalb der Therapie ist nicht auf die Hilfe von Experten ausgerichtet, sondern auf den kommunikativen Austausch ‚mit jedermann'. Der gelungene Kontakt mit den Mitgliedern dieser neuen Bezugsgruppe ist in seiner Darstellung ausschlaggebend für seine positive Einschätzung, bei der es jedoch kein fühlendes ‚Ich' gibt: „Des war toll."

Mit der geäußerten Erwartung einer automatischen „Normalisierung"[1] seiner ihm unangenehmen Gefühlszustände durch die Beendigung seines Drogenkonsums in der Therapie verweist Herr Fendt implizit darauf, daß aus seiner Sicht kein dahinter liegendes Problem existiert. Gemäß seiner Interpretation kifft er nicht, weil er Probleme hat. Statt dessen deutet er den Haschisch-Konsum als Zeichen von Sucht beziehungsweise Abhängigkeit und damit als das eigentliche Problem, das weitere als Folge verursacht. So treibt Herr Fendt seine Devianz-Geschichte bis in die Gegenwart des Interviews voran und verschärft sie zusätzlich, indem er sich als „vom Haschisch war i scho oder bin i eigentlich immer noch abhängig" bezeichnet. Diese Selbststigmatisierung als „Süchtler" ist sein Störungskonzept, und sie erklärt ihm auch gleichzeitig, warum er nach Abschluß der Therapie sofort wieder rückfällig geworden ist. Die Droge ist stärker als die Person („dem Haschisch voll verfallen") und zusätzlich ist Therapie grundsätzlich aus der Sicht des Drogenkollektivs, das er mit seinem Rückfall wieder als Bezugsgruppe heranzieht, nicht das geeignete Hilfsmittel: „Es is halt bei Süchtigen so, des die wern halt rückfällig, die meisten. Und ich tu mi da aa net ausklammern irgendwo, ich bin da genauso davon betroffen."

Herr Fendt betont im Interview, daß er nun in „geordneten Verhältnissen" lebe und seine Lebensführung (bezüglich Arbeit, Eltern, Partnerschaft) „ganz normal" sei. Dies ist für ihn auch das wesentliche Ziel einer Psychotherapie. Die heutige Einschränkung seines Drogenkonsums führt er weder auf seine Entscheidung noch auf die Therapie, sondern auf ein überirdisches Eingreifen zurück. Er verweist auf Sanktionen einer göttlichen Instanz für sein abweichendes Verhalten, deren Einfluß stärker sei als die Sucht. So deutet er sowohl die psychische Störung als auch die wenige Monate nach dem Therapieabschluß diagnostizierte Krebserkrankung als göttliche Mahnung, seinen Drogenkonsum zu kontrollieren: „Des <die Krebserkrankung> is halt jetzt dann nochmal der zweite Hinweis oder die die Strafe Gottes oder irgend irgend was auch immer, daß ich halt doch mich mal a bißl am Riemen reißen sollte, grad mit Rauschgift."

---

1   „Weil ich hab gedacht, naja wenn s d nix zu Rauchen hast, dann normalisiert sich des ebn, ne."

Mit diesen Zuordnungen aktiviert Herr Fendt ein religiös-christliches Störungskonzept, demgemäß er sich durch seinen Haschischkonsum versündigt hat. Sein Verstoß gegen das göttliche Regelsystem wird bereits zu seinen Lebzeiten sanktioniert, wobei Herr Fendt die psychische Störung vor der Therapie in ihrer strafenden Funktion der späteren Krebserkrankung gleichstellt. Die der Therapie zugeschriebenen Ziele von Drogenabstinenz und der Fähigkeit, „mit den ganz normalen, alltäglichen Sachen fertig zu werdn im Leben" stehen damit in Einklang mit einer christlich-religiösen sozialen Gesamtordnung, die er implizit als gültige akzeptiert. Der Therapie schreibt er eine hilfreiche Funktion zu, diese Ziele besser zu erreichen.

Frieda Jansen

Frau Jansen ist 37 Jahre alt und mit einem Handwerker verheiratet. Das Ehepaar hat drei Kinder. Frau Jansen ist gelernte Bürokauffrau, seit der Geburt des ersten Kindes nicht mehr erwerbstätig. Seit ca. acht Jahren leidet sie an Schwindelanfällen und diffusem körperlichen Unwohlsein. Sie war mehrfach in medizinischer und zweimal in ambulanter psychotherapeutischer Behandlung. Die Beschwerden blieben nach der Index-Therapie unverändert bestehen. Frau Jansen besucht zum Zeitpunkt des Interviews eine Gesprächsgruppe im Sozialpsychiatrischen Dienst, hat mehrere Naturheilverfahren sowie Akupunktur erfolglos ausprobiert und hofft weiterhin auf Heilung.

Frau Jansen konstruiert ihre Lebensgeschichte entsprechend einer traditional weiblichen Normalbiographie (Hauptschule, Beruf, Heirat, Aufgabe der Berufstätigkeit nach der Geburt des ersten Kindes, seither Hausfrau und Mutter), deren Abfolge innerhalb dieses Zusammenhangs von ihr nicht begründet wird. Die Ausgestaltung der einzelnen Schritte (zum Beispiel Berufswahl) stellt Frau Jansen als eine Aneinanderreihung von zufälligen oder zwangsläufigen Ereignissen dar. Eigene Gestaltungsmöglichkeiten und individuelle Aspekte bestehen in ihrer Erzählung vorwiegend in der Verweigerung von überfordernden Situationen. Die Möglichkeit der Bewältigung dieser Situationen durch Rückzug schreibt sie dem aktiven Eingreifen von signifikanten Familienangehörigen mit Gestaltungsmacht zu (vor allem der Mutter, später dem Ehemann). Auch konstruktive Entscheidungen (wie die Lehre als Bürogehilfin) führt sie auf Experten beziehungsweise Autoritätspersonen (die Arbeitsvermittlerin, die Lehrer) zurück.

Es gibt aus ihrer Sicht auf der sozialen Welt feste Verhaltensspielregeln, die durch Rollenzuweisungen und Hierarchien, nicht durch persönliche Fähigkeiten oder Bedürfnisse bestimmt sind: Als Kind wurden ihre Angelegenheiten von der Mutter geregelt, als Mutter schützt sie ihre Kinder und bestimmt über deren Lebensweg. Diese durchgängig klaren Aufgabenverteilungen gelten auch für professionelle Autoritäten und für Experten. Dabei installiert sie ein hierarchisches Verhältnis: Der Laie hat die Aufgabe, sich an die Experten zu wenden und deren Anweisungen zu befolgen. Die Experten müssen erfolgreiche Lösungen erbringen und konkrete Veränderungen einleiten. Diejenigen, die von diesem Schema abweichen, sind unbrauchbar. Sie selbst kann zu diesem Prozeß lediglich ihre Bereitschaft beitragen, geduldig und folgsam zu sein, das heißt im Relevanzsystem eines medizinischen Krankheits- und Behandlungsmodells ihre komplementäre Rolle als Patientin zu erfüllen (vgl. PARSONS 1970). Diese Haltung zeigt sie auch im aktuellen Interview, das über weite Strecken als ein Frage-Antwort-Gespräch abläuft, bei dem Frau Jansen durch ihre sehr knappen Antworten den Interviewern die Strukturierung überläßt.

Sie sieht den Aufenthalt in der psychiatrischen Klinik in Zusammenhang mit einer jahrelangen körperlichen Symptomatik.[1] Ihre Person und/oder ihre individuelle Lebensgeschichte bleiben unverbunden daneben bestehen. Mit ihrer ausschließlich medizinisch-somatischen Störungsbeschreibung läßt sie Zusammenhänge zwischen diesen körperlichen Beschwerden und möglichen psychischen Ursachen beziehungsweise Störungen vollkommen offen. Dies ist besonders bedeutsam vor dem Hintergrund zweier ambulanter Psychotherapien *vor* dem Klinikaufenthalt, die Frau Jansen lediglich vor der Deutungsfolie der erfolglosen Versuche zur Störungsbehebung erwähnt. Erzählt werden nicht Hintergründe, Inhalte oder Ziele dieser Behandlungen, sondern ausschließlich Fakten des äußeren Zusammenhangs (Personen, Orte, Dauer). Als Bewertungskriterien gelten für sie nicht neue Erklärungsmuster oder neue Wissensbestände, sondern das Resultat, das daran gemessen wird, ob die Störung beseitigt ist. Frau Jansen stellt schließlich auch das zum Klinikaufenthalt führende Ereignis, das sie als „Nervenzusammenbruch" bezeichnet, in Zusammenhang mit ihrer andauernden Problematik und ihrer Verzweiflung über die Erfolgslosigkeit dieser Behandlungen: „Ja so die Gespräche, weil ich ma damals eigentlich viel erhofft hab von Gespräche, daß ma endlich mal draufkommt, was woran ich krank bin. Und aber ich hab ja meine Beschwerden behalten. Heute weiß ich, daß die Gespräche nix bringen. Also heut denk ich anders drüber. Heut nehm ich Tabletten."

Die Folie der erfolglosen Suche nach dem Hintergrund und nach einer adäquaten Behandlung für ihre körperlichen Beschwerden bleibt bis zur erzählten Gegenwart unverändert. Dabei steht eine frühere psychologische Deutung ihrer Störung prinzipiell zur Debatte: Sie verweist auf ihre Hoffnung, die sie in die Gespräche gesetzt habe, ohne deren Inhalt zu erzählen. Überlegungen oder Hypothesen dazu bleiben unerwähnt. Die stationäre Psychotherapie stuft sie als ebenso erfolglos ein wie die vorherigen ambulanten psychologisch und medizinisch orientierten Behandlungsansätze (sie

---

1 „Ich war eigentlich schon länger krank, ich bin schon seit 8 Jahren krank, also ich leide so unter Schwindel, unterm starken Schwindel und Rückenschmerzen und Blasenbeschwerden und also bin mit m ganzen Körper unwohl. Kopfschmerzen, alles mögliche /.../ und hab schon Gespräche also hier in S-Stadt beim Psychologen gehabt, beim Arnold, da hab ich 80 Sitzungen gehabt, ich war auch beim Helbig, da hab ich auch schon 20 Sitzungen gehabt und des hat alles nix richtig geholfen."

berichtet neben der Schulmedizin und einer Zahnsanierung von Chiropraktik, Akupunktur, Naturheilkunde). Experten des medizinischen Bereichs bleiben trotz dieser Mißerfolge ihre Ansprechpartner und ihre Legitimation für Entscheidungen.

Ihre eigene Verantwortung sieht sie weiterhin im Relevanzsystem des medizinischen Krankheitsmodells darin, die Suche nach der geeigneten Behandlungsmethode einzuleiten oder zumindest nicht zu verweigern. Sie ist ohne eigene Gestaltungsmöglichkeit ihrer Krankheit und deshalb den dafür zuständigen Experten ausgeliefert. Ihr selbst bleibt alles unverständlich und gibt Anlaß zu ungezielt erscheinendem Aktivismus, der nach dem Ausschlußprinzip funktioniert. Es muß etwas passieren, damit das ‚Prinzip Hoffnung' hochgehalten werden kann. Und selbst dieses wird durch eine Autorität abgesichert: „Hätt ich s <die stationäre Therapie> nich gemacht, hätt ich gesagt: ‚Hätt ich s gemacht, vielleicht hätt s geholfen'. Und so hab ich s halt gemacht, ich hab ja so vieles gemacht. Und ich mach immer wieder was. Ich muß auch immer wieder irgendwas machen, ich hab auch des Gefühl, ich müßt immer was machen. Weil wenn ich nix mach, kommt nix. Also aufge/ wenn ich aufgeb, des is furchtbar. Des is nix und da redt ma ja der Herr Würth <Sozialarbeiter des Sozialpsychiatrischen Dienstes> immer zu. Der gibt die Hoffnung nicht auf, sagt er immer. Wenn ich sag: ‚Ich hab s aufgegeben', na redt er mir immer zu."

Frau Jansen aktiviert durchgängig ein medizinisches Krankheitskonzept für ihre ausschließlich in körperlichen Symptomen beschriebene Störung. Ihre Lebensgeschichte ist von dieser Beeinträchtigung geprägt, aber nicht Hintergrund oder Bestandteil dieser Störung. Die Ursache ihrer Erkrankung liegt für Frau Jansen im Dunkeln, ihr Anteil am Heilungsprozeß besteht in der Krankheitseinsicht und der Offenheit für eine Vielfalt von Behandlungsansätzen. Sie bleibt durchgängig passive Patientin und verhält sich gemäß einem Konzept der Dominanz von gegebenen formalen Strukturen sozialer Beziehungen: Zentral ist die Form des Kontakts, nicht der Inhalt. Die traditionalen Rollen von Arzt-Patient beziehungsweise Experte-Laie bleiben trotz der Erfolglosigkeit der verschiedenen Behandlungen uneingeschränkt erhalten, ebenso wie die traditionalen Rollenverteilungen in ihren sonstigen sozialen Bezügen.

Die übergreifenden Strukturmerkmale des Devianztypus

Über die oben geschilderten Einzelfälle hinweg sind folgende Kennzeichen konstituierend für den Devianztypus: Das vorherrschende Weltbild baut auf der Existenz fester sozialer Bezugsgruppen auf, denen das Individuum angehört und die die Deutungen und Handlungsorientierungen ihrer Mitglieder bestimmen. Diese Gruppenzugehörigkeit kann mit der Geburt quasi-natürlich bestehen, aber auch Resultat individueller Entscheidungen sein. Die Kompatibilität der Lebensentscheidungen mit den Normen des Bezugsmilieus stellt den allein gültigen Beurteilungsmaßstab für die individuelle Lebensführung dar. In ihrem Bestreben, die eigene Identität als statisch darzustellen und sie den kollektiven Bedürfnissen unterzuordnen, entwerfen die Repräsentanten des Devianztypus häufig eine Kollektivbiographie. Bei der Darstellung persönlicher Entscheidungen und/oder Erlebnisse dominieren daher ‚Man-Formulierungen'.

Diese Form der biographischen Konstruktion entspricht dem Muster 1 von ENGEL-HARDT: „Beherrschend ist die Einbindung in einen zyklisch strukturierten Lebens- und Wir-Zusammenhang, bei dem es um die Annahme und Bewältigung von Lebensaufgaben geht, die von Natur und Gemeinschaft vorgegeben ist" (1990a, 228). ENGEL-HARDT vermutet dieses Konstruktionsmuster „unter Mitgliedern der älteren Generation, und dort bei jenen Personen, die im traditionell-ländlichen Bereich gelebt haben oder leben" (229). Daß dies keine ausreichende Voraussetzung ist, zeigen die Interpretationen der Interviews mit Frau Gruber (Kapitel 4.2.1) und Herrn Braun (Kapitel 4.2.4), die beide anderen Typen zugehören. Trotzdem ist auffällig, daß sowohl Herr Urban als auch Herr Kunze von allen interpretierten Fällen dem ländlich-bäuerlichen Milieu am nächsten stehen.

Die psychische Störung ist im Beurteilungskontext der *Dichotomie von Normalität (=Gesundheit) und Abweichung (=Krankheit)* in die Biographiekonstruktion eingebettet. Es werden medizinische Krankheitsmodelle (gleich einem Unfall oder einer Funktionsstörung) als Störungskonzepte herangezogen, die nicht biographisch erklärt werden können und müssen. Alternativ dazu werden bisweilen christlich-religiöse Erklärungen diskutiert – „die Verlaufskurve sei das Ergebnis persönlich zu verantwortender moralischer Fehltritte" (SCHÜTZE 1981, 100). Die Störung ist als eine nach außen sichtbare Abweichung von der sozialen Bezugsgruppe definiert. Die Darstellung der Störung erfolgt schwerpunktmäßig auf der Ebene medizinisch-somatischer Beschreibungen. In der Therapie werden vorrangig das Gruppengefühl und die Expertengespräche positiv und hilfreich gewertet. Der Psychotherapie kommt der zentrale Stellenwert als Instrument der *Wiederanpassung an die Normalität* im Bezugsmilieu zu. Als Regulativ dient *Rezeptwissen,* das als Anweisung von den Experten übernommen wurde und zumeist auch (oft sogar in wörtlicher Rede) auf diese zurückgeführt werden kann. Im Interview wird beiden Interviewern gleichermaßen ein Expertenstatus zugeschrieben.

4.2.3 Typenreihe zum Defizittypus

Zusätzlich zu der ausführlichen Falldarstellung von Frau Clemens (Kapitel 4.1.3) haben wir vier weitere Interviews dem Defizittypus zugeordnet. Dabei wird bei dem folgenden Fall von Frau Reichel ein Übergang vom Devianz- zum Defizittypus sichtbar: Sie – die im übrigen die intensivste Psychotherapieerfahrung unseres Samples hat – aktualisiert zwei strukturell unterschiedliche Störungen, von denen sie die eine (ihre

Angstsymptomatik) im Deutungskonzept des Devianztypus, die andere (Mangel an sozialer Kompetenz) im Konzept des Defizittypus erklärt. Dies ist umso erstaunlicher, als sie wegen ihrer Angstsymptomatik fast zehn Monate lang stationär psychoanalytisch behandelt wurde und zudem anschließend eine ambulante Langzeittherapie anschloß. Die folgende Erzählung von Herrn Lehmann ist dagegen sehr viel klarer einzuordnen: er zieht sehr konkrete und für ihn lebensnotwendige Lerndefizite als Störungskonzept heran. Dagegen verfolgt Herr Denner das abstraktere ganzheitliche Persönlichkeitskonzept einer Kopf-und-Bauch-Einheit, das er durch die therapeutischen Maßnahmen nun verwirklichen kann. Der letzte Fall dieser Typenreihe, Herr Frei, stellt (ähnlich wie Frau Clemens; Kapitel 4.1.3) den Zugewinn von Kommunikationsfähigkeiten durch die Psychotherapie in den Vordergrund.

Ute Reichel

Frau Reichel ist 47 Jahre alt. Ihr Vater war Beamter, die Mutter Hausfrau. Sie ist mit einem Lehrer verheiratet und lebt in einem kleinen, bäuerlich strukturierten Dorf. Frau Reichel hat ein Studium an der Pädagogischen Hochschule wegen der Geburt des ersten Kindes abgebrochen und ist seither Hausfrau. Sie verweist auf eine insgesamt etwa fünfzehnjährige Therapiegeschichte *vor* der Index-Behandlung (zwei sechswöchige psychosomatische Kuraufenthalte [einmal als Paartherapie], eine zehnmonatige stationäre Psychoanalyse sowie eine dreijährige ambulante Langzeittherapie). Die zweite Hälfte des Interviews wurde auf Wunsch von Frau Reichel als gemeinsames Gespräch mit ihrem Mann durchgeführt.

Frau Reichel beginnt die biographische Erzählung mit dem Verweis auf ihre langjährige Erfahrung mit verschiedenen Therapien, die sie zu einem einzigen „Therapieweg" zusammenfaßt. Dabei bewertet sie diese Behandlungsdauer als relativ lang, verweist aber gleichzeitig darauf, daß Therapie für sie heute abgeschlossen ist. Im Verlauf des Interviews entwickelt sie zwei Störungskonzepte in unterschiedlichen biographischen Ordnungen, die einmal dem Devianz- und einmal dem Defizittypus entsprechen. Die zeitliche Reihenfolge innerhalb der Erzählung kann als Hinweis auf eine Veränderung des Deutungskonzeptes im zeitlichen Ablauf der Biographie gewertet werden. Diese Veränderung wird von Frau Reichel an unterschiedliche therapeutische Maßnahmen geknüpft.

Sie erzählt mit ihrer Antwort auf die Eingangsfrage des Interviewers von einer Angstsymptomatik, die die früheren Behandlungen vor der Index-Therapie notwendig gemacht hätte. Dabei aktualisiert sie ein Störungskonzept gemäß dem Devianztypus, in dem die plötzliche, ohne jegliche biographische Einordnung unvermittelt auftretende Störung einer weiblichen Normalbiographie (Schule, Ausbildung, Heirat, Hausfrau und

Mutter) im Mittelpunkt steht.[1] Frau Reichel legitimiert ihre damalige Therapiebedürftigkeit mit ihrem Unvermögen, ihren Aufgaben als Hausfrau und Mutter nachzukommen. Der „lange Therapieweg" wird als Zeichen der Schwere und des Umfangs ihrer psychischen Störungen interpretiert: Sie benennt multiple Ängste sowie Selbstmordgefährdung und Tablettenmißbrauch. Dabei betont sie, vergleichbar zu Herrn Urban (Kapitel 4.1.2) ihr Ringen um Wiedereingliederung. Besonders hilfreich sei dabei gewesen, daß sie innerhalb der fast zehn Monate dauernden stationären Psychoanalyse von den Professionellen zur Bewältigung ihrer Lebensschwierigkeiten und zur Erweiterung ihres Bewegungsradius gezwungen worden sei: „Dann zum Schluß hat man mir ebn gesagt, man rät mir an, daß ich s Autofahrn wieder lern, ich bin also a Jahr lang nicht mehr ins Auto gstiegen und da weiß ich noch wie die Therapeutin zu mir gesagt hat: ‚Sie müssen allmählich wieder des Steuer selbst in die Hand nehmen', und des war für mich so symbolisch."

Trotz des Hinweises auf die Symbolik mißt sie in ihrer Erzählung die Ergebnisse dieser Therapie an ihrer konkreten Fähigkeit, sich ihre geographische Umwelt ohne äußere Hilfe zu erschließen; dies wird ebenfalls bei der anschließenden dreijährigen ambulanten Therapie erwähnt: zentral sei die erfolgreiche selbständige An- und Heimreise.[2] Störungs- oder therapiespezifische Inhalte werden nicht erwähnt. Als zentrales Ziel dieser beiden Therapien betont sie, durch einen größeren Aktionsradius überlebensfähig zu geworden zu sein. Dabei geht es ihr um angeleitetes Üben und Durchhalten von Aufgaben, übergeordnete psychologische Erkenntnisse werden für die damalige Zeit explizit zurückgewiesen („ich hab des also nich so reflektieren können"). In einer zusammenfassenden Bewertung der damaligen Ereignisse aktualisiert Frau Reichel ein medizinisch-somatisches Störungsmodell, in dem sie mit der Gleichsetzung „Schwäche oder beziehungsweise Angstzustände" eine gleichsam natürlich gegebene Nervenschwäche postuliert.[3] Sie verbleibt damit weiterhin mit ihren Deutungen im Relevanzsystem des Devianztypus. Zentral ist die Akzeptanz einer solchen ‚Behinderung' und das Erlernen eines adäquaten Umgangs mit dieser organisch verankerten Störung.

---

1   Frau Reichel konstruiert eine traditional weibliche Biographie: Sie begründet die Aufgabe ihres Traumberufes (Ärztin) mit dem Kennenlernen ihres späteren Mannes. Bereits mit dem Auftauchen der Perspektive eines Lebens als Ehefrau und Mutter verändert sie ihr Berufsziel hin zu einem kürzeren Studium (Volksschullehrerin) und einem klassischen Frauenberuf. Den späteren Abbruch dieses Studiums erklärt sie mit der Geburt ihres ersten Kindes.

2   Dabei muß darauf hingewiesen werden, daß im Fall von Frau Reichel die Fähigkeit, alleine Auto zu fahren, von besonderer Bedeutung für eine relativ autonome Lebensführung ist: Ihr Wohnort ist nicht an das Netz öffentlicher Verkehrsmittel angeschlossen.

3   „Daß ich ähm akzeptieren kann, daß ich einfach jetzt nervlich nicht die Stärkste bin, also des des weiß ich jetzt und des kann ich durch hm hundert Therapien geht des nicht weg."

Ihre Therapiebereitschaft für die Index-Therapie begründet Frau Reichel mit Defiziten im Umgang mit ihrer sozialen Umwelt.[1] Sie führt an dieser Stelle erstmals eine andere und qualitativ neue Problematik gemäß dem Störungskonzept des Defizittypus ein: „Ich hatte also *wahnsinnige* Schwierigkeiten mit meinem Mann, ich hab wahnsinnige Schwierigkeiten gehabt also mit andern Menschen umzugehn". Daß dieses Defizit heute aus ihrer Sicht behoben ist, wird nicht nur implizit aus der Vergangenheitsform ihrer Darstellung deutlich. Sie betont dies direkt anschließend explizit und führt diese Veränderung auf die Index-Therapie zurück: „Auf dieser Station hab ich gelernt, wie man mit Menschen umgeht."

Frau Reichel spricht die strukturelle und inhaltliche Differenz ihrer beiden Störungskonzepte im Interview nicht an, sondern läßt beide nebeneinander bestehen. Sie betont gleichzeitig die Einheit ihrer verschiedenen Psychotherapien, die sich in einzelnen Schritten zu einer Gesamtheit ergänzt hätten, es sei „irgendwie ein Aufbau" gewesen. Auf die allgemein gehaltene Nachfrage der Interviewerin, ihrer ehemaligen Therapeutin, nach einer biographischen Deutung ihrer Störung entwirft sie in bezug auf ihre soziale Problematik eine Lebensgeschichte nach dem Defizittypus. Sie stellt nur, anders als bei den anfangs thematisierten Angstzuständen, biographische Zusammenhänge bezüglich der Entstehung und der Aufrechterhaltung der Kommunikationsstörung her. Sie rekurriert auf eine Kindheit, in der sie durch Überbehütung daran gehindert worden sei, „rauhe Erfahrungen im Leben zu machen". In diesem Relevanzsystem erscheint die Störung ihrer Lebensfähigkeit nicht mehr plötzlich und unerklärlich, sondern als konsequente Folge eines Mangels an Konfliktbewältigungspotentialen.[2] Im Relevanzsystem ihres lebensgeschichtlich erworbenen Defizites der Konfliktbewältigung und ihres Mangels an Selbständigkeit eskaliert ihre Problematik, „weil ich ebn mich nicht mit meim Mann nicht mehr auseinandersetzen konnte, also des is schwerwiegend kommt schon auch die ganze Sache, also is schon vom Elternhaus her angefangn, aber dann hab ich mich in die selbe Situation wieder neinbegeben, ich hab mich praktisch wieder in eine Situation, in ein Abhängigkeitsverhältnis begeben. Und dieses Abhängigkeitsverhältnis hat mich praktisch dazu gebracht, in die Kliniken und die Kliniken, des warn lauter Kliniken, die mich zur Selbständigkeit also erzogen ham."

Die Kliniken erscheinen als Erziehungseinrichtungen, in denen in zeitlicher Reihenfolge die unterschiedlichen Störungen ausgeglichen werden. Während sie in den ersten Behandlungen den adäquaten Umgang mit ihrer angeborenen „Nervenschwäche"

---

1   Vorausgegangen waren erneute Angstzustände bei der stationären Behandlung einer körperlichen Problematik, die, gemäß Frau Reichels Erzählung, den behandelnden Ärzten, nicht aber ihr selbst als behandlungsbedürftig erschienen war.

2   Anders als Frau Dietz, die auch eine solche Störungserklärung auf Nachfrage anbietet, baut Frau Reichel auf diesem Konzept weitere Deutungen und Themenbereiche aus der Index-Therapie auf und wurde deshalb dem Defizittypus zugeordnet.

– interpretiert als unheilbare Erkrankung oder Behinderung – erlernt, steht nun die Bewältigung ihrer sozialen Defizite in Folge der elterlichen Versäumnisse im Vordergrund. Diese sind nach der Einsicht in die biographischen und sozialen Zusammenhänge ebenfalls durch Lernen, Üben und Hartnäckigkeit zu bewältigen. So betont sie in ihrer Definition von Psychotherapie den Aspekt des Lernens von sozialer Kompetenz.[1] In ihrer Wahrnehmung sozialer Zusammenhänge handelt es sich bei diesem Lernprozeß nicht um allgemeine Deutungsvorgänge, sondern um einen festen Wissenskorpus („wie man mit Menschen umgeht"), gleich einem Lernstoff, der das umschriebene Defizit ausgleicht. Ihr Blick geht, wie sie in vielen Einzelbeispielen darlegt, nun über ihre eigenen Bedürfnisse hinaus und relativiert diese. In diesem Zusammenhang sind auch ihre intensiven Eingangsfragen an den Interviewer nach dessen Beruf und dessen Haltung zum Interview als Demonstration und ,Leistungsnachweis' ihrer inzwischen erworbenen sozialen Kompetenz zu deuten.

Bruno Lehmann[2]

Herr Lehmann ist 29 Jahre alt und ledig. Er hat eine Lehre als Kfz-Mechaniker abgeschlossen und arbeitet seit 10 Jahren in einem großen Industriebetrieb im Schichtdienst. Er ist in einem dörflich strukturierten Vorort von P-Stadt aufgewachsen. Sein Vater war ungelernter Arbeiter, die Mutter arbeitete als Putzfrau. Herr Lehmann bezeichnet sich als alkoholabhängig, was zu mehreren Entgiftungsaufenthalten in der Psychiatrie und einer halbjährigen stationären Entwöhnungsbehandlung in einer Fachklinik geführt habe. Er lebt seit etwa einem Jahr in einer eigenen Wohnung in P-Stadt.

Auf den ersten Blick ist die Biographiekonstruktion von Herrn Lehmann der von Herrn Fendt ähnlich (siehe Kapitel 4.2.2): Beide erzählen von einem unauffälligen Aufwachsen[3] und von einer Veränderung durch die Orientierung an einer Gruppe von anderen Jugendlichen sowie durch Rauschmittelkonsum. Doch die strukturellen Unterschiede der beiden biographischen Erzählungen liegen im Detail. Während für Herrn Fendt mit der Differenz ,normal – nicht normal' seine Entwicklung und seine Bestrebungen ausreichend erklärt sind, rekurriert Herr Lehmann auf Inhalte seiner Auseinandersetzung mit der sozialen Umwelt. Anders als die übrigen Befragten des Defizittypus konstruiert er jedoch seine Lebensgeschichte nicht in einer kohärenten und stringenten Ablauflogik, sondern in vielfältigen Facetten und Kristallisationspunkten. Die

---

1   „Es is ebn das Umgehn lernen ebn mit dem andern, das Umgehn lernen mit sich selber und vor allen Dingen das Umgehn lernen mit der äh mit bestimmten Situationen, Konflikten ähm mit denen man vorher nicht fertig geworden is."
2   Vgl. ausführlich: MUTZ & KÜHNLEIN (1991).
3   „Des is gangen bis zur 7. Klasse, ja is eigentlich alles normal bei mir glaufen."

von ihm dargestellte frühere Orientierungslosigkeit scheint sich in der Struktur seiner biographischen Erzählung niederzuschlagen. Zentraler Inhalt der jeweiligen Kurzgeschichten ist sein Kampf um das Erlernen gültiger gesellschaftlicher Spielregeln als Voraussetzung für eine eigenständige Lebensführung. Er stellt den Beginn seiner Problematik und deren Zuspitzung durchgehend in Zusammenhang mit sozialen Begebenheiten, selten mit innerpsychischen Vorgängen. Dabei aktiviert er implizite Deutungsmuster von Stadt-Land-Differenzen, Regeln und Orientierungsmustern in traditionalen ländlichen gegenüber modernen städtischen Gesellschaften und bestätigt deren Explikation durch die Interviewer. Auf der Basis seiner „immer" schon gegebenen Beeinflußbarkeit und konkreter Enttäuschungen innerhalb der dörflichen Strukturen[1] orientiert er sich an älteren, in der Stadt lebenden Freunden, die ihm Leitlinien für das, was ihn „interessiert", vermitteln. „Da hab i ein kennenglernt, der war 10 Jahr ungefähr älter wie i, und i hab scho gwußt, der treibt si in Nachtlokale und so rum ja, und da i koa feste Freundin ghabt hab, hat mi des eigentlich scho auch interessiert, ja. Und naja da san mir halt a paar mal higanga und alles und na is halt die Sauferei richtig losgangen."

Das Leben von ,Freiheit und Abenteuer' in der Stadt bewertet er als „mei schlimme Zeit"; sie ist allerdings keine Krankheits- oder Leidenszeit, weshalb er sich nicht als potentieller Patient sieht. Seine Erzählung kulminiert in einer Lebenssituation, in der Herr Lehmann seine weitere Überlebensfähigkeit bedroht sieht[2] und ihm wegen seiner Exzesse sogar die Kündigung angedroht wird. Er „unternimmt was", das heißt in seinem Falle: Er läßt sich vom Hausarzt in die städtische Klinik einweisen. Seine nun folgenden Bemühungen beinhalten die Bereitschaft zu mehreren körperlichen Entzügen und einer halbjährigen Entwöhnungsbehandlung in einer Fachklinik. Die darauf folgende Abstinenz begründet Herr Lehmann mit seinem völligen Rückzug aus dem sozialen Leben „draußen".[3] Der auf den ersten Kontakt mit „der Stadt drinnen" zurückgeführte Rückfall dient ihm als Beweis, daß er der Konfrontation mit dem Alltag immer noch nicht gewachsen sei und daher weitere Therapie benötige. „Da hat dann scho festgstandn, daß i net nur Alkoholprobleme hab, daß i überhaupt mit alles Schwierigkeiten hab."

Konkrete Abläufe und Inhalte beider Therapien sind in seinen Erzählungen nicht von Belang. Die Hintergründe und Begründungszusammenhänge psychotherapeuti-

---

1 Sein Vater ist als „Vertriebener" und „Hilfsarbeiter" nicht im Dorf verankert, er selbst erzählt zum Beispiel von seiner Enttäuschung durch den Dorfpfarrer, mit der er seine Abwendung von der Kirche begründet.

2 „Also i hab mehr Alkohol braucht und i bin mehr in Schnaps neikomma, ja, also, Bier weniger, des hat mi weniger interessiert. Und dann is mir, hab mir denkt: ,Kruzifix, i werd hin <ich sterbe>', i hab oft drei, vier Tag nix mehr gessen. Keinen Bissen. Drei, vier Tag lang. I hab a *so* gwackelt und in der Arbeit is wieder schief ganga und alles."

3 „Kein einziges mal draußen. Kein einziges Mal. Sechs Monat lang. Des war, also da wie der Rückfall, da war i s erste Mal draußen wieder und in der Stadt drinnen."

schen Handelns bilden für Herrn Lehmann eine ‚Black box‘, die ausschließlich den Experten vorbehalten ist. Der Lernprozeß selbst ist für ihn als Betroffenen ebensowenig von Bedeutung wie das Theoriegebäude der Experten. Inhalte und Wirkungsweise von Psychotherapie bleiben ihm als Laien verborgen, sicher ist für Herrn Lehmann nur, *daß* sie wirken kann, wenn der Betroffene ernsthaft „was unternimmt" und „an sich arbeitet".[1] Er bleibt der bereitwillige und aktive Schüler, der sich den allgemeinen Vorgaben der Experten unterwirft, denn letztlich entscheidet erst der spätere Lebensvollzug über die Nützlichkeit und Sinnhaftigkeit des vorher Gelernten. Die Psychotherapie wird in seiner Erzählung zur Schule, in der man tatsächlich fürs Leben und für sich selbst lernt – und somit ist es nur konsequent, wenn er sich den heutigen Erfolg (als geglückte, eigenständige Umsetzung des Gelernten) durchgängig selbst zuschreibt. In seiner Erzählung der aktuellen Handlungspraxis verweist er nicht auf ein inneres Wachstum, sondern auf veränderte und erfolgreich erprobte neue praktische Fähigkeiten zur Lebensgestaltung. Er hat sein Ziel der autonomen Lebensführung in der Stadt durch einen Ausgleich der vorher bestehenden Defizite erreicht: Er ist etwa ein Jahr vor dem Interview aus dem Elternhaus ausgezogen und lebt nun alleine und ohne Rückfall. „Was sehr wichtig für mi no war, des is, daß i selbständig wordn bin. I hab da drin, also s Kochen hab i mir da ziemlich beibracht, aber Waschen und des da drin alles glernt, ja. Also daß i überhaupt hab draußen amal, wenn i alleins bin, richtig lebn ko, des hab i da drin scho glernt."

Zusätzlich führt er seine veränderte Einstellung zum Beruf auf die stabile Abstinenz zurück und begründet damit seinen innerbetrieblichen Aufstieg an einen höher qualifizierten Arbeitsplatz. Der Bekanntenkreis aus erfahrenen trockenen Alkoholikern bietet notfalls rund-um-die-Uhr Schutz vor den Anfechtungen eines städtischen Single-Daseins. Seine Selbständigkeit und Autonomie wird gestützt durch die Bewältigung seiner früheren „Beeinflußbarkeit". Herr Lehmann erzählt eine Lern- beziehungsweise Bildungsgeschichte, die zum Zeitpunkt des Interviews einen positiven und erfolgreichen Abschluß gefunden hat: „I kann nur also sagn, daß i auf mi stolz bin, ja."

Lorenz Denner

Lorenz Denner ist 37 Jahre alt, er ist verheiratet und hat zwei Kinder. Die Familie lebt in einem kleinen Dorf. Sein Vater war Handwerker, die Mutter Hausfrau. Nach der Mittleren Reife schloß er eine kaufmännische Lehre ab und machte, nach einer zwei-

---

1   Im Sinne von GIEGEL könnte man hier von einer ersten Stufe der reflexiven Identitätsbildung sprechen, die „erlaubt, daß man sich bewußt (autonom) dafür entscheiden kann, sich vorprogrammierten Bildungsprozessen anzuvertrauen" (1988, 237).

jährigen Tätigkeit bei der Bundeswehr, eine Zusatzausbildung zum Wirtschaftsassistenten. Er arbeitet seit mehreren Jahren in einem mittelgroßen Industriebetrieb.

Herr Denner beantwortet die Eingangsfrage im Muster eines klassischen Bewerbungslebenslaufes, den er jedoch mit der Erzählung seiner Entscheidung für die Verpflichtung zur Bundeswehr gezielt und unvermittelt unterbricht. Inhalt dieses Exkurses ist der Verweis auf das Verschwinden „erster Schwierigkeiten" beziehungsweise „Beschwerden" in Zusammenhang mit seiner Abwesenheit von zu Hause und von seiner Mutter. Herr Denner stellt damit im Interview seine Deutungskompetenz unter Beweis: Er ist heute in der Lage, Schwierigkeiten seiner Lebensführung als solche zu identifizieren und auch die Auslösebedingungen zu benennen. Er aktualisiert damit ein Wissen um psychosomatische Zusammenhänge und um Deutungskonzepte, die einen Zusammenhang zwischen der Mutter-Kind-Beziehung und psychosozialen Schwierigkeiten postulieren. Gleichzeitig legt er einen festen, biographisch verorteten Störungskorpus fest.

Herr Denner verlegt den Beginn seiner Problematik in die Schulzeit,[1] als er mit seinem „Leistungsstreben" und seiner „Neigung zur Perfektion" dem Ehrgeiz seiner Mutter gefolgt sei. Er weist seiner Mutter die Funktion der treibenden Kraft für seine intellektuelle Entwicklung zu, die er heute als einseitig und deshalb defizitär identifiziert. Der vollständige Ausgleich dieser Mängel sei, so betont er mehrfach, bis in die Gegenwart noch nicht abgeschlossen. „Es kamen zwar im Grunde genommen gute Zeugnisse und gute Noten dabei raus, aber . der andre Teil von mir is auf der Strecke geblieben, da hat sich also zunächst überhaupt nix entwickelt, was was man als Mensch bezeichnen könnte. . Des is weggeblieben. Des kommt jetzt so langsam."

Herr Denner zieht damit eine argumentative Linie durch seine autobiographische Erzählung, die auf eine in der Gegenwart des Interviews noch nicht abgeschlossene Komplettierung seiner Persönlichkeit ausgerichtet ist. Die Hintergründe liegen für ihn unzweifelhaft in seinem Verhältnis zu seiner Mutter, deren Nähe einen für ihn schädlichen Einfluß ausübte. Seine weiteren Ausführungen konzentrieren sich auf die Auswirkungen dieser Defizite, deren Aufrechterhaltung er auf die Strukturähnlichkeit der Verhaltensweisen seiner Mutter und seines späteren Vorgesetzten zurückführt. Lebensbereiche, die er nicht von dieser Problematik betroffen sieht, werden nur auf der Faktenebene ergänzt.[2] Herr Denner schildert sein Bemühen um Wissenserwerb und Perfektion als eine endlose Spirale von Anstrengungen, in der er sich „immer weiter verrannt" habe. Sie entspricht dem psycho-logischen Störungskonzept eines „Mehr desselben – Oder: Wenn die Lösung selbst das Problem ist" (WATZLAWICK et al. 1974,

---

1   „Ja, da äh wenn i also etzt zurückdenk, da warn die Probleme an sich scho da. Das heißt äh ... ich war an sich .. n *Streber* und äh .. meine Mutter hat den Streber also äh nicht nur unterstützt, sondern äh ja voll genützt."

2   „Verheiratet bin i etzt äh zehn Jahre. Hab also an Jungen mit sieben und a Mädchen, des Mädchen wird jetzt drei."

51), nämlich dem Versuch, ein unerreichbares Ziel durch vermehrte Anstrengungen zu erreichen (hier: die absolute Perfektion). Das letztendliche Scheitern dieser Bemühungen und eine Verschlechterung seiner „Beschwerden" wird für ihn rückblickend zur unausweichlichen Konsequenz, solange er diese Wirkkräfte nicht durchschaut. Die unterschiedlichen Symptome (innere Unruhe, Herzjagen, Angstzustände) interpretiert er als Erscheinungsformen derselben Grundstörung.

Die Sicherheit über die Richtigkeit der heutigen Deutungsmuster führt er auf ein konversionsähnliches Erlebnis zurück. Das Problem ‚Mutter' materialisiert sich in einer gespenstischen Erscheinung während eines Gesprächs mit seiner damaligen Therapeutin und führt durch die Intensität der Erlebten zur subjektiven Gewißheit über das neue Störungskonzept.[1] Herr Denner unterscheidet nun zwischen seinen „Beschwerden", nämlich den an der Wahrnehmungsoberfläche liegenden Symptomen und dem zugrundeliegenden „Problem", seiner als einseitig und damit defizitär erkannten, auf Wissenserwerb und intellektuelle Leistungsfähigkeit ausgerichteten Lebensführung. Die Behebung dieses Defizits schreibt Herr Denner der Index-Therapie zu: „Ja äh ich konnt mir des vorher auch net vorstelln, diese diese ja einfach Übungen, bei denen äh ja des Gefühl angsprochn wird, bei denen man lernt äh erst mal zu fühlen, *daß* da was is, des war – so hab ich s empfunden, daß ma also net nur mit m Kopf leben kann, sondern daß da noch mehr da is und äh daß des eigentlich ja noch die größere Rolle spielt als der Kopf."

Herr Denner entdeckt die Ganzheitlichkeit seiner Person und erweitert durch die gezielte Wahrnehmung seiner Gefühle sein Deutungswissen bezüglich seiner bisherigen Lebensführung. Diesem neuen Wissen spricht er absoluten Wahrheitswert zu, es wird zur Richtlinie seines weiteren Umgangs mit aufkommenden Schwierigkeiten. Dabei strebt er als Heilungsziel nicht (wie die Interviewpersonen des Devianztypus) das völlige Verschwinden seiner Symptome an, sondern die Vervollständigung seiner Persönlichkeit auf der Basis seiner neuen Deutungskompetenz, die er mit Hilfe von „Lösungstechniken" umsetzt.

Dieses heutige Wissen um die Zusammenhänge und um Veränderungsmöglichkeiten wird im gesamten Interviewverlauf betont. Für Herrn Denner scheint im Interview die erfolgreiche Inszenierung seiner Deutungskompetenz durchaus bedeutsam, um die

---

1 „In diesem in diesem Gespräch, wo i hier gsessen hab und daneben is mei Mutter gstanden und da hab ich eigentlich n – ich glaub, des war des war überhaupt des Entscheidende äh .. daß i äh net nur ja n Weg n Weg gsehn hab, mit mit dieser Ruhe n Ziel zu erreichen, sondern daß i überhaupt zum ersten Mal gwußt hab, warum dem überhaupt so is und was da innerlich los is. Daß tatsächlich meine Mutter der Auslöser und daß des, was was i da immer erlebt hab, i hab s hier wieder erlebt, dieses unheimliche Frösteln, mir is also eiskalt geworden". Das Interview mit Herrn Denner fand im Gesprächszimmer der Psychotherapiestation statt, er befand sich damit im Interview wieder am gleichen Ort wie damals, nämlich „hier".

als Hilfeleistung erlebte Tätigkeit seiner ehemaligen Therapeutin ausgleichen zu können.[1] Dabei legt die Interviewsituation eine Präsentation seines kognitiven Wissens nahe – und bringt ihn damit in eine ‚Lehrer-Schüler-Interaktion', in der er die Rolle des ehemaligen Schülers einnimmt.

Günther Frei[2]

Herr Frei ist 45 Jahre alt. Er wuchs als Ältester von 3 Geschwistern in einer Großstadt auf. Der Vater war Handwerker und hat nur zeitweise mit der Familie zusammengelebt. Herr Frei arbeitete nach seiner Lehre zum Kfz-Mechaniker als Kraftfahrer, machte dann eine kaufmännische Zusatzausbildung. Seine damalige Frau war gelernte Kauffrau. Nach der Scheidung wurde Herr Frei nach einem Suicidversuch mit nachfolgendem Psychiatrieaufenthalt arbeitslos. Ein Jahr später wird er erneut stationär psychiatrisch behandelt, bei diesem Aufenthalt lernt er seine heutige Lebensgefährtin kennen. Er schließt sich den Anonymen Alkoholikern an und lebt seither abstinent. Nach der Index-Therapie zog er in den Heimatort seiner Freundin und arbeitete in einem Autohaus.

Herr Frei entwirft, vergleichbar zu Herrn Denner, auf die Eingangsfrage des Interviewers einen institutionalisierten Lebenslauf, in den störungsbezogene Deutungen in Exkursen integriert sind. Auch er verweist darauf, daß das Wissen um die jeweiligen Zusammenhänge auf die Index-Therapie zurückzuführen sei, und ergänzt frühere Wissensbestände um störungsbezogene psychologische Deutungen. Dabei stellt er seinem erfolgreichen beruflichen und privaten Werdegang (Berufsausbildungen, Ehe) persönliche Probleme gegenüber, die letztlich seine Existenzgrundlage zerstörten. Den Ursprung dieser Probleme führt er auf seine Geschwisterposition als Ältester von wesentlich jüngeren Geschwistern und die Trennung seiner Eltern zurück. Er sei dadurch (zu) früh in die Rolle des „Familienältesten" gedrängt worden. Er bewertet dies als: „A Minus gel und des glaub ich äh. Laut Erfahrung in der Klinik in P-Stadt, war des scho mal a negatives, negativer Punkt in meim Leben."

Diese für ihn ungünstige äußere Situation wird in seiner Darstellung durch die pauschale Abwertung durch seinen Vater verstärkt.[3] So bezieht sich Herr Frei auf seine Kindheit in der Dichotomie positiv versus negativ und Verantwortung versus Abhängigkeit, wobei er jeweils auf der Minus-Seite steht. Zusätzlich kennzeichnet er die

---

1   Das Interview beginnt mit Herrn Denners Kommentar: „Nee, wenn ich Ihnen da helfen kann, dann tu i des gern, weil i hab Ihnen echt viel zu verdanken". Er spricht später von „psychotherapeutischer Hilfe", ohne die er seine Probleme nicht hätte bewältigen können.

2   Vgl. ausführlich: MUTZ & KÜHNLEIN (1993).

3   „Des Negative war i, das Positive war sie <die Schwester>."

gesamte Familienatmosphäre, in der er aufgewachsen ist, mit Begriffen von Mangel („sparsame", „beengte Verhältnisse") und bewertet dies umfassend als „negativen Punkt" und „nicht ideal". Bereits mit dieser Interpretation hat Herr Frei die wesentlichen Bestandteile seiner biographischen Deutungen dargelegt und entwickelt daraus das für ihn aktuell gültige Störungskonzept: „Und des war aa für mich äh laut Erfahrung äh, wo i gmacht hab und aa die Therapie wo i gmacht hab, des war äh auch wahrscheinlich der Grund meiner Reaktion gel, weil i ebn dann gsagt hab, wie i älter worden bin, hab i immer gsagt: ‚I möcht s immer anders haben, wie ich s ghabt hab'. Und des hab i dann realisiert ghabt und des war wahrscheinlich dann wieder der der totale Abfall von dem wirklich realisiert haben und dann des Realisierte einfach sehen, daß des wieder net geht, wieder da hin, wieder da zurück, wo man- effektiv wieder auf der Ebene, wo man kommen is."

Er betont sein heutiges Deutungswissen über die Hintergründe seiner damaligen biographischen Entwicklung, die das spätere Scheitern seiner Bemühungen für ihn plausibilisieren. Die nicht inhaltlich definierte Veränderungsschablone des „immer anders" reichte, so nimmt er vorneweg, langfristig nicht für eine konstruktive Lebensgestaltung aus. Die Dichotomie des positiv-negativ bei feststehender Rollenverteilung bleibt jedoch in seiner weiteren biographischen Erzählung erhalten. Er versucht eine als „Flucht nach vorne" bezeichnete Lösung über hohen Arbeitseinsatz, berufliche Qualifizierung und die Heirat mit einer Frau aus einer anderen sozialen Schicht.[1] Während seiner Frau alles zu gelingen scheint, schildert er seine Fähigkeiten trotz all seiner Anstrengungen als unzureichend, um sein späteres Scheitern zu verhindern. Mit seiner vielfach geäußerten Diagnose: „Des hat net funktioniert", verschwindet schließlich die Differenz zwischen seiner eigenen Person, seinem Lebensplan und seiner konkreten Lebensführung – das umfassende „Es" seiner gesamten sozialen und personalen Identität erscheint wertlos und untragbar. Das Ende in einem „totalen Chaos" mit Scheidung, Verschuldung, „Trend zum Alkohol", Suicidversuch und Arbeitsplatzverlust interpretiert Herr Frei als logische Folge der Verarbeitung seiner Kindheitserfahrung.[2]

Die psychiatrische Klinik wird als Schutz vor diesem Chaos, als Fluchtmöglichkeit vor den Anforderungen gedeutet, sie bietet „Geborgenheit" für einen, der sich draußen „einfach net zurechtgfunden" hat. Aus dem Schutz dieser Einrichtung heraus versucht

---

1 Die frühere Frau von Herrn Frei absolvierte Anfang der 60er Jahre eine kaufmännische Lehre und war auch während der Ehe immer berufstätig. Mit seiner Ausbildung in der Abendschule hatte Herr Frei damit die geringere Qualifikation.

2 Herr Frei beurteilt auch seinen Versuch, seine Ziele in anderen sozialen Zusammenhängen zu verwirklichen, heute als „indiskutabel": „I war kraß, i hab mi um um ganz Ding- i hab mi in der Unterwelt rumtrieben, i hab äh i hab des dann braucht, für mi war des dann Power, für mi war des Motivation, i hab was erlebt ghabt". Dabei entspricht die Erzählung über das „zweite Gesicht" der Struktur der Gesamtbiographie.

Herr Frei nun, sein Leben wieder zu ordnen und in den Griff zu bekommen. Er bemüht sich um Arbeit, findet bei einem zweiten Aufenthalt in einer Mitpatientin seine derzeitige Lebensgefährtin und akzeptiert die Diagnose der Ärzte, die „damals gesagt habn, also ich bin a-alkoholkrank". Somit aktualisiert er für beide stationären psychiatrischen Behandlungen das Störungskonzept und die Ziele eines Überlastungstypus. Eine erste Veränderung dieser Störungszuschreibung führt Herr Frei auf die Aussage seines Hausarztes: „Es ist die Seele" zurück, als es ihm trotz neuer Arbeit, Partnerschaft und Abstinenz wieder schlecht geht. Herr Frei nimmt diese neue Diagnose zum Anlaß für eine weitere Behandlung in der bereits bewährten Institution – allerdings auf einer anderen Station. In der Index-Therapie erfährt er dann eine Umdefinition seiner Probleme als seine individuelle Unfähigkeit, sich gegen Zumutungen seiner sozialen Umwelt durchzusetzen. Dieser neuen Deutung gibt er in ihrer Erklärungsrelevanz den Stellenwert eines „Schlüsselerlebnisses" in der Psychotherapie. Sie ermöglicht nun neue Handlungsstrategien und eine zu den bisherigen diametral entgegengesetzte Problemlösung, bei der er auf sein Handlungsmotiv des „immer anders" als bisher unverändert und unhinterfragt zurückgreift. Die psychologische Deutung erscheint somit an seine vorher bereits vorhandene Lösungsstrategie als Kontrastprogramm anschlußfähig: „Weil i war a Mensch, i hab mi an und für sich nie behauptet. Hab allweil eingesteckt. i hab in meiner zwanzigjährigen Ehe allweil gsagt: ‚Ja is scho gut. Lassen wir s. Is scho gut. I bin schuld, weiß scho', des war allweil mei Ding. Und da hab i mir gsagt: ‚Mensch'!, und da hab i dann aa oft bewußt n Konflikt gsucht. Weil i gsagt hab: ‚So und jetzt muß i mi behaupten'."

Hintergrund für diese Erkenntnis ist eine Stationsatmosphäre der „Freiheit", die Herr Frei explizit als Gegensatz zu seiner „beengten" Kindheit deutet.[1] Mit diesem Vergleich erhält die Therapie den Stellenwert einer sekundären Sozialisation, die nicht einengt, sondern Entfaltung ermöglicht. Sie bietet Selbsterkenntnis im Sinne eines „Offenlegen des Fehlverhaltens an sich selber" durch die im therapeutischen Angebot institutionalisierte Auseinandersetzung mit Mitpatienten in der ‚Konflikt-Gruppe';[2] sie wird durch die Anwesenheit der Professionellen zum geschützten Übungsfeld zur Behebung seines Mangels an Konfliktlösefähigkeit. Als allgemeine Wirkfaktoren einer positiven Veränderung definiert Herr Frei ganz allgemein die folgenden beiden Faktoren: „Erstens a mal, man muß des Übels Kern kennen und muß a Mittel habn dagegn zu verfahren. I weiß heut, was mir schlecht, was mir ganz schlecht tut oder was

---

1 „Des war dann scho toll, daß man äh die Freiheiten ghabt hat und des find i, des is aa wichtig. Des mag vielleicht net für an jeden, für an jeden wichtig sein, aber sagn wir mal, für mich speziell war des äh äh- und da geh i etzt aa wieder zrück von meiner Kindheit, des drinnen sein, des *des* müssen, des müssen, des müssen, wo i heut sag: ‚Naus, äh äh äh Freiheit'."

2 „Da hab i halt dann des erste Mal die die Kontroversen mit meinen Mitkontrahenten- und da bin i dann scho draufkommen, daß an mir aa manches net so is, wie i gmeint hab, daß richtig is."

i net brauchen kann, des weiß i heute, des leg ich sofort weg, da gibt s für mi heut kein Kompromiß mehr."

Herr Frei setzt sein psychologisches Wissen vor allem in einem umfassenden Sinne diagnostisch ein, die Handlungslogik bleibt das strukturell relativ einfache „immer anders". In seiner Lebengestaltung nach Abschluß der Therapie fügt Herr Frei die beiden Problemlösungsstrategien aus der Therapie in sein allgemeines Wissen ein: Er wechselt seinen Arbeitgeber und beendet damit eine als „schlecht" erkannte Situation. Zudem verweist er auf eine veränderte „Einstellung", schildert sich als „spontaner" und weniger „penibel". Er lege heute weniger Wert auf die Form sozialer Beziehungen, sondern auf deren Inhalt. Die Partnerschaft mit seiner jetzigen Lebensgefährtin beschreibt Herr Frei nicht mehr in Kategorien von sozialem und materiellem Aufstieg, sondern verweist auf das „Umfeld" eines ‚Zuhause', aus dem er nicht mehr fliehen muß.[1] Seinen Alkoholkonsum differenziert er in einen negativen, weil konfliktbezogenen, den er deshalb unterläßt, und einen unproblematischen und kontrollierten, den er inzwischen wieder aufgenommen hat.

Selbsterkenntnis und Selbstregulation sind aus seiner Sicht jedoch grundsätzlich nicht autonom möglich, sondern nur in der Auseinandersetzung mit signifikanten Anderen, „weil so lang äh, daß du Fehler an dir selber net erkennst oder oder die andern dir net sagn oder du s selber net erkennst, merkst es ja net. Und erst wenn die andern dir des knallhart vielleicht a mal bringen, äh kriegst es."

Vor diesem Hintergrund fordert er energisch die Einführung einer institutionalisierten Nachbetreuung, eines von der Station organisierten regelmäßigen „Meeting", das die Funktion der solidarischen Stützung und Auseinandersetzung im „Kollegen"-Kreis der ehemaligen Mitpatienten unter professioneller Supervision einnehmen solle. Denn nur im Spiegel der anderen und durch den Vergleich mit anderen sieht er langfristig die Möglichkeit, sich selbst zu erkennen und zu relativieren. Dabei ist bei ihm Selbsterkenntnis durchgängig auf das Erkennen und Beseitigen von Fehlern ausgerichtet. Er avanciert nach Abschluß der Psychotherapie nicht zum Selbstexperten, sondern bleibt auf die Anregungen von außen in einem semi-professionellen Kontext angewiesen. Die ebenfalls therapieerfahrene Lebensgefährtin übernimmt in Teilen diese Funktion. Im Interview bekräftigt sie seine Darstellung.

---

1 „I geh heut aa no deswegn in a Wirtschaft, i trink heut deswegn aa no äh äh was für mich des entscheidende is äh i hab net i hab net des Gefühl, wie früher bin i halt- i hab des Gefühl ghabt, i *muß* in d Wirtschaft geh, weil i ja gsagt hab: ‚Bloß net heimgeh'."

Die übergreifenden Strukturmerkmale des Defizittypus

Die wesentlichen gemeinsamen Merkmale der unterschiedlichen Fälle innerhalb des Defizittypus lassen sich nun zusammenfassen. Die Konstruktion der biographischen Erzählung rekurriert auf *individuelle Lernmöglichkeiten und -hindernisse* in einem gesellschaftlichen Rahmen. Dabei dienen signifikante persönliche Eigenschaften und die Motivationen der sozialen Umwelt als Erklärungsmuster für den individuellen Lebensverlauf. Die Interviewten des Defizittypus lehnen sich in ihrer Biographiekonstruktion zur Erläuterung ihrer Defizite weitgehend an institutionalisierte Lebensläufe an;[1] sie sind die Vergleichsmaßstäbe für die Beurteilung ihrer individuellen Entwicklung.[2] Thematisiert werden vor allem diejenigen Umstände und Lebensbereiche, die zu einer Unvollständigkeit der biographischen Entwicklung geführt haben. Zielpunkt der Lebensführung ist in diesen Erzählungen nicht (wie beim Devianztypus) die Erfüllung vorgegebener Pflichten, sondern die Fähigkeit zu einer individuell befriedigenden Lebensgestaltung auf der Basis einer vollständigen Persönlichkeit.[3]

Das Störungskonzept des Defizittypus erklärt die manifeste Störung als konsequente *Folge konkret benennbarer, biographisch erworbener Defizite*, als das „notwendige Produkt einer Verlaufskurve" (SCHÜTZE 1981). Diese Defizite erscheinen als latente ‚individuelle Schädigungen' in der Auseinandersetzung des Subjekts mit seiner sozialen Umwelt. Der Therapie kommt der Stellenwert einer *sekundären Sozialisation* mit Erziehungs- und Schulungsfunktion zur Erkennung und Behebung der biographischen Defizite zu. Als hilfreich werden neben den Einzelgesprächen vor allem die übenden Gruppen gewertet (wie Selbstsicherheitstraining oder Kommunikationstraining). Ziel der Therapie ist die Vervollständigung der Persönlichkeit durch den Ausgleich der individuellen Defizite, das durch störungsbezogenes psychologisches Deutungswissen und eine erweiterte Handlungskompetenz erreicht wird. Das Verhalten im Interview basiert auf einem hierarchischen Verhältnis zu den Interviewern, das einem Lehrer-Schüler-Verhältnis ähnlich ist.

---

1 Vgl. ENGELHARDT (1990a) und KOHLI (1981).

2 „Auf diesem Hintergrund ist durch die Abfolge und Qualität der erzählten Lebensereignisse und Lebensstationen der Erzähler als vollständige oder unvollständige und als erfolgreiche oder weniger erfolgreiche Person ausgewiesen" (ENGELHARDT 1990a, 234). FUCHS (1984) nennt diese Erzählform „Sozialisationsbericht".

3 Dabei wird der Zielpunkt der persönlichen Entwicklung auch von den Befragten des Defizittypus bisweilen als „Normalität" oder als „Gesundheit" bezeichnet, dies ist allerdings in eine grundsätzlich andere Deutungs- und Begründungsstruktur eingebettet.

Neben dem Referenzfall von Peter Imhoff (Kap. 4.1.4) wurden diesem Typus drei weitere autobiographische Erzählungen zugeordnet. Der erste Fall ist das Interview mit Franz Braun; dessen sozialstruktureller Hintergrund entspricht in vielen Details dem von Joseph Urban (Kapitel 4.1.2) – sie kommen jedoch zu völlig unterschiedlichen Interpretation von Störung und Therapie, die auch zu konträren Aktivitäten nach Abschluß der Therapie führen.[1] Auch der zweite Fall, die biographische Erzählung von Susanne Schneider, überraschte uns im Verlauf der Interpretation: Hatten wir nach dem gemeinsamen Interview mit ihrem Ehemann (Thomas Schneider, Kapitel 4.1.1) doch zwei ähnliche Biographiekonstruktionen erwartet – sie war jedoch dem Entwicklungsstörungstypus zuzuordnen. Frau Nowak, der letzte Fall in dieser Typenreihe, ist durch ihre politischen Aktivitäten und ihre offensive Auseinandersetzung mit der Zugehörigkeit zu einer Minderheitengruppe aufgefallen. Der Versuch, den eigenen Lebenszusammenhang selbst zu gestalten, ist möglicherweise konstitutiv für die Biographiekonstruktion im Relevanzsystem des Entwicklungsstörungstypus (vgl. auch den Fall von P. Imhoff; Kapitel 4.1.4).

Franz Braun[2]

Herr Braun ist 32 Jahre alt und ledig. Er wuchs als Ältester von 4 Kindern in einem kleinen Dorf (ca. 500 Einwohner) auf. Der Vater ist Handwerker, die Mutter Hausfrau. Nach Abschluß der Realschule machte Herr Braun jun. eine Lehre im selben Handwerk wie sein Vater und arbeitete im selben Betrieb wie sein Vater. Er wohnte in einem Zimmer im Haus seiner Eltern. Nach Abschluß der Therapie begann Herr Braun die Meisterschule in der etwa 70 Kilometer entfernten Großstadt und lebt überwiegend dort.

Die biographische Erzählung von Herrn Braun wird bestimmt von dem Kontrast zwischen seiner früheren Unwissenheit und seinem heutigen reflexiven Deutungswissen. Er konstruiert seinen persönlichen Werdegang als Resultat des Zusammentreffens dreier Faktoren, deren Wirksamkeit er heute verstehen und verändern kann: soziales Milieu, Verhalten von Erziehungspersonen und individuelle Komponenten. Konkrete Daten eines institutionalisierten Lebenslaufes sind dabei nicht von Bedeutung. Entscheidend für sein Aufwachsen sei der soziale Kontext „am Land", den er als ländlich-traditionalen Hintergrund kennzeichnet, in dem nicht nach individuellen Bedürfnissen, sondern nach kollektiv gegebenen Verhaltensmustern gehandelt werde. Bereits mit

---

1   Siehe ausführlich: KÜHNLEIN (1992, 1995b).
2   Vgl. die Ausführungen in KÜHNLEIN (1995b).

dieser Kennzeichnung „am Land" bettet er seine Biographie in ein Wissen um die Existenz unterschiedlicher Lebensformen ein. Für ihn ist aus der heutigen Sicht eine Pluralität von Lebensführungen selbstverständlich. Dagegen setzt er eine auf Anpassung und Unterordnung ausgerichtete Erziehung seiner Eltern und Lehrer, die die Entfaltung seiner eigenen Bedürfnisstrukturen erschwert habe. Sich selbst schildert er in der Rückschau als ein Produkt dieser kollektiven Erziehung und dabei keinesfalls als Einzelfall („man"). Er betont gleichzeitig, daß ihm heute durchaus andere, nämlich individuelle Gestaltungsmöglichkeiten bekannt und vertraut sind. „Des hat ma si alls gfalln lassn, da hat ma alls mitgmacht also, i hab da eigentlich nie dagegen recht tar. I woaß aa net warum. I war einfach so erzogen scho irgendwie oder immer schee brav gwesen."

Seine Selbstbeschreibung als unauffälliger Mitläufer in diesem sozialen Umfeld konstrastiert er anschließend mit seiner heutigen Möglichkeit einer individualisierten Lebensführung und betont damit seinen zwischenzeitlichen Perspektivenwechsel. Im Interview präsentiert er sein aktuelles Deutungswissen bezüglich der sozialen und innerpsychischen Hintergründe von individuellen Verhaltensweisen. So stellt er zum Beispiel seinen früheren Alkoholkonsum einerseits in das Bedingungsgefüge der sozialen Normen und in das Wertesystem des dörflichen Milieus,[1] andererseits in das Relevanzsystem seiner persönlichen Bedürfnisstruktur als eine Art Selbstheilungsversuch für seine Schüchternheit und seine Ängste.[2] Und genau diese Übereinstimmung kollektiver und individueller Bedürfnisse macht Herr Braun dafür verantwortlich, daß er eine heute als „gar net gut" identifizierte „Lebensweise" damals nicht hinterfragte und deshalb auch nicht erkennen konnte: „Da hab i halt aa ganz schee was gschluckt. An Wochenenden immer so, mei des is da am Land so gang und gäbe eigentlich, des is so die Lebensweise, da kummt ma nei."

Als zentrale psychische Störung definiert Herr Braun eine Angstproblematik mit darauf folgenden psychosomatischen Herz- und Kreislaufstörungen. Die Darstellung der Entwicklung dieser Ängste ist ein integrativer Bestandteil seiner biographischen Erzählung. Sie führt von der repressiven Erziehung der Mutter von der er „a bissl viel verdroschen wordn" sei, über angstmachende Lehrer und Lehrherrn bis hin zur Eskalation seiner Emotionen in einer Lebenssituation, in der ihm die bisherige Anpassung nicht mehr gelingt. Mit dem Umbau des Elternhauses in zwei getrennte Wohnungen geht er nicht nur finanzielle Verpflichtungen ein, sondern sieht sich vor Heiratserwartungen gestellt, die er nicht erfüllen kann: „Na hab i mi aa sowieso schwerer tan daß

---

1   „Wer am meisten gsoffen hat so ungefähr, wer am meisten verträgt, des is da der is der King oh mei oh mei."

2   „I bin immer scho a bissl schüchtern aber wenn i betrunken war, da hab i dann scho also da hab i mi scho unterhalten kennt mit Mädchen."

i a Mädchen find, also und dann is des mit dene Angstgefühle aa immer schlimmer wordn, i hab eigentlich nimmer gwußt, was mit mir is."

Herr Braun betont mehrfach sein damals fehlendes Wissen über eine angemessene Deutung der Phänomene, das erfolgreiche Bewältigungsstrategien verhindert habe. So verweist er in bezug auf seine gesamte autobiographische Deutung einschließlich des Störungskonzepts auf einen Perspektivenwechsel durch Wissenszuwachs. Sein aktuelles Wissen über eine „Lebensweise, die wo halt einfach lebensbejahend is", geht über den rein auf den Körper bezogenen Aspekt von Gesundheit hinaus zu einer ganzheitlichen Betrachtungsweise, von der er früher „koa Ahnung ghabt" habe. Er habe sich damals medizinischen Experten (Hausarzt, Klinikärzte) anvertraut und anfänglich deren Deutungswissen über psychische und psychosomatische Zusammenhänge übernommen („des muß i etzt einfach a mal glaubn"). Die Veränderung dieses angepaßten Verhaltens führt er auf die Struktur der Psychotherapiestation zurück. Diese stellte an ihn neue, bislang unbekannte Anforderungen, die er erneut mit der bisherigen „Lebensweise" kontrastiert: „Des <die Psychotherapie> hat mi viel Überwindung einfach koscht des halt des da, weil des einfach net mei Lebensweise war, i war immer recht recht ruhig und so und hab/ war mehr einfach irgendwie passiv, daß i einfach hinter die Anderen herglaufen bin so ungefähr was die machen, des mach i aa mit, aber daß i dann selbst a mal was aus mir was mach, des war no net so."

Herr Braun vollzieht im Verlauf seiner Störungsgeschichte einen Paradigmenwechsel von einem medizinisch-somatischen Krankheitsmodell zu einem psychologischen Störungskonzept. Dieser Wechsel beinhaltet gleichzeitig die Veränderung vom passiven Patienten, der sich nach den Anweisungen der Experten richtet, zum aktiv handelnden ‚Selbst-Experten'. Den Umschwung führt er auf die „Anstöße" innerhalb der Psychotherapie, nicht jedoch auf konkrete Anweisungen, zurück: „Des is mir aa nahe glegt worn, daß i aktiv werdn muß da einfach, daß i des aus mir selber raus was tun muß."

Dabei ist das Benennen und Zuordnen für ihn das zentrale Kriterium, um ein Problem als solches erkennen und daraufhin verändern zu können. In seinen Ausführungen verweist er auf sein heutiges Deutungswissen über solche Zusammenhänge und auf die zwischenzeitlichen Veränderungen seiner Lebensführung. Er definiert sich nun als „freier Mensch", der die individuellen Handlungsoptionen für sich bewerten und nutzen kann. Seine Reflexivität umfaßt in den Erzählungen über seine Handlungspraxis nicht nur die Auseinandersetzung mit den Ansprüchen seiner sozialen Umwelt, Herr Braun hinterfragt auch sich selbst in seinem Umgang mit seinen Gefühlen, Wünschen und Bedürfnissen. Dabei führt er seine Erkenntnisse auf eigenes Überlegen und Nachvollziehen der Anregungen aus der Psychotherapie zurück. Seine psychologischen Erkenntnisse haben übergreifende Gültigkeit („daß ma in ner gewissen Unsicherheit aa lebn kann"), die er für sich immer wieder spezifiziert („des mach i mir halt irgendwie selber klar"). So präsentiert er sich den Interviewern als Selbst-Experte und als fachkundiger Betroffener, der anderen Ratschläge aus seiner Erfahrung heraus vermitteln kann.

Susanne Schneider

Frau Schneider ist 27 Jahre alt. Die Eltern sind Geschäftsleute, in deren Geschäft sie nach der Hauptschule eine kaufmännische Lehre abschloß. Mit 20 Jahren wurde sie wegen einer Eßstörung stationär psychiatrisch behandelt. Danach zog sie in die nächstgelegene Großstadt und arbeitete in ihrem Beruf; sie verlor dann aber die Stelle, weil der Betrieb in Konkurs ging. Gleichzeitig scheiterte eine mehrjährige Partnerschaft. Sie entwickelte in dieser Situation Angstanfälle, die zum Index-Aufenthalt führten. Frau Schneider ist verheiratet mit einem früheren Mitpatienten der Station 23, das Paar hat ein Kind. Sie ist nicht mehr berufstätig.

Frau Schneider erzählt durchgängig eine Störungsbiographie, deren Beginn sie in die bereits vor ihrer Geburt bestehende Struktur ihrer Herkunftsfamilie verlegt. Ihr zentraler Blickwinkel ist das Phänomen von sozialer Akzeptanz und Ablehnung sowie die Frage nach der Stabilität beziehungsweise Labilität menschlicher Beziehungen. Sie betont dabei individuelle Bedürfnisse in Auseinandersetzung mit gesellschaftlichen Normen und Machtverhältnissen. In ihrer biographischen Erzählung zieht sie eine konsequente Linie von der ‚Muß-Ehe' ihrer Eltern[1] über das Streben beider Eltern nach materiellem Erfolg zu dem emotional wenig tragfähigen Klima in der Herkunftsfamilie. Die Konsequenzen stellt Frau Schneider als strukturelles Dilemma divergierender Bedürfnisse der Familienmitglieder dar, das (über die elterliche Gestaltungsmacht) zuungunsten der Kinder entschieden wird.[2] Gleich einer positiven, aber wenig potenten Kontrastfigur wird die Großmutter als „ne ganz starke Bezugsperson" gekennzeichnet. Besonders einprägsam erscheint die familiäre Situation für Frau Schneider wegen ihrer individuellen Bedürftigkeit aufgrund besonderer Charaktereigenschaften („ich war eigentlich von je her a sehr nervöses Kind") und traumatisierender Lebensereignisse. Erst aus der Summe dieser einzelnen Faktoren bildet sie die Gesamtgestalt ihrer Störungsgenese: „des warn eigentlich die ersten Ängste". Dieses Zusammentreffen von individueller Bedürftigkeit, traumatisierenden Ereignissen und unzureichender emotionaler Basis in der Familie zieht in der autobiographischen Deu-

---

1 „Mei Vati war für mei Mutter der erste Mann, kann ma sagn. Und des is re-relativ schnell, der hat sie dann gheiratet wega dem Kind." Ihre im Präsens formulierte Aussage zeigt ihre Einschätzung, daß diese Ehe bis zur Gegenwart des Interviews eine durch gesellschaftliche Normen konstituierte Partnerschaft geblieben ist: „Sie sin zusammen weil des ebend so noch so der alte Schlag, äh verheiratet und des gibt es nicht nä, des äh also jetz ausnander gehn und so weiter, des is nich drin."

2 „Also die <Eltern> warn immer wahnsinnig gestreßt, sehr müde und und äh des war also für uns war eigentlich nie so viel Zeit da. Des- äh vielleicht Zeit, die mir gebraucht hättn."

tung weitere Kreise. So stigmatisiert sich Frau Schneider rückblickend in der Schulzeit als „Problemkind" und begründet damit die umfassenden Vorwürfe ihrer Eltern. „Und mei Lebn, von Anfang an hab i eigentlich *nie* was anders ghört als: ‚Du bist faul, Du kannst nix, Du bist des schwarze Schaf!' Des schwarze Schaf, des hab i heut noch da drin, des is prägend, nä."

In ihrer Darstellung wird diese Stigmatisierung durch die Definitionsmacht der Eltern als Lehrherren verschärft und über den familialen Zusammenhang hinaus auf ihre berufliche Qualifikation ausgeweitet. Sie betont den überdauernden Effekt dieser elterlichen Zuschreibung bis ins Erwachsenenleben hinein, obwohl sie diese heute als unzutreffend erkennt und deshalb zurückweist. Den Beginn einer ersten signifikanten Störung führt sie auf eine Lebenssituation zurück, in der „alles recht geballt gekommen" sei. Dabei geht sie im Unterschied zu den Interviewpersonen des Überlastungstypus nicht von einer quasi-objektiven, sondern von einer ganz individuellen Überforderung gleichzeitiger Ereignisse aus: Ihre Reaktionen auf den Tod der Großmutter und die Trennung vom ersten Freund sind für sie aus ihrem Bedürfnis nach der Sicherheit eines ihr zugewandten Menschen auf der Basis der mangelnden Anerkennung im Elternhaus erklärbar: „Ich wollt des <die Beziehung zum Freund> etzt natürlich nicht auch noch verliern und und der Mensch, der mir jetz überhaupt so ghört hat noch außer meiner Großmutter."

Die darauf folgende Reaktion „systematisch abzumagern" plausibilisiert sie mit ihrer damaligen Befürchtung, wegen einer Gewichtszunahme durch die Pille vom Freund verlassen zu werden. Mit ihrer heutigen Deutungskompetenz diagnostiziert sie im Interview eine „typische Magersucht" und betont ihren Erkenntniszuwachs mit dem Nachsatz: „Hab des ja aber net *gwußt* was des jetz soll". Dabei deutet Frau Schneider die eigene Unwissenheit zusätzlich als eine allgemein zeitgeschichtliche Unkenntnis[1] und führt darauf die folgende Eskalation der Konflikte zurück. Das fehlende Expertenwissen um die adäquate Behandlung einer solchen Störung führt zum ersten Aufenthalt in einer psychiatrischen Klinik; diesen bezeichnet sie mehrfach als „die Hölle". Sie erlebt nur die persönliche Zuwendung eines engagierten „jungen Psychologen" und dessen konkrete Anweisungen, sich aus der Familie zu lösen,[2] als hilfreiche Aspekte dieser Behandlung. Ihr grundlegendes Problem aber, so weiß sie heute, ist mit dem therapeutisch empfohlenen Umzug in die nächstgelegene Großstadt nicht gelöst. Sie trägt es nun, unabhängig von der konkreten sozialen Umwelt, in sich und strukturiert damit unabsichtlich ihr Verhältnis zu anderen Menschen: „Ich mein, heut weiß ich selber, daß des irgendwie- ich hab mich da selber nei manövriert, ich hab alles für ihn

---

1   „Des war ja auch genau die Zeit, da war des no nicht mal als Krankheit so richtig anerkannt nä, zu der Zeit."

2   „Ich soll- muß mich auf eigne B- äh Beine stelln, also tut net gut, ich soll weggehn. Und des auch des alles hab ich getan dann nä."

getan, ich ich bin halt so a Mensch nä der halt alles so gut wie möglich machn möchte und n andern einfach dadurch, daß ich daheim zu wenig Liebe bekommen hab irgendwo irgendwo nä net- unbewußt, die habn halt die Zeit net ghabt, wenn ich dann n Menschen ghabt hab, den den ich gmocht hat, dann hab i halt alles für den getan, um Streicheleinheiten zu kriegn nä."

So führt Frau Schneider die Index-Behandlung auf eine Problemkonstellation zurück, die der ersten Krisensituation strukturell gleicht: Eine für sie wichtige Partnerschaft scheitert, und sie verliert ihren Arbeitsplatz wegen Arbeitsmangel. Ihre darauffolgende Reaktion erklärt sie im Relevanzsystem ihrer individuellen Entwicklungsgeschichte, nämlich als besondere Unfähigkeit, mit diesem doppelten Verlust von Anerkennung umzugehen. Dieses heutige Verstehen der Zusammenhänge innerpsychischer und sozialer Beziehungen macht Frau Schneider zum Angelpunkt für einen erfolgreichen Umgang mit sich und ihrer Umwelt. Begriffe wie „klar sein", „checken", „merken", „spannen" und „kapieren" werden immer wieder zur Charakterisierung ihres Bezugs zu sich selbst, zu anderen Menschen und zu sozialen Situationen herangezogen. Sie stellt sich damit im Interview als eine Person dar, die sich heute selbst deuten und erklären kann. Ihr zentrales Anliegen ist der Erwerb von Deutungswissen über seelische Vorgänge.[1] Die bislang beängstigende Außenwelt wird durch ihre aktuelle Tätigkeit als Hausfrau und Mutter zu einem therapeutischen Übungsfeld, dem sie sich durch ‚Hilfe zur Selbsthilfe' und die Unterstützung ihres Ehemannes nähert. Das therapeutische Modell des kommunikativen Austausches integriert sie (zumindest programmatisch) durch ihre Heirat mit einem ehemaligen Mitpatienten der Station in ihre alltägliche Lebensführung. Im Interview zeigt sie ihre protoprofessionelle Deutungskompetenz nicht nur bezüglich der Deutung der eigenen Entwicklung, sondern auch durch ihren Kommentar zu der biographischen Erzählung ihres Mannes: „So is er nä, er verdrängt volle Kanne, was geht." Sie schafft damit eine Gesprächsebene gleichberechtigter Deutungskompetenz zwischen ihr und den beiden Interviewern.[2]

---

1 „Deswegn is des ja auch körperlich rausgebrochen, des is ja klar nä, weil ich des <die eigenen Schwierigkeiten> halt immer verdrängt hab extremst. Und da, des des war für mich schon irgendwo, da mußt jetz durch nä und vor allem, des alles zu lernen. Mei-meine Probleme. Äh im Umgang mit Menschn nä."

2 Die gleichberechtigte Gesprächsstruktur zwischen den am Interview beteiligten Personen gilt auch für die Interviewten des Überlastungstypus, dem Thomas Schneider zugerechnet wurde. Der zentrale Unterschied zum Gesprächsverhalten der Befragten des Entwicklungsstörungstypus liegt auf der jeweils aktualisierten Gesprächsebene: Während sich im Deutungskonzept des Überlastungstypus alle Gesprächspartner auf der Ebene eines alltäglichen Gesprächs treffen, findet für die Repräsentanten des Entwicklungsstörungstypus ein gleichberechtigter Austausch auf der Expertenebene statt.

Ursula Nowak

Frau Nowak ist 45 Jahre alt, sie ist geschieden und hat ein Kind. Ihre Mutter war Verkäuferin, der Vater Beamter. Nach Abschluß der Realschule arbeitete sie als Schreibkraft in verschiedenen Behörden. Nach der Scheidung lebte sie in einer Frauen-Wohngemeinschaft. Frau Nowak ist zum Zeitpunkt des Interviews arbeitslos. Sie lebt zusammen mit ihrem Sohn, dessen Freundin und ihrer Lebensgefährtin (einer früheren Mitpatientin der Station) am Stadtrand von P-Stadt.

Frau Nowak konstruiert ihre autobiographische Erzählung als Geschichte ihrer durch die stationäre Psychotherapie letztendlich ermöglichten Selbstverwirklichung, die vorher durch gesellschaftliche und familiäre Restriktionen sowie durch individuelle Komponenten beziehungsweise unzureichende Konfliktlösungversuche verhindert worden war. Dementsprechend erzählt sie ihre früheren lebensgeschichtlichen Entscheidungen auf der Folie hilfreicher, fehlschlagender oder unzureichender Strategien zu einer erfolgreichen Selbstverwirklichung. Sie charakterisiert ihre Kindheit durch ein räumlich und sozial abgeschlossenes Milieu, eine ‚kleine Lebenswelt‘ in der „Kolonie /.../ so n Wohngebiet von Postlern“.[1] In diese Welt ist sie jedoch nicht sozial eingebettet, sie sieht sich nicht als Bestandteil der Postgemeinschaft und ihrer Familien, sondern sie kennzeichnet ihre Lebenssituation sofort anschließend mit dem zentralen Merkmal einer Singularität im Familienverband: „Bin also n Einzelkind.“ Diese Zuordnung bedeutet in ihrer Erzählung mehr als die Tatsache, daß sie keine leiblichen Geschwister hat. Sie zieht eine Entwicklungslinie vom biologisch definierten Einzelkind innerhalb der Herkunftsfamilie zu einem sozialen Einzelkind im Schulverband. Für diese Ausweitung macht Frau Nowak sowohl ihre innere Distanz und ihre Interpretation der neuen sozialen Situation („fremd gefühlt“) als auch den Ausschluß durch die Mitschüler („net aufgnommen“) geltend: „Irgendwie des Net-Dazugehörn, weil ich hab mich ja also am Anfang unheimlich unheimlich fremd gefühlt in der Schule aa net aufgenommen äh also weiterhin also als als Einzelkind.“

In der Fortsetzung spitzt sie ihre Entwicklung in Richtung auf eine aktive Übernahme der an sie herangetragenen Rolle zu: Sie bezeichnet sich schließlich als „Einzelgängerin“ wider Willen, die diesen Zustand nicht intentional, sondern als Opfer der eigenen Veränderungsunfähigkeit herstellt. Zugleich identifiziert sie ihre damalige Konfliktlösungsstrategie zur Beendigung dieses unfreiwilligen Ausschlusses als Ursache weiterer Einschränkung der individuellen Entwicklungsmöglichkeiten. Sie führt ihr Bedürfnis nach Anpassung auf ihren unerfüllten Wunsch nach Integration in das soziale Milieu zurück. Die Folgen werden dialektisch, als weitere Unterdrückung von

---

1 „So mehrere Häuser äh und dazwischen immer so Höfe, also so n von der Straße außenrum umfahrenes Gebiet.“

Individualität und als gleichzeitige Entwicklungsmöglichkeit gedeutet: „Ich hab mich immer ja eingeordnet, weil ich immer gern so mit den andern mitwollt. Ich wollt immer gern so sein wie die andern. Hab s aber nia richtig hinkriagt, des hat nie richtig geklappt, ich war nie so wie die andern. Hab mir des aber nie erklären kenna, warum i net so bin und hab s aber aa net akzeptiern kenna, daß i anders bin."

In ihrer Darstellung zeigt sie gleichzeitig ihre heutige Deutungs- und Bewältigungskompetenz. Die Lösung des Konflikts sieht sie nicht mehr in der Unterordung in die Forderungen der sozialen Umgebung, sondern in der Akzeptanz der individuellen Andersartigkeit. Zu diesen persönlichen und familiären Einschränkungen der psychosozialen Identitätsentwicklung addiert Frau Nowak den Verweis auf eine allgemeine („man") geschlechtsspezifische gesellschaftliche Diskriminierung im Bildungsbereich. Sie begründet damit das elterliche Verbot, entgegen ihrem ausdrücklichen Willen, eine Höhere Schule zu besuchen und ihren Wunschberuf als Erzieherin zu erlernen: „Also Mittlere Reife des is also grad noch so n Bildungsziel, des ma am Mädchen zugestehn kann."[1]

Als erste hilfreiche und erfolgreiche Schritte zur Befreiung aus der inneren und äußeren Enge in Richtung auf ‚Echtheit und Selbstkongruenz' (Rogers) sieht sie ihre Aktivitäten in der kirchlichen Jugendgruppe: „Ich hab in der Jugendbewegung glernt, mich einigermaßen frei zu bewegen, des is einfach meim meim Naturell entgegengekommen, also lockerer zu sein, sich amal was zu traun. Äh so spon/ mei Spontaneität ausleben zu können". In diesem sozialen Milieu erhält sie die Freiheit, sich ihrem „Naturell" entsprechend zu entwickeln. Sie rekurriert damit auf in ihr liegende Kräfte, deren Entfaltung gefördert beziehungsweise eingeschränkt werden kann. Dabei verweist sie auf familiäre Gegenreaktionen, die sich über Machtpositionen einer solchen Entwicklung entgegenstellen und einen nachdrücklichen Befreiungsschlag nahelegen.[2]

Frau Nowak stellt ihre Heirat als ein Mittel dar, den familiären Restriktionen zu entkommen, so als habe sie diese bereits zum damaligen Zeitpunkt zum Zweck der Befreiung aus der familiären Enge eingesetzt: „Hab dann mit 21 geheiratet, weil ich s ganz ehrlich gsagt zu Hause nimma ausghalten hab". Daß sie sich dabei der selbstverständlichen Erfüllung geschlechtsspezifischer gesellschaftlicher Normen und Handlungsentwürfe bediente, beurteilt sie als Folge ihrer damaligen eingeschränkten Weltsicht. Ihre damalige Normbefolgung setzt sie heute mit Dummheit gleich („in meim

---

1 „I nehm an, wenn ich n Sohn gewesn wär, daß s dann also gsagt hätten: ‚ja guat mach'."

2 Frau Nowak konstrastiert wie Herr Imhoff (Kapitel 4.1.4) eine selbstbestimmte und selbständige Lebensführung mit derselben sprichwörtlichen Metapher väterlicher Machtausübung: „Er hat ja zu mir mal gsagt, solang Du Deine Fiaß unter mein Tisch neistreckst, duast Du des, was i Dir sag."

beschränkten Verstand").[1] Damit unterstreicht sie, daß solche Normen keineswegs zwangsläufig für den Einzelnen gelten und diskutiert prinzipiell mögliche alternative Handlungsoptionen zur Lösung ihres damaligen Konfliktes.

Frau Nowak verlegt die Hintergründe des späteren Scheiterns ihrer Ehe in deren fehlende emotionale Basis bereits vor der Heirat („da war keine Liebe im Spiel").

Diese bleibt die Deutungsfolie für ihre weiteren biographischen Entscheidungen: Sie deutet ihre umfangreichen Aktivitäten innerhalb verschiedener sozialer Gruppen als ‚Ersatzbefriedigung'.[2] „Da hab i ja dann scho wieder ogfangt, mir einfach so diese Bestätigung zu holen, die i sonst net kriagt hab. Des hab ma/ is ma immer was abganga. Also hab i ma des von außen holen müssen."

So ist das Ende ihrer zwanzigjährigen Ehe retrospektiv bereits in den Umständen ihres Anfangs enthalten – dies jedoch nicht notwendigerweise. Frau Nowak berichtet von umfangreichen, aber fehlgeschlagenen Bemühungen zu einer Veränderung. Die letztendliche Entscheidung spitzt sie auf die Alternative zwischen der Selbstaufgabe, das heißt dem Verlust ihrer Persönlichkeit und dem Verstoß gegen gesellschaftliche Normen und christliche Gebote zu.[3] Sie hat, so vermittelt sie mit dieser Darstellung, nicht leichtfertig gehandelt: „I hab gwußt, entweder verlier ich mich jetzt selber dabei, bin dann wirklich nimma ich, wenn ich bei ihm bleib oder ich trenn mich von ihm."

Ihre weitere Lebensgestaltung schildert sie als kumulierende Überlastung, die sie aus dem Zusammenspiel eigener Wünsche und Bedürfnisse und denen ihrer sozialen Umwelt erklärt.[4] Die tatsächliche Abfolge von Ereignissen ist damit nicht zwangsläufig durch die Fakten bestimmt, sondern bleibt grundsätzlich eine von mehreren möglichen. Die konkret realisierte Lebensgestaltung begründet Frau Nowak mit ihrer Unfähigkeit, auf Grund der äußeren Umstände in Verknüpfung mit ihrer individuellen

---

1 Auch in dieser Begründungsstruktur werden Parallelen zu der autobiographischen Erzählung von P. Imhoff deutlich: Beide identifizieren ihre ersten Lösungsstrategien für ihren Konflikt mit den Eltern als Wege, die ein Scheitern nahelegten – allerdings nicht zwangsläufig scheitern mußten (dies wäre die Deutungsfolie des Defizittypus). Beide erklären ihr mangelndes Konfliktlösungspotential mit ihrer eingeschränkten Deutungskompetenz: Herr Imhoff aktualisiert dabei eine Stadt-Land-Differenz, Frau Nowak rekurriert auf ihre bereits als Grundvoraussetzung ihrer Lebengeschichte eingeführte ‚kleine Lebenswelt': „Ich war so verhaftet in diesen kleinen Kreis und hab also net net drüber nausschaun kenna, s oanzige was ma eingfalln is, i will heiratn."

2 So berichtet sie von Aktivitäten im Elternbeirat von Kindergarten und Schule ihres Sohnes, in der Frauenbewegung und in der Gewerkschaft. Selbst ihre Berufstätigkeit deutet Frau Nowak als Ersatz: „Des war aa so ne Art Ausgleich gwesen. Also wenn s dahoam amoi net so toll war, es hat ma mei Beruf Spaß gmacht."

3 „Des Kind braucht n Vater und ich wollt mich eigntlich aa net scheiden lassen, so katholisch wia i war."

4 In dieser Betonung des eigenen Anteils liegt ein entscheidender Unterschied zum Überlastungtypus.

Bedürfnisstruktur ihr Leben anders gestalten zu können.[1] Sie kann die folgende Dynamik nicht mehr konstruktiv beeinflussen: „Es hat si halt alles gesteigert, die Spirale is halt imma enger wordn. Bis i halt an dem Punkt war, wo i gsagt hab, jetzt konn i nimma. Eines Tages war i halt so weit, daß i gsagt hab, ich will nicht mehr leben, ich kann nicht mehr."

Sie bezeichnet diese Lebenssituation in ihrem biographischen Rückblick als „Stadium", als eine Phase ihrer Lebensgeschichte, in der sie keine Chance mehr sah, ihr Leben aktiv zu gestalten. Selbst die Aufnahme in die Psychiatrie führt sie, ohne eigene Entscheidung, auf die Aktivität ihres Sohnes und ihres Hausarztes zurück.[2] Dem Aufenthalt auf der psychiatrischen Station schreibt sie ausschließlich entlastende Funktion zu, die durch die Distanz zu den alltäglichen Anforderungen zu einer schnellen Regeneration ihrer Kräfte geführt habe. Den Vorschlag zur stationären Psychotherapie deutet sie als einmalige Chance zur Teilnahme an einer prinzipiell positiv bewerteten Behandlungsform ohne Ablenkung durch die Alltagswelt. Dabei betont sie, daß sie die der Therapie zugeschriebene Wirkung nicht auf einzelne Bestandteile des therapeutischen Angebotes, sondern auf „des Inanandagreifen von allem" zurückführe. Voraussetzung dazu sei ein „Knackspunkt" gewesen, der ihr die uneingeschränkte Auseinandersetzung mit sich selbst ermöglicht habe. Den Anstoß dazu habe ihr die frühere Therapeutin gegeben, die entscheidende Selbsterkenntnis und Umsetzung dieser Anregung schreibt sie sich in ihrer Funktion als Selbst-Expertin zu.[3]

Die Ergebnisse der Therapie stellt Frau Nowak als ‚Lernerfolge' dar, die – im Unterschied zu den Lerninhalten beim Defizittypus – nicht auf konkrete Handlungsweisen, sondern auf die Steigerung von Authentizität hin ausgerichtet sind. Während zudem dort der Ausgleich fest umgrenzter, lebensgeschichtlich entstandener Defizite angestrebt wird, betont sie das Konzept des ‚lebenslangen Lernens'[4] und des eigenständigen Umsetzens kognitiver und emotionaler Wissensbestände. Es geht ihr um Selbsterkenntnis im Sinne von Ehrlichkeit sich selbst und anderen gegenüber sowie um

---

1 So begründet sie sowohl den Beginn wie das Scheitern des Wohngemeinschaftslebens mit ihrer biographischen Entwicklung: „I bin n Einzelkind, hab also nur meine Eltern immer ghabt, i wollt es einfach mal erleben, wie s is in ner so n großen ner großen Familie zu leben. ... Aufgrund von meim <lacht kurz> Alter und aufgrund von meiner von meiner ja wos woaß i Bereitschaft, immer für andere dazusein hab ich mich also selber so in die Mutterrolle hineinmanövriert und bin da nimma rauskomma."

2 „Und dann hat er <der Hausarzt> mi neigfahrn. Also was dann no war, muaß i ganz ehrlich sang, woaß i heit überhaupt nimma."

3 „I woaß no, Frau Dr. I. hat des amoi gsagt, ich soll hier nicht Co-Therapeutin spielen. Da war i so furchtbar wütend, wei i ma denkt hab, i mach doch koa Co-Therapeutin. Und da is ma des eigntlich dann kumma, was i da eigntlich alles triebn hab. Stimmt scho, immer hab i die andern wieder vorgschobn, statt daß i mi mit mir selba beschäftigt hab. Und von da ab hab i s dann aber seilassen."

4 „Also ma konn net sang, jetz mach i a Therapie und dann hab i was glernt und dann paßt des scho, also damit is s einfach nicht zu Ende, es is nix zu Ende, es geht immer weiter und hört nie auf."

den bewußten Balanceakt zwischen Anpassung und Widerstand.[1] Die stationäre Therapie ist dafür lediglich Anstoß und Katalysator für Erkenntnisse und Hilfmittel zu deren Umsetzung: „Ja, ich hab äh ja ich hab s also glernt, daß ich jemand bin. Daß ich *ich* bin. Des was i vorher scho in meim Kopf drin ghabt hab, des hab i da glernt umzusetzen. Des was was i ois scho gwußt hab, bloß hab i s also net umsetzen kenna, des hab i angfangen auf der 23 umzusetzen. In kleinen Schritten und des hat si dann einfach so fortgsetzt."

Die Therapieeffekte schreibt sich Frau Nowak konsequenterweise letztlich selbst zu. Sie ist heute Expertin für ihre eigene Lebensgestaltung, die sie fundamental von der früheren unterscheidet: „Des äh hat also bewirkt, daß ich mei ganzes Leben umgekrempelt hab. Ich leb also heut anders, total anders als vorher". Dabei bezieht sie sich auf mehrere Lebensbereiche: Im Vordergrund steht eine neue Partnerschaft, die sie im Kontrast zu ihrer Ehe auf einer starken emotionalen Basis begründet („die Liebe meines Lebens"). Daß es sich dabei um eine Frau handelt, führt sie auf ihre Fähigkeit der Selbsterkenntnis und der Selbstverwirklichung zurück – nämlich daß sie sich getraut habe, sich ihre Gefühle gegen christliche und gesellschaftliche Normen einzugestehen. Die Gestaltung dieser Partnerschaft verlaufe von Grund auf „ganz anders" als ihre Ehe, denn „mir warn von Anfang an ehrlich zuananda". Das therapeutische Modell des gegenseitigen Verstehens und der Konfliktbewältigung durch kommunikativen Austausch übertragen beide (als ehemalige Klientinnen der Therapiestation) in ihre alltägliche Lebensführung. Zum zweiten kontrastiert Frau Nowak ihre heutige Einschätzung von Arbeit und Arbeitslosigkeit mit der früheren: „I hätt zum Beispiel äh vorher des net fertiggebracht, äh solang arbeitslos zu sein, i wär ja fast umkomma, ich war ja eigntlich nur was wert ah wenn ich ja wenn ich von außen Bestätigung kriagt hab. Ich selba war ma ja doch nix wert gwesen. Jetzt bin i fast a Jahr arbeitslos, also komm also hervorragend damit zurecht."

Auf der Basis der Identifikation ihrer früheren Berufstätigkeit als Ersatz für mangelndes Selbstwertgefühl validiert sie den Therapieerfolg mit ihrer heutigen Fähigkeit, eine fast einjährige Phase der Arbeitslosigkeit ohne Selbstzweifel durchleben zu können. Dabei betont sie im Interview, daß die erwähnten Lebensbereiche nur konkrete Beispiele einer generell veränderten inneren Haltung seien, die sich in der Erkenntnis ihrer eigenständigen und unverwechselbaren Persönlichkeit kristallisiere („daß ich jemand bin. Daß ich *ich* bin").

---

1 „Also nimma so mit Krampf unbedingt jetzt was zu wollen und dann aa äh is ma aa aufgegangen, daß ich mei also Arbeitstempo von meiner Kollegin versucht hab anzupassen, des überhaupt net meins is."

Die wesentlichen Merkmale des Entwicklungsstörungstypus lassen sich wie folgt zusammenfassen: Zentrales Kennzeichen der autobiographischen Erzählung ist die Darstellung der Dynamik der individuellen emotionalen und kognitiven Entwicklung in Auseinandersetzung mit der sozialen Umwelt.[1] Die Interviewpersonen dieses Typus entwerfen ihre Biographie als „psychosoziale Entwicklungsgeschichte" (ENGELHARDT 1990a, 235), die dem Muster der „selbstreflexiven Lebensgeschichte" in KOHLIs Systematisierung (1981) nahesteht. Der eigene Werdegang wird als Prozeß der Identitätsbildung durch ständige Wechselwirkung von persönlichen Fähigkeiten, Interessen, Wünschen und Möglichkeiten einerseits und denen der sozialen Umwelt andererseits herausgearbeitet. Psychologische Deutungsmuster und Wissensbestände konstituieren die Interpretationen aller lebensgeschichtlichen Ereignisse, sie bilden die Folie für die gesamte autobiographische Erzählung, die alle Lebensbereiche der Person umfaßt.

Die psychische Störung wird als logische Folge der Unterbrechung oder Verhinderung von Entwicklungs- und Entfaltungsmöglichkeiten des Individuums gedeutet, obwohl prinzipiell andere lebensgeschichtliche Verläufe mitdiskutiert werden. In der Therapie wird den erkenntnisfördernden Anteilen ein Stellenwert als zentrales helfendes Moment eingeräumt. Ziel der Therapie ist die *Hilfe zur Selbsthilfe*, die im erfolgreichen Falle den (ehemaligen) Patienten zum Selbstexperten macht. Voraussetzung dazu ist das Erkennen und Verstehen der Logik der individuellen Entwicklung. Die Interviewpartner begegnen sich auf der Gesprächsebene zweier gleichberechtigter Experten.

4.3 Konstitutive Merkmale der Typen

Die im vorangegangenen Kapitel herausgearbeitete (fallbezogene) Typenreihe hat deutlich gemacht, daß sich die jeweiligen Typen aus vielen und sehr unterschiedlichen Facetten zusammenfügen. Diese Typen sind *nicht* identisch mit den in Kapitel 4.1 ausführlich vorgestellten Einzelfällen, sie sind aber auch nicht die Summe der Einzelfälle aus der Typenreihe. Bei den Typen handelt es sich vielmehr um empirie- und theoriegeleitete Verallgemeinerungen, bei denen die ‚innere' Regelhaftigkeit einer

---

[1] In diesem Typus sind die entscheidenden Merkmale der biographischen Muster 4 und 5 von ENGELHARDT (1990a) enthalten: Es handelt sich, je nach der Abgeschlossenheit der Suche nach einer subjektiv gültigen Logik, um eine „Ich-Geschichte als Erfahrungs- und Erlebnisgeschichte" (Muster 4, 235) oder um eine Darstellung der „personalen Identität als psychosoziale Selbstsuche und Selbstvergewisserung" (Muster 5, 238). Da unsere Interviewpartner grundsätzlich eine lebensgeschichtliche Phase der fundamentalen Verunsicherung der eigenen Identität durchlebt haben, ist von einer Vermischung beider Muster in den biographischen Erzählungen unseres Entwicklungsstörungstypus auszugehen.

Sinngestalt entscheidend ist. In diesem Sinne ist der hier *konstruierte* Typus mit einem *Gerüst* zu vergleichen, das einen bestimmten biographischen Zusammenhang umgreift: Dieses Gerüst wird gestützt durch das *biographische Konstruktionsmuster*, das bei unseren Gesprächspartnern die einzelnen Elemente für die Deutungsmuster *Störung* und *stationärer Therapieaufenthalt* ‚trägt‘ – zusammengenommen steht so der lebensgeschichtliche *Sinn* der jeweils unterschiedlichen Ereignisse im Vordergrund.

Der so gewonnene Typus entspricht auch *nicht* dem zuvor verwendeten WEBERschen Idealtypus, der ja ‚lediglich‘ als Forschungsinstrument benutzt wurde, um das empirische Feld der Einzelfälle und Kontextmaterialien zu vermessen und zu ordnen (vgl. die Ausführungen in Kapitel 2). In Abgrenzung davon können wir von einem *Realtypus* sprechen, der auf wissenschaftlichen Konstruktionen basiert – ohne freilich die Realität in ihrer gesamten Komplexität und Vielfältigkeit abzubilden.[1] Im folgenden werden zum Abschluß der Analyse dieser Transformationsebene die fallübergreifenden Charakteristika – in bezug auf die Deutungsmuster und das biographische Konstruktionsmuster – zusammengefaßt. Die zitierten Textstellen sollen die einzelnen Bereiche illustrieren.

Personen des *Überlastungstypus* deuten die Entstehung von psychischen Störungen als Folge von schwierigen Lebensereignissen; es wird eine Vielzahl solcher Ereignisse erzählt, deren Kulminationspunkt als ‚Nervenzusammenbruch‘ bezeichnet wird. Durch die Betonung der überlastenden äußeren Lebensmomente wird die Störungsgenese unabhängig von der individuellen Lebensgeschichte interpretiert: „Des war ma halt dann alls zuviel auf einmal und drum war i dann aa in der Psychiatrie". Somit sind der körperlich-seelische Zusammenbruch und die damit verknüpften unangenehmen Gefühlszustände konstitutiv für die subjektive Akzeptanz einer behandlungsbedürftigen Störung. Die stationäre Psychotherapie wird zu einem Kontrastprogramm zur Alltagswelt, weil sie in erster Linie die Abwesenheit von Belastung bedeutet: „Es war für mich Zufluchtsstätte, ich hab mich da unwahrscheinlich wohl drin gfühlt, hab mein eigenes Zimmer gehabt und meine Leute gehabt und irgendwie die ganzen Probleme, des war einfach draußen". Psychotherapie wird dann als hilfreich akzeptiert, wenn sie Entlastung und Wohlbefinden ermöglicht – aber therapeutische Maßnahmen im engeren Sinne, vor allem die Anregungen, die bisherigen Erfahrungs-, Deutungs- und Handlungsmuster zu hinterfragen, werden als unerwünschte Verunsicherung und Zumutung erlebt und deshalb abgelehnt. Psychotherapie als psychosoziales Hilfsangebot wird ambivalent bewertet, da es einerseits Schutz und Entlastung bietet, andererseits aber ein einschneidendes negatives Lebensgefühl und das Ende autonomer Handlungskompetenz voraussetzt. Störung und Therapiebedürftigkeit bleiben daher eine potentiell dramatische Bruchsituation, die möglichst vermieden werden soll. Die psychotherapeu-

---

1 Vgl. MUTZ et al. (1995).

tischen Erfahrungen gleichen so einer mahnenden Erinnerung, weitere schmerzhafte Zusammenbrüche zu vermeiden; darüber hinausgehend bleiben Störung und Psychotherapie Lebensereignisse neben anderen.

Das psychologisch-psychotherapeutische Wissen erweist sich nur dann als anschlußfähig, wenn es in ein stark typisiertes Allgemeinwissen ‚übersetzt' werden kann; dies ist nur in einem geringen Umfang möglich, weil psychologisch-psychotherapeutische und dem Alltag verbundene Typisierungen nicht immer ineinander aufgehen. Ein prägnantes Beispiel ist Frau Gruber, die das therapienahe Konzept von eigenständigem Handeln, aktiver Auseinandersetzung mit der sozialen Umwelt und der Explikation von Emotionen als „neue Lebensdevise" letztlich auf einen Schlagertext zurückführt. Diese besonderen Formen der Wissenstransformation bedeuten *nicht*, daß die Interviewten des Überlastungstypus *nichts* von der Psychotherapiestation mitgenommen hätten; ihre Bemühungen zu einer veränderten Lebensführung dienen insbesondere dem anderen Umgang mit Belastungen durch das soziale Umfeld und die jeweiligen Lebensumstände. Allerdings wird gerade bei diesem Typus sichtbar, wie wichtig es ist, daß sich die psychotherapeutischen Experten in die Selbst- und Weltsicht dieser Klienten hineinversetzen können und *ihre* Logik der Praxis verstehen, ohne ihnen einen Reflexionsprozeß aufzuzwingen, solange dieser als bedrohlich wahrgenommen wird.

Im Deutungsrahmen des *Devianztypus* wird die psychische Störung als eine unerklärliche Funktionsabweichung interpretiert, die unabhängig von der eigenen Lebensgeschichte beziehungsweise -führung aufgetreten sei; sie wird gleich einer körperlichen Krankheit als psychosoziale Läsion oder ein Trauma gedeutet: „Des war wahrscheinlich a Schock. I hab eine Panik kriegt, eine Todesangst". Als weitere medizinisierte Störungserklärung wird ein psycho-genetischer Strukturdefekt oder fehlregulierter physiologischer Prozeß, wie: „I bin und bleib a Süchtler" und die daraus abgeleitete Prognose: „Es ist halt bei Süchtlern so, die werden halt rückfällig, die meisten", herangezogen. Gelingt die Übersetzung des zumeist auf körperlicher oder körpernaher Ebene wahrgenommenen Problems in eine psychosoziale Störungsdeutung nicht, so gilt eine Psychotherapie als nicht erfolgreich; dies ist in unserem Sample bei Frau Jansen der Fall, die im Interview weiterhin eine körperliche Ursache für ihre unerklärlichen Schwindelanfälle sucht. Ein Phänomen wird dann als behandlungsbedürftige Störung wahrgenommen, wenn die Verhaltensnormen des Bezugsmilieus nach außen sichtbar nicht mehr erfüllt werden können. Dies wird als unerwünschte Devianz von einer Normalität interpretiert. Anders als in den wissenschaftlichen Diskussionen um die Labeling Perspektive stellte jedoch keiner unserer Interviewpartner des Devianztypus diese Frage von Normalität und Abweichung als eine soziale Stigmatisierung dar. Als Behandlungsziel wird die (selbstintendierte) Fähigkeit zur Wiedereingliederung in das Bezugsmilieu in den Vordergrund gestellt; sie entspricht strukturell der Heilung einer körperlichen Erkrankung: die Beendigung der Störung ist *das* Validierungskriterium für die Psychotherapie. Als hilfreich wird das Submilieu der Mitpatienten mit seinen besonderen Regeln und der Austausch in der Therapiegemeinschaft erlebt, da sie die Abweichung zur (vorübergehenden) Normalität macht: „Überhaupt aa die ganzen Leut, weil da heraußen, da kann man ja mit keinem reden über so was. Des war irgendwie so a guts Gfühl, weil alle haben Probleme ghabt."

Die Interviewpartner des Devianztypus versuchen folglich, psychologisch-psychotherapeutisches Wissen in Regelwissen zu transformieren, das objektiv richtig erscheint und deshalb nicht mehr individuell adaptiert werden muß. Der Bezug auf das Sonderwissen ist instrumentell und damit vergleichbar mit der *An*wendung von Rezeptwissen. Entscheidend für die An- und Aufnahme des neuen Wissens ist die den Experten zugeschriebene Kompetenz und die Erfahrung, daß es wirksam gewesen ist. Somit sind die Personen des Devianztypus überzeugt, daß sie mit diesem allgemein gültigen Regelwissen etwaigen Abweichungen begegnen beziehungsweise wieder auftauchende Störungen einregulieren könnten.

Für den *Defizittypus* stehen die lebensgeschichtlich erworbenen Deutungs- und Verhaltensdefizite im Vordergrund: „Des war die totale Fehlerziehung". Die Störung wird als Lern- beziehungsweise Erziehungsfehler interpretiert und gilt dann als behandlungsbedürftig, wenn konkrete Lebensaufgaben nicht mehr erfüllt werden können. Vor diesem Hintergrund wird die Psychotherapie zu einer sekundären Sozialisationsinstanz, sie soll als Lern- und Bildungszusammenhang eine Nacherziehung ermöglichen. Die Interviewpartner dieses Typus betonen neben den Einzelgesprächen vor allem die Wichtigkeit der übungszentrierten Gruppen (Selbstsicherheitstraining, Kommunikationstraining sowie das Erlernen konkreter Konfliktlösungsmöglichkeiten in der Therapiegruppe) – dies seien die zentralen hilfreichen therapeutischen Maßnahmen aus dem Gesamtangebot der Psychotherapiestation. Im erfolgreichen Falle sind nach Abschluß der Therapie die lebensgeschichtlich erworbenen Defizite ausgeglichen: „Also daß i überhaupt hab draußen amal, wenn i alleins bin, richtig leben kann, des hab i da drin glernt". Dabei kann sich dieser Lernprozeß auf einfache Bereiche der Lebensführung (Einkauf, Kommunikation, Konfliktlösung) beziehen – ebenso auch auf komplexe innerpsychische Vorgänge und Bewertungsmuster (zum Beispiel die Einheit von Körper und Seele). Strukturell *neue* problematische Situationen sind damit nicht lösbar, eine Generalisierung auf vergleichbare Bereiche wird jedoch angestrebt.

Die Lern- beziehungsweise Erziehungsfehler werden somit durch einen Kompetenzzuwachs und eine Persönlichkeitskomplettierung ‚beseitigt‘, wobei deutlich ist, daß das psychologisch-psychotherapeutische Wissen relativ wissenschaftsnah erhalten und so neben dem Allgemeinwissen bestehen bleibt: es wird in eine individuelle ‚Theorie für die Praxis‘ transformiert. Die Personen dieses Typus haben folglich weniger Schwierigkeiten, das psychologisch-psychotherapeutische Wissen in ihr Allgemeinwissen einzubauen; sie suchen vielmehr nach Transformationsmodi, das Sonderwissen als solches zu erhalten – aber praxisnah umzudeuten und anzupassen.

Die Deutungsstrukturen des *Entwicklungsstörungstypus* sind den professionellen psychologischen Interpretationsmustern am nächsten. Hier ist ein umfassendes Modell der Identitätsentwicklung die Grundlage der autobiographischen Erzählung. In der autobiographischen Erzählung werden lebenslaufbezogene Ereignisse häufig in den Zusammenhang mit gesellschaftlichen oder familiären Strukturen gestellt – insbesondere dann, wenn ihnen Einfluß auf die eigene Entwicklung zugeschrieben wird. Dies können Kriegsereignisse sein, das Herkunftsmilieu, die berufliche Situierung der Eltern usw. Wesentliches Kennzeichen dieser Form der Biographiekonstruktion ist die Kombination von Fakten und Gegebenheiten mit subjektiven Interpretationen und Bewertungen: „Ich hab mich ja immer eingeordnet, weil ich immer so gern mit den andern mitwollt. Ich wollt immer gern so sein wie die andern. Hab s aber nia richtig hinkriagt, des hat nie richtig geklappt, ich war nie so wie die andern. Hab mir des aber nie erklären kenna, warum i net so bin und hab s aber aa net akzeptiern kenna, daß i anders bin." Der Störungsfall wird als ein innerer Konflikt definiert, der einen Zusammenbruch nach sich ziehen kann. Die manifest gewordene Störung wird zur logisch ableitbaren, retrospektiv konsequenten Folge der lebensgeschichtlichen Entwicklung. Sie ist jedoch keineswegs zwangsläufig eingetreten, sondern aufgrund von individuell oder sozial zurechenbaren Entscheidungen. Innerhalb der Psychotherapie wird den erkenntnisfördernden Anteilen eine besondere Bedeutung beigemessen: betont werden Einzelgespräche sowie Rückmeldung und Anregungen durch die Mitpatienten. Als Ziel der Therapie wird eine ‚Hilfe zur Selbsthilfe‘ angestrebt – sie validiert den Therapieerfolg. Dies hat zur Folge, daß Selbsterkenntnis im Sinne einer Fähigkeit, sich selbst innerpsychische Vorgänge aus einer Psycho-Logik erklären zu können, besonders wichtig ist: „Des mach i mir halt irgendwie selber klar, i such da irgendwie und da find si aa oft was dann."

Das psychologisch-psychotherapeutische Sonderwissen wird reflexiv mit dem Allgemeinwissen verknüpft, das heißt, es wird immer wieder hinterfragt, den sich ändernden Lebensbedingungen angepaßt und für ‚Prozesse der Selbstverständigung‘ neu justiert. Mit diesem sich ändernden Wissen wird der gesamte Lebensverlauf reinterpretiert und in der geschlossenen Form einer retrospektiven Entwicklungslogik präsentiert. Durch diese spezielle Transformationsform ähnelt die autobiographische Konstruktion einer professionellen Falldarstellung.

In der folgenden Tabelle werden die typenspezifischen Deutungsmuster und Transformationsmodi zusammengefaßt.

Tabelle 5: Deutungsmuster und Transformationsmodi

Typus:	Überlastung	Devianz	Defizit	Entwicklungsstörung
Deutungsmuster für *Störungsgenese*	Überbelastung durch schwierige Lebensereignisse	Unerklärliche Funktionsabweichung	Lern- beziehungsweise Erziehungsfehler	Störung der Identitätsentwicklung
Grundlage der Akzeptanz einer behandlungsbedürftigen Störung	Körperlich-seelischer Zusammenbruch	Nach außen sichtbare Abweichung von dem Bezugsmilieu	Inneres oder äußeres Scheitern an konkreten Lebensaufgaben	Auftreten unerklärlicher innerer Phänomene
Deutungsmuster für *stationäre Psychotherapie*	Freiraum für Erholung, Regeneration	Geborgenheit im expertengeleiteten Kollektiv der Mitpatienten	Nacherziehung in einer Lern- und Bildungsinstitution	Erkennen und Verstehen der eigenen Entwicklung
Grundlage der retrospektiven Validierung von Psychotherapie	Erfolgreicher Abbau der Belastungen	Beendigung der Störung	Nachweis von Kompetenzzuwachs zur Komplettierung von Persönlichkeit	Eigenständiger Nachvollzug einer Psycho-Logik
Transformationsmodus	Transformation in typisiertes Allgemeinwissen	Transformation in objektiviertes Regelwissen	Transformation in eine individuelle ‚Theorie für die Praxis'	Reflexive Verknüpfung mit dem Allgemeinwissen

Die autobiographische Erzählung des *Überlastungstypus* ist als eine Problemgeschichte konstruiert, die mit einem *pragmatischen Lebensmodell* korrespondiert: Erzählenswert sind die lebensgeschichtlichen Belastungen und Zumutungen, wobei darin
keineswegs eine negative Verlaufskurve eingeschlossen sein muß. Die Erzählungen
beinhalten den (oft erfolgreichen) Kampf mit widrigen Lebensumständen und/oder
sozialen Situationen, den die Protagonisten (in allen von uns interpretierten Fällen) vor
dem Index-Aufenthalt einmalig verloren. Biographisches Ziel vor und nach der Therapie ist eine Lebensführung, in der als Handlungsorientierung das positive Erleben im
Zentrum steht: „Des einzige Ziel, des ich eigentlich immer erreichen wollt, is, daß es
mir wieder gut geht". Entscheidungen werden weiterhin mit diesem Streben nach einer
Maximierung von Wohlbefinden begründet, die immer wieder von neuem hergestellt
werden muß. Dabei ist es vorrangig, aktuelle und künftige Belastungen möglichst
schnell als solche erkennen und reduzieren zu können. Da die Risiken aber überwiegend außerhalb der eigenen Person in faktischen oder sozialen Gegebenheiten der
jeweiligen Lebenssituation verortet werden, bleibt dieses Wohlbefinden im Alltag potentiell gefährdet. Die sehr alltagsnahe Transformation der psychotherapeutischen Erfahrung zeigt sich auch auf der Interaktionsebene mit den Professionellen der Psychotherapiestation. So werden im Interview spezifische Aspekte des Expertentums nicht
erwähnt oder als nicht hilfreich zurückgewiesen, auch im Interview selbst wird der
ehemaligen Therapeutin kein besonderer Expertenstatus zugeschrieben. Die beiden
Interviewer werden auf einer Ebene angesprochen, auf der Gleichberechtigung und
gegenseitige Akzeptanz im Rahmen einer alltäglichen Begegnung inszeniert wird.

Im Deutungsrahmen des *Devianztypus* steht der Kontrast zwischen Normalität und
Abweichung – Gesundheit und Krankheit – im Zentrum der autobiographischen Erzählung; dies verweist auf eine Orientierung am naturwissenschaftlich-medizinischen
Krankheitsmodell. Abweichungen vom Bezugsmilieu sowie der Störungsverlauf werden, parallel zur medizinischen Krankheitsgeschichte, ausführlich berichtet. Ziel der
biographischen Handlungsorientierung ist die (Wieder-)Eingliederung in das Bezugsmilieu und die völlige Abwesenheit von störenden Faktoren; wichtig ist die uneingeschränkte Teilnahme an den Erfordernissen und Aktivitäten des Milieus. Weitere Kontakte zum ärztlichen und/oder psychotherapeutischen Bereich werden von den Personen des Devianztypus als Zeichen einer weiterhin anhaltenden Störung gedeutet. Mit
dem Erreichen der Wiedereingliederung ist die erzählbare Geschichte abgeschlossen:
„Ich hab jetzt wieder n Beruf, arbeite wieder ganz normal und von daher is mei Leben
also jetzt in geordneten Verhältnissen". Die Möglichkeit des Wiederauftretens einer
psychischen Störung bleibt, wie beim Überlastungstypus, bedrohlich, steht sie doch
qua definitionem dem angestrebten Lebensziel Gesundheit entgegen. Darüber hinaus
würde eine mehrfache Abweichung vom Bezugsmilieu die Wiedereingliederung er-
schweren. Auf der Basis des medizinischen Krankheitsmodells wird den Interviewern
eine klassische und zugleich statische Expertenrolle zugeschrieben; ihnen wird ein

genereller Wissensvorsprung unterstellt, der nach dem Stationsaufenthalt prinzipiell erhalten bleibt. Diese Differenz zwischen Laien und Experten ist auch im Interview unangefochten.

Die Biographiekonstruktion des *Defizittypus* orientiert sich an einer individuellen Lerngeschichte. Erzählenswert sind vor allem die jeweiligen Defizite, die häufig durch die szenische Darstellung konkreter Situationen illustriert werden. Das Störungskonzept entspricht weniger den verhaltensanalytischen Überlegungen zu individuellen Lernprozessen, sondern vielmehr dem alltagsnäheren Lernmodell des pädagogischen Bereichs. Biographische Entscheidungen werden mit dem Wunsch nach Ausgleich der vorher wegen der Defizite inkompletten Persönlichkeit begründet. Insofern hat die lebensgeschichtliche Perspektive, wie beim Devianztypus, ein klar definiertes und festes Ziel, nämlich die Vollständigkeit der Person: „I hab halt dann des wieder ganz langsam ogfangt mit meim Einkaufa und alles ja. Und ... in d Fußgängerzone und so alles. Des is dann alles wieder wordn, mal is gut ganga und mal, dann war s wieder schlecht a Zeit lang, dann is momentan sag i jetzt scho, a halberts Jahr ungefähr fehlt si gar nix mehr". Ein Wiederauftreten von Störungsmomenten wird in diesem Kontext als unerwünschter, aber nicht notwendigerweise beängstigender ungenügender Lerneffekt interpretiert. Diese Deutung legt die Wiederaufnahme psychotherapeutischer Angebote zur weiteren ‚Schulung‘ nahe, sofern das ‚Selbst-Studium‘ nicht mehr ausreichend erscheint. Vor diesem Hintergrund etablieren auch die Personen des Defizittypus eine hierarchische Interviewsituation: Diese ist jedoch eher einem Lehrer-Schüler-Verhältnis vergleichbar, das sich auf spezifische Wissensgebiete bezieht und dynamisch ist.

Die Erzählung beim *Entwicklungsstörungstypus* befindet sich in unmittelbarer Nähe zu psychodynamischen Entwicklungsmodellen mit einer professionellen Psycho-Logik – sie gleicht einem psychosozialen Entwicklungsroman. Im Zentrum steht das Streben nach Authentizität: „I bin a freier Mensch eigentlich, ich kann tun und lassen was ich will irgendwie und des bedeutet mir etzt eigentlich schee langsam was". Diese Selbstwahrnehmung als aktiv Handelnder im individuellen Lebensverlauf strukturiert eine psychosoziale Fallgeschichte, in der die aufgetretene psychische Störung retrospektiv plausibel dargestellt werden kann. Gleichzeitig bleibt sie Folge von individuell zurechenbaren lebensgeschichtlichen Entscheidungen, die prinzipiell auch anders hätten getroffen werden können. Die autobiographische Erzählung umfaßt sämtliche Bereiche der Person und kann zur Plausibilisierung der eigenen Entwicklung auch über die Lebenszeit der eigenen Person hinaus die Darstellung von familiären oder gesellschaftlichen Umständen einbeziehen. Die auf die Therapie zurückgeführte Fähigkeit der Selbsthilfe wird durch das Gelingen eines grundsätzlich offenen Projekts der Lebensführung validiert, das nicht festen Zielen, sondern den Bedürfnissen des jeweiligen Entwicklungsstandes folgt. Die alltägliche Handlungsorientierung gleicht einem ständigen Balanceakt. Das erneute Auftreten von psychischen Schwierigkeiten ist dabei kein

Anlaß zu prinzipieller Sorge. Sie werden als integrativer Bestandteil einer grundsätzlich positiv gewerteten lebenslangen Weiterentwicklung interpretiert. Im negativen Fall besteht die Gefahr einer ‚Hyperreflexivität‘, die im ständigen Reflexionsprozeß eine (zur alltäglichen Lebensgestaltung notwendige) Habitualisierung von Handlungen verhindert. Die Personen des Entwicklungsstörungstypus präsentieren sich somit als reflexive Selbstexperten. Dies zeigt sich auch im Interview, in dem eine Interaktionsebene zwischen drei Experten hergestellt wird, die gleichberechtigt über einen ‚Fall‘ verhandeln.

In der folgenden Tabelle sind die unterschiedlichen Dimensionen der vier biographischen Konstruktionsmuster und die damit verknüpfte biographische Handlungsorientierung zusammengefaßt. Die Unterschiede zwischen den pädagogisch-lerntheoretischen und psychodynamischen Störungskonzepten entsprechen dabei *nicht* den Differenzen zwischen verhaltenstherapeutischen und psychoanalytischen Theorien der Störungsentwicklung.

Tabelle 6: *Biographische Konstruktionsmuster und*
          biographische Handlungsorientierung

Typus:	Überlastung	Devianz	Defizit	Entwicklungs-störung
Konstruktions-muster der biographischen Erzählung	Problem-geschichte: *Darstellung* von Zumutungen	Kranken-geschichte: *Bericht* des Störungsverlaufes	Individuelle Lern-geschichte: *Erzählung* mit Illustration von Defiziten	Psychosoziale Fall-geschichte: Entwicklungs-*roman*
Nähe des Störungskonzep-tes zum …	pragmatischen Lebensmodell	medizinischen Krankheitsmodell	pädagogisch-lern-theoretischen Störungsmodell	psychodynami-schen Entwick-lungsmodell
Biographische Handlungs-orientierung	Positives Erleben	Wiederanpassung (Heilung)	Ausgleich, Kompensation	Weiterentwicklung
Ziel der weiteren Lebensführung	Offen: Wohlbefinden	Geschlossen: Ordnung	Geschlossen: Vollständigkeit	Offen: Authentizität

Statt einer Zusammenfassung:
Psychotherapie als Transformationsprozeß – ein Ausblick

Psychotherapie als praktische Anwendung wissenschaftlicher Theorien?

Ein wesentlicher Kritikpunkt an den Forschungen zur Wirkung von Psychotherapie ist deren Ergebnis, daß den unterschiedlichen theoretischen Störungserklärungen der einzelnen Therapieschulen kein herausragender Anteil am Behandlungserfolg zuzuordnen ist. Dieses Problem ist im Rahmen eines medizinisch-pharmakologischen Wissenschaftsverständnisses mit einem monokausalen Dosis-Wirkungs-Modell nicht zu lösen. Auf der Basis der Ergebnisse aus der soziologischen Verwendungsforschung kann nicht länger von einer psychosozialen Praxis ausgegangen werden, deren Güte daran gemessen wird, ob sie den theoretischen Grundüberlegungen wie ein Spiegelbild entspricht (siehe dazu die Trivialisierungsthese von BECK & BONSS 1989). Wegen der prinzipiell unterschiedlichen Handlungsanforderungen von theoretischer (Sozial-)Wissenschaft und praktischer psychosozialer Arbeit sind immer Transformationsprozesse erforderlich, in denen das theoretische Wissen in Praxiswissen und daraus resultierend in Praxishandeln verwandelt wird.

   Durch eine sozialwissenschaftlich-hermeneutische Analyse der Rahmenbedingungen von Psychotherapie (am Beispiel der Psychotherapiestation einer psychiatrischen Klinik) konnten wir folgende Faktoren des Transformationsprozesses rekonstruieren: Auf einer formalen Ebene ist die spezifische Form der *Hilfebeziehung* wichtig (der passive Patient muß zu einem aktiven Klienten werden), dazu kommt die *alltagsnahe Versprachlichung von Sachverhalten* auf der Basis einer institutionell abgesicherten Expertenbeziehung. Auf inhaltlicher Ebene geht es allgemein um eine spezifische *Differenzerfahrung* zwischen drinnen und draußen, die überhaupt erst den Raum für Veränderungsmöglichkeiten schafft. Ein letzter Faktor ist das Angebot einer *Psycho-Logik* zur Erklärung der Lebensgeschichte in Form eines Werdegangs der aktiven Entwicklung, in dem es prinzipiell Wendepunkte, das heißt Situationen gegeben hat, in denen grundsätzlich auch andere Entscheidungen möglich gewesen wären. Die Biographie wird so (auch prospektiv) einer Zwangsläufigkeit entkleidet, und es werden dadurch überhaupt erst neue Handlungsspielräume eröffnet. Diese Rahmenfaktoren von Psychotherapie gelten, wenn auch in unterschiedlicher Akzentsetzung, ebenso für das ambulante Therapiesetting. Sie strukturieren das Berufsfeld unabhängig von den konkreten Akteuren, deren Persönlichkeit oder deren theoretischer Verankerung in einer bestimmten Therapieschule.[1]

Diese Rahmenbedingungen gehen bislang lediglich als *unspezifische Wirkfaktoren* in die Untersuchung von Psychotherapie ein – und werden dadurch in ihrer Bedeutung weit unterschätzt. Die Ergebnisse unserer Studie weisen jedoch darauf hin, daß der wesentliche Effekt von Psychotherapie nicht auf einzelne Variablen, sondern auf die spezifische Struktur eines Gesamtarrangements zurückzuführen ist. Der Mangel an theoriespezifischen Wirkfaktoren gilt unter der hier dargestellten Transformationsperspektive nicht länger als Fehler therapeutischen Handelns, sondern wird zu einer Grundvoraussetzung für die Anschlußfähigkeit des wissenschaftlichen Wissens der Experten an die Erfordernisse ihres praktischen Handelns und darüber hinaus an die alltäglichen Wissens- und Deutungsbestände der Klienten. Mehr noch: Die anwendungsspezifische Transformation des wissenschaftlichen Wissens kann sogar als ein zentrales Kennzeichen von Expertenhandeln gelten, mit dem sich Berufsanfänger von Berufserfahrenen unterscheiden, wie auch die Untersuchungsergebnisse aus dem Gebiet der Künstlichen Intelligenz zeigen.[2] Diese gehen davon aus, daß der Expertenstatus genau dadurch definiert sei, daß deren Handeln, im Kontrast zur wissenschaftsnahen Regelanwendung von Berufsanfängern, von einem Erfahrungswissen gesteuert sei, das situational und kontextgebunden eingesetzt werde.[3]

Aus diesen Überlegungen folgt jedoch nicht, daß eine theoretische Fundierung psychotherapeutischen Handelns unwichtig sei; und nicht jedes hilfreiche Handeln im zwischenmenschlichen Kontext, beispielsweise zwischen Laien, ist als ein psychotherapeutisches zu werten. Vielmehr ist davon auszugehen, daß gerade die Fundierung in einem wissenschaftlichen Theoriegebäude und die subjektive Überzeugung des Professionellen von diesem Theoriemodell der entscheidende Anteil an diesem Wirkfaktor ist. Auf einen solchen grundsätzlichen Zusammenhang zwischen der Fundierung psychotherapeutischen Handelns in einer übergreifenden Grundüberzeugung und der Wirkung verweist auch TEXTOR: „Fast allen Therapieeinrichtungen ist gemeinsam, daß sie Klienten wissenschaftlich begründete oder im ‚Glaubenssystem' der jeweiligen Schule der Psychotherapie verankerte Erklärungen für gestörte Erlebens- und Verhaltensweisen anbieten. Dabei scheint der Inhalt dieser Erklärungen von geringerer Bedeutung als das Akzeptieren derselben durch den Patienten zu sein" (1990, 251). Für die Bedeutung einer solchen Verankerung der Professionellen in einer therapeutischen Schule spricht zudem die heftige Form der Auseinandersetzung um *die* richtige Therapieform auch

---

1   Diese Aussage gilt für die klassischen Therapieverfahren; für ausschließlich erlebnis-orientierte *flüchtige Therapien* (CASTEL 1988) sind möglicherweise andere Rahmen zutreffend.

2   Siehe DREYFUS & DREYFUS (1988).

3   Eine Umsetzung für die Psychologie wurde von LEGEWIE (1991) vorgenommen. CREMERIUS verweist darauf, daß „der Therapeut vor Ort oft die technischen Regeln hinter sich läßt und eigene private Theorien für das Verständnis seines Patienten einführt" (1990, 20).

(oder gerade) unter den Protagonisten der beiden am meisten überprüften und anerkannten Verfahren Psychoanalyse und Verhaltenstherapie. Diese Abgrenzungsbemühungen führten bislang vor allem für die angehenden Psychotherapeuten, weniger jedoch für die Klienten, zu einer dezidierten Entscheidungssituation. Die Zuweisung von Klienten zu einer bestimmten psychotherapeutischen Institution erfolgt derzeit überwiegend nach praktischen Erwägungen (zugänglicher Therapieplatz, örtliche Gegebenheiten, Empfehlungen).

Ein konkreter Ansatz zu einer theorieübergreifenden Konzeption von Psychotherapie wurde in jüngster Zeit von GRAWE in seinem Konzept der *Allgemeinen Psychotherapie* (GRAWE et al. 1994, GRAWE 1995) vorgelegt. Er schlägt vor, daß jede Therapieform neben einer (emotionalen) Beziehungsebene eine (kognitive) Klärungs- und (handlungsbezogene) Problembewältigungsperspektive umfassen solle. Er löst damit die Polarisierungen in „Einsichts- und Lerntherapien" (SLOANE et al. 1981) auf, da beide Aspekte in einen sinnvollen Prozeß integriert werden müssen, um den Klienten Erklärungs- und Handlungsmöglichkeiten für ihre Problematik zu vermitteln. Daraus folgt unseres Erachtens jedoch nicht die Forderung nach einer Vermischung von theoretischen Positionen, denn schließlich greifen die anerkannten Therapieformen auf in sich geschlossene Theoriemodelle zurück, die nicht beliebig miteinander zu verknüpfen sind. Es kann genau *nicht* darum gehen, daß die Psychotherapeuten „in der täglichen Arbeit auf liebgewonnene Glaubenssysteme verzichten – zugunsten von reichlich abstrakten Wirkprinzipien", wie PAULUS (1995, 41) in seiner Rezeption von GRAWES Vorschlägen folgert. Vielmehr ist anzustreben, daß im psychotherapeutischen Handeln den Klienten sowohl konsistente Erklärungs- als *auch* in den Alltag umsetzbare Bewältigungsperspektiven auf ihre Problematik zu vermitteln, ohne in einem diffusen Eklektizismus zu enden.

Störungsbenennung und -erklärung als Wirkfaktoren der Psychotherapie.
Die Klientensicht

Auch für die Klienten einer Psychotherapie kann es nicht um die Übernahme vorgegebener Theorien und die strikte *An*wendung der Erklärungen ihrer Therapeuten in ihrem Alltag gehen. Vielmehr findet auf dieser Interaktionsebene ebenfalls ein Transformationsprozeß statt. Die professionelle Theorie hat zwei Bestandteile, die bislang in der Psychotherapieforschung eine grundlegende Bedeutung haben: zum einen betrifft dies die Diagnose, zum zweiten die eigentliche Störungserklärung.

Für das professionelle Handeln und den Austausch der Experten untereinander
dient die Diagnose als typisierte und typisierende Richtlinie.[1] Im Deutungskontext der
Klienten kommt der Diagnose eine andere Bedeutung zu. Hier wird die Diagnosenstel-
lung als erster Hinweis darauf gewertet, daß die bislang für sie unerklärlichen und oft
auch undefinierbaren Störungen für die dafür ausgewiesenen Experten überhaupt be-
nennbar, das heißt identifizierbar und kategorisierbar sind. Das innerpsychische subjektiv Erlebte wird kommunizierbar und erhält dadurch Wirklichkeitscharakter.[2] Darauf gründet sich, neben der sich entwickelnden emotionalen Beziehung zwischen Therapeuten und Klienten, eine erste fachbezogene Vertrauensbasis. Im Alltag nach Abschluß der Therapie sind die Diagnosen der Experten für die Klienten nicht mehr deu-
tungs- oder handlungsleitend. Diese im erfolgreichen Falle dann bestehende subjektive
Deutungsfähigkeit besteht nicht in der Übernahme von Fachtermini. Diese werden
häufig in die Alltagssprache übersetzt, wie beispielsweise: „Der eine Doktor hat da
gsagt, ich hyperventilisiere, so genau kann ich mir nix drunter vorstelln, aber ich weiß,
was ich da mache, also ich fang übermäßig s atmen an, zu schnell."

Ein zentraler Wirkfaktor aus der Sicht der Klienten einer Psychotherapie ist das
Angebot von Erklärungen für die psychische Störung, die sie für sich selbst nachvoll-
ziehen können. In ihrer Befragung von Klienten unterschiedlicher Therapieformen fand
KRAUSE JACOB (1992) heraus, daß diese erkenntnisfördernde Fragen, das Deuten von
Phänomenen und die Förderung von Gefühlen für die wesentlichen hilfreichen Merkmale einer Therapie erachten.[3] Für die grundsätzliche Bedeutung einer *integrierbaren*
Störungsdeutung spricht das Ergebnis unserer Studie, daß die *Selbst*erklärungen der
Klienten nach dem Abschluß der Therapie kein spiegelgetreues Abbild des professionellen Theoriegebäudes sind. Selbst bei einem einzigen und damit für alle Klienten
konstanten therapeutischen Setting resultieren unterschiedliche Störungserklärungen
und Handlungsorientierungen im Alltag. Diese sind auch nicht an die professionellen
Diagnosen gebunden: Selbst bei diagnostisch identischen Störungen fanden wir biographische Konstruktionsmuster unterschiedlicher Typen.[4]

Die ehemaligen Klienten ziehen jedoch nicht beliebige Deutungen heran, sondern
solche, die in unserem Kulturraum verfügbar sind. Dabei gilt übergreifend das, was
THOMMEN et al. zu störungsbezogenen subjektiven Deutungsmustern festgestellt haben:

---

1   Zum Konstruktionscharakter und zur Kultur- und Kontextgebundenheit von psychiatrischen Dia-
    gnosen siehe BUCHHOLZ & STREECK (1994), FIGGE (1991), FROMMER (1994) und HELMCHEN
    (1991).

2   Bereits das Märchen vom Rumpelstilzchen verweist auf die Kraft, die der Benennung innewohnt
    (‚Ach wie gut, daß niemand weiß...'). Aus einer sozialwissenschaftlichen Perspektive ist dies auch
    der Inhalt des ‚Thomas-Theorems': „If men define situations as real, they are real in their conse-
    quences" (THOMAS & THOMAS 1970, 572).

3   Vergleichbares erbrachten auch die Studien von KORDY et al. (1990), LENZ (1990) und SENF
    (1988).

4   Siehe ausführlich KÜHNLEIN (1995b).

„Subjektive Krankheitstheorien sind aber nicht bloß idiosynkratische Konzepte. ... In ihnen spiegeln sich immer auch sozial geformte beziehungsweise soziokulturell verankerte Urteils- und Bedeutungsmuster über Krankheit und Gesundheit" (1990, 173). Dazu gehören insbesondere in westlichen Gesellschaften wissenschaftliche beziehungsweise wissenschaftsnahe Erklärungsmuster.[1] Wir fanden bei den von uns rekonstruierten vier Typen Interpretationsfiguren, in die unterschiedliche Bestandteile aus wissenschaftlichen Theoriegebäuden integriert waren.[2] So wird etwa die in der psychologischen Wissenschaft untersuchte Frage nach der Verursachung von psychischen Störungen durch kritische Lebensereignisse als zentrales Erklärungsprinzip in das Störungskonzept und die Biographiekonstruktion des Überlastungstypus aufgenommen. Dem Devianztypus liegen Erklärungskonzepte aus dem medizinischen Bereich, in dem Abweichungen von Normwerten als Kennzeichen einer Krankheit gelten, zugrunde. Andererseits werden beispielsweise, anders als beispielsweise in Indonesien,[3] in unseren Interviews Geister nicht als mögliche Verursacher einer psychische Störung diskutiert. Von alltäglichen negativen Stigmata wie Dummheit[4] oder generelle Lebensunfähigkeit als Störungsursache grenzten sich unsere Gesprächspartner explizit ab, was darauf hindeutet, daß ihnen diese Störungserklärungen prinzipiell, wenn auch als Negativfolie, verfügbar sind. Christlich-religiöse Deutungen, in denen psychische Störungen als Folge von Versündigungen gelten, klingen dagegen in einigen biographischen Erzählungen an. Dabei ist es sicherlich nicht erstaunlich, daß sie gerade in den traditional gebundenen Milieus des Devianztypus auftauchen. Welche Störungsdeutungen langfristig herangezogen werden, ist abhängig von den übergreifenden biographischen Konstruktionsmustern, die – so unsere These – bereits vor Beginn einer Psychotherapie bestehen. Sie werden unterschiedlich umfassend erweitert und modifiziert; eine Konversion im Sinne einer vollständigen Übernahme einer vorher fremden biographischen Erklärung ist selbst in dem von uns untersuchten Falle einer religiösen Konversion nicht erfolgt. Dieser Fall (Frau Michl) zeigt darüber hinaus, daß an ein bestehendes biographisches Konstruktionsmuster unterschiedliche Erklärungskonzepte anschlußfähig sind, sofern sie den jeweiligen Grundstrukturen entsprechen (hier die Suche nach einem stabilen Wohlbefinden). Der Fall von Frau Jansen kann als Hinweis darauf verstanden werden, daß eine als erfolglos bewertete Therapie in einem Zusammenhang damit stehen kann, daß psychologische Erklärungen nicht integriert werden konnten und so das bestehende Störungskonzept nicht verändert sowie Selbst- und Weltschemata nicht erweitert wurden.

---

1   Zur kulturellen Gebundenheit von Psychotherapie siehe PFEIFFER (1991b).
2   Vgl. KÜHNLEIN (1995a).
3   Siehe dazu ZAUMSEIL & LESSMANN (1993).
4   Verwiesen wird auf die im Alltag keineswegs seltene Aussage im Sinne von: ‚Ich brauch doch keinen Seelenklempner, ich bin doch nicht blöd.'

Die dargestellten Typen (Überlastungs-, Devianz-, Defizit- und Entwicklungsstörungstypus) sind jedoch nicht als empirisch vorfindbare, reine Zuordnungskategorien zu verstehen, in denen jede einzelne Aussage typenkonform zu erwarten ist. Dies ist im Konzept des Realtypus auch gar nicht vorgesehen. So wird beispielsweise auch in Erzählungen des Entwicklungsstörungstypus von Überlastungsmomenten (Frau Nowak) berichtet oder im Konzept des Defizittypus die erlebte Störung als Krankheit bezeichnet (Frau Clemens). Darüber hinaus haben wir in einigen Interviews zwei konkurrierende Störungskonzepte vorgefunden, die jedoch nicht willkürlich nebeneinander stehen. Sie sind auf unterschiedliche Problemkreise (wie im Falle von Frau Reichel) bezogen oder werden auf therapiebezogene Nachfragen der Interviewer herangezogen (Frau Dietz) oder für die eigene Situation erwogen, aber letztlich zurückgewiesen (Herr Urban). Sie sind jedoch nicht in die Gesamterzählung integriert, werden häufig auch nur an einer einzigen Stelle des Interviews erwähnt. Obwohl diese zusätzlichen Störungskonzepte nicht strukturbestimmend sind, haben sie eine besondere Bedeutung: Sie weisen darauf hin, daß die Betroffenen eine Reihe von Erklärungsmöglichkeiten wahrnehmen, daraus jedoch solche Aspekte für sich assimilieren, die in die Gesamtstruktur ihrer Selbst- und Weltdeutungen integrierbar sind. Dieser Auswahlprozeß ist keineswegs als ein intentionaler Vorgang der Selektion zu verstehen. Vielmehr geht es darum, die vergangenen Ereignisse im eigenen Deutungskontext als sinnhaft begreifen zu können und daraus Handlungsfähigkeit zu gewinnen. Die dann als gültig erachtete neue Erklärung stellt gleichzeitig eine Erweiterung der vorher bestehenden Schemata und Konzepte dar. Typenkonstituierend ist die *Gesamtstruktur* der biographischen Erzählung, nicht isolierte Aussagen.

Therapieziel: Biographische Kontinuität

Innerhalb der Psychotherapie wird der faktenbezogene Lebenslauf und die erzählte Lebensgeschichte als Erklärung für die *Entstehung* der spezifischen Störung betrachtet. Darüber hinaus ist es aus unserer Sicht entscheidend, die Biographie als Konstruktionsleistung der Individuen zu verstehen, deren *Bedeutung* nicht durch den faktischen Ablauf allein gegeben ist, sondern durch die subjektiven Interpretations- und Begründungsstrukturen für die eigene Entwicklung entsteht. Begreift man die Autobiographie als Konstruktion auf Basis der subjektiven Selbst- und Weltsicht, dann kann sie als übergreifender, nach außen gerichteter Ausdruck der personalen Identität bezeichnet werden: „Von unserer Identität als einer – einfach formuliert – Antwort auf die Frage, wer wir sind, können wir im Grunde nicht anders Kunde geben als durch die Erzählung einer Geschichte" (MAURER 1981, 8).[1] Der Lebensgeschichte kommt so im Kontext von Psychotherapie ein höherer Stellenwert als nur der einer Störungserklärung zu. Die Struktur der Erzählung verweist auf kognitive, motivationale und emotionale Ordnungsstrukturen der Selbst- und Weltsicht, die für die betreffende Person Wahrheitsgehalt haben und deshalb psychotherapeutisch von großer Wichtigkeit sind. Diese Strukturen entstehen in einem Prozeß der Akkomodation und Assimilation, wobei sukzessive ein festeres Gerüst subjektiv gültiger Sichtweisen entsteht. Diese sind nur partiell in Form von Konzepten der bewußten Wahrnehmung und Steuerung zugänglich. Ein großer Teil ist durch die notwendige alltägliche Routine innerhalb einer großen Zahl prinzipieller Entscheidungssituationen habitualisiert, kann jedoch durch gezieltes Nachfragen oder auch durch Selbstbeobachtung bewußt gemacht werden. Eine solche verbesserte Selbstwahrnehmung, und daraus resultierend: Selbsterkenntnis, ist konstitutiver Bestandteil jeder Psychotherapie; sie ist die Voraussetzung für jeglichen Veränderungsprozeß. Ein weiterer Bestandteil von Wahrnehmungs- und Deutungsstrukturen, die Schemata, bleiben im Alltag der bewußten Steuerung unzugänglich.

Eine psychische Störung wird in biographietheoretischer Sicht von den Betroffenen dann als solche wahrgenommen, wenn innere oder äußere Ereignisse auftreten, die sie dauerhaft nicht in ihre bis dahin bestehenden kognitiven und/oder emotionalen Konzepte und Schemata integrieren können. UEXKÜLL bezeichnet im Zusammenhang zwischen Lebensgeschichte und Krankheit „das unbewältigte Neue als Krankheitsfaktor" (1981, 161). Unter dieser Perspektive ist eine zentrale Voraussetzung für eine konstruktive Umsetzung des Therapiezieles Autonomie und ‚Hilfe zur Selbsthilfe', den Betroffenen Deutungsangebote zu machen, die die bestehenden Wahrnehmungs- und Deutungsstrukturen erweitern. Entscheidend ist, daß die eigene Störung nach Abschluß der Psychotherapie so verstanden wird, daß daraus eigenständig Handlungs- beziehungsweise Veränderungsmöglichkeiten abgeleitet werden können. Als erfolgreich wird die Behandlung dann erlebt, wenn eine sinnhafte Einheit der autobiographischen Erzählung gelingt, in die auch die erlebte Störung und die Psychotherapie eingeordnet werden können. Eine völlige Veränderung von biographischen Konstruktionsmustern ist gemäß unseren Ergebnissen unplausibel. Ziel einer Psychotherapie ist eine Erweiterung bestehender Schemata und Konzepte, die es ermöglicht, die eigene Lebensgeschichte als eine kontinuierliche und konsistente erleben zu können. Dabei geht es nicht um Erklärungen, die ‚ein für allemal' stabil und unveränderlich sind, sondern um Modelle, die Verständnismöglichkeiten eröffnen und damit Deutungssicherheit auch in bezug auf zukünftige Ereignisse vermitteln.

---

1   Der Zusammenhang zwischen Biographie- und Identitätskonstruktion wird fachübergreifend von Autoren unterschiedlichster wissenschaftlicher Zugehörigkeiten betont, zum Beispiel: BAHRS et al. (1994), BLANKENBURG (1989), CARLSON (1988), ENGELHARDT (1990a,b), FISSENI (1987), GIEGEL (1988), LEGEWIE (1987), LEHR (1987), LEITNER (1982), MAROTZKI (1991), SOEFFNER (1988), STRAUB (1989) sowie WIEDEMANN (1987).

Im Gegensatz zu den von RIEMANN (1989) untersuchten, als psychotisch diagnostizierten und ausschließlich psychiatrisch behandelten Patienten sollte eine Psychotherapie bewirken, daß die erlebte Störung und der Psychiatrieaufenthalt nicht zu einem „Fremdwerden", sondern zu einem „Vertrautwerden der eigenen Biographie" (KÜHNLEIN 1995a, 203) führen, da die vorher unerklärlichen Phänomene nun eingeordnet und interpretiert werden können. Entscheidend ist die inhaltliche Neubestimmung der Problematik, die anschlußfähig ist an bereits bestehende Deutungsschemata, denn „der Sinn, den man seinem Leben beimißt, hängt von den Begriffen und Interpretationen ab, die man auf die mannigfaltige und ungeordnete Masse vergangener Akte anwendet. Wenn meine Interpretationen für mich selbst überzeugend sind und ich meiner eigenen Terminologie traue, wird dem Leben als Ganzem eine gewisse kontinuierliche Bedeutung zugeschrieben" (STRAUSS 1974, 157). Die *Wiederherstellung biographischer Kontinuität nach dem Abschluß einer Psychotherapie* (KÜHNLEIN 1995b) ist damit die zentrale Voraussetzung für einen langfristigen Therapieerfolg und zur Absicherung der eigenen Identität, denn „eine persönliche Identität ist nur möglich, wenn die Abfolge der eigenen Handlungen eine narrativ darstellbare Lebensgeschichte formt" (BÜHLER 1986, 145). Kontinuität heißt dabei *nicht* Unveränderlichkeit der Person oder überdauernde Stabilität von Deutungsmustern, sondern vielmehr die Konstruktion einer sinnhaften biographischen Entwicklungslogik. Um diese individuellen Identitätskonstruktionen nachzeichnen zu können, interessieren dann *nicht* die professionellen theoriegeleiteten *Re*-Konstruktionen der Lebensgeschichte, sondern die autobiographischen Konstruktionsmuster der Erzählung der Betroffenen im Rahmen ihres konkreten gesellschaftlichen und kulturellen Umfeldes.

Konzepte und Schemata konstituieren das übergreifende identitätsstiftende Erzählgerüst autobiographischer Erzählungen, das *biographische Konstruktionsmuster*. Diese stellen, so das Ergebnis unserer Studie, die entscheidende Folie zur Interpretation und Integration von Lebensereignissen dar. Dabei stehen die themenbezogenen Schemata und Konzepte von Störungsinterpretation, Akzeptanz unterschiedlicher therapeutischer Angebote und Handlungsorientierung nach dem Abschluß der Therapie in einem inneren logischen Zusammenhang. Darüber hinaus konnten wir auch systematische Differenzen zwischen den Typen in bezug auf die Einschätzung einer späteren Behandlungsbedürftigkeit und einer erneuten Inanspruchnahme des psychotherapeutischen Expertensystems finden, die unabhängig von der individuellen Zufriedenheit mit der vergangenen Therapie waren. So haben die Personen, die theorienahe psychologisierte Erklärungsmuster für sich heranziehen (Defizit- und Entwicklungsstörungstypus), eine deutlich höhere Affinität zu Psychotherapie. Sie sind schneller bereit, sich nach Abschluß einer Therapie erneut in eine ambulante oder stationäre Behandlung zu begeben, weil ihre biographischen Deutungen ein behandlungsbedürftiges ‚Defizit‘ oder eine ‚Störung‘ leichter zulassen als die Personen des Überlastungs- bzw. Devianztypus. Objektivierbare Erfolgskriterien der Katamnesenforschung, wie sie in Fragebogen erhoben und ausgewertet wurden, sind durch die subjektiven Einschätzungen von Kriterien wie Symptombeseitigung und die Entscheidung zur Wiederaufnahme von Psychotherapie ohne die Gesamtschau der jeweiligen biographischen Deutungsstrukturen nicht mehr gleichzusetzen.

Diese sozialwissenschaftliche Sicht auf die Wirkung von Psychotherapie stellt zudem eine pathogenetischen Perspektive auf psychische Störungen und deren Behandlung in Frage. Mit diesen Überlegungen wird ein Kontinuum zwischen Gesundheit und Krankheit beschrieben, wie es dem auf ANTONOVSKY zurückgehenden Konzept der Salutogenese zugrunde liegt.[1] Dieser postuliert, daß ein „sense of coherence" ein zentraler gesundheitsfördernder Faktor sei. Dessen drei Bestandteile Verstehbarkeit („comprehensibility"), Handhabbarkeit („manageability") und Sinnhaftigkeit („meaningfulness") können mit unseren Ergebnissen in Zusammenhang gestellt werden. Voraussetzung ist, daß diese Faktoren nicht als isolierte oder isolierbare einzelne Variablen verstanden, sondern auf die Gesamtstruktur einer biographischen Erzählung bezogen werden: Die aus den Interviews rekonstruierten Folgen von Psychotherapie auf der Ebene der Störungserklärung im biographischen Kontext, einer spezifischen biographischen Handlungsorientierung und der Fähigkeit, die eigene Lebensgeschichte als eine sinnhafte und kontinuierliche darzustellen, entsprechen den drei Faktoren des Kohärenzsinns. Unter dieser Perspektive kommt der Psychotherapie ein salutogenetisches Potential zu, das darin besteht, Erfahrungs- und Sinnzusammenhänge herzustellen, die auf den Fähigkeiten und Ressourcen der Klienten aufbauen und damit individuelle Problemlösungen fördern.[2] Dieses Sinnverstehen für die eigene Entwicklung ermöglicht den ehemaligen Klienten zudem, nach dem Abschluß einer Psychotherapie ihren individuellen Bedürfnissen und sozialen Lebenszusammenhängen gemäß präventiv zu handeln.

Stationäre Psychotherapie als eigenständige Behandlungsform

Die Psychotherapieforschung hat sich bislang weitgehend auf die Form der ambulanten Einzelbehandlung konzentriert. Die zentrale Bedeutung des stationären Settings wurde darin gesehen, besonders schwierige Klienten auf eine später folgende längerfristige ambulante Therapie vorzubereiten oder in Krisenzeiten zu intervenieren.[3] In beiden Varianten gilt die stationäre Behandlung als Zwischenschritt, die ambulante Psychotherapie als die *eigentliche* Therapie. Die Ergebnisse unserer Studie widersprechen

---

1   Siehe grundlegend: ANTONOVSKY (1987), für die Psychosomatik und Psychotherapie: LAMPRECHT & JOHNEN (1994).
2   Vgl. die Überlegungen von HALTENHOF & SCHMOLL (1994).
3   Vgl. RUFF & LEIKERT (1995).

229

dieser Sichtweise: Nur wenige unserer Interviewpartner haben als Fortführung der stationären Behandlung eine ambulante Therapie angeschlossen; in einer quantitativ ausgerichteten Studie fanden WILKE et al. (1988) heraus, daß 25% der Patienten einer analytisch ausgerichteten stationären Therapie im ersten Jahr nach Abschluß der Klinikbehandlung eine ambulante Psychotherapie begonnen haben. Die meisten der von uns befragten Personen führten eine große Zahl entscheidender Lebensveränderungen direkt oder indirekt auf die stationäre Therapie zurück. Diese Veränderungen konnten in vielen Fällen über den Katamnesezeitraum von zwei Jahren stabilisiert oder sogar weiter ausgebaut werden, auch wenn gerade in der ersten Phase nach der Entlassung aus der Klinik häufig Krisensituationen auftraten. In dieser Zeit müssen die Erkenntnisse aus der Sonderwelt Psychotherapiestation an der Realität des Alltags geprüft und den Erfordernissen angepaßt werden; solche Veränderungen erfordern einen erhöhten psychischen Aufwand, um sich im weiteren Alltag zu etablieren und als ‚neue' Erfahrungs-, Deutungs- und Handlungsmuster zu habitualisieren. Erst in diesen alltäglichen Transformationsprozessen zeigt sich, ob die Psychotherapie erfolgreich war. Gerade deshalb betonten die meisten unserer Gesprächspartner, daß sie erst mehrere Monate nach dem Abschluß der stationären Behandlung den Effekt der Psychotherapie haben abschätzen können. Effektivitätsmessungen sollten diesen Zeitraum berücksichtigen. Praxisnahe Forscher verweisen immer wieder auf diesen Umstand; so halten STRAUSS & BURGMEIER-LOHSE beispielsweise als Resümee einer Katamneseuntersuchung von Patienten einer psychosomatischen Klinik fest: Eine „wirkliche Veränderung (scheint) erst nach Ende der Behandlung, wenn die Patienten in ihren Alltag zurückgekehrt sind, stattzufinden" (1994, 260); auch RUDOLF et al. (1994) sprechen von etwa einem Jahr therapiefreier Zeit, die benötigt wird, um den Effekt einer stationären Therapie zu beurteilen.

Die Forderung, stationäre Psychotherapie als *eigenständige Behandlungsform* (RUFF & LEIKERT 1995) anzuerkennen, ist vor dem Hintergrund unserer Ergebnisse zu unterstreichen.[1] Dabei müssen die spezifischen Chancen und Risiken dieser Form der Psychotherapie noch systematischer untersucht werden. Als besonders hilfreich, insbesondere im Sinne der Differenzziehung, ist die Entlastung von Erfordernissen der alltäglichen Lebensführung und der intensive kommunikative Austausch mit anderen Menschen, einschließlich dem zeitlich befristeten Zusammenleben auf der Station zu werten. Diese Faktoren ermöglichen eine Öffnung, die im ambulanten Setting sehr viel schwieriger ist, weil die Klienten nach Abschluß der Therapiestunde wieder in die Erfordernisse ihres Alltags eingebunden sind. Das besondere Risiko einer stationären

---

1   Wir sind darüber hinausgehend der Meinung, daß die hier am Beispiel der stationären Psychotherapie herausgearbeiteten Ergebnisse – Struktur der Typen, Erfahrungs-, Deutungs- und Handlungsmuster der ehemaligen Klienten, Ausprägungen des Transformationsprozesses – mit entsprechenden Modifikationen auch für die ambulante Therapie gelten. Eine systematische Vergleichsuntersuchung wäre wünschenswert.

Therapie ist der Übergang aus der Klinik in das Alltagsleben, der die therapeutisch hilfreiche Distanz und die Entlastung von den alltäglichen Aufgaben beendet und eigenständiges Handeln erfordert. Dabei ist ein Erfolg der Therapie nur dann möglich, wenn die Betroffenen ihre vertraute Lebensführung nicht nur wieder aufnehmen und bewältigen, sondern gleichzeitig – zumindest in Teilen – verändern.

Gerade für diejenigen Personen, die die stationäre Therapie positiv beurteilten, war eine ambulante Anschlußbehandlung ebenso wie eine spätere Wiederaufnahme einer Therapie deshalb schwierig, weil aufgrund der entstandenen Therapeuten-Klienten-Beziehung (die sich in unserem Falle auch auf bestimmte Co-Therapeuten oder auf die konkreten Mitklienten aus dem Gruppensetting beziehen konnte) neue Bindungen erschwert wurden. So verwiesen unsere Gesprächspartner zwar immer wieder auf ihr Bedürfnis nach einer professionellen Weiterbetreuung nach dem Abschluß der stationären Therapie, betonten aber gleichzeitig, daß diese nicht nahtlos von neuen Bezugspersonen übernommen werden könne oder daß konkrete Versuche an genau dieser Stelle gescheitert seien. Optimal sei aus ihrer Sicht eine Konstanz der behandelnden Personen, nicht jedoch im Rahmen und im Umfang einer kontinuierlichen ambulanten Therapie. Die Vorschläge unserer Gesprächspartner reichten von jährlichen ‚Meetings‘ oder wiederkehrenden ‚Auffrischungswochenenden‘ mit der alten Gruppe, um im vertrauten Kreis Erfolge und Schwierigkeiten im Alltag draußen diskutieren zu können, bis zum Wunsch nach einer institutionalisierten Möglichkeit der professionalisierten Krisenintervention im Bedarfsfall – und zwar durch Mitarbeiter der Psychotherapiestation. Diese Überlegungen der ehemaligen Klienten weisen darauf hin, daß die strikte Trennung zwischen stationärer und ambulanter Psychotherapie, wie sie sich (auch bedingt durch die Struktur unseres Gesundheitssystems) in der Praxis darstellt, nicht den Bedürfnissen der Benutzer entspricht.

Diese Aufteilung ignoriert darüber hinaus einen dominanten Wirkfaktor von Psychotherapie, nämlich die positive Therapeut-Klient-Beziehung, die an konkrete Personen gebunden und deshalb nicht umstandslos auf andere Menschen der gleichen Profession übertragbar ist. Auf der Basis solcher Überlegungen wäre eine Neukonzeption von institutionalisierter Psychotherapie notwendig, die fließendere Übergänge zwischen ambulanter und stationärer Behandlung ermöglicht und – in Abhängigkeit der jeweiligen therapeutischen Erwägungen und nach Absprache *mit* dem Klienten – das Angebot stabiler *oder* wechselnder Bezugspersonen bereithält.

Literaturverzeichnis

Alheit, P. & Dausien, B. (1991). Biographie - ein „modernes Deutungsmuster"? Sozialstrukturelle Brechungen einer Wissensform in der Moderne. In: M. Meuser & R. Sackmann (Hg.), Analyse sozialer Deutungsmuster: Beiträge zur empirischen Wissenssoziologie (S. 161-182). Pfaffenweiler: Centaurus.

Antonovsky, A. (1987). Unraveling the mystery of health. London: Jossey Bass.

Aufenanger, S. & Lenssen, M. (Hg.). (1986). Handlung und Sinnstruktur. Bedeutung und Anwendung der objektiven Hermeneutik. München: P. Kindt Verlag.

Aveline, M. (1984). What Price Psychiatry without Psychotherapy? The Lancet, Octobre 13, 856-858.

Bach, G. R. & Molter, H. (1976). Psychoboom. Wege und Abwege moderner Psychotherapie. Düsseldorf/Köln: Eugen Diederichs Verlag.

Bahrs, O., Frede, W. & Litzba, R. (1994). „Ist ja schon mal, das erste Mal, mit vierzehn Jahren". Lebensgeschichte in standardisierter und biographischer Befragung. In: D. Garz & K. Kraimer (Hg.), Die Welt als Text (S. 247-280). Frankfurt/Main: Suhrkamp.

Bastine, R. (1992). Psychotherapie. In: Bastine, R. (Hg.), Klinische Psychologie. Band 2 (S. 179-308). Stuttgart: Kohlhammer.

Bastine, R., Fiedler, P. & Kommer, D. (1989). Was ist Bestandsaufnahme und Systematisierung der psychotherapeutischen Prozeßforschung. Zeitschrift für Klinische Psychologie, 18, 3-22.

Bauman, Z. (1994). Vom Pilger zum Touristen. Das Argument, 205/1994, 389-408.

Beal, G. M., Dissanayake, W. & Konoshima, S. (Hg.). (1986). Knowledge Generation, Exchange, and Utilization. Boulder/London: Westview Press.

Beck, U. (1986). Risikogesellschaft. Auf dem Weg in eine andere Moderne. Frankfurt/Main: Suhrkamp.

Beck, U. & Beck-Gernsheim, E. (1993). Nicht Autonomie, sondern Bastelbiographie. Anmerkungen zur Individualisierungsdiskussion am Beispiel des Aufsatzes von Günter Burkart. ZfS, 22, 3, 178-187.

Beck, U. & Beck-Gernsheim, E. (1994). Individualisierung in modernen Gesellschaften - Perspektiven und Kontroversen einer subjektorientierten Soziologie. In: U. Beck & E. Gernsheim (Hg.), Riskante Freiheiten (S. 10-39). Frankfurt/Main: Suhrkamp.

Beck, U. & Bonß, W. (1989). Verwissenschaftlichung ohne Aufklärung? In: U. Beck & W. Bonß (Hg.), Weder Sozialtechnologie noch Aufklärung? Analysen zur Verwendung sozialwissenschaftlichen Wissens (S. 7-45). Frankfurt/Main: Suhrkamp.

Becker, C., Böker, H., Matthiesen, U., Neuendorff, H. & Rüßler, H. (1987). Kontrastierende Fallanalysen zum Wandel von arbeitsbezogenen Deutungsmustern und

Lebensentwürfen in einer Stahlstadt. Bd. 1 der Reihe Umbrüche. Dortmund: Institut für Empirische Kultursoziologie.

Bergold, J. & Jaeggi, E. (1987). Veränderter Alltag und Klinische Psychologie. Tübingen: dgvt-Verlag.

Bernhard, P. (1988). Stationäre Psychotherapie als Heilverfahren - Psychoanalyse und Rehabilitation. In: H. Schepank & W. Tress (Hg.), Die stationäre Psychotherapie und ihr Rahmen (S. 71-83). Berlin: Springer.

Bertaux, D. (1981). From the life history approach to the transformation of sociological practice. In: D. Bertaux (Hg.), Biography and Society. The Life History Approach in the Social Sciences (S. 29-45). Beverly Hills, CA: Sage.

Bittner, U. (1981). Ein Klient wird „gemacht". In: E. von Kardorff & E. Koenen (Hg.), Psyche in schlechter Gesellschaft (S. 103-137). München: Urban & Schwarzenberg.

Blankenburg, W. (1986). Biographie und Krankheit. In: K.E. Bühler (Hg.), Zeitlichkeit als psychologisches Prinzip (S. 85-123). Köln: Janus-Press.

Blankenburg, W. (1989). Biographie und Krankheit. Stuttgart: Enke.

Blankenburg, W., Hildenbrand, B., Beyer B., Klein D. & Müller, H. (1983). Familiensituation und alltagsweltliche Orientierung Schizophrener. Marburg: Abschlußbericht für die DFG.

Blaser, A., Heim, E., Rieger, Ch. & Thommen, M. (1992). Problemorientierte Psychotherapie. Bern: Huber.

Böhler, U. (1988). Gestaltungstherapie. In: H. Schepank & W. Tress (Hg.), Die stationäre Psychotherapie und ihr Rahmen (S. 161-168). Berlin: Springer.

Böhm, W., Mühlbach, M. & Otto, H.U. (1989). Zur Rationalität der Wissensverwendung im Kontext behördlicher Sozialarbeit. In: U. Beck & W. Bonß (Hg.), Weder Sozialtechnologie noch Aufklärung? (S. 226-247). Frankfurt/Main: Suhrkamp.

Böhme, G. & Engelhardt, M. v. (1979). Entfremdete Wissenschaft. Frankfurt/Main: Suhrkamp.

Bohnsack, R. (1991). Rekonstruktive Sozialforschung. Einführung in Methodologie und Praxis qualitativer Sozialforschung. Opladen: Leske + Budrich.

Bonß, W. & Hartmann, H. (Hg.). (1985). Entzauberte Wissenschaft. Zur Relativität und Geltung soziologischer Forschung. Sonderband 3 der Sozialen Welt. Göttingen: Schwartz.

Bopp, J. (1985). Psycho-Kult - kleine Fluchten in die großen Worte. Kursbuch 82. Berlin: Rotbuch-Verlag, 61-76.

Bozok, B. & Bühler, K.E. (1988). Wirkfaktoren der Psychotherapie. Fortschr. Neurol. Psychiat., 56, 119-132.

Bräutigam, W., Senf, W. & Kordy, H. (1990). Wirkfaktoren psychoanalytischer Therapien. In: Lang, H. (Hg.), Wirkfaktoren der Psychotherapie (S. 189-209). Berlin: Springer.

Breuer, F. (1979). Psychologische Beratung und Therapie in der Praxis. Heidelberg: Quelle & Meyer.

Brose, H.G., Wohlrab-Sahr, M. & Corsten, M. (1993). Soziale Zeit und Biographie. Über die Gestaltung von Alltagszeit und Lebenszeit. Opladen: Westdeutscher Verlag.

Buchholz, M. B. (1993). Probleme und Strategien qualitativer Psychotherapieforschung in klinischen Institutionen. Psyche, 47, 148-179.

Buchholz, M. B. & Streeck, U. (1994). Psychotherapeutische Interaktion: Aspekte qualitativer Psychotherapieforschung. In: M. B. Buchholz & U. Streeck (Hg.), Heilen, Forschen, Interaktion. Psychotherapie und qualitative Sozialforschung (S. 67-106). Opladen: Westdeutscher Verlag.

Bude, H. (1982). Text und soziale Realität - zu der von Oevermann formulierten Konzeption einer „objektiven Hermeneutik". Zeitschrift für Sozialisationsforschung und Erziehungssoziologie, 2, 134-143.

Bude, H. (1987). Deutsche Karrieren. Lebenskonstruktionen sozialer Aufsteiger aus der Flakhelfer-Generation. Frankfurt/Main: Suhrkamp.

Bude, H. (1990). Was sagt der Anfang eines offenen Interviews über die Lebenskonstruktion einer Rheumakranken? In: G. Jüttemann (Hg.), Komparative Kasuistik (S. 218-226). Heidelberg: Asanger.

Bühler, K.E. (1986). Die Biographie in Psychiatrie und Psychotherapie. In: K.E. Bühler (Hg.), Zeitlichkeit als psychologisches Prinzip (S. 135-169). Köln: Janus-Press.

Carlson, R. (1988). Exemplary Lives: The Uses of Psychobiography for Theory Development. In: D. P. MacAdams & R. L. Ochberg (Hg.), Psychobiography and Life Narratives (S. 105-138). Durham: Duke University Press.

Castel, F., Castel, R. & Lovell, A. (1982). Psychiatrisierung des Alltags. Frankfurt/-Main: Suhrkamp.

Castel, R. (1979). Die psychiatrische Ordnung. Frankfurt/Main: Suhrkamp.

Castel, R. (1988). Die flüchtigen Therapien. In: H.G. Brose & B. Hildenbrand (Hg.), Vom Ende des Individuums zur Individualität ohne Ende (S. 153-160). Opladen: Leske + Budrich.

Charlton, M. (1992). Die Stellung der Objektiven Hermeneutik in der psychologischen Forschung (Vortrag, Frankfurt: Tagung „Arbeitsgemeinschaft für Objektive Hermeneutik").

Cremerius, J. (1990). Wodurch wirkt Psychotherapie? In: H. Lang (Hg.), Wirkfaktoren der Psychotherapie (S. 15-24). Berlin: Springer.

Czogalik, D. (1990). Wirkfaktoren in der Einzelpsychotherapie. In: V. Tschuschke & D. Czogalik (Hg.), Psychotherapie - Welche Effekte verändern? (S. 7-30). Berlin: Springer.

De Swaan, A. (1983). Von Schwierigkeiten zu Problemen. In: M. Cramer, E. Giese, M. Köppelmann-Baillieu & R. Rudeck (Hg.), Orientierungshilfen zu einem beruflichen Selbstverständnis (Gemeindepsychologische Perspektiven 4) (S. 68-82). Tübingen: DGVT.

Dewe, B. (1988). Wissensverwendung in der Fort- und Weiterbildung: zur Transformation wissenschaftlicher Informationen in Praxisdeutungen. Baden-Baden: Nomos.

Dewe, B. & Radtke, O. (1989). Klinische Soziologie - eine Leitfigur der Verwendung sozialwissenschaftlichen Wissens. In: U. Beck & W. Bonß (Hg.), Weder Sozialtechnologie noch Aufklärung? Analysen zur Verwendung sozialwissenschaftlichen Wissens (S. 46-71). Frankfurt/Main: Suhrkamp.

Dörner, K. (1975). Wie werde ich Patient oder die Sozialisation zum Patienten. In: K. Dörner (Hg.), Diagnosen der Psychiatrie. Frankfurt/New York: Campus.

Dreyfus, H. & Dreyfus, S. (1988). Künstliche Intelligenz - Von den Grenzen der Denkmaschine und dem Wert der Intuition. Reinbek b. Hamburg: Rowohlt.

Duden (1982). Duden, Bd. 5: Fremdwörterbuch. Mannheim/Wien/Zürich: Bibliographisches Institut (4. Aufl.).

Dunn, W. N. (1986). Conceptualizing Knowledge Use. In: G. M. Beal & W. Dissanayake & S. Konoshima (Hg.), Knowledge Generation, Exchange, and Utilization (S. 325-344). Boulder/London: Westview Press.

Dunn, W. N., Holzner, B. & Zaltman, G. (1985). Knowledge utilization. In: T. Husen & N. Postlethwaite (Hg.), International Encyclopedia of Education (Vol. 5). London: Pergamon.

Eckert, J. & Biermann-Ratjen, E.M. (1985). Gruppenpsychotherapie: Prozesse, Effekte, Vergleiche. Berlin: Springer.

Eckert, J. & Biermann-Ratjen, E.M. (1990). Ein heimlicher Wirkfaktor: Die „Theorie" des Therapeuten. In: V. Tschuschke & D. Czogalik (Hg.), Psychotherapie - Welche Effekte verändern? (S. 272-287). Berlin: Springer.

Egger, J. (1986). Kritische Betrachtung zum Effektivitätsproblem in der Psychotherapie. Ärtzliche Praxis und Psychotherapie, 8, 11-20.

Ehrenreich, B. & Ehrenreich, J. (1977). The Professional-Managerial Class. Radical American, 2, 7-31.

Engelhardt, M. von. (1990a). Biographie und Identität. Die Rekonstruktion und Präsentation von Identität im mündlichen autobiographischen Erzählen. In: W. Sparn (Hg.), Wer schreibt meine Lebensgeschichte? Biographie, Autobiographie, Hagiographie und ihre Entstehungszusammenhänge (S. 197-247). Gütersloh: Gütersloher Verlagshaus.

Engelhardt, M. von. (1990b). Sprache und Identität. Zur Selbstdarstellung und Selbstsuche im autobiographischen Prozeß. In: H. Kößler (Hg.), Sprache: 5 Vorträge (S. 65-88). Erlangen: Universitäts-Bibliothek.

Enke, H. & Czogalik, D. (1990). Allgemeine und spezielle Wirkfaktoren in der Psychotherapie. In: A. Heigl-Evers, F. Heigl & J. Ott (Hg.), Lehrbuch der Psychotherapie. Stuttgart: Fischer.

Fabian, R. (1989). Zum Verhältnis von kollektiver und individueller Identität. Oldenburger Vor-Drucke, 64/89.

Farr, R. M. & Moscovici, S. (Hg.). (1984). Social representations. Cambridge: Cambridge University Press.

Fiedler, F. E. (1950). The concept of an ideal therapeutic relationship. Journal of consulting psychology, 14, 239-245.

Figge, H. H. (1991). Krankheit als Fiktion. curare, 14, 113-118.

Filipp, S.H. (Hg.). (1990). Kritische Lebensereignisse (2. Aufl.). München: Psychologie Verlags Union.

Fischer, G. (1994). Lebensgeschichte - Therapieverlauf - Ergebnisbewertung. In: H. Faller & J. Frommer (Hg.), Qualitative Psychotherapieforschung. Grundlagen und Methoden (S. 329-347). Heidelberg: Asanger.

Flick, U. (Hg.). (1991). Alltagswissen über Gesundheit und Krankheit. Subjektive Theorien und soziale Repräsentationen. Heidelberg: Asanger.

Foerster, H. von. (1988). Abbau und Aufbau. In: F. B. Simon (Hg.), Lebende Systeme (S. 19-33). Berlin: Springer.

Foucault, M. (1969). Wahnsinn und Gesellschaft. Frankfurt/Main: Suhrkamp.

Foucault, M. (1976). Die Geburt der Klinik. Frankfurt/Berlin/Wien: Ullstein.

Frank, J. D. (1971). Therapeutic factors in psychotherapy. Am J Psychother, 25, 350-361.

Frank, J. D. (1981). Die Heiler. Stuttgart: Klett-Cotta.

Frommer, J. (1994). Qualitative Diagnostikforschung in Psychopathologie und Psychotherapie. In: H.W. Hoefert & Ch. Klotter (Hg.), Neue Wege der Psychologie: eine Wissenschaft in der Veränderung (S. 131-158). Heidelberg: Asanger.

Fuchs, W. (1984). Biographische Forschung. Eine Einführung in Praxis und Methoden. Opladen: Westdeutscher Verlag.

Gamson, W. A. & Modigliani, A. (1987). The Changing Culture of Affirmative Action. In: M. Zeitlin (Hg.), Research in Political Sociology (Vol. 3, pp. 137-177). Greenwich, CT: JAI Press.

Garfield, S. L. (1982). Psychotherapie. Ein eklektischer Ansatz. Weinheim: Beltz.

Gemeindedaten (1988). Gemeindedaten, hrsg. vom Bayerischen Landesamt für Statistik und Datenverarbeitung, München.

Gerhardt, U. (1984). Typenkonstruktion bei Patientenkarrieren. In: M. Kohli & G. Robert (Hg.), Biographie und soziale Wirklichkeit (S. 53-78). Stuttgart: Metzler.

Gerhardt, U. (1985). Erzähldaten und Hypothesenkonstruktion. Überlegungen zum Gültigkeitsproblem in der biographischen Sozialforschung. Kölner Zeitschrift für Soziologie und Sozialpsychologie, 37, 230-256.

Gerhardt, U. (1986a). Patientenkarrieren. Eine medizinsoziologische Studie. Frankfurt/Main: Suhrkamp.

Gerhardt, U. (1986b). Verstehende Strukturanalyse: Die Konstruktion von Idealtypen als Analyseschritt bei der Auswertung qualitativer Forschungsmaterialien. In: H.G. Soeffner (Hg.), Sozialstruktur und Typik (S. 31-83). Frankfurt/New York: Campus.

Gerstenmaier, J. & Mandl, H. (1995). Wissenserwerb unter konstruktivistischer Perspektive (Forschungsbericht Nr. 33, Institut für Pädagogische Psychologie und Empirische Pädagogik München).

Giddens, A. (1991). Modernity and Self-Identity. Cambridge: Polity Press.

Giegel, H.J. (1988). Konventionelle und reflexive Steuerung der eigenen Lebensgeschichte. In: H.G. Brose & B. Hildenbrand (Hg.), Vom Ende des Individuums zur Individualität ohne Ende (S. 211-242). Opladen: Leske + Budrich.

Giegel, H.J., Frank, G. & Billerbeck, U. (1988). Industriearbeit und Selbstbehauptung. Berufsbiographische Orientierung und Gesundheitsverhalten in gefährdeten Lebensverhältnissen. Opladen: Leske + Budrich.

Glaser, B. G. (1978). Theoretical Sensibility. Advances in the Methodology of Grounded Theory. Mill Valley: Sociology Press.

Glaser, B. G. & Strauss, A. L. (1967). The discovery of grounded theory. Strategies for qualitative research. Chicago: Aldine.

Goffman, E. (1977). Asyle. Über die soziale Situation psychiatrischer Patienten und anderer Insassen (3. Aufl.). Frankfurt/Main: Suhrkamp.

Goffman, E. (1980). Rahmen-Analyse. Ein Versuch über die Organisation von Alltagserfahrungen. Frankfurt/Main: Suhrkamp.

Goode, W. J., Merton, R. K. & Huntington, M. J. (1957). The Professions in Modern Society. New York: Russel Sage Foundation.

Grathoff, R. (1978). Alltag und Lebenswelt als Gegenstand der phänomenologischen Sozialtheorie. Materialien zur Soziologie des Alltags. Kölner Zeitschrift für Soziologie und Sozialpsychologie. Sonderheft 20, 82.

Grathoff, R. (1979). Über Typik und Normalität im alltäglichen Milieu. In: W. Sprondel & R. Grathoff (Hg.), Alfred Schütz und die Idee des Alltags in den Sozialwissenschaften (S. 89-107). Stuttgart: Enke.

Grathoff, R. (1989). Milieu und Lebenswelt. Frankfurt/Main: Suhrkamp.

Grawe, K. (1987a). Psychotherapie als Entwicklungsstimulation von Schemata - ein Prozeß mit nicht voraussehbarem Ausgang. In: Caspar, F. (Hg.), Problemanalyse in der Psychotherapie (S. 72-87). Tübingen: DGVT.

Grawe, K. (1987b). Schema-Theorie und heuristische Psychotherapie. Forschungsberichte aus dem psychologischen Institut der Universität Bern. Bern: Universität Bern, 1987-1.

Grawe, K. (1988a). Der Weg entsteht beim Gehen. Ein heuristisches Verständnis von Psychotherapie. Verhaltenstherapie & psychosoziale Praxis, 1, 39-49.

Grawe, K. (1988b). Heuristische Psychotherapie. Eine schematheoretisch fundierte Konzeption des Psychotherapieprozesses. Integrative Therapie, 309-324.

Grawe, K. (1992). Psychotherapieforschung zu Beginn der neunziger Jahre. Psychologische Rundschau, 43, 132-162.

Grawe, K. (1995). Grundriß einer Allgemeinen Psychotherapie. Psychotherapeut, 40, 130-145.

Grawe, K., Donati, R. & Bernauer, F. (1994). Psychotherapie im Wandel. Von der Konfession zur Profession. Göttingen: Hogrefe.

Gross, M. (1984). Die psychologische Gesellschaft. Frankfurt/Main: Fischer.

Hahn, A. (1988). Biographie und Lebenslauf. In: H.G. Brose & B. Hildenbrand (Hg.), Vom Ende des Individuums zur Individualität ohne Ende (S. 91-106). Opladen: Leske + Budrich.

Hahn, A. & Kapp, V. (Hg.). (1987). Selbstthematisierung und Selbstzeugnis: Bekenntnis und Geständnis. Frankfurt/Main: Suhrkamp.

Haltenhof, H. & Schmoll, D. (1994). Frühe Sozialisation und unspezifische Wirkfaktoren der Psychotherapie aus Sicht des Salutogenese-Konzepts. In: F. Lamprecht & R. Johnen (Hg.), Salutogenese. Ein neues Konzept in der Psychosomatik? (S. 228-238). Frankfurt/Main: VAS.

Hartung, K. (1980). Die neuen Kleider der Psychiatrie. Vom antiinstitutionellen Kampf zum Kleinkrieg gegen die Misere. Berlin.

Hellerich, G. (1985). Homo Therapeuticus. Der Mensch im Netz der Helfer. Bonn.

Helmchen, H. (1991). Der Einfluß diagnostischer Systeme auf die Behandlungsplanung. Fundamenta Psychiatrica, 5, 18-23.

Herzlich, C. (1991). Soziale Repräsentationen von Gesundheit und Krankheit und ihre Dynamik im sozialen Feld. In: U. Flick (Hg.), Alltagswissen über Gesundheit und Krankheit: subjektive Theorien und soziale Repräsentationen (S. 293-304). Heidelberg: Asanger.

Hess, M. (1988). Aufbau und Entwicklung einer psychotherapeutischen Abteilung am psychiatrischen Landeskrankenhaus. In: H. Schepank & W. Tress (Hg.), Die stationäre Psychotherapie und ihr Rahmen (S. 63-70). Berlin: Springer.

Hildenbrand, B. (1983). Alltag und Krankheit. Ethnographie einer Familie. Stuttgart: Klett-Cotta.

Hildenbrand, B. (1989). Veranstaltete Familie. Ablöseprozesse Schizophrener aus ihrer Familie als Gegenstand therapeutischer Intervention (Unveröffentlichte Habilitationsschrift, Frankfurt).

Hildenbrand, B. (1991). Alltag als Therapie. Ablöseprozesse Schizophrener in der psychiatrischen Übergangseinrichtung. Bern: Huber.

Hitzler, R., Honer, A. & Maeder, Ch. (Hg.). (1994). Expertenwissen. Die institutionalisierte Kompetenz zur Konstruktion von Wirklichkeit. Opladen: Westdeutscher Verlag.

Holzner, B. & Marx, J. H. (1979). Knowledge Application: The Knowledge System and Society. Boston: Allyn and Bacon.

Hornstein, W., Lüders, C., Rosner, S., Salzmann, W. & Schusser, H. (1986). Arbeitslosigkeit in der Familie. Eine empirische Studie über Prozesse der Auseinandersetzung mit Arbeitslosigkeit innerhalb von betroffenen Familien im Hinblick auf soziale Ausgrenzung und gesellschaftliche Wandlungsprozesse. Neubiberg bei München: Forschungsbericht der Fakultät für Pädagogik. Universität der Bundeswehr München.

Huf, A. (1992). Psychotherapeutische Wirkfaktoren. Weinheim: Beltz.

Illich, I. et. al. (1979). Entmündigung durch die Experten. Zur Kritik der Dienstleistungsberufe. Reinbeck: Rowohlt.

Informationsblatt für die niedergelassenen Ärzte (1987). Unveröffentlichtes Informationspapier

Informationsblatt für die Patienten der Station 23 (1985). Unveröffentlichtes, stationsinternes Informationspapier

Jaeggi, E. (1994). Die problematische Beziehung zwischen Psychotherapeuten und Psychotherapieforschung. In: M. B. Buchholz & U. Streeck (Hg.), Heilen, Forschen, Interaktion. Psychotherapie und qualitative Sozialforschung (S. 107-120). Opladen: Westdeutscher Verlag.

Jervis, G. (1978). Kritisches Handbuch der Psychiatrie. Frankfurt/Main: Syndikat.

Kächele, H. (1988). Spezifische und unspezifische Faktoren in der Psychotherapie. Praxis der Psychotherapie und Psychosomatik, 33, 1-11.

Kade, J. (1989). Erwachsenenbildung und Identität. Weinheim: Deutscher Studien Verlag.

Karasu, T.B. (1986). The specificity versus nonspecificity dilemma: Toward identifying therapeutic change agents. Am J Psychiatry, 143, 687-695.

Kardorff, E. von. (1979). Auf dem Weg zur Therapeutisierung der Gesellschaft. In: M. Winter, A. Vogel, N. Ochmann, E. von Kardorff & H. Knetsch (Hg.), Venusfliegenfalle Sozialarbeit - Geometrisierung der Nächstenliebe (S. 206-273). Frankfurt/-Main: Syndikat.

Kardorff, E. von. (1986). Klienten. In: G. Rexilius & S. Grubitzsch (Hg.), Psychologie (S. 121-143). Reinbek bei Hamburg: Rowohlt.

Keupp, H., Straus, F. & Gmür, W. (1989). Verwissenschaftlichung und Professionalisierung. Zum Verhältnis von technokratischer und reflexiver Verwendung am Beispiel psychosozialer Praxis. In: U. Beck & W. Bonß (Hg.), Weder Sozialtechnologie noch Aufklärung? (S. 149-195). Frankfurt/Main: Suhrkamp.

Kind, H. (1986). Gibt es spezifische Faktoren in der Psychotherapie? Prax. Psychother. Psychosom., 31, 191-196.

Kleiber, D. (1988). Handlungsfehler und Mißerfolge in der psychosozialen Praxis: Probleme im Umgang mit komplexen Systemen. In: D. Kleiber & A. Kuhr (Hg.), Handlungsfehler und Mißerfolge in der Psychotherapie - Beiträge zur psychosozialen Praxis (S. 73-93). Tübingen: DGVT.

Knauth, B. & Wolff, S. (1989). Verwendung als Handlungsform. Ein konversationsanalytischer Beitrag zur Verwendungsforschung. Soziale Welt, 40, 397-417.

Knorr, K. D. (1981). Die Fabrikation von Wissen. Versuch zu einem gesellschaftlich relativierten Wissensbegriff. In: N. Stehr & V. Meja (Hg.), Wissenssoziologie. KZfSS Sonderheft 22/1980 (S. 226ff). Opladen: Westdeutscher Verlag.

Knorr-Cetina, K. (1985). Zur Produktion und Reproduktion von Wissen: Ein deskriptiver oder ein konstruktiver Vorgang? Überlegungen zu einem Modell wissenschaftlicher Objektivität. In: W. Bonß & H. Hartmann (Hg.), Entzauberte Wissenschaft. Zur Relativität und Geltung soziologischer Forschung (S. 151-178). Göttingen: Schwartz.

Knorr-Cetina, K. (1988). Das naturwissenschaftliche Labor als Ort der „Verdichtung" von Gesellschaft. Zeitschrift für Soziologie, 17, 85-101.

Knorr-Cetina, K. & Mulkay, M. (1983). Science Observed. Perspectives on the Social Study of Science. London: Sage.

Koenen, E., Ludwig, W. & Mutz, G. (1988). Arbeitsleben und Arbeitslosigkeit. Zur sozialen Objektivierung ihrer (Selbst-)Deutungen. In: Sonderforschungsbereich 333 (Sfb 333), Probleme der Generalisierung qualitativer Forschung. München: Sfb 333.

Kohli, M. (1981). Zur Theorie der biographischen Selbst- und Fremdthematisierung. In: J. Matthes (Hg.), Lebenswelt und soziale Probleme (S. 502-520). Frankfurt/-New York: Campus.

Kohli, M. (1985). Die Institutionalisierung des Lebenslaufs. Historische Befunde und theoretische Argumente. Kölner Zeitschrift für Soziologie und Sozialpsychologie, 37, 1-30.

Kohli, M. (1989). Institutionalisierung und Individualisierung der Erwerbsbiographie. Aktuelle Veränderungstendenzen und ihre Folgen. In: D. Brock et al. (Hg.), Subjektivität im gesellschaftlichen Wandel (S. 249-278). München: Deutscher Jugend Verlag.

Kordy, H., Rad M. & Senf, W. (1990). Therapeutische Faktoren bei stationärer Psychotherapie - Die Sicht der Patienten. Psychother. Psychosom. med. Psychol., 40, 380-387.

Krause Jacob, M. (1992). Erfahrungen mit Beratung und Therapie. Veränderungsprozesse aus der Sicht von KlientInnen. Freiburg: Lambertus.

Kriebel, A. (1993). Spielräume und Grenzsetzungen in der stationären Psychotherapie. Zsch. psychosom. Med., 39, 75-88.

Kühnlein, I. (1992). Psychologisierung der Lebensführung durch Psychotherapie? mps-texte. München:, Heft 1, 23-36.

Kühnlein, I. (1994). Muß die qualitative Psychotherapieforschung das Rad neu erfinden? PPmP Psychother. Psychosom. med. Psychol., 44, 174-176.

Kühnlein, I. (1995a). Spuren einer stationären Psychotherapie in der Biographiekonstruktion und der alltäglichen Handlungsorientierung der Betroffenen. In: M. Corsten & E. M. Hoerning (Hg.), Institution und Biographie - die Ordnung des Lebens (S. 193-205) Centaurus.

Kühnlein, I. (1995b). Wiederherstellung von biographischer Kontinuität nach Abschluß einer stationären Psychotherapie. Eine Fallstudie. Psychotherapeut, 40, 239-245.

Lambert, M. J. & Bergin, A. E. (1994). The Effectiveness of Psychotherapy. In: A. E. Bergin & S. L. Garfield (Hg.), Handbook of Psychotherapy and Behavior Change (S. 143-189). New York: Wiley & Sons.

Lamprecht, F. & Johnen, R. (Hg.). (1994). Salutogenese. Ein neues Konzept in der Psychosomatik? Frankfurt/Main: VAS.

Lau, C. & Beck, U. (1989). Definitionsmacht und Grenzen angewandter Sozialwissenschaft. Das Beispiel der Bildungs- und Arbeitsmarktforschung. Opladen: Westdeutscher Verlag.

Lazarus, A. A. (1976). Multimodal Behavior Therapy. New York: Springer.

Legewie, H. (1987). Interpretation und Validierung biographischer Interviews. In: G. Jüttemann & H. Thomae (Hg.), Biographie und Psychologie (S. 138-150). Berlin: Springer.

Legewie, H. (1991). Krise der Psychologie oder Psychologie der Krise? Psychologie und Gesellschaftskritik, 15. Jg., Heft 1, 13-29.

Lehr, U. (1987). Erträgnisse biographischer Forschung in der Entwicklungspsychologie. In: H. Thomae & G. Jüttemann (Hg.), Biographie und Psychologie (S. 217-249). Berlin: Springer.

Leithäuser, T. & Volmerg, B. (1979). Anleitung zur empirischen Hermeneutik. Psychoanalytische Textinterpretation als sozialwissenschaftliches Verfahren. Frankfurt/Main: Suhrkamp.

Leitner, H. (1982). Lebenslauf und Identität. Die kulturelle Konstruktion von Zeit in der Biographie. Frankfurt/New York: Campus.

Lenz, A. (1990). Ländlicher Alltag und familiäre Probleme. Eine qualitative Studie über Bewältigungsstrategien bei Erziehungs- und Familienproblemen auf dem Land. München: Profil.

Loos, G. (1986). Musiktherapie. In: Th. Seifert & A. Waiblinger (Hg.), Therapie und Selbsterfahrung (S. 219-226). Stuttgart: Kreuz-Verlag.

Luborsky, L., Singer, B. & Luborsky, L. (1975). Comparative studies of psychotherapy: Is it true that „everyone has won and all must have prizes"? Arch. Gen. Psychiatry, 32, 995-1008.

Luckmann, T. (1986). Grundformen der gesellschaftlichen Vermittlung des Wissens. Kommunikative Gattungen. In: F. Neidhardt, R. Lepsius & J. Weiß (Hg.), Kultur und Gesellschaft, Sonderheft 27 der Kölner Zeitschrift für Soziologie und Sozialpsychologie (S. 191-211). Opladen: Westdeutscher Verlag.

Luckmann, T. & Sprondel, W. M. (Hg.). (1972). Berufssoziologie. Köln: Kiepenheuer & Witsch.

Lüders, C. (1991a). Spurensuche. Ein Literaturbericht zur Verwendungsforschung. In: J. Oelkers & H.E. Tenharth (Hg.), Pädagogisches Wissen. 27. Beiheft der ZfP (S. 418-437). Weinheim: Beltz.

Lüders, C. (1991b). Deutungsmusteranalyse. Annäherungen an ein risikoreiches Konzept. In: Garz, D. & K. Kraimer (Hg.), Qualitativ-empirische Sozialforschung (S. 377-408). Opladen: Westdeutscher Verlag.

Lüders, C. (1993). Pädagogisches Wissen im Alltag. Bericht zum DFG-Projekt. München: unveröffentlichter Abschlußbericht an die DFG.

Mahlmann, R. (1991). Psychologisierung des „Alltagsbewußtseins". Opladen: Westdeutscher Verlag.

Mahoney, M. J. (1977). Kognitive Verhaltenstherapie. München: Pfeiffer.

Marotzki, W. (1991). Bildungsprozesse in lebensgeschichtlichen Horizonten. In: E. Hoerning et al. (Hg.), Biographieforschung und Erwachsenenbildung (S. 182-205). Bad Heilbronn: Klinkhardt.

Matthiesen, U. (1994). Standbein-Spielbein. Deutungsmusteranalysen im Spannungsfeld von objektiver Hermeneutik und Sozialphänomenologie. In: D. Garz & K.

Kraimer (Hg.), Die Welt als Text. Theorie, Kritik und Praxis der objektiven Hermeneutik (S. 73-113). Frankfurt/Main: Suhrkamp.

Matthiesen, U. & Neuendorff, H. (1987). KONOPKA - Deutungsstrukturen eines Dortmunder Stahlarbeiters (Unveröffentlichtes Manuskript, Dortmund).

Maurer, F. (Hg.). (1981). Lebensgeschichte und Identität. Frankfurt/Main: Fischer.

Mayring, P. (1990). Einführung in die qualitative Sozialforschung. München: Psychologie Verlags Union.

Moscovici, S. (1988). Notes towards a description of Social Representations. European Journal of Social Psychology, 18, 211-250.

Mulkay, M. (1979). Science and the Sociology of Knowledge. London: Allen and Unwin.

Mutz, G. (1983). Sozialpolitik als soziale Kontrolle am Beispiel der psychosozialen Versorgung. München: Profil.

Mutz, G. (1995). Biographische Kontinuität im Transformationsprozeß. Ein wissenssoziologischer Beitrag zur Transformationsforschung (Unveröffentlichte Habilitationsschrift, München).

Mutz, G. & Kühnlein, I. (1991). Lebensgeschichte als Skript? Verwendung alltäglicher und wissenschaftlicher Wissensbestände bei der biographischen Rekonstruktion von Krankheitsverläufen. In: U. Flick (Hg.), Alltagswissen über Gesundheit und Krankheit (S. 230-242). Heidelberg: Asanger Verlag.

Mutz, G. & Kühnlein, I. (1993). Im Spannungsfeld zwischen Kollektiv- und Individualbiographie. Ein Fallbeispiel zum Umgang mit unterschiedlichen biographischen Konstruktionsmustern. Bios, 1, 47-69.

Mutz, G., Bonß, W., Kühnlein, I. & Keller, R. (1991). Verwendung psychologischen Wissens. Ehemalige Psychiatriepatienten rekonstruieren ihre Biographie nach einer psychotherapeutischen Behandlung. (Zwischenbericht an die DFG). München: MPS.

Mutz, G., Ludwig-Mayerhofer, W., Koenen, E. J., Eder, K. & Bonß, W. (1995). Diskontinuierliche Erwerbsverläufe. Analysen zur postindustriellen Arbeitslosigkeit. Opladen: Leske + Budrich.

Neuendorff, H. (1994). Deutungsmusteranalyse zwischen objektiver Hermeneutik und phänomenologischer Wissenssoziologie (Literaturbesprechung zu Meuser & Sackmann (Hg.), Analyse sozialer Deutungsmuster, Pfaffenweiler 1992). BIOS, 7, 282-288.

Neuendorff, H. & Sabel, C. (1978). Zur relativen Autonomie der Deutungsmuster. In: K. M. Bolte (Hg.), Materialien aus der soziologischen Forschung. Verhandlungen des 18. Deutschen Soziologentages (S. 842-863). Darmstadt: Luchterhand.

Nittel, D. (1991). Report: Biographieforschung. Bonn: Deutscher Volkshochschul-Verband.

Oevermann, U. (1973). Zur Analyse der Struktur von sozialen Deutungsmustern (Unveröff. Manuskript. Frankfurt).

Oevermann, U. (1981). Fallrekonstruktion und Strukturgeneralisierung als Beitrag der objektiven Hermeneutik zur soziologisch-strukturtheoretischen Analyse (Unveröff. Manuskript. Frankfurt).

Oevermann, U. (1986). Kontroversen über sinnverstehende Soziologie. Einige wiederkehrende Probleme und Mißverständnisse in der Rezeption der „objektiven Hermeneutik". In: S. Aufenanger & M. Lensen (Hg.), Handlung und Sinnstruktur. Bedeutung und Anwendung der objektiven Hermeneutik (S. 19-83). München: P. Kindt Verlag.

Oevermann, U. (1988). Eine exemplarische Fallanalyse zum Typus versozialwissenschaftlichter Identitätsformation. In: H.G. Brose & B. Hildenbrand (Hg.), Vom Ende des Individuums zur Individualität ohne Ende (S. 243-286). Opladen: Leske + Budrich.

Oevermann, U. (1993). Die objektive Hermeneutik als unverzichtbare methodologische Grundlage für die Analyse von Subjektivität. Zugleich eine Kritik der Tiefenhermeneutik. In: T. Jung & S. Müller-Dohm (Hg.), „Wirklichkeit" im Deutungsprozeß. Verstehen und Methoden in den Kultur- und Sozialwissenschaften (S. 106-189). Frankfurt/Main: Suhrkamp.

Oevermann, U., Schuster, L. & Simm, A. (1985). Zum Problem der Perseveranz in Delikttyp und modus operandi. Spurentext-Auslegung, Tätertyp-Rekonstruktion und die Strukturlogik kriminologischer Ermittlungen. Wiesbaden: BKA (Forschungsreihe Bd. 17).

Parsons, T. (1970). Definition von Gesundheit und Krankheit im Lichte der Wertbegriffe und der sozialen Struktur Amerikas. In: A. Mitscherlich, T. Brocher, O. von Mering & K. Horn (Hg.), Der Kranke in der modernen Gesellschaft (S. 57-87). Köln: Kiepenheuer & Witsch.

Paulus, J. (1995). Die Suche nach der Super-Couch. Die Zeit, Nr. 41 vom 6.Oktober 1995, S. 41.

Peters, U. Henrik. (1971). Wörterbuch der Psychiatrie und medizinischen Psychologie. München: Urban & Schwarzenberg.

Pfeiffer, W. M. (1991a). Wodurch wird ein Gespräch therapeutisch? Zur kulturellen Bedingtheit psychotherapeutischer Methoden. Psychother. Psychosom. med. Psychol., 41, 93-101.

Pfeiffer, W. M. (1991b). Die Bedeutung des Kulturvergleichs für die psychiatrische Nosologie. curare, 14, 23-30.

Ploeger, A. (1972). Die therapeutische Gemeinschaft in der Psychotherapie und Sozialpsychiatrie. Stuttgart: Georg Thieme Verlag.

Pohl, R. (1988). Psychologisierung des Alltags. In: R. Asanger & G. Wenninger (Hg.), Handwörterbuch der Psychologie (S. 604-609). München.

Portugall, E. (1976). Personale und funktionale Beziehungen in therapeutischen Gemeinschaften. München: Diss.

Prewo, R. (1979). Max Webers Wissenschaftsprogramm. Frankfurt/Main: Suhrkamp.

Reichertz, J. (1987). Probleme qualitativer Sozialforschung: Die Entwicklungsgeschichte der Objektiven Hermeneutik. Frankfurt/New York: Campus.

Reichertz, J. (1991). Aufklärungsarbeit. Kriminalpolizisten und Feldforscher bei der Arbeit. Stuttgart: Ferdinand Enke Verlag.

Reichertz, J. (1993). Abduktives Schlußfolgern und Typen(re)konstruktion. In: T. Jung & S. Müller-Dohm (Hg.), „Wirklichkeit" im Deutungsprozeß. Verstehen und Methoden in den Kultur- und Sozialwissenschaften (S. 258-282). Frankfurt/Main: Suhrkamp.

Reichertz, J. (1994). Von Gipfeln und Tälern. Bemerkungen zu einigen Gefahren, die den objektiven Hermeneuten erwarten. In: D. Garz & K. Kraimer (Hg.), Die Welt als Text. Theorie, Kritik und Praxis der objektiven Hermeneutik (S. 125-152). Frankfurt/Main: Suhrkamp.

Reimer, F. (Hg.). (1978). Möglichkeiten und Grenzen der Psychotherapie im psychiatrischen Krankenhaus. Stuttgart: Thieme.

Reimer, F. (Hg.). (1982). Verhaltenstherapie in der Psychiatrie. Weinsberg: Weissenhof-Verlag.

Reimer, F. & Ehret, A. (1982). Das Therapiekonzept der Psychotherapiestation im Psychiatrischen Landeskrankenhaus Weinsberg. In: F. Reimer (Hg.), Verhaltenstherapie in der Psychiatrie (S. 221-246). Weinsberg: Weissenhof-Verlag.

Riemann, G. (1989). Das Fremdwerden der eigenen Biographie. München: Wilhelm Finck Verlag.

Rudolf, G. (1991). Die Beziehung zwischen Psychotherapieforschung und psychotherapeutischer Praxis. In: P. Buchheim, M. Cierpka & Th. Seifert (Hg.), Psychotherapie im Wandel (S. 113-129). Berlin: Springer.

Rudolf, G., Manz, R. & Öri, C. (1994). Ergebnisse psychoanalytischer Therapien. Zsch. psychosom. Med., 40, 25-40.

Ruff, W. & Leikert, S. (1995). Stationäre tiefenpsychologische Psychotherapie - eine eigenständige Behandlungsform. Psychotherapeut, 40, 163-170.

Schaeffer, D. (1988). Intimität als Beruf. Biographische Interviews mit Psychotherapeuten. In: H. G. Brose & B. Hildenbrand (Hg.), Vom Ende des Individuums zur Individualität ohne Ende (S. 161-178). Opladen: Leske + Budrich.

Schepank, H. (1988). Die stationäre Psychotherapie in der Bundesrepublik Deutschland: Soziokulturelle Determinanten, Entwicklungsstufen, Ist-Zustand, internationaler Vergleich, Rahmenbedingungen. In: H. Schepank & W. Tress (Hg.), Die stationäre Psychotherapie und ihr Rahmen (S. 13-38). Berlin: Springer.

Schepank, H. & Tress, W. (Hg.). (1988). Die stationäre Psychotherapie und ihr Rahmen. Berlin: Springer.

Schimank, U. (1988). Biographie als Autopoiesis - Eine systemtheoretische Rekonstruktion von Individualität. In: H.G. Brose & B. Hildenbrand (Hg.), Vom Ende des Individuums zur Individualität ohne Ende (S. 55-72). Opladen: Leske + Budrich.

Schneider, G. (1985). Strukturale Hermeneutik. In: G. Jüttemann (Hg.), Qualitative Forschung in der Psychologie (S. 71-91). Weinheim und Basel: Beltz.

Schrode, H. & Kurz, H. (1986). Gestaltungstherapie. In: Th. Seifert & A. Waiblinger (Hg.), Therapie und Selbsterfahrung (S. 139-146). Stuttgart: Kreuz-Verlag.

Schroeder, W. (1988). Musiktherapie: Psychotherapie im Medium Musik. In: H. Schepank & W. Tress (Hg.), Die stationäre Psychotherapie und ihr Rahmen (S. 157-160). Berlin: Springer.

Schulze, G. (1992). Die Erlebnisgesellschaft. Kultursoziologie der Gegenwart. Frankfurt/New York: Campus.

Schütz, A. & Luckmann, T. (1979). Strukturen der Lebenswelt. Band I. Frankfurt/Main: Suhrkamp.

Schütz, A. & Luckmann, T. (1984). Strukturen der Lebenswelt. Band II. Frankfurt/Main: Suhrkamp.

Schütze, F. (1981). Prozeßstrukturen des Lebenslaufs. In: J. Matthes & A. Pfeifenberger & M. Stosberg (Hg.), Biographie in handlungswissenschaftlicher Perspektive (S. 67-157). Nürnberg: Verlag der Nürnberger Forschungsvereinigung.

Schütze, F. (1984). Kognitive Figuren des autobiographischen Stegreiferzählens. In: M. Kohli & G. Robert (Hg.), Biographie und soziale Wirklichkeit (S. 78-117). Stuttgart: Metzler.

Schwäbisch, L. & Siems, M. (1974). Anleitung zum sozialen Lernen für Paare, Gruppen und Erzieher. Reinbek b. Hamburg: Rowohlt.

Schwarz, D. (1977). Eine verhaltenstherapeutische Klinik, Modell und Wirklichkeit. In: E. Süllwold (Hg.), Verhaltenstherapie in Klinik, Beratung und Pädagogik (S. 421-435). Darmstadt: Wissenschaftl. Buchgesellschaft.

Scull, A. T. (1980). Die Anstalten öffnen? Decarceration der Irren und Häftlinge. Frankfurt/New York: Campus.

Senf, W. (1988). Stationäre analytische Gruppentherapie aus der Sicht von Patienten. In: H. Becker & W. Senf (Hg.), Praxis der stationären Psychotherapie. Stuttgart: Thieme.

Sloane, R. B., Staples, F. R., Cristol, A. H., Yorkston, N. J. & Whipple, K. (1981). Analytische Psychotherapie und Verhaltenstherapie. Stuttgart: Enke.

Soeffner, H.G. (1979). Interaktion und Interpretation. Überlegungen zu Prämissen des Interpretierens in der Sozial- und Literaturwissenschaft. In: H.G. Soeffner (Hg.), Interpretative Verfahren in den Sozial- und Textwissenschaften (S. 328-352). Stuttgart: Metzler.

Soeffner, H.G. (1983). Alltagsverstand und Wissenschaft - Anmerkungen zu einem alltäglichen Mißverständnis. In: P. Zedler & H. Moser (Hg.), Aspekte qualitativer Sozialforschung (S. 13-50). Opladen: Westdeutscher Verlag.

Soeffner, H.G. (1988). Luther - Der Weg von der Kollektivität des Glaubens zu einem lutherisch-protestantischen Individualitätstypus. In: H.G. Brose & B. Hildenbrand (Hg.), Vom Ende des Individuums zur Individualität ohne Ende (S. 107-149). Opladen: Leske & Budrich.

Soeffner, H.G. (1989). Auslegung des Alltags - Alltag der Auslegung. Frankfurt/Main: Suhrkamp.

Soeffner, H.G. (1992). Die Ordnung der Rituale. Die Auslegung des Alltags 2. Frankfurt/Main: Suhrkamp.

Stegemann, H. (1978). Praktische Erfahrungen mit der Psychotherapie am psychiatrischen Krankenhaus. In: Fritz Reimer (Hg.), Möglichkeiten und Grenzen der Psychotherapie im psychiatrischen Krankenhaus (S. 9-25). Stuttgart: Thieme.

Straub, J. (1989). Historisch-psychologische Biographieforschung. Theoretische, methodologische und methodische Argumentationen in systematischer Absicht. Heidelberg: Asanger.

Strauss, A. L. (1974). Spiegel und Masken. Die Suche nach Identität. Frankfurt/Main: Suhrkamp.

Strauss, A. L. (1991). Grundlagen qualitativer Sozialforschung. Datenanalyse und Theoriebildung in der empirischen soziologischen Forschung. München: Wilhelm Finck Verlag.

Strauß, B. & Burgmeier-Lohse, M. (1994). Stationäre Langzeitgruppentherapie: ein Beitrag zur empirischen Psychotherapieforschung im stationären Feld. Heidelberg: Asanger.

Strube, G. & Weinert, F. E. (1987). Autobiographisches Gedächtnis: Mentale Repräsentation der individuellen Biographie. In: G. Juttemann & H. Thomae (Hg.), Biographie und Psychologie (S. 151-167). Berlin/Heidelberg: Springer.

Textor, M. R. (1990). Gemeinsamkeiten von Psychotherapieansätzen. Integrative Therapie, 3, 246-259.

Textor, M. R. (1992). Gemeinsamkeiten und Unterschiede. In: G. Hörmann & M. R. Textor (Hg.), Praxis der Psychotherapie (S. 255-270). Opladen: Westdeutscher Verlag.

Thomas, W. I. & Thomas, D. S. (1970). The Child in America. New York.

Thommen, B., Ammann, R. & Cranach, M. von. (1988). Handlungsorganisation durch soziale Repräsentation. Bern: Huber.

Thommen, M., Blaser, A., Ringer, C. & Heim, E. (1990). Zum Stellenwert subjektiver Krankheitstheorien in der Problemorientierten Therapie (POT). Psychother. Psychosom. med. Psychol., 40, 172-177.

Tress, W., Schmitt, G. & Roth-Theissen, H. (1988). Die Funktion der Pflegekräfte. In: H. Schepank & W. Tress (Hg.), Die stationäre Psychotherapie und ihr Rahmen (S. 169-175). Berlin: Springer.

Tschuschke, V. (1990). Spezifische und/oder unspezifische Wirkfaktoren in der Psychotherapie: Ein Problem der Einzelpsychotherapie oder auch der Gruppenpsychotherapie? In: V. Tschuschke & D. Czogalik (Hg.), Psychotherapie - Welche Effekte verändern? (S. 243-271). Berlin: Springer.

Tschuschke, V. & Czogalik, D. (1990). „Psychotherapie - Wo sind wir jetzt und wohin müssen wir kommen?" Versuch einer Ingetration. In: V. Tschuschke & D. Czogalik (Hg.), Psychotherapie - Welche Effekte verändern? (S. 407-412). Berlin: Springer.

Uexküll, T. von. (1981). Lebensgeschichte und Krankheit. In: F. Maurer (Hg.), Lebensgeschichte und Identität (S. 150-167). Frankfurt/Main: Fischer.

Ullrich, R. & Ullrich de Muynck, R. (1976). Assertiveness-Training-Programm ATP: Einübung von Selbstvertrauen und sozialer Kompetenz. München: Pfeiffer.

Verres, R. (1989). Zur Kontextabhängigkeit subjektiver Krankheitstheorien. In: C. Bischoff & H. Zenz (Hg.), Patientenkonzepte von Körper und Krankheit (S. 18-24). Bern: Huber.

Verres, R. (1990). Wirkfaktoren in der Verhaltenstherapie. In: Hermann Lang (Hg.), Wirkfaktoren der Psychotherapie (S. 139-149). Berlin: Springer.

Verres, R. (1991). Gesundheitsforschung und Verantwortung. In: Flick, U. (Hg.), Alltagswissen über Gesundheit und Krankheit. Subjektive Theorien und soziale Repräsentationen (S. 305-317). Heidelberg: Asanger.

Voges, W. (Hg.). (1987). Methoden der Biographie- und Lebenslaufforschung. Biographie und Gesellschaft 1. Opladen: Leske + Budrich.

Vonderach, G., Siebers, R. & Barr, U. (1992). Arbeitslosigkeit und Lebensgeschichte. Eine empirische Untersuchung unter jungen Langzeitarbeitslosen. Opladen: Leske + Budrich.

Vopel, K. (1981). Interaktionsspiele. Band 1-6. Hamburg: Iskopress.

Wachtel, P. (1981). Psychoanalyse und Verhaltenstherapie. Ein Plädoyer für ihre Integration. Stuttgart: Klett-Cotta.

Wagner, W. (1994). Alltagsdiskurs: Zur Theorie sozialer Repräsentationen. Göttingen u.a.: Hogrefe.

Wallerstein, R. S. (1990). Zum Verhältnis von Psychoanalyse und Psychotherapie. Wiederaufnahme einer Diskussion. Psyche, 44, 967-994.

Watzlawick, P., Weakland, J. H. & Fisch, R. (1974). Lösungen. Bern: Huber.

Weber, M. (1968). Gesammelte Aufsätze zur Wissenschaftslehre (3. Aufl.). Tübingen: Mohr (Original 1922).

Wiedemann, P. M. (1986). Erzählte Wirklichkeit. Zur Theorie und Auswertung narrativer Interviews. Weinheim/München: Psychologie-Verlags-Union.

Wiedemann, P. M. (1987). Biographieforschung und Klinische Psychologie. In: G. Jüttemann & H. Thomae (Hg.), Biographie und Psychologie (S. 299-318). Berlin: Springer.

Wilke, St., Grande, T., Rudolf, G. & Porsch, U. (1988). Wie entwickeln sich Patienten im Anschluß an eine stationäre Psychotherapie? Zsch. psychosom. Med., 34, 107-124.

Wingens, M. (1988). Soziologisches Wissen und politische Praxis. Neuere theoretische Entwicklungen der Verwendungsforschung. Frankfurt/New York: Campus.

Wolff, S. (1981). Grenzen der helfenden Beziehung. Zur Entmythologisierung des Helfens. In: E. von Kardorff & E. Koenen (Hg.), Psyche in schlechter Gesellschaft (S. 211-238). München: Urban & Schwarzenberg.

Wolff, S. (1983). Die Produktion von Fürsorglichkeit. Bielefeld: AJZ.

Wolff, S. (1994). Innovative Strategien qualitativer Sozialforschung im Bereich der Psychotherapie. In: M. B. Buchholz & U. Streeck (Hg.), Heilen, Forschen, Interaktion. Psychotherapie und qualitative Sozialforschung (S. 39-65). Opladen: Westdeutscher Verlag.

Wolff, S. & Kroner, W. (1989). Verwendung in Freizeitorganisationen (Unveröffentlichter Abschlußbericht zum DFG-Projekt: Wo 286/3-2). Hildesheim: Unveröffentlichtes Manuskript.

Wolff, S., Knauth, B. & Leichtl, G. (1988). Kontaktbereich Beratung. Eine konversationsanalytische Untersuchung zur Verwendungsforschung (Abschlußbericht zum DFG-Projekt „Formen des Einbringens von Wissenschaft in entscheidungsbezogene Beratungsgespräche"). Hildesheim.

Zaumseil, M. & Lessmann, H. (1993). Dealing with Schizophrenia in Central Java (Manuskript, Freie Universität Berlin).

Zielke, M. (1993). Wirksamkeit stationärer Verhaltenstherapie. Weinheim: Psychologie Verlags Union.

Aus dem Programm
Sozialwissenschaften

Karola Brede

Wagnisse der Anpassung im Arbeitsalltag

Ich, Selbst und soziale Handlung in Fallstudien

1995. 281 S. Kart.
ISBN 3-531-12748-9

In dieser empirisch-interpretativen Studie werden die psychischen Folgen von Arbeitserleben und Arbeitserfahrung sowie die Einwirkung psychodynamischer Vorgänge auf das Handeln im Arbeitsalltag untersucht. Im Mittelpunkt stehen fünf Fallstudien über Arbeiter und Angestellte. Die Ergebnisse dieser Fallstudien werden unter den Gesichtspunkten von Identitätsbildung, Autoritarismus und männlicher Geschlechtswahrnehmung aus soziologischer wie auch psychoanalytischer Perspektive interpretiert.

Herbert Willems

Psychotherapie und Gesellschaft

Voraussetzungen, Strukturen und Funktionen von Individual- und Gruppentherapien

1994. 227 S. (Studien zur Sozialwissenschaft, Bd. 133) Kart.
ISBN 3-531-12496-X

Die Arbeit verfolgt das Ziel, Voraussetzungen, innere Strukturen und Funktionen psychotherapeutischer Verfahren herauszuarbeiten. Im Vergleich heterogener Therapieansätze und Quasi-Therapien werden strukturelle und funktionale Übereinstimmungen und Differenzen bestimmt, und zwar in bezug auf den sozialen und psychischen „Unterbau" der therapeutischen Interaktionssysteme.

Rüdiger Jacob

Krankheitsbilder und Deutungsmuster

Wissen über Krankheit und dessen Bedeutung für die Praxis

1995. 340 S. (Studien zur Sozialwissenschaft, Bd. 154) Kart.
ISBN 3-531-12635-0

Gerade chronisch-degenerative Krankheiten sind sehr interpretationsfähige Phänomene, die zudem ein maximales Unsicherheitspotential aufweisen. Wie sie bewältigt werden, hängt damit zum einen von spezifischen krankheitsbezogenen Vorstellungen ab, die man summarisch als „Alltagswissen" bezeichnen kann. Zum anderen ist hier entscheidend, wie Individuen Unsicherheiten im Hinblick auf ihre Möglichkeiten von Handlung und Gestaltung generell beurteilen. Werden Unsicherheiten eher als von außen kommende, schicksalhafte Gefahren interpretiert, denen man nahezu schutzlos ausgesetzt ist, oder werden diese eher als selbst steuerbare und von eigenen Entscheidungen und Handlungen abhängige Risiken eingeschätzt? Diese Frage ist deshalb von Bedeutung, weil für diese beiden grundlegend verschiedenen Modi der Wahrnehmung und Interpretation von Realität auch unterschiedliche Formen der Ansprache ihrer Träger angezeigt sind.

WESTDEUTSCHER
VERLAG
OPLADEN · WIESBADEN